Komplementaritäten in
personalpolitischen Systemen

Vivian Carstensen

Komplementaritäten in personalpolitischen Systemen

PETER LANG
Frankfurt am Main · Berlin · Bern · Bruxelles · New York · Oxford · Wien

Bibliografische Information Der Deutschen Bibliothek
Die Deutsche Bibliothek verzeichnet diese Publikation in der Deutschen Nationalbibliografie; detaillierte bibliografische Daten sind im Internet über <http://dnb.ddb.de> abrufbar.

ISBN 3-631-51505-7

www.peterlang.de

Vorwort

Dieses Buch entstand als Habilitationsschrift und wurde von der DFG im Rahmen eines Habilitationsstipendiums gefördert. Es ist inhaltlich im Bereich der Neuen Institutionenökonomik angesiedelt, die in den vergangenen Jahren gerade auch im deutschsprachigen Raum erheblich an Bedeutung gewonnen hat. Die Neue Institutionenökonomik setzt bei allgemeingültigen Gegegenheiten und Marktfehlern wie etwa asymmetrisch verteilten Informationen oder unterschiedlichen Risikoneigungen der Beteiligten an. Das vorliegende Buch widmet sich speziell der Gestaltung innerbetrieblicher Anreiz–, Weiterbildungs–, Partizipations–, und Zeitmanagementpolitik. Übergeordnetes Ziel ist dabei, das Zusammenspiel von Arbeitsorganisation und Produktionsprozess zu optimieren, wobei praxisrelevante Phänomene und Entwicklungen wie Nachfrageschwankungen, Kostendegression im IuK–Bereich, Veraltung von Wissen oder technologischer Wandel im Gestaltungsprozess berücksichtigt werden. Das Streben der Mitarbeiter und Mitarbeiterinnen nach Zufriedenheit und Beschäftigungssicherheit geht dabei in die Gestaltung des personalpolitischen Systems ein. Das Werk lässt sich den betriebswirtschaftlichen Teildisziplinen Personal, Organisation und Management zuordnen. Deutliche Parallelen bestehen aber auch zur volkswirtschaftlichen Teildisziplin der Arbeitsökonomik. Die postulierten Ergebnisse aus der theoretischen Diskussion werden einer ausführlichen empirischen Überprüfung unterzogen, so dass dieses Werk einen weiteren Schwerpunkt in der empirischen Wirtschaftsforschung besitzt.

Abschließend möchte ich mich bei all jenen sehr herzlich bedanken, die mich bei der Fertigstellung dieses Buches unterstützt haben. Zunächst danke ich der DFG für die finanzielle Unterstützung durch ein Stipendium im Rahmen des Habilitandenprogramms, was ein unbelastetes Forschen ermöglichte. Dem Habilitationskollegium an der Wirtschaftswissenschaftlichen Fakultät der Universität Hannover, insbesondere "meinen" Gutachtern Prof. Dr. Knut Gerlach und Prof. Dr. Olaf Hübler, sei für zahlreiche konstruktive Diskussionen gedankt. Ein besseres Umfeld zur Entwicklung neuer Ideen kann man sich kaum vorstellen. Besonderer Dank gilt darüber hinaus Bernd Schauenberg, der meine Begeisterung für die Personalökonomik geweckt hat und ein grandioser Diskussionspartner ist. Neben allen Ungenannten sei insbesondere den wissenschaftlichen Hilfskräften Silvia Kühn und Anke Feise sei für ihre unermüdliche logistische Unterstützung gedankt.

Meiner Kollegin Veronika von Lintel sowie meiner Schwester Britta Carstensen schulde ich kaum beschreiblichen Dank, da diese am Rande der Selbstaufgabe mit dem Korrekturlesen der Arbeit beschäftigt waren. Last not least ist mein Mann Martin Bargmann zu nennen, ohne dessen unermüdliche moralische Unterstützung dieses Werk wohl kaum entstanden wäre.

Hannover, im Juni 2003 Vivian Carstensen

Inhaltsverzeichnis

Tabellenverzeichnis

Abbildungsverzeichnis

Teil I

Einleitung

Kapitel 1

Untersuchungsgegenstand und Zielsetzung

Das grundsätzliche Anliegen dieser Arbeit besteht darin, dem Phänomen der Komplementaritäten in personalpolitischen Systemen auf den Grund zu gehen. Die Diskussion wird sowohl theoretisch als auch empirisch geführt. Auf der theoretischen Ebene wird ganz allgemein das unternehmerische Entscheidungsproblem *Wahl des effizienten personalpolitischen Maßnahmenkatalogs* bzw. *Wahl der effizienten Arbeitsorganisation* thematisiert. Auf der empirischen Ebene wird einerseits die Verteilung der unterschiedlichen personalpolitischen Systeme auf Betriebe des Verarbeitenden Gewerbes untersucht. Andererseits werden die typischen Eigenschaften dieser Systeme identifiziert und Wirkungsanalysen durchgeführt.

Ihren Ausgang nimmt die vorliegende Arbeit an Beobachtungen aus der Praxis. So zeichnet sich zum einen die Häufung einiger weniger Formen der Arbeitsorganisation ab. Zum anderen scheinen sich ganz spezifische Formen der Umstrukturierung personalpolitischer Systeme und der Reorganisation durchzusetzen (Gant, Ichniowski und Shaw (2002), Snower (1998), Capelli (1997), Ichniowski und Shaw (1995)). Die stilisierten Fakten lassen sich dahingehend zusammenfassen, dass in der betrieblichen Praxis nicht das gesamte personalpolitische Handlungsspektrum vorzufinden ist bzw. sich nicht beliebige Realisationen daraus einstellen, sondern vielmehr bestimmte Maßnahmenkataloge zum Einsatz kommen. Man beobachtet daher die Häufung einiger weniger Betriebstypen. Umgekehrt formuliert lässt sich der Betriebstyp anhand der realisierten spezifischen Eigenschaftskombination aus dem personalpolitischen Handlungsspektrum identifizieren.

Eine bestimmte Eigenschaftskombination bzw. ein bestimmter Katalog lässt sich als abgestimmte und in sich stimmige Maßnahmenkombination interpretieren, welche sich an den herrschenden betrieblichen und überbetrieblichen Rahmenfaktoren ausrichtet. Aus der Beobachtung, dass lediglich eine geringe Auswahl denkbarer Kombinationen überhaupt realisiert wird, wird geschlossen, dass zwischen den Einzelinstrumenten innerhalb des jeweiligen Maßnahmenkatalogs

Verbundeffekte existieren. Verbundeffekte werden durch sich wechselseitig in ihrer Wirkung fördernde Instrumente ermöglicht, beruhen somit auf Komplementaritäten. Bei Ballungen einzelner Kombinationen liegt es daher nahe, die Existenz von Komplementaritäten in personalpolitischen Systemen zu vermuten.

Das Anliegen der folgenden Kapitel ist es, den theoretischen Komplementaritätsnachweis zu erbringen und die daraus ableitbaren Hypothesen zur Inzidenz und zu den Effekten komplementärer personalpolitischer Systeme im Rahmen einer empirischen Analyse kritisch anzugehen. Als Entscheidungsträger wird dabei das Unternehmen modelliert, welches bei der Lösung seines Optimierungsproblems eine ganze Reihe von Nebenbedingungen zu berücksichtigen hat. Hierunter fallen z. B. (a) die Partizipations- und Anreizverträglichkeitsbedingung der Arbeitsangebotsseite sowie (b) die betrieblichen Rahmenfaktoren wie etwa Gütermarktbedingungen oder gesetzlich-institutionelle Regelungen. Die Analyse basiert insgesamt auf der folgenden Argumentationsfolge, die die beschriebene Häufung einiger weniger Systemvarianten in den Zusammenhang personalpolitischer Gleichgewichte setzt: Eine spezifische Systemvariante definiert ein spezifisches Gleichgewicht. Offensichtlich vollzieht sich der Reorganisationsprozess von einem Gleichgewicht zu einem anderen in wohldefinierter Weise, d. h. es erfolgt ein diskreter Gleichgewichtswechsel (Lindbeck und Snower (1996)).

Die verschiedenen Gleichgewichte, und damit auch Gleichgewichte aus der Vergangenheit, messen theoriegemäß stets die derzeit optimale Arbeitsorganisation. Insofern bietet es sich an, massive Reorganisationsbestrebungen vergangener Jahre (Lindbeck und Snower (2000)) mit folgenden stilisierten Fakten bei der Entwicklung der Rahmenbedingungen in Verbindung zu bringen: (i) elementare Innovationen bei den zugrunde liegenden Fertigungstechnologien, (ii) Kostendegression im Bereich der Informations- und Kommunikationssysteme, (iii) Verfügbarkeit neuer Lerntechniken, welche verbesserte Möglichkeiten des Humankapitalerwerbs beinhalten sowie (iv) veränderte Mitarbeiterpräferenzen. Über diese Rahmenbedingungen lässt sich nun komparative Statik betreiben. Hierbei werden die Gleichgewichtseigenschaften des zuvor bekleideten personalpolitischen Systems mit denen des aktuellen personalpolitischen Systems verglichen.

Ziel ist dabei, eine eindeutige Entwicklung zu prognostizieren und darüber hinaus die Vorteilhaftigkeit der gleichgerichteten Variation der komplementären personalpolitischen Instrumente zu belegen. Die Gesamtzielsetzung des Projekts geht allerdings weiter: Das aus der Theorie heraus postulierte Hypothesengerüst über Bestimmungsgründe und Wirkungen personalpolistischer Systeme wird im zweiten Teil der Arbeit ausführlich mit der empirischen Evidenz konfrontiert.

Kapitel 2

Vorgehensweise

Das theoretische Anliegen dieser Arbeit wird im weiteren Verlauf mit alternativen analytischen Verfahren verfolgt. Bei der Bearbeitung werden sowohl vorhandene Ansätze aus der Literartur integriert als auch eigene Entwicklungen präsentiert. Die dabei gewonnenen Erkenntisse werden in ein Hypothesengerüst umgesetzt, an dem der empirische Teil der vorliegenden Arbeit ansetzt. Im empirischen Teil der Arbeit wird ebenfalls eine kombinierte Strategie verfolgt. Hier wird einerseits auf einen bereits vorhandenen Betriebspaneldatensatz zurückgegriffen. Andererseits wird im Zuge der Untersuchungen, die zu den oben unter (iv) genannten Präferenzen durchgeführt werden, eine neue Datenquelle generiert.

Die theoretischen Überlegungen zur Existenz der Komplementaritäten in personalpolitischen Systemen werden in den beiden nächsten Kapiteln 3 und 4 angestellt. Das direkt folgende Kapitel widmet sich dabei der mikroökonomischen Fundierung von Komplementaritäten. Im Kern konzentriert sich der Komplementaritätsbeweis auf die Durchführung von komparativ–statischen Analysen und dementsprechend auf eine genauere Inspektion der Matrix der zweiten Ableitungen. Das Kapitel beginnt mit der Vorstellung eines jüngeren Erklärungsansatzes aus der Literatur, der sich an den beiden Polarvarianten der Arbeitsorganisation (i) tayloristisches System (klare Aufgabentrennung, enge Spezialisierung, inhärenter Interessenkonflikt zwischen Unternehmensleitung und Mitarbeiter) und (ii) holistisches System (mehrdimensionale Tätigkeiten, Mehrfachqualifikation und Mitarbeiterpartizipation) orientiert. Aufbauend auf den Forschungsfragen, die dieser Ansatz offen lässt, wird ein eigenes Modell entwickelt, das eine intermediäre Stufe zwischen den beiden Polarvarianten konstituiert. Der Gleichgewichtswechsel erfolgt in aller Regel diskret.

Auf der diskreten Natur der Variation baut das sich daran anschließende Kapitel 4 auf. Es bringt mit dem verbandstheoretischen Analyseverfahren ein Instrumentarium zum Einsatz, das der diskreten Variation auf formale Weise gerecht wird. Im Vergleich zum marginalanalytischen Instrumentarium sind beispielsweise keinerlei einschränkende Annahmen hinsichtlich der Differenzierbarkeit der untersuchten Funktionen erforderlich. Darüber hinaus ist eine etwaige Approximation bestimmter Techniken nicht notwendig. Technisch gesprochen wird die Übertragung der abstrakten Theorie der supermodularen Optimierung auf ein konkretes Anwendungsbeispiel vorgenommen. Vom Ergebnis her unterscheiden sich die alternativen Analyseverfahren letztlich nicht, d. h. hinsichtlich der Komplementaritäten und der prognostizierten Systemhierarchie kommen beide zu ganz ähnlichen Schlüssen.

Die über den Komplementaritätsbeweis aufgezeigte Existenz und Hierarchie personalpolitischer Systeme wird im darauf folgenden Kapitel 5 in ein überprüfbares Hypothesengerüst übertragen, das mit Hilfe eines Paneldatensatzes angegangen werden soll. Das Hypothesengerüst postuliert die Existenz von drei oder vier personalpolitischen Systemen, die mit entsprechenden personalpolitischen Gleichgewichten bzw. Betriebstypen korrespondieren. Diese Gleichgewichte beschreiben eine aufsteigende Hierarchie hinsichtlich der Ausgefeiltheit des personalpolitischen Instrumentariums. Diese Hierarchie überträgt sich auf die Rangfolge der systemimmanenten Produktivitätscharakteristika. Das Kapitel beinhaltet darüber hinaus die Beschreibung der verwendeten Betriebspaneldatenquelle und eines weiteren Datensatzes. Elementare Deskriptionen zu der im theoretischen Teil aufgezeigten Systematik personalpolitischer Systeme und Subsysteme sind ebenfalls Gegenstand des fünften Kapitels.

Das vorletzte Kapitel 6 bildet das Herzstück der empirischen Untersuchung. Es präsentiert die Betriebstypenhierarchie, so wie sie sich auf Basis der zugrunde liegenden Systemcharakteristika aus den Daten heraus ergibt. Es stellt darüber hinaus den Entscheidungsprozess für exakt eines der personalpolitischen Gleichgewichte vor. Schließlich werden die mit den Komplementaritäten mutmaßlich in Verbindung stehenden Verbundeffekte und Synergien einer eingehenden Analyse unterzogen. Dieses empirische Kapitel schließt mit der Präsentation der neuen Untersuchungsergebnisse, die unter Verwendung der alternativen Datenquelle erzielt werden konnten. Diese alternative Datenquelle fokussiert nicht auf Betriebe, sondern vielmehr auf die in einem bestimmten Betrieb beschäftigten Mitarbeiter. Die Integration dieser arbeitsangebotorientierten Datenquelle schließt den Kreis zur vieldiskutierten Rolle der Mitarbeiterpräferenzen im Reorganisationsprozess. Besonderes Augenmerk wird dabei auf der Mobilitätsbereitschaft liegen und auf den Anregungen zu neuen Ausbildungsschwerpunkten in der Berufsausbildung, die in Verbindung zu den Präferenzen für abwechslungreiche Tätigkeiten gebracht werden. Die abschließenden Bemerkungen in Kapitel 7 runden die Arbeit ab.

Teil II

Theoretischer Teil: Zwei konkurrierende Ansätze

Kapitel 3

Mikroökonomische Fundierung personalpolitischer Systeme

Mit diesem dritten Kapitel wird das Ziel verfolgt, die stilisierten Fakten aus der betrieblichen Praxis theoretisch zu untermauern. Dabei geht es darum, auf formalanalytischem Wege die Existenz der personalpolitischen Systeme nachzuweisen. Hierfür wird das marginalanalytische Instrumentarium herangezogen.

Die *inhaltliche* Klammer zu dem aus Sicht der personalpolitischen Praxis interessierenden Phänomen besteht darin, dass abgestimmte Maßnahmenkataloge aus quantitativer Sicht den größten Erfolg versprechen. Ein abgestimmter Maßnahmenkatalog beinhaltet — ähnlich wie das bekannte CES–Basket bei Konsumentenpräferenzen für Produktvielfalt (vgl. Chamberlin (1950), Dixit und Stiglitz (1977)) — eine konsistente Gewichtung der Einzelinstrumente innerhalb des Systems. Insofern gilt es, theoretisch konsistente Systeme herauszufinden und wichtige Schlüsse für die Übergangsmechanismen zwischen zwei unterschiedlichen System(gleichgewicht)en zu ziehen.

Je nach Ausprägung der Rahmenbedingungen, denen das Unternehmen oder auch die Volkswirtschaft zu einem bestimmten Zeitpunkt unterliegt, wird diese effiziente Mischung auf einem niedrigen, auf einem mittleren oder auf einem hohen Niveau realisiert. Aus dem Vorliegen der Verbundeffekte — oder gleichbedeutend der Komplementaritäten — folgt nämlich, dass es für die gewinnmaximierende Unternehmung nicht sinnvoll ist, die Einzelinstrumente isoliert, d. h. unabhängig voneinander zu variieren.

Rein *technisch* ist der Nachweis über die Existenz bestimmter wohldefinierter personalpolitischer Systeme identisch mit dem Nachweis von Verbundeffekten, die zwischen den im jeweiligen System enthaltenen Instrumenten bestehen. Kapitel 3 stellt dabei auf die mikroökonomische Fundierung des Nachweises ab, bedient sich somit des marginalanalytischen Instrumentariums. Dementsprechend erfolgt der Nachweis von Verbundeffekten über die Untersuchung der Kreuzableitungen der personalpolitischen Instrumente.

Der nächste Abschnitt 3.1 verdeutlicht die grundsätzliche Idee, die hinter einer mikrofundierten Analyse von Komplementaritäten in personalpolitischen Systemen steckt. Hiermit soll die Verbindung zwischen dem mathematischen Grundkonzept, welches zum Nachweis von Komplementaritäten herangezogen wird, und der inhaltlichen Begründung von Verbundeffekten hergestellt werden.

Daran anschließend geht Abschnitt 3.2 genauer auf die vorliegende mikroökonomisch fundierte und arbeitsökonomisch motivierte Komplementaritätenforschung ein. Der Schwerpunkt liegt dabei auf den Beiträgen von Lindbeck und Snower (siehe auch Lindbeck und Snower (1996, 1997, 2000) sowie Snower (1998)). Die Arbeiten der Autoren sind insofern grundlegend, als dass sie zu den wenigen Beiträgen zählen, die die Existenz von Komplementaritäten und daraus resultierenden Organisationseffekten auf formalanalytischem Wege belegen, wobei das verwendete Instrumentarium das marginalanalytische ist.

Aus der Diskussion ergeben sich einige offene Punkte und Forschungsperspektiven, die im dritten Abschnitt angegangen werden. Inhaltlich sind diese Punkte im — für die untersuchte Thematik integralen — Bereich der Faktorflexibilität angesiedelt. Abschnitt 3.4 nimmt dies als Forschungsauftrag auf. Dort findet sich eine — ebenfalls marginalanalytisch gehaltene — Erweiterung, in der Arbeitszeitkonten als geeignetes Adaptionsinstrument begründet werden. Aus diesem Modell leitet sich ein personalpolitisches *Grund*system ab, das zwei komplementäre Elemente besitzt und sich entsprechend als Initiierungssystem bzw. Startsystem auffassen lässt.

Aus der Gegenüberstellung dieses Initiierungssystems mit den beiden Organisationsformen nach Lindbeck und Snower (2000) lassen sich erste Vermutungen hinsichtlich einer Hierarchie personalpolitischer Systeme anstellen. In diesem Zusammenhang sei allerdings betont, dass sich die Hypothese des reinen Nebeneinanders der Erklärungsvarianten a priori nicht ausschließen lässt. Dieser Faden wird im empirischen Teil der Arbeit wieder aufgenommen.

Der abschließende fünfte Abschnitt fasst den Tenor der marginalanalytischen Diskussion zusammen und leitet über zu der in Kapitel 4 unter anderen formalen Vorzeichen geführten Diskussion.

3.1 Die Idee: Verbundeffekte begründen personalpolitische Systeme und Reorganisation

Der Einstieg sei hier anhand einer eher technischen Betrachtung vollzogen: Mit der theoretischen Untersuchung von personalpolitischen Systemen widmen wir uns de facto der Untersuchung von firmenspezifischen Gleichgewichten. Der Grundgedanke ist dabei der folgende: Jedes Unternehmen lässt sich anhand des von ihm gewählten personalpolitischen System beschreiben. Diese Wahl repräsentiert die Lösung des firmenspezifischen Optimierungsproblems und zeigt in diesem Sinne ein firmenspezifisches Gleichgewicht an.

Soweit man sich auf einem hohen Abstraktionsniveau bewegt, auf dem eine Unternehmung bestimmte Produktionstechnologien und Qualifikationsstrukturen vorfindet und auf der eine vordefinierte funktionale Beziehung die Transformation von Faktorinputs in den Output beschreibt, ließe sich durchaus die folgende Arbeitsdefinition treffen: Die Begriffe *personalpolitisches System* und *Arbeitsorganisation* beschreiben denselben Sachverhalt. In diesem Sinne wird das Charakteristikum der Arbeitsorganisation "Steuerung der Produktqualität im Herstellungsprozess durch die direkt produktiven Mitarbeiter" als *ein* personalpolitisches Instrument verstanden. Umgekehrt wird das Vorhandensein eines Erfolgsbeteiligungssystems für die Mitarbeiter als Bestandteil der Arbeitsorganisation aufgefasst. Im theoretischen Teil dieser Arbeit wird ein solches Abstraktionsniveau eingenommen, so dass die beiden Begriffe *personalpolitisches System* und *Arbeitsorganisation* austauschbar verwendet werden.

Vor diesem Hintergrund wird der im nächsten Abschnitt eingehend diskutierte Ansatz von Lindbeck und Snower (2001, 2000, 1996) zur optimalen Arbeitsorganisation in den Untersuchungszusammenhang der personalpolitischen Systeme gesetzt und insbesondere unter dem Gesichtspunkt der Komplementaritäten analysiert.

Hat ein Unternehmen das Optimierungskalkül, gegeben die derzeitigen Nebenbedingungen, durchgespielt und sich nach den Vorschriften der abgeleiteten Lösung für die optimale Arbeitsorganisation entschieden, so sei dieses als gleichgewichtige Arbeitsorganisation beschrieben. Hiermit korrespondiert das eingangs genannte betriebsspezifische Gleichgewicht — und natürlich das gleichgewichtige personalpolitische System. Wenn sich also im Aggregat aller Firmen unterschiedliche charakteristische personalpolitische Systeme ausmachen lassen, so korrespondiert diese Systemvielfalt mit multiplen Gleichgewichten. Allerdings sollte sich diese Systemvielfalt dem Verbundgedanken zufolge auf einige wenige charakteristische Gleichgewichte beschränken. Einige Autoren gehen hierbei so weit, sich auf den Polarfall zweier divergierender Gleichgewichte zu beschränken.[1]

Formal findet sich der Systemgedanke und damit die Untersuchung von Verbundeffekten in der Analyse der Eigenschaften zweiter Ordnung wieder: Die Matrix der zweiten Ableitungen gibt Auskunft über bestehende Komplementaritäten zwischen personalpolitischen Rahmenbedingungen bzw. Instrumenten. Unter Erfüllung der entsprechenden Differenzierbarkeitskriterien sind Komplementaritä-

1 Die zuvor genannten, in diesem Kapitel besprochenen und erweiterten Arbeiten zur Arbeitsorganisation sind ein prominentes Beispiel.

ten zwischen k Instrumenten identisch mit positiven Kreuzableitungen zwischen sämtlichen Instrumentenpaaren innerhalb des Systems. Für zweifach stetig differenzierbare Funktionen wären somit exakt $\binom{k}{2}$ Kreuzableitungen zu bestimmen.

Technisch gesprochen wird komparative Statik betrieben. Mit dem marginalanalytischen Instrumentarium kommt ein Analysewerkzeug zum Einsatz, das sich der Untersuchung von ε–Umgebungen widmet. Dabei ist es aus analytischer Sicht unerheblich, ob die betrachteten Variablen aus der Menge der zeitveränderlichen betrieblichen Rahmenbedingungen (d. h. aus dem Parameterraum) stammen oder der Menge der zur Verfügung stehenden Instrumente entnommen sind. Letztere repräsentieren betriebliche Entscheidungsvariablen. Oftmals bestimmt sich die Zuordnung auf Parameterraum oder Entscheidungsvariablen danach, ob der kurzfristige oder der langfristige Zeithorizont unter die Lupe genommen wird.

Für die Eigenschaften der Lösungen und damit der Gleichgewichte zueinander ist Folgendes wesentlich: Überschreiten die Rahmenfaktoren bestimmte Schwellenwerte, so ist bei Vorliegen von Komplementaritäten die gleichgerichtete Variation der dann aktuellen Entscheidungsvariablen sinnvoll. Oder anders formuliert: Immer dann, wenn die topologische Gestalt des betrachteten Variablenraums dies nicht ausschließt, erfolgt die simultane Ausweitung der Variablen, die zur komplementären Struktur gehören[2] (z. B. personalpolitische Instrumente oder Faktorinputs).

Kann ein komplementärer Zusammenhang belegt werden, so lassen sich daraus wesentliche Folgerungen für die Ziel– bzw. Systemvariable ziehen. Für diese sollte die gleichgerichtete Variation, nämlich das Auslassen von Zwischenstufen gradueller Veränderungen, beinhalten, so dass im Ergebnis eine diskrete *Höherstufung* induziert wird.

Dieses lässt sich am Vorgang der Reorganisation veranschaulichen. Reorganisation korrespondiert mit dem diskreten Wechsel zwischen zwei personalpolitischen Systemen: Eine (bestimmte) Firma verlässt ihr derzeitiges personalpolitisches Gleichgewicht, um zu einem anderen, höherwertigen personalpolitischen Gleichgewicht zu gelangen. Die Höherwertigkeit resultiert dabei aus der Existenz von Komplementaritäten. Einem solchem Wechsel gehen beispielsweise Änderungen in den betrieblichen Rahmenbedingungen voraus.

Inhaltlich findet sich der Systemgedanke in personalpolitischen Systemen in mehrfacher Hinsicht wieder: *Erstens* ließe sich der Zugang über den Nachweis von Instrumenten herstellen, die sich in ihrer Wirkung wechselseitig verstärken. Unter

2 Es wird die sprachliche Konvention getroffen, dass die Ausweitung den Beibehalt des Niveaus beinhalte. Auf diese Weise decken die beiden Varianten "simultane Erhöhung" und "simultane Verringerung" sämtliche Entwicklungsvarianten ab, die in komplementären Funktionen bei einer Umweltänderung sinnvoll sein können. Eine simultane Verringerung korresondiert mit negativen Kreuzableitungen.

Wirkung sind beispielsweise positive Effekte auf die Arbeitsproduktivität gemeint, so z. B. im Rahmen der effizienten Anreizsteuerung. Denkbar ist in diesem Zusammenhang aber auch, dass konkurrierende Arbeitsinhalte bestehen, auf die es das zur Verfügung stehende Zeitbudget zu verteilen gilt. Das Unternehmen ist dabei an einer ganz spezifischen Kombination dieser Arbeitsinhalte interessiert, um daraus wiederum eine ganz spezifische Eigenschaftskombination für das herzustellende Produkt zu realisieren. Bei dieser Variante ist es sinnvoll, für die Einzelinstrumente innerhalb des personalpolitischen Systems ebenfalls ein ganz bestimmtes Mischungsverhältnis zu wählen.

Übertragen auf den Mischungsansatz lautet der Systemgedanke dann wie folgt: Zumindest zwei divergierende Gleichgewichte existieren. Das eine personalpolitische Systemgleichgewicht ist charakterisiert durch ein niedriges Niveau aller Einzelinstrumente. Demgegenüber ist das andere (Polar–)Gleichgewicht dadurch charakterisiert, dass — ebenfalls unter Wahrung des effizienten Mischungsverhältnisses — ein hohes Einsatzniveau aller Einzelinstrumente praktiziert wird. Veranschaulichen lässt sich dieser Gedanke, wenn man sich beispielsweise eine Ver–*n*–fachung der Anreizintensität vorstellt.

Zweitens lässt sich der Systemgedanke bei der Betrachtung von Arbeitsinhalten wiederfinden. Immer dann, wenn zwischen den Teilaufgaben, d. h. zwischen den Aufgabeninhalten technologische oder informelle Komplementaritäten bestehen, wird es zu einer gleichgerichteten Entwicklung der Inhalte kommen, deren Gesamtausmaß durch das gültige Zeitbudget begrenzt wird. Diese zweite Perspektive nimmt massiv Bezug auf sogenannte Lernspillovers oder Lernsynergien, welche im Ergebnis die Existenz von personalpolitischen Systemen begründen.

Die im Folgenden aufgenommene Diskussion wird inhaltlich im Stil dieser zweiten Perspektive geführt, wobei allerdings nicht unterschlagen werden sollte, dass die Relevanz der Verbundeffekte insgesamt deutlich über den personal– und arbeitsökonomischen Rahmen hinausreicht. So beschäftigt sich auch die allgemeine ökonomische Literatur seit geraumer Zeit mit ganz ähnlichen Phänomenen, die dort unter dem Stichwort *economies of scope* subsummiert werden (z. B. Teece (1980), Baumol, Panzar und Willig (1982)). Die im Anschluss präsentierten vertiefenden Betrachtungen sollen sich dennoch auf das Feld der arbeitsökonomisch geleiteten und mikrofundierten Reorganisationsforschung konzentrieren, wobei ein besonderes Interesse der Mikrofundierung gilt.

Insofern wird von einer intensiven Berücksichtigung des Zweigs aus den industriellen Beziehungen abgesehen. Zwar widmen sich auch diese Arbeiten (für einen Überlick: Cooke (1992), Capelli (1997), Freeman, Kleiner und Ostroff (2000)) zunehmend dem Übergang von tayloristisch orientierten Formen der Arbeitsorganisation zu anderen Formen, die eine veränderte Mitarbeiterrolle beinhalten.

Allerdings ist die methodische Motivation eine andere: Diese Beiträge gehen die Thematik nicht auf formalanalytischem Wege an, sondern formulieren die hernach empirisch untersuchten Hypothesen zu Inzidenz und Wirkungen personalpolitischer Systeme auf verbalem Wege. Hier spielen Plausibilitätsüberlegungen zur erhofften Wirkungsweise sogenannter *high involvement work practices* (MacDuffie (1995)) eine große Rolle.

Die Arbeiten von Lindbeck und Snower (LS) sind in dem Forschungsfeld, auf das im Weiteren fokussiert wird, von herausgehobener Bedeutung. Die von diesen Autoren geführte Diskussion repräsentiert den Stand der arbeitsökonomischen Reorganisationsforschung. Die zugehörigen Arbeiten umspannen den Zeitraum von 1995 bis 2001 und werden im folgenden Abschnitt aufgearbeitet. Als Ausgang für ihre Überlegungen wählen die Autoren sogenannte stilisierte Fakten aus der betrieblichen Praxis. So lassen sich in der jüngeren Vergangenheit auf breiter Front Reorganisationsbestrebungen beobachten (Lindbeck und Snower (1996, 2000, 2001), Snower (1998)). Teams und Entscheidungsbeteiligung sind gemäß LS zwei konstituierende Elemente derartiger moderner Organisationsformen.

Die Diskussion rankt sich um den zentralen Aspekt der Wahl des gewinnmaximierenden Spezialisierungsgrades von Mitarbeitern bzw. Teams im betrieblichen Aufgabenspektrum, gegeben die Existenz von Aufgabenkomplementaritäten. Anders formuliert geht es bei der Lösung des unternehmerischen Optimierungsproblems darum, den gewinnmaximierenden *trade off* zwischen Spezialisierungserträgen und Lernspillovers zu finden.

Die Bezeichnung *Spezialisierungsgrad* mag in diesem Zusammenhang etwas sonderbar anmuten. Die inhaltliche Bedeutung liegt in der Unterscheidung, ob jede Arbeitskraft oder jede Gruppe von Arbeitskräften eine bestimmte Aufgabe mit eng gefassten Arbeitsinhalten erledigt (vollständige Spezialisierung) oder ob den Arbeitskräften bzw. jedem Team ein ganzes Aufgabenspektrum obliegt (unvollständige Spezialisierung & Lernsynergien). Die Definition der Arbeitsinhalte ist im zweitgenannten Fall naturgemäß wesentlich weiter gefasst. Die *idealtypische* Beschreibung personalpolitischer Systeme (Arbeitsorganisationsformen), die schließlich zu den beiden Polarorganisationen *tayloristische Arbeitsorganisation* und *holistische Arbeitsorganisation* führt, verwendet für den Sachstand der vollständigen Spezialisierung gleichbedeutend den Begriff *Singletasking*. Demgegenüber wird unvollständige Spezialisierung mit dem Begriff *Multitasking* belegt.

In den letztgenannten Bereich fallen beispielsweise Tätigkeiten wie die Qualitätskontrolle und –steuerung im Produktionsprozess, also Tätigkeiten, in denen sich üblicherweise die gewachsenen Anforderungen an die betriebliche Flexibilität widerspiegeln. Derartige Tätigkeiten beruhen dabei zunehmend auf der gezielten Nutzung von Lernsynergien.

Das gestiegene Flexibilitätspotential, aber auch die steigenden Flexibilitätsanforderungen moderner Produktion (und Distribution) werden nun in den angesprochenen Erklärungszusammenhang um Verbundeffekte gesetzt. In der Literatur wird dabei auch auf eine enge Verzahnung zwischen Produzenten und Kunden abgestellt. Aus der Verzahnung resultieren Effekte auf die Arbeitsorganisation und bewirken den innerbetrieblichen Reorganisationsdruck. Zusammengefasst ließe sich von (re–)organisationsrelevanten Gütermarkteffekten sprechen.

Der nächste Abschnitt nimmt sich dieser Thematik an und zeichnet das Entscheidungproblem "Wahl der effizienten Arbeitsorganisation unter Berücksichtigung technologischer und informeller Komplementaritäten" anhand der vorliegenden Literatur nach.

3.2 Der grundlegende Ansatz: Effiziente Arbeitsorganisation im Lichte der Polarklassifikation

3.2.1 Der Modellrahmen

Im Zentrum der Diskussion stehen die beiden disjunkten Organisationsformen *tayloristische Arbeitsorganisation* und *holistische Arbeitsorganisation*. Rein formal definiert sich die realisierte Organisationsform anhand der optimalen Zeitallokation des Arbeitszeitbudgets auf unterschiedliche Teiltätigkeiten bzw. Teilaufgaben. Die optimale Zeitallokation misst den zuvor beschriebenen Spezialisierungsgrad des einzelnen Mitarbeiters im Aufgabenspektrum. Die folgende Präsentation rekurriert stellvertretend auf die einschlägige Publikation Lindbeck und Snower (2000).

Das Modell beinhaltet vier grundlegende Rahmenbedingungen, unter deren Vorzeichen der effiziente Einsatz des Produktionsfaktors Arbeit — operationalisiert durch die Arbeitsorganisation[3] — determiniert wird. Ein wichtiges Anliegen des Beitrags ist dabei die Erklärung effizienter Reorganisation auf Basis eines mikroökonomischen Entscheidungsmodells. Die Vorteilhaftigkeit der Reorganisation resultiert dabei typischerweise aus Verschiebungen bei den betrieblichen Rahmenbedingungen.

Im Einzelnen zielen diese Bedingungen auf:

1. die Verfügbarkeit flexibler Fertigungstechnologien, d. h. auf die Beschaffenheit des physischen Kapitals,

2. die Verfügbarkeit und Kostencharakteristika moderner Informations– und Kommunikationstechnologien,

3 Die vorgelagerte Wahl der Beschäftigungshöhe, gemessen durch die Mitarbeiterzahl, ist natürlich ebenfalls Gegenstand der betrieblichen Entscheidung über den effizienten Faktoreinsatz.

3. einen allgemeinen Anstieg der Bildungsstandards sowie der qualifikatorischen Flexibilität, d. h. auf die Charakteristika des Humankapitals (*Multiskilling*),

4. die Mitarbeiterpräferenzen bezüglich der Aufgabenvielfalt, d. h. auf die Gestalt der Anreizkompatibilitätsbedingung.

Nicht zuletzt vor dem Hintergrund der technologie–historischen Entwicklung des Industriesektors wird Reorganisation selbst als Übergang von tayloristisch geprägten Produktions– und Arbeitsorganisationsformen mit eng abgegrenzten Arbeitsinhalten sowie mit einer klaren Trennlinie zwischen Mitarbeitern und Unternehmensleitung hin zu modernen kommunikationsbasierten personalpolitischen Systemen verstanden. Letztere werden als *holistische Arbeitsorganisation* bezeichnet. Neben dieser stilisierten Grundform der *Multitasking*–Organisation sind verschiedene Erweiterungen denkbar. Aus solchen Erweiterungen lassen sich entsprechend umfangreiche personalpolitische Systeme ableiten, die dem Komplementaritätsgedanken zufolge aufsteigende (Firmen–)Gleichgewichte beschreiben.

Der Übergang zwischen zwei personalpolitischen Systemen, also insbesondere auch zwischen den von LS ausführlich behandelten Polarformen, vollzieht sich zumeist in diskreter Form. Gemäß Lindbeck und Snower (2000, 355) geht *Multitasking* stets mit *Gruppenarbeit* einher und ist darüber hinaus dadurch charakterisiert, dass die Teams produktionsrelevante *Entscheidungen* in ihrem Bereich *dezentral* treffen. Folglich definiert sich die Existenz der *holistischen Arbeitsorganisation* aus dem simultanen Auftreten von Teamarbeit (T) und Mitarbeiterpartizipation (P). Demgegenüber definiert sich die *tayloristische Arbeitsorganisation* durch *Singletasking* und fehlende Einbindung der Mitarbeiter.

Das Marginalmodell greift auf das aus der Außenhandelstheorie wohlbekannte Ricardo–Modell zurück, ist also als (2-Mitarbeitertypen)–(2-Aufgabentypen)–Modell aufgesetzt: $(N_1, N_2) \times \left(\mathrm{L}^1, \mathrm{L}^2\right)$. Im Unternehmen sind stets beide Mitarbeitertypen beschäftigt, so dass die Gesamtzahl der Beschäftigten sich aus den N_1 Mitarbeitern vom Typ 1 plus N_2 Mitarbeitern vom Typ 2 ergibt. Die Beschäftigtenzahl ist damit die erste wesentliche Größe, die die betriebliche *Faktorausstattung* determiniert. Das Modell beinhaltet die Besonderheit, dass die Faktorausstattung $\mathbf{L} \equiv \{\mathrm{L}^1, \mathrm{L}^2\}$ in *Aufgabeneinheiten* ausgedrückt wird. Dementsprechend gehen — bei gegebener Kapitalausstattung — beide Teilaufgaben als Faktorkombination in die Produktionsfunktion $Q[\mathrm{L}^1(.), \mathrm{L}^2(.)\ |\overline{K}\ \ldots]$ ein.

Der Ricardo–Gedanke des komparativen Vorteils findet sich in der folgenden Modelleigenschaft wieder: Jeder Mitarbeiter besitzt bei genau einer der beiden Teilaufgaben einen komparativen Vorteil, d. h. jede einzelne Arbeitskraft kann entweder stets Teiltätigkeit L^1 oder aber stets Teiltätigkeit L^2 besser ausführen.

Die komparativen Vorteile sind dabei annahmegemäß unterschiedlich verteilt, so dass sich die beiden Mitarbeitertypen wechselseitig in ihren relativen Produktivitätsvorteilen ergänzen. Die verfügbare Faktorausstattung über die beiden Dimensionen des Faktors Arbeit bemisst sich aus der Art der Zusammenarbeit zwischen den beiden Mitarbeitertypen, die im Zuge der Arbeitsorganisation getroffen wird, selbstverständlich jeweils gewichtet mit der zugehörigen Mitarbeiterzahl.

Die Art der Zusammenarbeit wiederum beschreibt formal nichts anderes als das gewählte Zeitallokationsmuster. Das unternehmerische Entscheidungsproblem über die effiziente Arbeitsorganisation besteht demnach in der Optimierung über die Zeitallokation. Der folgende Unterabschnitt fasst die Modellannahmen in kompakter Form zusammen.

3.2.2 Die Modellannahmen

Der Gesamtrahmen des Modells ist bewusst einfach gehalten. Es wird eine Einproduktunternehmung betrachtet. Wie beschrieben und der allgemeinen Modelltradition folgend konzentriert sich der Erklärungsansatz auf den Produktionsfaktor Arbeit als den zentralen Produktionsfaktor.

Auch wird das Kapitalniveau trotz der Tendenz zur Verkürzung der Innovationszyklen und trotz der technologischen Komplementaritäten in geläufigen Produktionsfunktionen (z. B. Cobb–Douglas) kurzfristig konstant gehalten. Variationen im Kapitalstock fließen als Variationen im Parameterniveau ein, wenn es um die Diskussion der technologischen Entwicklungen bei den Fertigungssystemen geht.

Zusammengefasst lauten die Annahmen wie folgt:

A1 Die Produktionsfunktion Q gemäß obiger Bemerkung zum jeweils vorbestimmten Kapitalstock laute $Q = Q[\mathrm{L}^1, \mathrm{L}^2]$, wobei L^1 und L^2 die in Aufgabeneinheiten ausgedrückten beiden Dimensionen des eingesetzten Faktorniveaus des Produktionsfaktors Arbeit messen.
Q sei 2–fach stetig differenzierbar,[4] wobei hinsichtlich der Grenzproduktivitäten gelte: $Q_{\mathrm{L}^1}, Q_{\mathrm{L}^2} > 0$, $Q_{\mathrm{L}^1\mathrm{L}^1}, Q_{\mathrm{L}^2\mathrm{L}^2} < 0$, $Q_{\mathrm{L}^1\mathrm{L}^2} = Q_{\mathrm{L}^2\mathrm{L}^1} > 0$.

A2 Die Belegschaft setze sich aus N_1 Mitarbeitern mit komparativem Vorteil bei L^1 sowie aus N_2 Mitarbeitern mit komparativem Vorteil bei L^2 zusammen.

A3 Das Zeitallokationsmuster werde durch τ determiniert, wobei τ_i den Anteil an der Arbeitszeit messe, den jeder einzelne Mitarbeiter des Typs i in der Tätigkeit des komparativen Vorteils verbringt. Dementsprechend wird der Zeitanteil, der der Teiltätigkeit des komparativen Nachteils gewidmet wird, durch $1 - \tau_i$ gemessen, wobei $i = 1,2$ ist.

A4 Die durch jeden Mitarbeiter gemäß seiner Zeitallokation repräsentierte Faktorausstattung setze sich aus Spezialisierungserträgen s sowie aus Lernsynergien c zusam-

4 Diese Voraussetzung sei für sämtliche betrachteten Funktionen erfüllt.

men. Bezogen auf die beiden Mitarbeitertypen und bezüglich der jeweiligen Grenzerträge der Zeitaufteilung gelte:

$$
\begin{array}{lll}
\text{Typ 1:} & s^1 = s^1[\tau_1],\ s^2 = s^2[1-\tau_1] & ,\quad {s^1}_{\tau_1} > 0,\ {s^2}_{\tau_1} < 0\ , \\
\text{Typ 2:} & s^1 = s^1[1-\tau_2],\ s^2 = s^2[\tau_2] & ,\quad {s^1}_{\tau_2} < 0,\ {s^2}_{\tau_2} > 0\ . \\
\text{Typ 1:} & c^1 = c^1[1-\tau_1],\ c^2 = c^2[\tau_1] & ,\quad {c^1}_{\tau_1} < 0,\ {c^2}_{\tau_1} > 0\ , \\
\text{Typ 2:} & c^1 = c^1[\tau_2],\ c^2 = c^2[1-\tau_2] & ,\quad {c^1}_{\tau_2} > 0,\ {c^2}_{\tau_2} < 0\ .
\end{array}
$$

Dabei geben ${s^1}_{\tau_1}$ und ${s^2}_{\tau_2}$ die Grenzerträge aus fortwährender Spezialisierung an, während ${c^1}_{1-\tau_1}$ und ${c^2}_{1-\tau_2}$ den "Faktorzuwachs" messen, der aus (informellen) Aufgabenkomplementaritäten resultiert.

A5 Die Partizipationsbedingung der Mitarbeiter falle mit der Anreizverträglichkeitsbedingung zusammen und sei ausschließlich abhängig von der arbeitsangebotsseitigen Präferenzordnung über die Aufgabenzusammensetzung. Vor allem diskriminiere die Präferenzordnung nicht zwischen komparativen Vorteilen und Nachteilen, so dass es für die Arbeitskraft unerheblich sei, in welche Richtung eine mögliche Spezialisierung erfolgt.
Das mit dem Spezialisierungsgrad variierende Reservationslohnniveau lasse sich also durch die Funktion $w_p[\tau]$ beschreiben. Der Definitionsbereich von $w_p[\tau]$ entspricht dem Wertebereich von τ. Der Wertebereich von $w_p[\tau]$ sei auf das Intervall $[\underline{w}, \overline{w}]$ beschränkt, wobei je nach "Zeitgeist" zwei divergierende Ordnungsmuster denkbar seien: (a) Präferenzen für eindimensionale Tätigkeiten, (b) Präferenzen für abwechslungsreiche Tätigkeiten. Die folgende Grafik illustriert die beiden Möglichkeiten, wobei zu einem bestimmten Zeitpunkt genau eines der Regime Gültigkeit besitze:

Der Verlauf der Reservationslohnfunktion $w_p[\tau]$ bei gegebenem Präferenzregime in Abhängigkeit von der Aufgabenallokation:

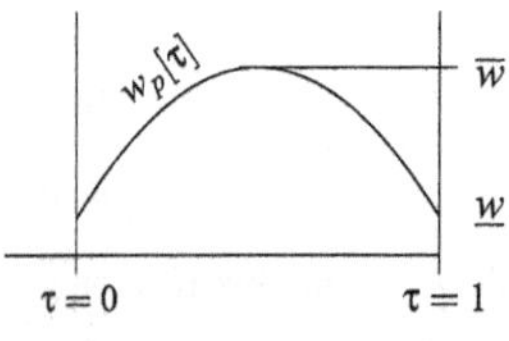

Abbildung 3.1: Präferenzen für Spezialisierung (a)

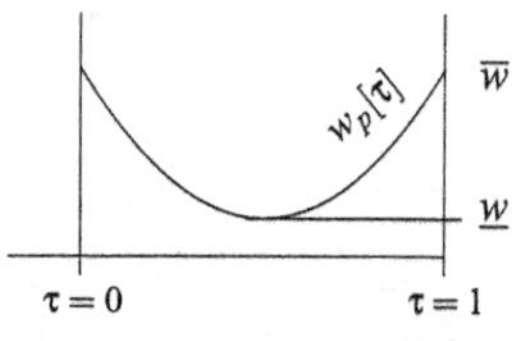

Abbildung 3.2: Präferenzen für Aufgabenvielfalt (b)

Kommen wir nun zur eingehenden Erläuterung der Annahmen. Diese Erläuterungen leiten über zu den Ergebnissen, die für den Erklärungszusammenhang der personalpolitischen Systeme gewonnen werden.

Annahme **A1** beinhaltet die üblichen neoklassischen Annahmen bezüglich der Grenzproduktivität der (variablen) Faktoren: Die Produktionsfunktion besitzt positive, aber abnehmende partielle Grenzproduktivitäten ($Q_{L^i} > 0,\ Q_{L^iL^i} < 0,\ i = 1,2$). Darüber hinaus beschreiben die beiden Tätigkeitsdimensionen L^1 und L^2

komplementäre Inputfaktoren. Anders ausgedrückt existieren *technologische Aufgabenkomplementaritäten*. Aufgrund der C^2–Eigenschaft von Q findet der Satz von Schwarz Anwendung, d. h. die Stärke des Verbundeffekts ist unabhängig davon, nach welcher Entscheidungsvariablen zuerst differenziert wird.[5]

Annahme **A2** verdeutlicht, dass nicht allein die als "transformierende" Produktionsfaktoren interpretierten Faktorausstattungen heterogen sind. Der physische Produktionsfaktor Arbeit ist ebenfalls heterogen. Anders formuliert wird das Endprodukt Q mit Hilfe zweier unterschiedlicher Teiltätigkeiten hergestellt, wobei jede Teiltätigkeit wiederum auf zwei Inputfaktoren basiert, deren optimales Mischungsverhältnis es zu bestimmen gilt. Die Heterogenität dieser Inputfaktoren lässt sich an der Verteilung des komparativen Vorteils festmachen. Aus Gründen der Notationsvereinfachung sei Mitarbeitertyp 1 (2) relativ produktiver in Teilaufgabe 1 (2), so dass die Indizes übereinstimmen.

Annahme **A3** bezieht sich auf den Spezialisierungsgrad der Arbeitnehmergruppe N_i. Dieser wird durch das Zeitallokationsmuster $\{\tau_i, (1-\tau_i)\}$, $i = 1,2$ definiert. Immer dann, wenn sich die Arbeitskräfte vollständig spezialisieren, was gemäß Ricardo im Rahmen der Tätigkeit erfolgt, bei der der komparative Produktivitätsvorteil vorhanden ist, nimmt τ den Randwert 1 an: $\tau_1 = \tau_2 = 1$. Demzufolge wird L^1 (L^2) ausschließlich durch N_1 (N_2) Mitarbeiter des Typs 1 (2) erledigt. Vollständige Spezialisierung entspricht eindimensionalen Tätigkeiten. Unvollständige Spezialisierung impliziert *Multitasking*. Formal gilt bei *Multitasking* $0 < \tau_1, \tau_2 < 1$. Neben der Mitarbeiterzahl ist das Zeitallokationsmuster die zweite wesentliche Größe, die die betriebliche (Gesamt–)Faktorausstattung determiniert.

Eine weitere wichtige Annahmenschar wird in **A4** getroffen: Zwischen den Teilaufgaben existieren lerninduzierte Komplementaritäten, die Aufgaben sind also nicht unabhängig. Von LS wird dies als ITC (*informal task complementarities*) bezeichnet. In der betrieblichen Praxis wird dieses Phänomen durch Lernsynergien respektive Lernspillovers abgebildet, die sich beispielsweise im Zuge von prozessbegleitenden Aufgabenspektren, *Multitasking* oder Job Rotation in Teams ein-

5 Der Satz von Schwarz korrespondiert direkt mit der folgenden Eigenschaft aus der verbandstheoretisch geleiteten Analyse, die für die nicht–differenzierbaren Funktionen in Kapitel 4 vorgenommen wird: Für die Ausprägung der Supermodularität ist es unter der topologischen Voraussetzung, dass die betrachteten Entscheidungsvariablen (personalpolitische Instrumente, deren Einsatz optimiert wird) und der zugrunde liegende Parameterraum (derzeitige betriebliche Restriktionen) jeweils Teilverbände sind, unerheblich, zu welcher der beiden Mengen eine bestimmte Variable jeweils gehört. Die Teilverbandseigenschaft korrespondiert mit der C^2–Eigenschaft und wird in Anhang A erläutert. Ganz analog wird das Phänomen der Komplementarität (C^2-Funktion) durch das Phänomen der Supermodularität (diskrete Funktionen) abgebildet, wobei darauf hingewiesen sei, dass der verbandstheoretische Ansatz allgemeingültiger Natur ist. Er gilt auch für C^2–Funktionen, was impliziert, dass in Fällen, in denen eine marginalanalytische Lösung nicht mehr gewonnen werden kann, weil beispielsweise die Matrix der zweiten Ableitungen analytisch nicht bestimmbar ist, trotzdem Aussagen über die Richtung einer geeigneten Instrumentenvariation getroffen werden können.

stellen. Der Komplementaritätseffekt c^i nimmt mit steigendem Zeitanteil $1 - \tau_i$ zu, der der Alternativaufgabe gewidmet wird. Der Begriff Alternativaufgabe bezeichnet dabei die Teiltätigkeit, in der der komplementäre Nachteil vorliegt.

Wie ist das zu verstehen? Für das Beispiel einer Arbeitskraft vom Typ 1 gilt: Die Ausübung von Teiltätigkeit 1 wird erleichtert durch den Aufbau eines — übergreifenden — Erfahrungsschatzes, der bei der Routinisierung der anderen Teiltätigkeit 2 erfolgt. Das heißt für Aufgabe 1 steigen die Komplementaritätserträge mit $(1 - \tau_1)$ für Typ 1, während sie für Typ 2 mit τ_2 steigen. Ganz analog nimmt der Komplementaritätsertrag für Aufgabe 2 zu mit τ_1 für Typ 1 sowie mit $(1 - \tau_2)$ für Typ 2. Die Vorzeichen der entsprechenden Ableitungen verdeutlichen die postulierten Spillovereffekte.

Demgegenüber fallen umso höhere Spezialisierungserträge für eine Teiltätigkeit i an, je höher der Zeitanteil τ_i ausfällt, der auf diese Teiltätigkeit verwendet wird.[6] Man kann sich dies anhand eines Beispiels zur Humankapitalbildung aus der betrieblichen Praxis verdeutlichen: Dort korrespondieren Spezialisierungserträge im Prinzip mit fortwährendem Lernen am Arbeitsplatz. Die zugrunde liegende Argumentationskette besagt, dass mit zunehmender Routine die Grenzproduktivität für eine bestimmte Arbeitsaufgabe steigt. Fortwährende Spezialisierung führt zu einer entsprechenden Routinisierung, wobei der anfängliche Spezialisierungsertrag im Gebiet des komparativen Vorteils, d. h. im persönlichen Spezialgebiet am größten ist.

Annahme **A5** formalisiert die Partizipationsbedingung der Arbeitsangebotsseite. Annahmegemäß kann hier einer der beiden divergenten Funktionsverläufe die derzeitige Ausrichtung der Präferenzen repräsentieren: Hegen die Mitarbeiter Präferenzen für Spezialisierung, so müssen sie — über eine höhere Kompensation — zusätzlich motiviert werden, um eine Arbeitsstelle anzutreten, auf der *Multitasking* verlangt wird. Das anreizkompatible betriebliche Reallohnniveau liegt dann wie in Fall (a) und in Abhängigkeit des effizienten Spezialisierungsmusters zwischen $\underline{w}$ und $\overline{w}$, wobei wegen der Vorliebe für eindimensionale Tätigkeiten das minimale Entlohnungsniveau bei $\tau = 1$ realisiert würde. Die Einstiegsbedingungen der Mitarbeiter wären aus betrieblicher Kostensicht dann am ungünstigsten, wenn der prozessbedingte Tätigkeitsvektor unvollständige Spezialisierung einer jeden Arbeitskraft erforderte.

Unter jeweils umgekehrten Vorzeichen trifft diese Argumentation für den Fall (b) zu, der das Einstiegsniveau bei Mitarbeiterpräferenzen für abwechslungsreiche Tätigkeitsfelder darstellt. Dann korrespondiert $\underline{w}$ mit einer 1:1 Aufteilung der Arbeitszeit auf die beiden Teiltätigkeiten ($\tau = 0.5$), während eindimensionale Tä-

---

6 Bei der getroffenen Notationsvereinbarung über τ_i gilt demzufolge: s^j steigt mit $(1 - \tau_i)$, wobei $i, j \in \{(1,2),(2,1)\}$ ist.

tigkeiten mit einem zusätzlichen monetären Anreiz motiviert werden müssten, der sich durch die Differenz $\overline{w} - \underline{w}$ ergibt.

Wie sich im Rahmen des durch die fünf getroffenen Annahmen aufgebauten Annahmengerüstes die Bestimmung der effizienten Arbeitsorganisation gestaltet (und damit die Wahl des personalpolitischen Systems im Einzelnen), wird im folgenden Unterabschnitt nachvollzogen.

3.2.3 Lösung des Organisationsproblems

Das unternehmerische Entscheidungsproblem besteht in der Wahl des personalpolitischen Systems. Die Lösung besteht in der Bestimmung des effizienten Zeitallokationsmusters, somit in der Maximierung der Zielfunktion bezüglich der Variablen τ. Letztlich handelt es sich um die übliche Gewinnmaximierung unter Nebenbedingungen, die bei der Normierung mit dem Güterpreisniveau auch als effiziente Steuerung der Arbeitsproduktivität aufgefasst werden kann.[7]

Die "transformierende" Faktorausstattung entspricht den verfügbaren "Task-Niveaus" und lautet:

$$\begin{aligned} \mathrm{L}^1 &= s^1[\tau_1]\cdot\tau_1 N_1 + c^1[1-\tau_1]\cdot(1-\tau_1)N_1 \\ &\quad + s^1[1-\tau_2]\cdot(1-\tau_2)N_2 + c^1[\tau_2]\cdot\tau_2 N_2 \,, \end{aligned} \tag{3.1}$$

$$\begin{aligned} \mathrm{L}^2 &= s^2[\tau_2]\cdot\tau_2 N_2 + c^2[1-\tau_2]\cdot(1-\tau_2)N_2 \\ &\quad + s^2[1-\tau_1]\cdot(1-\tau_1)N_1 + c^2[\tau_1]\cdot\tau_1 N_1 \quad . \end{aligned} \tag{3.2}$$

Dabei setzen sich die beiden Einzelfaktoren L^1 bzw. L^2 aus den Spezialisierungs– und Komplementaritätserträgen zusammen, die jeweils mit der arbeitszeitkorrigierten Beschäftigung gewichtet werden. Hierüber wird berücksichtigt, welches Beschäftigungsvolumen in eine bestimmte Teilaufgabe eingeht, so dass das Produktionsvolumen $Q[\mathrm{L}^1,\mathrm{L}^2]$ bestimmt ist.

Die Zielfunktion lautet dann:

$$\Omega = Q[\mathrm{L}^1,\mathrm{L}^2] - w_p[\tau_1]\cdot N_1 - w_p[\tau_2]\cdot N_2 \quad . \tag{3.3}$$

Die folgende Beweisführung über die Effizienz von *Multitasking* wird am Beispiel der Typ–1–Mitarbeiter durchgeführt. Die ganz analog für den Typ 2 zu voll-

7 Mit der Lösung des Optimierungsproblems sind Beschäftigung und Arbeitsorganisation vorbestimmt. Vorbestimmtheit von Faktoreinsatz und personalpolitischem System ist wesentlich für die Konsistenz der Schätzungen, die im empirischen Teil präsentiert werden. Die dort präsentierten Untersuchungen werden sich schwerpunktmäßig mit der Arbeitsproduktivität beschäftigen.

ziehende Vorgehensweise wird aus Platzgründen weggelassen, d. h. die weitere Argumentation konzentriert sich auf die Optimierung über τ_1.

Die notwendige Bedingung für die Effizienz einer *Multitasking*–Organisation wird durch die folgende Gleichung 3.4 wiedergegeben:

$$\frac{\partial}{\partial \tau_1}\,\Omega = \frac{\partial}{\partial \tau_1}\,Q[\mathrm{L}^1,\mathrm{L}^2] - \frac{\partial}{\partial \tau_1}\,(w_p[\tau_1]\cdot N_1) \stackrel{!}{=} 0 \quad . \tag{3.4}$$

Unter Anwendung der Kettenregel lässt sich dieser Ausdruck in die drei Komponenten (i) Grenzertrag aus Spezialisierung $\mathrm{GE_s}$, (ii) Grenzertrag aus Aufgabenkomplementarität $\mathrm{GE_c}$ und (iii) Grenzkosten $\mathrm{GK_{PO}}$ trennen:

$$\begin{aligned} Q_{\mathrm{L}^1}\cdot\tfrac{\partial \mathrm{L}^1}{\partial \tau_1} \;&+\; Q_{\mathrm{L}^2}\cdot\tfrac{\partial \mathrm{L}^2}{\partial \tau_1} \;\stackrel{!}{=}\; w_{\tau_1}\cdot N_1 \\ \Leftrightarrow \quad \mathrm{GE_s} \;&+\; \mathrm{GE_c} \;\stackrel{!}{=}\; \mathrm{GK_{PO}}\ , \end{aligned} \tag{3.5}$$

wobei LS den (negativen) Komplementaritätsertrag im Sinne von Opportunitätskosten ("$-\mathrm{MC}^{\circ}$") interpretieren. Hierbei handelt es sich um Opportunitätskosten der fortwährenden Spezialisierung, d. h. um entgangene Lernsynergien.

Dementsprechend lässt sich die obige Gleichung dahingehend interpretieren, dass der optimale Spezialisierungsgrad dort erreicht ist, wo der zusätzliche Spezialisierungsertrag gerade die Summe aus entgangenen Spillovereffekten und anreizerhaltender Lohnkostenveränderung aufwiegt.

Existiert die Lösung zu Gleichung 3.5, so spricht alles für die *holistische Arbeitsorganisation* und somit für ein personalpolitisches System mit den Instrumenten Teamarbeit und Mitarbeiterpartizipation, wenn zusätzlich die hinreichende Bedingung des Maximierungskalküls erfüllt ist.[8] Die in der folgenden Gleichung (3.6) mit einer geschweiften Klammer versehenen Terme sind im Zusammenhang der Reorganisation von besonderer Bedeutung. Reorganisiert wird dann, wenn sich die zugrunde liegenden Rahmenbedingungen so verschieben, dass die Ungleichung erfüllt ist. Formal geprochen impliziert dies beispielsweise die Forderung, dass sich $\mathrm{L}^1{}_{\tau_1\tau_1}$ hinreichend verringert (zur inhaltlichen Interpretation der Terme

8 Auch bei der Berechnung der hinreichenden Bedingungen kommt die Kettenregel zum Zuge: Für $z = z[x,y]$ mit $x = x(t)$, $y = y(t)$ gilt

$$\begin{aligned} \frac{d^2z}{dt^2} \;=\; & \frac{\partial z}{\partial x}\cdot\frac{d^2x}{dt^2} + \frac{dx}{dt}\cdot\left(\frac{\partial^2 z}{\partial x^2}\cdot\frac{dx}{dt} + \frac{\partial^2 z}{\partial x\partial y}\cdot\frac{dy}{dt}\right) \\ & + \frac{\partial z}{\partial y}\cdot\frac{d^2y}{dt^2} + \frac{dy}{dt}\cdot\left(\frac{\partial^2 z}{\partial x\partial y}\cdot\frac{dx}{dt} + \frac{\partial^2 z}{\partial y^2}\cdot\frac{dy}{dt}\right)\ . \end{aligned}$$

vgl. weiter unten). Umgekehrt sollte $Q_{L^1L^2}$ bzw. $w_{\tau_1\tau_1}$ hinreichend zunehmen, damit aus einer zuvor gewählten bestehenden Randlösung zu einer inneren Lösung gewechselt werden kann (d. h., dass diese existiert und ein Gewinnmaximum beschreibt):

$$\begin{aligned} \frac{\partial^2\Omega}{\partial\tau_1^2} &= Q_{L^1}\cdot\underbrace{\frac{\partial^2 L^1}{\partial\tau_1^2}} + L^1{}_{\tau_1}\cdot\Big(Q_{(L^1)^2}\cdot L^1{}_{\tau_1} + \underbrace{Q_{L^1L^2}}\cdot L^2{}_{\tau_1}\Big) \\ &+ Q_{L^2}\cdot\underbrace{\frac{\partial^2 L^2}{\partial\tau_1^2}} + L^2{}_{\tau_1}\cdot\Big(\underbrace{Q_{L^1L^2}}\cdot L^1{}_{\tau_1} + Q_{(L^2)^2}\cdot L^2{}_{\tau_1}\Big) \\ &- \underbrace{\frac{\partial^2 w_p}{\partial\tau_1^2}}\cdot N_1 \overset{!}{<} 0 . \end{aligned} \tag{3.6}$$

Anders formuliert folgt aus der Unterschreitung bzw. aus der Überschreitung bestimmter Schwellenwerte jeweils, dass sich der Übergang von einer auf Massenproduktion, Skalenvorteilen und traditioneller Rollenteilung beruhenden Organisation zu einer Form der Arbeitsorganisation lohnt, welche auf einem personalpolitischen System mit mehrdimensionalen Tätigkeiten und Teams mit erweiterten Handlungs– bzw. Entscheidungskompetenzen basiert.

Auf die quantitative Replikation der Übergangsbedingungen sei an dieser Stelle verzichtet, da sich eine ausführliche Präsentation in Lindbeck und Snower (2000, 367–370) befindet. Gemäß LS korrespondieren die technologischen Aufgabenkomplementaritäten, die durch $Q_{L^1L^2}$ zum Ausdruck kommen, mit der auf Seite 3.2.1 unter Punkt 1 angesprochenen zunehmenden Verfügbarkeit flexibler Fertigungstechnologien. Die dort unter Punkt 2 subsummierte Kostendegression im Bereich der Informationstechnologien (IT–Bereich) wirkt sich auf den Term $\frac{\partial^2 L^i}{\partial\tau_1^2}$ aus, der die Wirkungsgradänderung fortwährender Spezialisierung repräsentiert, wobei $1 = 1,2$ ist. Die von LS getroffene Annahme, die Entwicklung dieses Wirkungsgrades, d. h. die Veränderung des marginalen Spezialisierungsertrags sei unabhängig davon, auf welche der beiden Aufgaben sich die Arbeitskraft zunehmend spezialisiere, erscheint dabei durchaus plausibel.

Die unter dem IT–Gesichtspunkt ableitbare Hypothese zur Reorganisation lautet, das personalpolitische System der *Multitasking*–Umgebung werde immer dann gewählt, wenn zum einen die notwendige Bedingung aus Gleichung 3.5 erfüllt sei und zum anderen $\frac{\partial^2 L^i}{\partial\tau_1^2}$ hinreichend gering ausfalle. Umgekehrt formuliert korrespondiert diese Forderung mit hinreichend großen Veränderungen bei den Lernspillovern, d. h. mit vordergründig "aufgabenfremden" zusätzlichen Produktivitätsgewinnen.

Der dritte mit einer geschweiften Klammer unterlegte Term markiet die letzte der Rahmenbedingungen, die im Zuge der Komplementaritätsdiskussion zu Rate gezogen wird. Dieser Term korrespondiert mit den unter Punkt 4 in Fußnote 3.2.1 genannten Präferenzänderungen. Hier gilt, dass $\frac{\partial^2 w_p}{\partial \tau_1^2}$ einen bestimmten Wert überschritten haben muss, damit die *holistische Arbeitsorganisation* das effiziente personalpolitische System markiert.

Ein Blick auf die Abbildungen 3.1 und 3.2 verdeutlicht die zugrunde liegenden alternativen Präferenzordnungen: Entwickeln sich die Mitarbeiterpräferenzen beispielsweise in Richtung Aufgabenvielfalt, so beinhaltet dieses Rückwirkungen auf die betriebliche Entlohnungsregel. Die unter (b) dargestellte Reallohnfunktion ist ein Beispiel, bei dem $w_{(\tau_1)^2}$ im Vergleich zu (a) den erforderlichen Schwellenwert überschritten hat. Es lässt sich daher zumindest für Neueinstellungen vermuten, dass Präferenzen für abwechslungsreiche Tätigkeiten mit *Multitasking* Hand in Hand gehen.

Obwohl die analytische Vorgehensweise grundsätzlich auf infinitesimale Änderungen in den organisationsdeterminierenden und daher reorganisationstreibenden Faktoren ausgerichtet ist, ist allen bislang ausführlich diskutierten drei Faktoren gemeinsam, dass die entsprechende Reorganisation abrupt erfolgt. Begründet ist dies dadurch, dass die Matrix der zweiten Ableitungen ausschlaggebend ist. Somit korrespondiert die Kombination der drei Determinanten (i) technologische Aufgabenkomplementarität und Beschaffenheit des physischen Kapitals, (ii) Verfügbarkeit und Kostencharakteristika moderner Informations– und Kommunikationstechnologien, (iii) Mitarbeiterpräferenzen hinsichtlich der Aufgabengestaltung de facto mit divergenten Gleichgewichten, die anhand der Arbeitsorganisation getrennt werden. Wird die eingangs angesprochene Helikopterperspektive des Betriebsaggregats gewählt, so sollten sich in diesem Fall zwei alternative Unternehmensgleichgewichte beobachten lassen, die sich deutlich voneinander abgrenzen: Die *tayloristische Arbeitsorganisation* und die *holistische Arbeitsorganisation*.

Damit ist die (Ko–)Existenz der Polarklassifikation belegt. Eine Interpretation der analytischen Ergebnisse ist dem nächsten Unterabschnitt zu entnehmen, der zudem eine erste Modellkritik vornimmt.

3.2.4 Einordnung der Resultate

Die Diskussion der hinreichenden Bedingungen für *Multitasking* erfolgte unter der stillschweigenden Annahme, die notwendige Bedingung für *Multitasking* sei erfüllt. Nun setzen mehrdimensionale Tätigkeiten auch auf individueller Ebene ein gewisses Maß an Humankapitalvielfalt voraus. Diese Voraussetzung sei mit dem Begriff *Multiskilling* belegt. Die Autoren betrachten *Multiskilling* als notwendige Bedingung für die Existenz einer holistisch organisierten Unternehmung.

Multiskilling korrespondiert mit qualifikatorischer Flexibilität. Auf den möglicherweise notwendigen Investitionsprozess in Mehrfachqualifikationen gehen Lindbeck und Snower (2001) theoretisch allerdings nicht näher ein, wofür sich durchaus schlüssige Argumente finden ließen. Beispielsweise ist eine marginalanalytische Behandlung der betriebsspezifischen Heterogenitäten, die hinsichtlich der Zusammensetzung des Mehrfachqualifikationsbündels bestehen, äußerst problematisch. Der Gesamtzusammenhang wird hier so komplex, dass er einer analytischen Untersuchung de facto nicht mehr zugänglich ist.

Hinsichtlich der Umgestaltung von der *tayloristischen Arbeitsorganisation* zur *holistischen Arbeitsorganisation* treffen Lindbeck und Snower (2000) dabei die folgende, von ihrem sonstigen Ansatz des abrupten Organisationswechsels abweichende Vermutung: Es existieren Situationen, in denen Reorganisation nicht bzw. nicht in dem laut Maximierungskalkül angeratenen Ausmaß vollzogen wird. Dieser Sachverhalt ließe sich in den Argumentationsrahmen von Rationierungsmodellen stellen. Die "kurze Marktseite" wird in diesem Fall durch das Humankapitalprofil der Arbeitsangebotsseite repräsentiert. Reorganisation wird in diesem Fall durch ein zu geringes Niveau von Mehrfachqualifikationen beschränkt. Auf Basis der grundsätzlichen Vorteilhaftigkeit der holistischen Arbeitsorganisation und unter Berücksichtigung der entsprechenden Investitionskosten kommt in der Folge zu einem Wechselspiel zwischen Aufbau von *Multiskilling* und schrittweiser Reorganisation. Unter derartigen Konstellationen sind graduelle Reorganisationsprozesse vorstellbar.[9]

Das Polarklassifikationsmodell gibt Anlass zur weiteren Diskussion. Die Flexibilität des physischen Kapitals und die qualifikatorische Flexibilität benennen sicherlich zwei wesentliche Dimensionen des betrieblichen Adaptionsvermögens. Von integraler Bedeutung für die personalpolitische Effizienz ist allerdings eine nächste Dimension der Humankapitalflexibilität. Diese Dimension wird durch intertemporale Zeitflexibilität gebildet. Dabei beschreibt intertemporale Zeitflexibilität des Humankapitals ganz allgemein das Verschieben von Arbeitszeit über Periodengrenzen hinweg.

Was die Bedeutung für den Produktionsprozess anbelangt, so ließe sich intertemporale Zeitflexibilität in einem Atemzug mit Lagerhaltungsoptionen nennen. Im Vergleich zu Lagerhaltung — bzw. genauer: zum Auf- und Abbau von Güterpuffern — besitzt intertemporale Zeitflexibilität — bzw. genauer: der Auf- und Ab-

9 Solche Punkte lassen sich sicherlich am besten empirisch angehen. Die bislang noch unzureichend erforschten Zusammenhänge um die Rolle von Mehrfachqualifikationen werden daher im empirischen Teil wieder aufgenommen. Dort werden Ergebnisse vorgestellt, die einen ersten Einblick in die Einbindung von *Multiskilling* in personalpolitische Systeme geben, wobei nicht allein auf die Arbeitsnachfrageseite fokussiert wird, sondern ebenfalls die Arbeitsangebotsseite einbezogen wird (vgl. Abschnitt 6.3, ab Seite 242).

bau von Arbeitszeitpuffern — den entscheidenden Vorteil, dass der Faktor Arbeit "weniger verderblich ist" als Güter. Wird beispielsweise Lagerhaltung zum Ausgleich von Verfügbarkeits- oder Absatzschwankungen genutzt, so sehen die Modelle einen gewissen Verlust des eingelagerten (Zwischen-)Produktbestands vor. Das denkbare Spektrum reicht dabei von organischem Verderb bis hin zu Diebstahl. Von derartigen Problemen ist der Faktor Arbeit nicht betroffen, so dass sich intertemporale Zeitflexibilität gut durch den intertemporalen Transfer von Arbeitszeitkontingenten herstellen lässt.[10] Insofern kommt dieser Dimension der Humankapitalflexibilität eine besondere Rolle zu, die nicht unterschätzt werden sollte.

Obwohl die Thematik der intertemporalen Flexibilität im bislang vorgestellten Ansatz implizit enthalten ist, wird hierauf bei der Modellbildung nicht Bezug genommen. Das behandelte Modell läuft — grob skizziert — darauf hinaus, dass, wann immer Zeitflexibilität von Vorteil sein sollte, daraus resultierende Anforderungen mit geeigneten Mitteln erfüllt werden könnten. Auf intertemporale Flexibilisierungs- und Adaptionskanäle und ihre Rolle innerhalb personalpolitischer Systeme wird aber nicht eingegangen, so dass dieser Untersuchungspunkt als Forschungsbedarf interpretiert wird, dessen formale Behandlung in Abschnitt 3.4 erfolgt.

Wird der enge Argumentationsrahmen des Modells aufgeweicht und der Blick auf arbeitsmarktpolitische Schlüsselfaktoren gerichtet, so lassen sich weitere Fragen stellen. Ganz allgemein geht es um die Entwicklung der Beschäftigung(saussichten) sowie um Art und Umfang denkbarer Rückkoppelungseffekte für Entlohnungsgefüge und effiziente Lohnfindung.

So ließe sich argumentieren, dass mehrdimensionale Tätigkeiten und dezentrale Entscheidungsfindung auf idiosynkratischen Informationsmechanismen beruhen, die nicht ohne Einfluss auf die verfügbaren Informationen bleiben, auf welche sich die Bestimmung der Grenzproduktivität der Arbeit gründet. In der Konsequenz könnte dies dazu führen, dass beispielsweise die Grenzproduktivität vergleichbarer Jobs in unterschiedlichen Unternehmungen deutlich voneinander abweichen und das entsprechende Differential zudem zeitvariabel ist. Eine ähnlich gelagerte Diskussion ließe sich für die Beschäftigungsaussichten führen. In diesem Fall wären Heterogenitäten zwischen potentiellen Mitarbeitern zu erwarten, die das Lernvermögen hinsichtlich mehrdimensionaler Tätigkeiten betreffen, was letztlich divergierende Beschäftigungsaussichten für unterschiedliche Mitarbeitergruppen zur Folge haben könnte. Diese beiden Analysepunkte werden von den Autoren in vor- bzw. nachgelagerten Beiträgen selbst angegangen (Lindbeck und Snower (1996, 2001)).

---

10 Natürlich ist Humankapital genauso wie physisches Kapital von technologischer Veraltung betroffen, die durch die Atrophierate gemessen wird. Diese ist mit der Abschreibung des physischen Kapitalstocks vergleichbar.

Die Kernaussagen dieser Beiträge werden im nächsten Abschnitt skizziert, um anschließend intensiver auf den bislang noch nicht bearbeiteten Punkt der intertemporalen Arbeitszeitflexibilität einzugehen. Hier soll im weiteren Verlauf eine eigene Modellierung vorgenommen werden. Ein wesentliches Ziel der intensiver vorgenommenen Beschreibung ist daher, die Logik der Argumentationsführung aufzuzeigen, die bei der Modellerweiterung, sprich bei der Integration der quantitativen Flexibilität im Sinne des genannten Forschungsauftrags, zum Zuge kommt. Gegenstand des folgenden Abschnitts, der eine überleitende Funktion einnimmt, sind somit die drei Aspekte (a) Lohnfindung in holistischen Unternehmen, (b) holistische Reorganisation und Beschäftigung, (c) Erweiterung der Polarklassifikation um intertemporale Arbeitszeittransfers.

Jeder einzelne Unterpunkt fußt auf den Aussagen aus dem Polarklassifikationsmodell und geht die modellgemäß zu vermutenden arbeitsmarktpolitischen Konsequenzen an bzw. deckt die noch offenen (theoretischen) Forschungsfragen auf. Die Diskussion wird dabei bewusst unter die zentraleuropäischen institutionellen Rahmenbedingungen gestellt. Anders formuliert wird die Existenz einer institutionalisierten Mitbestimmungskultur vorausgesetzt bzw. als ausbaubar angesehen, und es wird von Trennungs- und Rekrutierungskosten sowie von Spezifika und Transferierbarkeitsbarrieren des Humankapitals ausgegangen.

3.3 Offene Fragen und Forschungsbedarf

Im Wesentlichen ergeben sich auf Basis von Lindbeck und Snower (2000) drei Ansatzpunkte, die sich für weiterführende Modellbetrachtungen nutzen lassen. Eine Behandlung der erstgenannten Punkten ist der vorliegenden Literatur zu entnehmen, der dritte Punkt wird im Rahmen dieses Vorhabens angegangen.

Nicht thematisiert wurden *erstens* denkbare Zusammenhänge zwischen dem Reorganisationsphänomen und dem Prozess der Lohnbestimmung. So erfolgt keine Modellierung des Übergangs vom effizienten Lohnbildungsprozess im tayloristischen System zum effizienten Lohnbildungsprozess im holistischen System. *Zweitens* wurde nicht genauer auf die mit den diskutierten Reorganisationsaktivitäten verbundene Entwicklung der Beschäftigungsmöglichkeiten und auf Phänomene wie die vieldiskutierte Segmentierung des Arbeitsmarktes eingegangen (z. B. Doeringer und Piore (1971)). *Drittens* nimmt das vorgestellte Modell das betriebliche Adaptionsvermögen, auf dem letztlich die Flexibilität der gewählten Arbeitsorganisationsform beruht, in einer äußerst rudimentären Weise auf. Zusammenfassen lässt sich dieser dritte Punkt dahin, dass Einsatzflexibilität der beiden klassischen Produktionsfaktoren (flexible Produktionstechnologien, Fügen der Mitarbeiter in die ihnen zugedachte Aufgabenverteilung (*single tasking* vs. *multi tasking*) und Aufgabenflexibilität im Zeitablauf) postuliert wird, obgleich dieses besser modellendogen eingebunden werden sollte.

Die beiden erstgenannten Punkte sind im Prinzip von Lindbeck und Snower abgearbeitet (vgl. Lindbeck und Snower (2001) für die Lohnfindung, Lindbeck und Snower (1996) für die Resegmentierung des Arbeitsmarktes). Hier beschränken sich die folgenden Erläuterungen auf eine Skizzierung der vorliegenden Erweiterungen (3.3.1, 3.3.2) Was den dritten Punkt anbelangt (siehe 3.3.3), so soll hier ein erster Eindruck über die Grundidee vermittelt werden, die hinter der im weiteren Verlauf entwickelten Erweiterung des Polarklassifikationsmodells steht (vgl. auch 3.4). Diese Erweiterung steht in einer direkten Verbindung zum Thema der Arbeit, d. h. sie ist ebenfalls auf den Nachweis personalpolitischer Systeme ausgerichtet.

3.3.1 Lohnfindung in holistischen personalpolitischen Systemen

Betrachtet sei nach wie vor die Reorganisation von einem tayloristischen personalpolitischen System zu einem holistischen personalpolitischen System. Im Speziellen wird auf die Auswirkungen abgezielt, die bezüglich der effizienten Form der Lohnfindung zu erwarten sind. Von Interesse ist, ob von einer holistischen Reorganisation typische Effekte auf den Abstimmungsprozess zwischen den unterschiedlichen Arbeitsmarktparteien ausgehen. Aus wohlfahrtstheoretischer Sicht stellt sich dabei die Frage, in welchem institutionellen Rahmen bzw. auf welchem Aggregationsniveau beispielsweise Lohnverhandlungen durchgeführt werden sollten.

In diesem Zusammenhang ist insbesondere an die Rolle von Tarifverhandlungen zu denken. Im Grunde ließe sich hier folgende Wirkungskette postulieren, die von Lindbeck und Snower (2001) ganz ähnlich gesehen wird (vgl. auch Snower (1998)): Die technischen Entwicklungen in den Bereichen Fertigungssysteme und Informationstechnologien sowie bei den Lern– und Schulungstechniken führen insgesamt zu einer Individualisierung der Produktion, von der auch die Kunden– und Lieferantenbeziehungen nicht ausgenommen sind. Für den Bereich der Lohn– und Beschäftigungsverhandlungen beinhaltet diese Entwicklung erhebliche Rückwirkungen, obgleich die untersuchte Polarklassifikation sicherlich ein stilisiertes Modell beschreibt. Diese Rückwirkungen lassen sich ganz analog zu den Vorgängen heterogener Preisbildung auf dem Gütermarkt interpretieren. Sie sind in verkürzter Form dahingehend zusammenzufassen, dass zentrale Lohnverhandlungen die ihnen angestammte Rolle nicht weiter erfüllen können.

Begründet ist dies dadurch, dass die für einen Verhandlungabschluss grundlegenden Vorinformationen, an denen sich die Tarifparteien orientieren können, infolge der Betriebsindividualisierung auf Verbandsebene schlichtweg nicht mehr vorliegen. Die auf sektoraler Ebene verfügbaren Informationen werden der differenzierten Situation der einzelnen Unternehmen nicht mehr gerecht. Bildlich gesprochen ist die erforderliche Informationsmenge, die notwendig wäre, damit zentrale Tarifverhandlungen effizient sein könnten, viel zu groß. Hervorgerufen wird dieser Umstand u. a. durch die zunehmende Verwischung der berufsspezifischen Qualifikationsgrenzen, die einer berufsorientierten Entlohnung entgegensteht, und durch die wachsende Individualisierung auf Basis mehrdimensionaler Tätigkeitsspektren, was im Extremfall individuenspezifische Kompensationsformen impliziert. Wenn überhaupt, dann lassen sich die für effiziente Lohnbildung erforderlichen Informationen auf der Ebene des einzelnen Unternehmens erzeugen.

Insofern ist — zumindest unter Gültigkeit der Reorganisationshypothese, die einen zunehmenden Anteil holistischer Unternehmen prognostiziert, — zu vermuten, dass effiziente Verhandlungen künftig verstärkt auf Betriebsebene vollzogen werden, da auf dieser disaggregierten Ebene die zur Informationsaufbereitung erforderlichen Kapazitäten in hinreichendem Maße vorhanden sind. In diesem Zusammenhang ist an Phänomene wie (a) betriebliche Öffnungsklauseln, (b) zunehmende innerbetriebliche Lohnspreizung und (c) einen allgemeinen Abbau zentraler Lohnverhandlungen zu denken (vgl. Lindbeck und Snower (2001), aber auch z. B. Hübler und Meyer (2001)).

Aus der Verlagerung des Lohnbildungsprozesses auf die betriebliche Ebene stellen sich weitergehende Anforderungen an die (inner)betrieblichen Informations– und Kommunikationssysteme (IKS). Hier besteht ohnehin ein Verbundeffekt durch die Existenz des holistischen personalpolitischen Systems: Anzunehmen ist, dass entsprechende IKS im Zuge der Anforderungen geschaffen werden, die in einer modernen Arbeitsorganisation an die betriebliche Transparenz bestehen.

3.3.2 Arbeitsmarktsegmentierung und Entwicklung der Beschäftigungsmöglichkeiten

Lindbeck und Snower (2000) äußern sich in den zuvor präsentierten Modell kaum zu denkbaren Veränderungen auf dem Arbeitsmarkt, zur vertraglichen Ausgestaltung und zur Länge von Beschäftigungsverhältnissen sowie zur allgemeinen Entwicklung der Beschäftigungsmöglichkeiten infolge betrieblicher Reorganisationsprozesse.

Dieser Thematik gehen Lindbeck und Snower (1996) in einer früheren Arbeit nach. Dort argumentieren sie, infolge der unternehmerischen Reorganisationsbestrebungen komme es zu einer (Re–)Segmentierung des Arbeitsmarktes. (Re–)Segmentierung umfasst dabei einerseits die Veränderung der Zahl der voneinander abgrenzbaren Gruppen am Arbeitsmarkt. Andererseits resultiert die Verschiebung der relativen Größe der Einzelgruppen. In einer auf allgemeinem Niveau gehaltenen Diskussion wird erläutert, dass Entlassungsrisiko und Aufgabenspektrum systematisch zwischen den unterschiedlichen Arbeitskräftegruppen divergieren. Die Abgrenzung der Gruppen erfolgt anhand der Humankapitalcharakteristika der zugehörigen Arbeitskräfte (siehe auch Marsden (1996)).

Angenommen sei die folgende (stilisierte) Ausgangskonstellation: Der Arbeitsmarkt umfasse zwei unterschiedliche Arbeitskräfte*pools*: *Erstens* bestehe ein vergleichsweise großer Pool mit solchen Arbeitskräften, die in einem Unternehmen beschäftigt sind, wobei die mit dem Beschäftigungsverhältnis verknüpften Arbeitsgänge eng abgegrenzt sind. Außerdem fußen die Tätigkeiten auf dem gezielten Ausnutzen von Skaleneffekten. *Zweitens* existiert als zweiter Pool die Gruppe der Arbeitslosen. Diese Gruppe ist — gemessen an ihrem Anteil an allen Arbeitskräften — von eher untergeordneter Bedeutung. Zwischen den beiden Pools finden Austauschbewegungen statt, was sich inhaltlich in den Zusammenhang mit (kurzfristigen) reallokativen Schocks und Sucharbeitslosigkeit setzen ließe, so dass der Verbleib im Arbeitslosenpool nur von begrenzter Dauer ist.

Im Vergleich zu diesem Ausgangsszenario bilden sich auf Grundlage des Polarklassifikationsmodells drei Gruppen heraus: Holistische Reorganisation spaltet den Arbeitsmarkt in drei Beschäftigten*pools*: 1. Mitarbeiter mit *Multitasking*, 2. Mitarbeiter mit *Singletasking*, 3. ehemalige Mitarbeiter, die zurzeit arbeitslos sind.

Der erste Pool umfasst Jobs mit mehrdimensionalen Tätigkeiten, die entsprechend als holistisch geprägte Aufgabenspektren bezeichnet seien. Die relative Bedeutung dieses Pools nimmt im Zeitablauf zu. Demgegenüber umfasst der zweite Pool Jobs mit tayloristisch geprägten Tätigkeitsprofilen. Der Anteil dieser Jobs an allen Beschäftigungsmöglichkeiten nimmt kontinuierlich ab. Daneben existiert ein dritter Pool, dessen relative Bedeutung sich in Abhängigkeit der Lernfähigkeit und Lernbereitschaft der Arbeitsangebotsseite entwickelt. Dieser dritte Pool umfasst die Gruppe der Arbeitslosen.

Arbeitslose Individuen legen entweder die Grundlagen für die bislang nicht vorhandenen Mehrfachqualifikationen oder aber besitzen kaum Aussicht auf eine erneute Beschäftigung (wenn man einmal von dem seltenen Fall absieht, bei dem ein Rücktransfer in den tayloristischen Pool gelingt). Anders — und für die Gesamtheit aller Arbeitskräfte im produzierenden Bereich — formuliert, je ausgeprägter allgemeine Lernbereitschaft und das Auffassungsvermögen im Umgang mit neuen Technologien sind, umso geringer wird der Anteil dieses dritten Pools ausfallen. Entsprechende Bildungsoffensiven können diesen Prozess unterstützen.

Die von Lindbeck und Snower (1996) erwartete Resegmentierung ließe sich anhand einer stilisierten Argumentationsfolge veranschaulichen: Im Zuge der holistischen Reorganisation werden die tayloristischen Jobs abgebaut und die betreffenden Arbeitskräfte werden entweder in ein holistisches Tätigkeitsfeld übergeleitet oder aber freigesetzt. Der erstgenannte Fall tritt bei Erfüllung der Anforderungen an qualifikatorische Flexibilität ein, der zweitgenannte Fall korrespondiert mit dem Szenario, in dem Mehrfachqualifikation nicht vorhanden ist. Ein Übergang zwischen dem Arbeitslosen*pool* und dem *Multitasking–Pool* ist nur dann möglich, wenn die erforderlichen Grundlagen zur Mehrfachqualifikation nachträglich gelegt werden. So bestimmt letztlich die individuelle Lernbereitschaft und Aufnahmefähigkeit die künftigen Beschäftigungsaussichten.

Zusammengefasst untermauert diese Argumentationskette die Segmentationsvermutung, welche zudem von einer wachsenden Lohnungleichheit begleitet wird. Hinsichtlich der Lohnstruktur wird sich ein (zunehmendes) Lohndifferential zwischen holistischen Jobs und tayloristischen Jobs auftun. Dabei lässt sich an die Argumentation des vorigen Unterabschnitts 3.3.1 anknüpfen, die ergänzend eine wachsende intrasektorale und innerbetriebliche Spreizung der Entlohnung prognostiziert. Der Vollständigkeit halber sei erwähnt, dass die Höhe der Arbeitslosenunterstützung das Lohnniveau für tayloristische Jobs unterschreitet.

3.3.3 Integration des Flexibilisierungsbedarfs in das unternehmerische Optimierungskalkül

Die Kernaussagen des vorgestellten Polarklassifikationsmodells personalpolitischer Systeme gründen sich auf die Fähigkeit des Unternehmens, Produktionsflexibilität gezielt zu nutzen, beruhen somit auf der momentanen Fähigkeit zur Flexibilität, d. h. auf dem betrieblichen Adaptionsvermögen. *Adaption* soll dabei ganz klassisch das *absichtliche Anpassen an variierende Bedingungen* beschreiben. Unter betrieblichem Flexibilitätsvermögen sei dann die Fähigkeit des Betriebes verstanden, kurzfristig und durchaus reversibel — z. B. nachfragebedingte Schwankungen — zu adaptieren. Die Adaption selbst erfolgt durch den Einsatz wohldefinierter betrieblicher Instrumente. Diese dienen im klassischen Produktionsbeispiel beispielsweise der Synchronisierung von Gütermarktansprüchen und Produktionsprogramm. Das schematische Ziel lautet *Markträumung*, für dessen Erreichung verschiedene Adaptionsmechanismen denkbar sind.

Beim betrieblichen Adaptionsvermögen liegt ein dritter Ansatzpunkt für Erweiterungen des Erklärungsrahmens von Lindbeck und Snower (2000). In ihrer Argumentation um erfolgreiche moderne Produktion, die wiederum durch die *holistische Arbeitsorganisation* geprägt ist, verweisen die Autoren mehrfach auf die herausgehobene Bedeutung von Adaptionserfordernissen und –vermögen. Was die Verfügbarkeit der entsprechenden Instrumente anbelangt, so führt das vorgestellte Reorganisationsmodell diese im Prinzip per Annahme ein.[11] Hierdurch werden

11 Eine Ausnahme bildet hier die qualifikatorische Flexibilität, bei der im Ereignisfall zunächst

implizit bestimmte Vorhypothesen über das Adaptionspotential getroffen, die einerseits die Produktionsanlagen und andererseits die Mitarbeiterseite betreffen.

Zum einen gehen LS von einer angemessenen Ausstattung mit flexibel einsetzbaren Fertigungstechnologien aus, was sich als *Atmen* der Produktion auffassen lässt. Zum anderen erachten LS eine grundsätzliche Bereitschaft der Mitarbeiter zur Mobilität als gegeben. Die Mobilitätsbereitschaft der Mitarbeiter besteht dabei hinsichtlich des Arbeitsplatzes, des Einsatzortes und des aktuellen Tätigkeitsspektrums. Das Mobilitätspotential wird zwar durch den Rahmenfaktor individueller Humankapitalcharakteristika begrenzt, die die Qualifikationsvielfalt messen. Die Erfüllung dieser Vorbedingung vorausgesetzt, kann aber von einer entsprechenden Einsatzflexibilität des Produktionsfaktors Arbeit ausgegangen werden (Job Rotation, zeitlich und räumlich flexible Aufgabenzuordnung). Modellgemäß wird faktische Einsatzflexibilität des Faktors Arbeit z. B. durch Weisung erzeugt (Lindbeck und Snower (2000)) oder mittels geeigneter Entlohnungsmuster gesteuert (Lindbeck und Snower (2001)).

Unter dem von den Autoren gesteckten Untersuchungsziel, auf hohem Abstraktionsniveau prinzipiell zu zeigen, dass Situationen existieren, in denen unvollständige Spezialisierung der Mitarbeiter dem unternehmerischen Optimierungskalkül entspricht, ist dieser Argumentationsstandpunkt durchaus zu verstehen. Qualität und insbesondere Modelleleganz ließen sich aber durchaus erhöhen, wenn es gelänge, die Mobilitätsbereitschaft der Mitarbeiter und/oder die Flexibilität der Fertigungstechnolgien modellendogen zu fassen. Verfeinerte Ansätze nehmen dann Abstand von der Eingangshypothese "angenommen, die modernen Möglichkeiten zur Adaption würden im betrieblichen Alltag stets umgesetzt — welche Neuerungen betreffen dann den Faktor Arbeit?" und modellieren das betriebliche Flexibi-

---

die erforderlichen Humankapitalinvestitionen zu tätigen sind. Hier beschränken die Autoren ihre Diskussion aber auf die Eigenschaft von qualifikatorischer Flexibilität (*Multiskilling*) als notwendige Bedingung für *Multitasking* bzw. — formal — für $0 < \tau^* < 1$ (vgl. Seite 36). Bislang ausgeklammert bleibt die Diskussion eines im Zeitablauf veränderlichen Spezialisierungsgrades $\tau(t)$. Der eigentlichen Tragweite von Humankapitalflexibilität, die ersichtlich ist, wenn der Blick auf eine schwankungsbedingt zeitvariable Aufgabenzuordnung gerichtet wird, gehen LS damit nicht weiter nach.
Auch die vorliegende Arbeit wird keine Endogenisierung von $\tau(t)$ vornehmen, sondern sich auf die Flexibilität von Zeit konzentrieren. Die Möglichkeit des zeitvariablen *Multitaskings* wird allerdings bei der weiterführenden Diskussion komplementärer personalpolitischer Systeme wieder aufgenommen. Der Grund hierfür liegt auf der Hand, er verläuft parallel zur Begründung der Vorteilhaftigkeit von Geldtransfers gegenüber Naturaltransfers: Arbeitszeitverschiebungen wirken direkt und es ist keine doppelte Koinzidenz der Schwankung erforderlich. Im Bereich *Multitasking* ist unter doppelter Koinzidenz Folgendes zu verstehen: Bei gegebenem Zeitbudget muss eine (erforderliche) Anteilsaufwertung bei einer Teiltätigkeit stets durch eine (ebenfalls erforderliche absorbierende) Anteilsabwertung bei einer anderen Teiltätigkeit aufgewogen werden. Für den Zeitransfer gilt dies nicht. Auf diesen lassen sich die klassischen Geldfunktionen anwenden (Zahlungsmittel, Wertaufbewahrung, Recheneinheit). Dem Zeittransfer kommt somit die Rolle des *Numeraire* zu.

litätsvermögen als Ergebnis, das sich bei Verfolgen des Maximierungskalküls einstellt. Das in Abschnitt 3.4 entwickelte theoretische Modell wird sich dabei eines Detailbereichs der Mobilitätsbereitschaft der Arbeitskräfte annehmen, nämlich der Bereitschaft zur zeitlichen Flexibilität.

Zusammengefasst besteht der Forschungsbedarf darin, den Flexibilisierungsbedarf und insbesondere darauf aufbauende betriebliche Adaptionsmechanismen und –institutionen in einer Form modellendogen aufzunehmen, die den übergeordneten Zusammenhang der personalpolitischen Systeme im Blick behält. Der nächste Abschnitt 3.4 nimmt dies als Forschungsauftrag auf und entwickelt ab Seite 79 ein mikroökonomisch fundiertes Modell. Dieses Modell fußt ganz entscheidend auf dem modernen Adaptionsinstrument der *intertemporalen Zeittransfers in Arbeitszeitkonten* und wird im Weiteren daher als *Adaptionsmodell* bezeichnet. Auf der formalen Seite handelt es sich um einen marginalanalytischen Erklärungsansatz, der im Zusammenhang mit *effizienter Risikoteilung* steht, d. h. eine Partei trägt das Risiko der anderen Partei. Der wesentliche Punkt ist dabei, dass die beiden Akteure Mitarbeiter und Unternehmen wechselseitig das Risiko des anderen übernehmen, so dass effiziente Risikoteilung auf zwei Ebenen erfolgt. Mit diesen beiden Ebenen korrespondieren auf der ökonomisch–inhaltlichen Seite die beiden Phänomene *Ertragsglättung* (Unternehmenssicht) und *Nutzenglättung* (Mitarbeitersicht). Im Ergebnis wird eine *wechselseitige Versicherungslösung* aufgebaut, die auf der Verschiebung von Arbeitszeit über Periodengrenzen hinweg beruht, was die Verschiebung von Produktionsvolumina über Periodengrenzen hinweg erlaubt. Insofern ist das Adaptionsmodell gleichzeitig ein *Versicherungsmodell* und wird auch als solches bezeichnet.

Das Adaptionskalkül ist damit explizit in die Formulierung des Optimierungsproblems aufgenommen. Adäquater Umgang mit Schocks gilt als klassisches Anwendungsgebiet für Adaption. So befasst sich die präsentierte Modellerweiterung mit Gütermarktschocks. Diese Schocks gehen als adaptionsdruckerzeugendes Moment in die Modellierung ein. Insgesamt wird einer innovativen und eigenständigen Argumentationsführung gefolgt, die ein formalanalytisches Modell mit Nachfrageschwankungen auf dem Gütermarkt umsetzt. Inhaltlich ist dieses Vorgehen als Erweiterung der Polarklassifikation aufzufassen.

Der nächste Abschnitt bereitet Diskussion des skizzierten Versicherungsmodells detailliert auf. Besondere Aufmerksamkeit wird dem hierdurch generierten personalpolitischen (Zwischen–)System geschenkt. Dieses spezielle personalpolitische System repräsentiert ein personalpolitisches Gleichgewicht, welches die Polarklassifikation nach Lindbeck und Snower (2000) erweitert. Die Erweiterung besteht darin, dass eine Zwischenstufe abgeleitet wird.

3.4 Erweiterung der Polarklassifikation: Die Systemvariante der wechselseitigen Versicherung in Arbeitszeitkonten

Mit der formalen Integration des betrieblichen Flexibilisierungsbedarfs ins unternehmerische Entscheidungskalkül wird ein Ansatz verfolgt, der der marginalanalytischen Herangehensweise von Lindbeck und Snower (1996, 2000, 2001) vergleichbar ist. Beabsichtigt ist, die Existenz einer innerbetrieblichen (internen) Arbeitsmarktinstitution zu belegen, die ein personalpolitisches System initiiert. Diese innerbetriebliche Institution puffert kurzfristige Nachfrageschwankungen in geeigneter Weise ab und begründet damit die Existenz eines die Polarklassifikation erweiternden personalpolitischen Systems. Aus der Konzentration auf kurzfristige Schocks folgt, dass persistente Verschiebungen der Gütermarktkonstellationen im Rahmen dieses Ansatzes nicht angegangen werden sollen.

Ein hinreichendes Vermögen, mit Risiken auf Beschaffungs- und Absatzmärkten umzugehen, gilt als einer der Schlüsselfaktoren für den betrieblichen Erfolg (Ichniowski, Kochan, Levine, Olson und Strauss (1996), Baron und Kreps (1999)). Betriebliche Strategien zur Anpassung an variierende Rahmenbedingungen lassen sich grundsätzlich aus dem Gewinnmaximierungskalkül ableiten. Sie bestimmen letztlich das betriebliche Adaptionsvermögen, unter dem die Fähigkeit des Unternehmens verstanden sei, mit transitorischen Schwankungen und Störeinflüssen angemessen umzugehen. Im Sinne des Gewinnmaximierungskalküls ist eine möglichst friktionsarme Adaption anzustreben. Der Punkt der Kostenminimierung ist ebenfalls ein wichtiger Aspekt.[12]

Da Adaption in aller Regel nicht friktions- und kostenlos erfolgt, liegt es nahe, entsprechende Maßnahmen in das unternehmerische Optimierungskalkül aufzunehmen und als Entscheidungsvariablen bzw. als Bestandteil der Nebenbedingungen zu behandeln. Die folgenden Ausführungen zeigen, dass unter den gegebenen gesetzlich-institutionellen und gesellschaftlichen Rahmenbedingungen in Deutschland Arbeitszeitkonten eine besondere Rolle einnehmen. Insgesamt soll mit mikroökonomischen Mitteln nachgewiesen werden, dass Arbeitszeitkonten ein charakteristischer Bestandteil eines wohldefinierten personalpolitischen Gleichgewichts sind. Gleichgewichtsexistenz und Systemstabilität gründen sich dabei auf eine Komplementarität, die zwischen dem intertemporalen Arbeitszeittransfer im Rahmen der wechselseitigen Versicherungslösung und dem personalpolitischen Instrument der Informationsbeteiligung besteht. Aus dem Modell heraus lässt sich

---

12 Die kostenneutrale Verschiebung von Arbeitszeitkontingenten zwischen unterschiedlichen Produktionsperioden zeigt ein Beispiel für Kostenoptimierung auf. Weitere Beispiele sind zeitvariable und bedarfsgesteuerte Allokation der Arbeitszeit auf (Teil-)Tätigkeiten bei fixer Entlohnung, das alternative Nutzen von Leerzeiten für Wartungs- und Reinigungsarbeitern oder die Qualitätssteuerung im Prozessablauf.

begründen, dass sich die Informationsbeteiligung zumindest auf die Situation am Gütermarkt erstrecken muss.

Der weitere Verlauf dieses die Polarklassifikation erweiternden Abschnitts gestaltet sich wie folgt: Unterabschnitt 3.4.1 illustriert den übergeordneten Versicherungszusammenhang anhand eines Beispielszenarios und führt den wichtigen Begriff der *Zahlungsbereitschaft im Kontext von Gütermarktrisiken* ein. Er beinhaltet ebenfalls eine erste Diskussion alternativer Adaptionsinstrumente, aus der bereits die Vorteilhaftigkeit intertemporaler Zeittransfers ersichtlich ist. Mit der *Definition von Arbeitszeitkonten* wird in Unterabschnitt 3.4.2 eine innerbetriebliche Institution errichtet, die derartige Transfers regelt. Die Verteilungseigenschaften der *Zufallsvariable Nachfrage am Absatzmarkt* und damit die Gestalt von Produktmarktrisiken werden in 3.4.3 erörtert.

Die beiden zwischengeschalteten Abschnitte 3.4.4 und 3.4.5 wenden sich insbesondere an solche Leser, deren primäres Interesse weniger der formalen Herleitung des intertemporalen Zeittransfers in Arbeitszeitkonten gilt (3.4.6), bzw. die weniger Wert auf den formalen Nachweis der Informationsbeteiligung als Vorbedingung für eine dauerhafte Etablierung des Kontenmodells legen (3.4.7). Sie bereiten die gewonnenen Ergebnisse vielmehr tabellarisch und verbal auf. Die Lektüre von 3.4.4 und 3.4.5 sollte genügen, um erstens die Logik der wechselseitigen Versicherung in Arbeitszeitkonten zu verinnerlichen und zweitens das Erfordernis zu verdeutlichen, das darin besteht, Mitarbeiter in angemessener Form über die Situation ihres Unternehmens am Gütermarkt zu informieren. Die Informationsbeteiligung ist aus Stabilitätsgründen erforderlich.

Der Stabilitätsgedanke begründet letztlich die mehrperiodige Existenz der wechselseitigen Versicherungslösung und definiert damit das eingangs angekündigte personalpolitische System, welches sich vom Taylor–System nach LS durch zwei Elemente abgrenzt: Der *erste* Bestandteil sind Arbeitszeitkonten (**Azk**), der *zweite* ist eine zielgerichtete innerbetriebliche Informations– und Kommunikationspolitik (**IKS**). Anders formuliert kann das durch die Versicherungslösung initiierte personalpolitische System nicht ohne die gezielte Hinzunahme eines abgestimmten innerbetrieblichen Informations– und Kommunikationssystems betrieben werden. Vor diesem Hintergrund wird an späterer Stelle die Bezeichnung **Azk–IKS** für das personalpolitische (Zwischen–)System gewählt.

3.4.1 Die Idee: Produktmarktunsicherheiten, Zahlungsbereitschaft und wechselseitige Versicherung

Die grundsätzliche Funktionsweise des Adaptionsmodells wird vergleichsweise ausführlich anhand des folgenden Beispielszenarios verdeutlicht. Transitorische Nachfrageschwankungen bilden die wesentliche Rahmenbedingung des Modells. Zusätzlich zu dieser Rahmenbedingung werden zwei weitere Grundannahmen getroffen. Grundannahme 1 korrespondiert mit Lindbeck und Snower (2000) und postuliert *Präferenzen für Produktvielfalt*, was heterogene Preisbildung am Gütermarkt impliziert, so dass jedes Unternehmen den gewinnmaximalen Preis wählt, so z. B. eine Markup–Strategie verfolgt. Grundannahme 2 zielt auf eingeschränkte Lagerhaltung: In der Diskussion um Flexibilisierungsbedarfe, um moderne Produktionsformen und um den strategischen Erfolgsfaktor zunehmender Kundenorientierung sind Schlagworte wie etwa *Just–in–Time–Produktion* oder aber *Lean–Production* in aller Munde (vgl. auch Capelli (1997)).

Die Minimierung von Lagerhaltung, aber auch die auftragsgebundene Fertigung sind typische Phänomene moderner Produktion, die es mit Hilfe des personalpolitischen Systems zu unterstützen gilt. Diese Grundbotschaft der Flexibilisierungsdiskussion geht in das Adaptionsmodell ein, und zwar als Annahme prohibitiver bzw. extremer Lagerkosten (*Lagerhaltungsbeschränkung*). Technisch gesprochen besitzt Grundannahme 2 den Rang einer sogenannten kritischen Annahmen (*crucial assumption*), was letztlich ein ähnlich stilisiertes Modell wie das von Lindbeck und Snower (2000) initiiert, aber durchaus beabsichtigt ist.

Die Argumentationsführung orientiert sich am Standardkriterium der Pareto–Effizienz. Wird die korrespondierende Edgeworth–Box–Darstellung mit den beiden Tauschpartnern Unternehmen(sleitung) und Mitarbeiter vor Augen gerufen, so erzeugt die Institutionalisierung des Adaptionsinstruments *intertemporaler Zeittransfer* eine Bewegung in die Linse hinein (im Vergleich zur Situation ohne Anpassung), gegeben die Existenz von Produktmarktrisiken. Für die Produktmarktrisiken verantwortlich sind Nachfrageschwankungen auf dem Gütermarkt, wobei unsere Konzentration annahmegemäß transitorischen Nachfrageschocks gilt. Insofern wird das unternehmerische Maximierungsproblem insgesamt um ein auf kurzfristige Adaption ausgelegtes Instrument erweitert, das zudem die Interaktion zwischen dem Entscheidungsträger Unternehmensleitung und den Mitarbeitern integriert.

Abbildung 3.3 bereitet das Beispielszenario grafisch auf. Betrachtet wird eine betriebliche Preisabsatzfunktion mit typischem fallenden Verlauf. Die Nachfragebedingungen am Gütermarkt seien durch folgende (hypothetische) Nachfragelotterie mit drei möglichen Realisationen beschrieben. Anders formuliert sind die folgenden drei Nachfrageverläufe denkbar: (i) $p = (a - b \cdot \Delta Q) - bQ$, (ii) $p = a - bQ$, (iii) $p = (a + b \cdot \Delta Q) - bQ$. Jedes der drei Ereignisse sei gleich wahrscheinlich. Die erwartete Nachfrage entspricht folglich $p = a - bQ$, was in der Abbildung durch die dicke Linie repräsentiert wird.

Zu einer gegebenen Preis–Mengen–Kombination (p, Q), so z. B. zu der mit der (erwartungs)gewinnmaximierenden Ausbringungsmenge Q^* korrespondierenden

Abbildung 3.3: Nachfragelotterie mit drei Beispielrealisationen

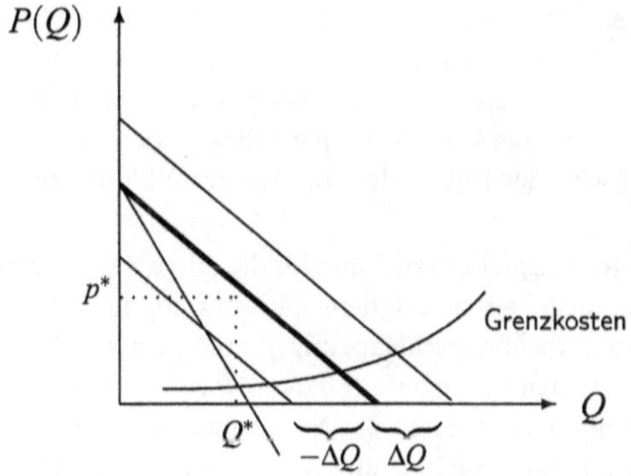

Kombination (p^*, Q^*), verspricht die zuvor beschriebene Lotterie theoretisch den Erlös $p^* \cdot (Q^* - \Delta Q)$ mit Wahrscheinlichkeit $1/3$, den Erlös $p^* \cdot Q^*$ mit Wahrscheinlichkeit $1/3$ sowie den Erlös $p^* \cdot (Q^* + \Delta Q)$ ebenfalls mit einer Wahrscheinlichkeit von $1/3$. Theoretisch bedeutet dabei, dass die aktuell gültige Nachfrage auch befriedigt wird.

Die Argumentationsfolge *Absatzrisiko → Produktionsunsicherheit und Kapazitätsschwankungen → Zahlungsbereitschaft von Mitarbeiter und Unternehmen → wechselseitige Versicherung*, kurzum das Versicherungsmoment, wird plastisch, wenn man sich folgendes Szenario vor Augen führt, bei dem zunächst einmal von denkbaren Anpassungsmaßnahmen abgesehen wird. In diesem Fall ist mit der genannten Lagerhaltungbeschränkung ein Rationierungsmechanismus verbunden, der insgesamt Folgendes implementiert: Unterschreitet die aktuelle Nachfrage die erwartete Nachfrage (d. h. die hergestellte Menge), so "verdirbt" ein Teil der Produktion. Der zugehörige Umsatz lautet $p^*(Q^* - \Delta Q)$. Stimmen erwartete Nachfrage und Realisation der Lotterie überein, so steht ein Umsatz von p^*Q^* zu Buche. Realisiert sich schließlich der positive Nachfrageschock ΔQ, so kann ein Teil der Produktnachfrage nicht befriedigt werden, der entsprechende Umsatz entspricht wie im zweiten Fall p^*Q^*. Somit sind die Umsatzerwartungen im Erwartungsgewinnmaximum der Gütermarktlotterie durch $\frac{2}{3}p^*Q^* + \frac{1}{3}p^*(Q^* - \Delta Q) < p^*Q^*$ gegeben, unterschreiten also den Umsatz unter Sicherheit. Da Anpassung bislang nicht vorgesehen ist, entsprechen die Kosten aus dem Unsicherheitsszenario dem Vergleichswert bei Nachfragesicherheit, so dass der Erwartungsgewinn aus der Nachfragelotterie ebenfalls geringer ausfällt.

Was folgt inhaltlich aus diesem Szenario, wenn es über eine Vielzahl von Perioden wiederholt wird? Die genannten Überlegungen weisen insgesamt Analogien zur modernen Portfoliotheorie auf. Der Kerngedanke der Portfoliotheorie basiert darauf, dass die Anlageentscheidung eines Investors nicht allein auf der Höhe der erwarteten Rendite (μ) beruht. Vielmehr zieht jeder rational handelnde Investor auch das Risiko (σ) einer Anlage ins Kakül. Bei gegebener erwarteter Rendite besteht das Anlageziel darin, die Varianz des Portfolios zu minimieren. Jedem anderen Fall vorgezogen wird der Fall, in dem die Varianz Null beträgt, die Anlage somit sicher ist.

Übertragen auf obiges Beispiel wären daher für die durch den erwarteten Nachfrageverlauf gegebene Konstellation geeignete Mechanismen zu finden, welche die negativen Folgen aus den Nachfrageschwankungen minimieren. Allen anderen Situationen vorgezogen werden Lösungen, in denen Nachfrageschocks vollständig absorbiert werden. In der Terminologie der Nutzentheorie ist das Unternehmen risikoavers und somit an einer Versicherung des Nachfragerisikos interessiert.[13] Die Zahlungsbereitschaft, die das Unternehmen unter den gegebenen Rahmenbedingungen für derartige Versicherungen aufbringt, werde durch den Ausdruck π_{Unt} gemessen. Die Höhe von π_{Unt} lässt sich anhand einer festen Regel bestimmen. Hierauf wird an späterer Stelle noch genauer eingegangen, nachdem das Parallelmaß auf Seiten der Mitarbeiter eingeführt ist (Seite 55).

Im stilisierten Beispiel ist das Unternehmen an einer (Voll–)Versicherung des Erlösrisikos interessiert. Rein hypothetisch würde eine solche (Voll–)Versicherung gegen Erlösschwankungen, die — unabhängig vom Umweltzustand — einen Umsatz in Höhe von p^*Q^* garantiert, dann folgende drei Möglichkeiten implizieren, die durchgängig die Eintrittswahrscheinlichkeit von einem Drittel besitzen: 1. Es tritt ein negativer Nachfrageschock ein und die Versicherung zahlt die Differenz $p^* \cdot \Delta Q^*$ aus. 2. Die Umsatzerwartungen werden realisiert, die Versicherung zahlt nicht. 3. Ein positiver Nachfrageschock tritt ein, die Nachfrage ist rationiert, der realisierte Umsatz lautet wie zuvor p^*Q^*, zu einer Zahlung durch die Versicherung kommt es ebenfalls nicht. Diese Versicherung verspricht den Gewinn $p^*Q^* - K[Q^*] - b$, wobei b die Versicherungsprämie misst.

---

13 Rein technisch wäre dafür eine unternehmerische Nutzenfunktion zu definieren, in die zwei Größen aufgenommen werden: der erwartete Gewinn und die Varianz der Nachfrage. Es ist allerdings eher unüblich, Nutzenfunktionen für Unternehmen oder Investoren zu definieren. Insofern verwendet die Portfoliotheorie hier ein anderes Vokabular. Das Phänomen der Risikoaversion wird mit dem Begriff der Varianzaversion belegt (Duffie (1988)). Während das Begriffspaar Rendite–Risiko mit Varianzaversion korrespondiert, korrespondiert das Begriffspaar Nutzen–Risiko mit Risikoaversion (zur Äquivalenz zwischen dem unternehmerischen "Investitionskalkül" über risikoreiche Nachfrageverläufe ($\mu - \sigma$–Kriterium) und unternehmerischer Risikoaversion gemäß des Erwartungsnutzenkonzepts siehe Lajeri und Nielson (2000), Löffler (1996)). In dieser Arbeit wird aber durchgängig der Begriff *Risikoaversion* verwendet.

Schematisch ausgedrückt kann die Bereitstellung der Versicherungsleistung entweder in Eigenfertigung oder in Fremdfertigung erfolgen. Eigenfertigung korrespondiert mit Flexibilisierung bzw. betriebliche Adaption. Fremdfertigung korrespondiert mit dem Abschluss eines Versicherungsvertrags bei einem professionellen Versicherungsanbieter. Wenden wir uns der Eigenfertigungvariante zu und betrachten die Produktionsflexibilisierung eingehender. Produktionsflexibilisierung sei dabei in einem umfassenden Sinne verstanden, der sowohl das Flexibilisierungsvermögen umfasst als auch die letztlich vorgenommenen Adaptionsmaßnahmen. Sie ist mit Kosten verbunden, die vom Unternehmen getragen werden. Die Anpassungskosten bzw. die Bereitschaft, kostenverursachende Maßnahmen zu Adaptionszwecken vorzunehmen, lassen sich in Verbindung mit π_{Unt} bringen. Inhaltlich misst π_{Unt} die obere Schranke für die Kosten der vom Unternehmen getätigten Anpassungsmaßnahmen.

Eine erste Möglichkeit, unternehmensintern auf die Nachfrageverschiebung (ΔQ bzw. $-\Delta Q$) zu reagieren, besteht darin, die aktuelle Fertigungshöhe so zu variieren, dass angebotene und nachgefragte Gütermenge ex post übereinstimmen. Plakativ ließe sich diese Varianten als "Markträumung durch Schockabsorption" bezeichnen, wobei negative Schocks als Anpassungsreaktion eine Verringerung der Produktion hervorrufen, während positiven Schocks mit einer Produktionsausweitung begegnet wird. Aufgrund der symmetrischen Gestalt der Lotterie bieten sich Adaptionsinstrumente an, die eine Variation in beide Richtungen (Kontraktion *und* Expansion) vorsehen. Im Zweifelsfall kann dies über die Kombination verschiedener Instrumente erreicht werden.

Für den betrieblichen Beschäftigtenpool beinhalten solche Anpassungsmaßnahmen ebenfalls Konsequenzen: Der Einsatz des Faktors Arbeit kann beispielsweise mittels einer nachfragegesteuerten Rekrutierungs– und Entlassungspolitik variiert werden. Neben der direkten Variation der Köpfe, ist an abgestufte Varianten zu denken. Solche abgestuften Varianten beinhalten beispielsweise die Kombination von Stundenzahl– und Mitarbeiterzahlvariation. Insbesondere dann, wenn die Bedeutung des spezifischen Humankapitals für den Produktionserfolg hoch ist, werden Unternehmen versuchen, die Anpassung an die aktuellen Nachfragebedingungen nur in Teilen über das Wechselspiel von Entlassungen und Einstellungen zu regeln, um das Humankapital zu erhalten.

Entsprechende Konsequenzen lassen sich verkürzt wie folgt fassen: Die sich verschiebende Güternachfragefunktion aus Abbildung 3.3 überträgt sich in eine sich verschiebende Arbeitsnachfragefunktion. Die praktische Anpassung kann auf verschiedene Weise und in unterschiedlich abgeschwächter Form vorgenommen werden. Im Ergebnis jedenfalls üben Gütermarktschwankungen Rückwirkungen auf die Faktornachfrage aus. Anders ausgedrückt übertragen die Nachfrageschwankungen auf dem Gütermarkt sich in eine der Absatzlotterie nachgelagerte

Beschäftigungslotterie, von der wiederum die Mitarbeiter betroffen sind: Das Risiko eines Beschäftigungsverlustes ist nicht Null.

Passt sich das Unternehmen z. B. mit Entlassungen und Personalrekrutierungen an die variierenden Gütermarktbedingungen an, so sehen sich die Mitarbeiter in jeder Periode einem positiven Entlassungsrisiko gegenüber. Wird das Umsatzrisiko andererseits als variierendes Wertgrenzprodukt der Arbeit interpretiert und über Lohnanpassungen an die Mitarbeiter weitergegeben, so sind Einbußen im Periodeneinkommen zu befürchten, d. h. es besteht das Risiko von Einkommensabschlägen. Das nachgelagerte Entlassungs-/Einkommensrisiko besteht unabhängig von der Leistungsintensität der Beschäftigten. Das Risiko, den derzeitigen Arbeitsplatz trotz hoher Leistungsintensität zu verlieren, wird ex ante durch das Absatzrisiko determiniert. Es fällt ex post umso höher aus, je deutlicher die Unternehmensleitung auf geringwertige Realisationen der Güternachfrage mit einer Variation der Mitarbeiterzahl reagiert.

Geht man von einem Modell mit derzeit optimalem Matching aus, das zudem eine effiziente Anreizsteuerung beinhaltet und das unter Sicherheit dauerhafte Beschäftigungsbeziehungen sowie einen konstanten Realeinkommensstrom versprechen würde, so ändert sich die Mitarbeitersituation aufgrund der Nachfrageschwankungen: Die dauerhafte Beschäftigungsbeziehung mit konstantem Realeinkommen wird abgelöst durch eine Beschäftigungs- bzw. Lebenseinkommenslotterie mit den denkbaren Ausprägungen pro Einzelperiode: 1. Arbeitslosigkeit, 2. Verbleib im Unternehmen zum vereinbarten Einkommen, 3. Verbleib im Unternehmen zu veränderten Bezügen. Sind die Arbeitskräfte risikoscheu im Sinne des Erwartungsnutzenkonzeptes, so sind sie grundsätzlich zu Zahlungen bereit, die zur Minderung der durch Nachfrageschwankungen induzierten Entlassungsgefahr beitragen bzw. zur Glättung des (Lebens-)Einkommensstroms dienen.

Diese Zahlungsbereitschaft der Mitarbeiter werde durch π_{MA} gemessen. Sie definiert sich ganz analog zur weiter vorn eingeführten unternehmerischen Zahlungsbereitschaft π_{Unt}. Die Berechnung beider Größen erfolgt nach demselben Muster. Aufgrund der unterschiedlichen Verhaltensmaxime von Unternehmen und Mitarbeitern nehmen wir allerdings eine begriffliche Trennung in (a) Markowitz-Risikoprämie π_{Unt} und (b) Arrow-Pratt-Risikoprämie π_{MA} vor (Vgl. auch die Originalliteratur Markowitz (1952), Arrow (1971)). Beide Maße lassen sich als Obergrenze der Versicherungsprämie interpretieren.

Die Prämien ermitteln sich in quadratischer Näherung aus der Varianz der betrachteten Zufallvariablen und dem Arrow-Pratt-Maß der absoluten Risikoaversion. Im Einzelnen gilt:[14]

14 Die Bestimmung der Risikoprämien erfolgt mittels einer Taylorapproximation der Erwartungsnutzenfunktion an der Stelle des Erwartungswertes (a) des Gewinns bzw. (b) des Einkommens.

(a) $\pi_{\text{Unt}} \approx \frac{\sigma_M^2}{2} \cdot \left(-U''[Q(p), \sigma^2_{Q(p)}, C]/U'[Q(p), \sigma^2_{Q(p)}, C]\right)$,
mit der zufallsverteilten Güternachfrage $Q(p)$, den Produktionskosten C, der Varianz der Nachfragefunktion σ_M^2 und der unternehmerischen Nutzenfunktion U, die die beiden Charakeristika des "Gütermarkt–Portfolios" (i) erwarteter Nachfrageverlauf sowie (ii) temporäre Nachfrageverschiebungen in gültige Nutzenwerte umrechnet.

(b) $\pi_{\text{MA}} \approx \frac{\sigma_E^2}{2} \cdot (-u''[E]/u'[E])$,
mit dem zufallsverteilten Periodeneinkommen E, der konkaven Nutzenfunktion u und der Varianz des Einkommens σ_E^2.

Die Tatsache, dass beide Parteien, also Mitarbeiter und Unternehmen, sich gern gegen das Absatzrisiko versichern würden, ist wesentlich für die zweiseitige Gestalt des Versicherungsgedankens und implementiert schließlich die Wechselseitigkeit des im weiteren Verlauf entwickelten Versicherungsmodells. Eine genaue Quantifizierung bzw. Operationalisierung der jeweiligen Zahlungsbereitschaft wird im Rahmen dieser Arbeit nicht vorgenommen; denn es geht um den grundsätzlichen Nachweis der Existenz einer Versicherungslösung. Der Einfachheit halber wird die Existenz der wechselseitigen Versicherungslösung für den Fall bewiesen, in dem sich π_{Unt} und π_{MA} gerade entsprechen.

Im Ergebnis lässt sich ein integriertes Modell der Versicherungnachfrage begründen, bei dem sich die Parteien gegenseitig versichern:

- Produktionsflexibilisierung und Adaption auf Seiten des Unternehmens ➞ Versicherung gegen negative Effekte der Lagerhaltungsbeschränkung, prinzipielle Zahlungsbereitschaft: π_{Unt}
- Beschäftigungssicherung und Einkommensglättung auf Mitarbeiterseite ➞ Versicherung gegen das reallokative Entlassungsrisiko bzw. gegen Entlohnungsschwankungen, prinzipielle Zahlungsbereitschaft: π_{MA}.

Gehen wir in unserem Gedankenexperiment nun einen Schritt weiter und betrachten das Anpassungsverhalten genauer. Vor dem Hintergrund des beiderseitigen Versicherungsbedarfs konzentriert sich unser Interesse auf versicherungskonforme Anpassungskanäle. Auf Basis der beiden optisch abgesetzten Punkte (•) tritt dem eigentlichen Adaptionsaspekt das Gebot der Nichtentlassung trotz auftretender Gütermarktschwankungen hinzu, d. h. wir sind stets an der Kombination *Flexibilisierung ↔ Beschäftigungszusicherung* interessiert. Diese spezielle Form von Beschäftigungssicherheit sei fortan als Mitarbeiterversicherung bezeichnet. Der Term

Die Taylorreihe wird dabei bis zur zweiten Ableitung entwickelt.

Mitarbeiterversicherung rekurriert somit auf die Befreiung von transitorischen Risiken. Dem Unternehmen sichern moderne Strategien betrieblicher Flexibilisierung, die im Sinne wechselseitiger Versicherung obigem Adaptionsaspekt Genüge tragen — so z. B. Arbeitszeitkonten —, die Deckung von individueller Güternachfrage und Produktion zu. Dieser Umstand impliziert Markträumung und sei mit dem Term Unternehmensversicherung belegt.

Das zur (quantitativen) Adaption verfügbare Handlungsspektrum umfasst ganz allgemein sowohl (i) klassische Flexibilisierungsstrategien (Überstunden, Kurzarbeit, Freisetzungen, (temporäre) Einstellungen) als auch (ii) Flexibilisierungsstrategien moderner Prägung, welche institutionell auf betrieblicher Ebene verankert sind. Charakteristisches Beispiel für eine Strategie aus (ii) sind intertemporale Transfers von Arbeitszeit bei konstantem Periodeneinkommen. Die unter (i) genannten Instrumente repräsentieren in genanntem Sinne nicht–versicherungskonforme Anpassungskanäle, was sich über die folgende Argumentation verdeutlichen lässt: Während die beteiligten Beschäftigten im Modell mit (kostenneutralen) Zeittransfers ein konstantes Periodeneinkommen erhalten, ist dies bei jener Kombination von Überstunden und Kurzarbeit, die zu exakt denselben Ausbringungsmengen führt, nicht der Fall. Überstunden sind im Allgemeinen mit Einkommenszuschlägen versehen, während Kurzarbeit aufgrund gesetzlicher Regelungen mit Einkommensabschlägen verbunden ist. Diese Konstellation gemäß (i) beschreibt daher eine klassische Einkommenslotterie wie im diskutierten Beispielszenario.

Demgegenüber zielt der intertemporale Arbeitszeittransfer auf eine bedarfsgerechte Mischung *kontraktiver und expansiver Elemente* im Zeitablauf und misst die *kostenneutrale Verschiebung* von Arbeitsstunden *über Periodengrenzen hinweg*. Die natürliche institutionelle Verankerung ist ein Kontenmodell, das Brutto– und Nettobewegungen von Arbeitszeit "mitkoppelt", d. h. miteinander verrechnet. Immer dann, wenn die Nachfrage symmetrisch verteilt ist, ist der erwartete Kontostand *Null*. Das versicherungstheoretische Moment kommt in Arbeitszeitkonten dadurch zum Ausdruck, dass die unterschiedlichen Kontenbewegungen *erstens* die beiden denkbaren Richtungen eines Nachfrageschocks ausgleichen können und *zweitens* die Mitarbeiterversicherung enthalten ist.[15]

Die vorangegangenen Überlegungen lassen sich dahingehend zusammenfassen, dass sich Arbeitszeitkonten für eine Umsetzung des wechselseitigen Versicherungsmodells in die unternehmerische Praxis anbieten. Im Detail verfügt jeder Mitarbeiter über ein individuelles Konto, welches den gütermarktinduzierten intertemporalen Zeittransfer dokumentiert und regelt. Gleichzeitig sichern entsprechende Kontenverträge die genannte Mitarbeiterversicherung zu.

---

15 Umstände, die einen von Null verschiedenen Erwartungswert implizieren, so z. B. technische Ineffizienz, sollen hier nicht Gegenstand der Diskussion sein.

Dieser einführende Unterabschnitt soll mit einem Exkurs über die Kostencharakteristika der Adaption schließen. Aus einer vergleichenden Perspektive werden ausgewählte Instrumente betrachtet, da eine eingehende Beurteilung der Kosten–Nutzen–Eigenschaften, welche z. B. auf die Evaluation sämtlicher Alternativen zielt in mehrfacher Sicht nicht vonnöten ist. Die Überflüssigkeit einer solch umfassenden Diskussion gründet sich auf die superioren Kosteneigenschaften von Arbeitszeitkonten. Die Überlegenheit des Adaptionsinstruments Arbeitszeitkonten basiert dabei einerseits darauf, dass auf quasi natürlichem Wege die zweiseitige Versicherungslösung implementiert wird. Andererseits legt die Beurteilung der Grenzkosten den eindeutigen Schluss nahe, dass aus Unternehmenssicht (unverzinste) intertemporale Zeittransfers in Kontenmodellen anderen Strategien dann stets vorgezogen werden, wenn die Fixkosten der Einrichtung die hypothetische faire Versicherungsprämie π_{Unt} unterschreiten. Zur Illustration mögen die folgenden Anpassungskostenbeispiele dienen.

Im Vorfeld sei betont, dass sich die betrachteten Strategien hinsichtlich ihrer Anpassungswirkung nicht unterscheiden, so dass die Beurteilung der Kosten für den Instrumentenvergleich ausschlaggebend ist. Nimmt ein Unternehmen beispielsweise eine nachfragebedingte Anpassung in Form von Entlassungen bzw. Einstellungen vor, so fallen Freisetzungs– und Rekrutierungskosten an. Bei *Nachfrageausfall mit Arbeitskräfteabbau* in Periode t gilt z. B. $c_t = -w \cdot (N_\mu - N_t) + \sum_i^I S_i^t + c(\textsc{SoPl})$, mit der erwarteten/ursprünglichen Mitarbeiterzahl N_μ, mit der realisierten Mitarbeiterzahl N_t (wobei $N_t < N_\mu$ aufgrund des Nachfrageausfalls), mit der Abfindungszahlung S_i^t, die der i–ten freigesetzten Person zuteil wird, und den zusätzlichen Kosten $c(\textsc{SoPl})$, die etwa auf Sozialpläne zurückgehen. Die Zahl der freigesetzten Personen beträgt $(N_\mu - N_t)$, deren jeweiliges Periodeneinkommen beim Verbleib im Unternehmen w betragen hätte. Kommt demgegenüber bei einem *positiven Nachfrageschock* das Instrument *Überstunden* zum Einsatz, so könnten die typischen Anpassungskosten $c_t = (1+\xi)\,\omega \cdot \Delta h_t N_{it}$ lauten, wobei N_{it} die Anzahl der betroffenen Arbeitnehmer misst und ξ dem Überstundenzuschlag entspricht, der auf das Stundenentgelt ω zu zahlen ist. Die (durchschnittliche) Zahl der Überstunden, die eine betroffene Arbeitskraft leistet, beträgt Δh_t.

Für die im Mittelpunkt stehenden Zeittransfers fallen fixe Anpassungskosten an. So treten fixe Anpassungskosten $c_t = \overline{c_\Delta}$ beispielsweise dann auf, wenn für die Initiierung des betrachteten Flexibilisierungsinstruments Verhandlungskosten anstehen. Im Gegensatz zu den zuvor genannten Kostenbeispielen bleiben fixe Anpassungskosten ohne Einfluss auf die Quantität des optimalen Produktionsplans, sprich Q^*. In umgekehrter Richtung formuliert weicht die (geplante) erwartungsgewinnmaximierende Ausbringungsmenge dann nicht vom Vergleichswert unter Sicherheit ab, wenn ausschließlich fixe Anpassungskosten zu Buche stehen. Genau diese Eigenschaft besitzt das wechselseitige Versicherungsmodell mit intertemporalen Zeittransfers, die institutionell in Arbeitszeitkonten verankert sind, wenn die Grundvoraussetzung erfüllt ist, dass aus der Produktionstätigkeit ein hinreichend hoher (absoluter) Gewinn resultiert, der die fixen Anpassungskosten übersteigt.

Insofern wären Arbeitszeitkonten tendenziell eher in größeren Unternehmen zu erwarten. Verfahrenstechnisch materialisieren sich diese Zeittransfers als Kontenbewegungen auf dem Arbeitszeitkonto. Damit sich das Kontenmodell auf Dauer als Flexibilisierungsinstrument etablieren kann, ist allerdings der Einsatz weiterer Instrumente aus dem personalpolitischen Handlungskatalog erforderlich. Diese Instrumente dienen dazu, die vorhandenen Versicherungswünsche in ein funktionsfähiges Modell umzusetzen. Sie betreffen (a) die faktische Operationalisierung der in Zeiteinheiten transformierten Versicherungsprämien und (b) den Umgang mit den Gütermarktinformationen, die anzeigen, welcher quantitative Transferrahmen erforderlich ist. In knappen Worten lässt sich dieses unter *Glaubwürdigkeit und Nachverhandlungsstabilität* fassen.

Im stilisierten Beispiel, das davon ausgeht, die Gütermarktcharakteristika seien sowohl Mitarbeitern als auch der Unternehmensleitung bekannt, ist besagte Versicherungslösung aus Kosten–Nutzen–Sicht zwar stets vorteilhaft und alternativen quantitativen Flexibilisierungsstrategien überlegen. Ihre faktische Existenz ist allerdings an eben diese idealtypische Vorbedingung der Informationsverteilung geknüpft, was bedeutet, dass beide Versicherungsparteien — d. h. Mitarbeiter und Unternehmensleitung — über die Gütermarktkonstellation im Bilde sind. Ein Umstand, der in der betrieblichen Praxis erst einmal etabliert werden muss. Dieser Aspekt wird in 3.4.7 vertieft. Formal geht es dort um die Stabilität der Flexibilisierungslösung.[16]

16 Die Bedeutung dieses Aspektes für die Tragfähigkeit des Adaptions–Versicherungsmodells lässt sich gut anhand von Negativbeispielen verdeutlichen: Nicht für die wechselseitige Versicherungslösung werden sich solche Unternehmen entscheiden, die sich mit der Abkehr von einer althergebrachten Unternehmenskultur nicht anfreunden können, d. h. Elemente wie traditionelle Aufgaben–, Informations– und Interessentrennung nicht aufgeben mögen. Diese Unternehmen ziehen die Verschiebung von Arbeitszeit nur dann überhaupt in Betracht, wenn dieses Instrument gravierende Kosten–Nutzen–Vorteile im Vergleich zu traditionellen Anpassungsinstrumenten (Entlassungen, Einstellungen, befristeten Arbeitsverhältnissen, Überstunden, Kurzarbeit etc.) verspricht. Ganz ähnlich gelagert ist das Beispiel des Scheiterns einer nach japanischen Maßstäben in den USA errichteten Fabrik (Doeringer, Evans-Klock und Terkla (1998)). Es bezieht sich auf ein Montagewerk der amerikanischen Automobilindustrie, das nach japanischem Muster reorganisiert wurde. Die Reorganisation erfolgte ohne besondere Berücksichtigung der derzeitigen industriellen Beziehungen. Die Belegschaft wurde zunächst nicht verändert, d. h. von denselben Mitarbeitern, die zuvor unter dem amerikanischem Stil von Unternehmensführung tätig wären, wurde erwartet, dass sie nach der Umstrukturierung "nach japanischem Muster funktionierten". Dieses Ansinnen war allerdings nicht von Erfolg gekrönt. Die Arbeitsproduktivität fiel und konnte selbst nach einer längeren Anlaufphase nicht an die ursprünglichen Kennzahlen anknüpfen. Auf Basis dieser Erfahrung wurden große Teile der Belegschaft (mittleres Management und produktiv eingesetzte Mitarbeiter an den Fertigungslinien) ausgetauscht, was inhaltlich einer Unternehmensneugründung gleichkommt. Es resultier-

Mit Blick auf das Informationskalkül wird die Diskussion des Arbeitszeitkontenmodells daher folgendem Prozedere folgen: Bei der eigentlichen Herleitung des Versicherungsmodells wird davon ausgegangen, für beide Parteien sei die erforderliche Informationsvoraussetzung erfüllt, d. h. es wird der grundsätzliche Nachweis der wechselseitigen Versicherungslösung erbracht. Auf die Rolle der Mitarbeiterinformation wird dann bei der Diskussion der Gleichgewichtseigenschaften eingegangen, die sich im Wesentlichen auf Dauerhaftigkeit und (Nachverhandlungs–)Stabilität von Arbeitszeitkonten bezieht. Dort wird sich zeigen, dass intertemporale Zeittransfers und Gütermarktinformation für Mitarbeiter ein erstes komplementäres personalpolitisches System initiieren.

Im nächsten Unterabschnitt schließt sich eine Arbeitsdefinition des intertemporalen Zeittransfers in Arbeitszeitkonten an, auf die sich die weitere Diskussion beziehen wird.

3.4.2 Zu Beginn: Eine Definition

Da es sinnvoll ist, die formale Analyse und die weitergehende Modellinterpretation auf eine gemeinsame Bezugsgrundlage zu beziehen, sei der eigentlichen Diskussion eine Definition von intertemporalen Transfers in Kontenmodellen vorangestellt. Definition 1 benennt die konstituierenden Bestandteile des Arbeitszeitkontos. Das Konto selbst wird als innerbetriebliche Arbeitsmarktinstitution verstanden und ist Ausführungsbestimmung bzw. Implementierung der wechselseitigen Versicherungslösung auf der organisatorischen Ebene.

Definition 1 (Azk) *Das innerbetriebliche Arbeitszeitkonto* **Azk** *konstituiert sich aus den folgenden fünf Elementen (a) bis (e). Es wird zwischen Mitarbeitern und Unternehmen vereinbart. Der hier verfolgte theoretische Ansatz nimmt dabei für die Elemente (a) und (d) die Right–to–manage– bzw. Take–it–or–leave–it–Variante an.*[17]

$$\mathbf{Azk} = \left\{ h_\mu,\ \min\left[|h_t - h_\mu|,\ \Delta h_\mu \right],\ \Delta t,\ w,\ \text{Ⓢ} \right\}$$

---

ten massive Produktivitätssteigerungen, woraus die Autoren schließen, eine Reihe personalpolitischer Instrumente lasse sich nicht in bestehende Umgebungen einbringen, sondern ein vollkommen neues System müsse aufgesetzt werden.

Die gleiche Zurückhaltung darf von Mitarbeitern erwartet werden, die sich durch Gütermarktschwankungen nicht von einem erhöhten Einkommens– oder Einsatzrisiko betroffen sehen. Schließlich sprechen gesetzliche Regelungen, die beispielsweise Mehrarbeitszuschläge verbieten, und/oder vernachlässigbare Entlassungskosten für andere innerbetrieblichen Institutionen des intertemporalen Zeittransfers als Arbeitszeitkonten.

17 Die hier getroffene Definition setzt Arbeitszeitkonten als Institution des intertemporalen Zeittransfers um. Sie integriert nicht den Literaturstrang, der Arbeitszeitkonten insbesondere auch als Institution für individuelle Zeitsouveränität sieht (Sabbatphasen, Familienplanung, variable Ruhestandsgrenzen etc.). Arbeiten, die Arbeitszeitverkürzungen als Mittel der Beschäftigungssicherung diskutieren und u. U. Kontenmodelle am Rande betrachten, sind ebenfalls nicht Gegenstand dieser Arbeit (z. B. Promberger (2002)).

(a) Normalarbeitszeit h_μ pro Periode, gemessen in Stunden,
(b) pro Periode zulässiger Zeittransferrahmen $\Delta h_\mu = \max|h_t - h_\mu|$, innerhalb dessen die kostenneutrale Verschiebung von Zeitkontingenten erfolgt, Δh_μ begrenzt u. U. den aktuellen Transferwunsch $|h_t - h_\mu|$ jeweils gemessen in Stunden,
(c) Ausgleichszeitraum Δt (Zeithorizont des Kontos),gemessen als Vielfaches der Periodenlänge,
(d) fixer Zeitlohn w, der den teilnehmenden Mitarbeiternmonatlich gezahlt wird,
(e) Nichtentlassungszusage Ⓢ (Mitarbeiterversicherung), die die Mitarbeiter gegen kurzfristige reallokative Schocks versichert.

Der formale Nachweis von intertemporalen Arbeitszeittransfers in Arbeitszeitkonten wird sich auf die in Definition 1 gesetzten Eckdaten stützen. An dieser Stelle seien die fünf Bestandteile nur kurz skizziert. Eine eingehende Beleuchtung erfolgt im Rahmen der formalen Herleitung. Dort wird auch genauer Bezug auf den Zeitlohn w genommen, der den Grundannahmen des Shapiro–Stiglitz–Modells genügen soll (Shapiro und Stiglitz (1984)), wobei diese Shirking–Variante eines Effizienzlohnmodells auch deswegen ausgewählt wurde, weil sie in den Arbeiten von Lindbeck und Snower (2000) und Snower (1998) eine wichtige Rolle spielt. So besteht hier eine weitere Gemeinsamkeit zwischen den beiden Ansätzen aus Abschnitt 3.2 bzw. 3.4, was für die Hypothesengenerierung im empirischen Teil von Vorteil ist.

Die unter (a) genannte Arbeitszeit misst die Arbeitszeit, die ein gewinnmaximierendes Unternehmen wählen würde, wenn die Nachfrage nicht mit Risiken behaftet wäre. In Punkt (b) wird die Obergrenze für das periodenbezogene Adaptionspotential festgeschrieben. Mit dem Begriff Adaptionspotential ist der Umfang des Zeitkontingents (d. h. die Höhes des Transfervolumens) gemeint, das zu Versicherungszwecken über die Periodengrenzen hinweg verschoben werden kann, ohne dass Anpassungskosten fällig sind.[18] Zeitkonten sind grundsätzlich auf den Ausgleich der Bewegungen ausgerichtet, was unter den beiden Prämissen (i) symmetrische Verteilung der Güternachfrage, (ii) zutreffende Vorstellung über die Höhe des Erwartungswertes auch erfolgt. Für den Fall, dass statt einer transitorischen Nachfrageschwankung eine persistente Nachfrageverlagerung vorliegt (Verschiebung des Erwartungswertes) bietet der unter (c) festgelegte Zeitraum, innerhalb dessen die Kontenstände obligatorisch auszugleichen sind, eine Sicherheitsklausel, die im Bedarfsfall die Aktualisierung der Erwartungen einläutet. Das unter (d) genannte fixe Monatseinkommen operationalisiert in Kombination mit der Beschäftigungsgarantie in (e) den gemäß Versicherungsmodell geglätteten Einkommensstrom, oder anders ausgedrückt, die Mitarbeiterversicherung.

18 Gemeint sind hier variable Anpassungskosten. Fixkosten, die beispielsweise aus der Existenz des Kontensystems resultieren, sind natürlich denkbar.

Nachdem nun die institutionellen Grundlagen des Adaptionsinstruments *Verschieben von Arbeitszeit über Periodengrenzen hinweg* gelegt sind, widmet sich der nächste Unterabschnitt *der* übergeordneten Rahmenbedingung des unternehmerischen Entscheidungsproblems, die allerdings unstrittig sein sollte. Hier wird die Existenz von Nachfrageschwankungen auf dem Gütermarkt postuliert. Aus Handhabungsgründen wird dabei von der diskreten Nachfragelotterie abgegangen, die zur Vorbereitung des Versicherungsgedankens genutzt wurde. Anstelle dessen wird von normalverteilter Güternachfrage auf dem betrieblichen Absatzmarktsegment ausgegangen.

3.4.3 Ausgangsprämisse: Zufallsverteilte Produktnachfrage

Im Vergleich zum zuvor beleuchteten Beispielszenario werden nun normalverteilte Zufallseinflüsse auf dem Gütermarkt unterstellt: Die in einer Periode tatsächlich nachgefragte Menge sei normalverteilt mit konstanter Varianz. Sie werde mit Q_M bezeichnet. Die Abweichung $\Delta Q = Q_M - \mathrm{E}\,Q_M$ zwischen realisierter und geplanter Nachfrage ist dann ebenfalls normalverteilt mit Erwartungswert Null und identischer Varianz.[19]

Die beiden folgenden Gleichungen (3.7) und (3.8) dokumentieren dies:

$$Q_M \sim N(\mathrm{E}\,Q_M, \sigma_M^2) \quad , \tag{3.7}$$

$$\Delta Q \sim N(0, \sigma_M^2) \quad . \tag{3.8}$$

Angenommen, das Unternehmen habe das Maximierungsproblem gelöst und den Maximierungsprozess abgeschlossen, d. h. die Preis–Mengen–Kombination, die den Erwartungsgewinn maximiert, sei bestimmt. Sie laute p^*, Q^*.

Für das gelöste Optimierungsproblem ist Q^* ganz analog zu $\mathrm{E}\,Q_M$ aus Gleichung (3.7) der Erwartungswert für die Realisierung der Nachfrage gemäß optimalem Produktionsprogramm $Q^* \equiv \mathrm{E}\,Q_M^*$. Es lässt sich somit schreiben:

$$Q_M^* \sim N(Q^*, \sigma_M^2) \quad , \tag{3.9}$$

und für die Abweichung zwischen dem erwartungsgewinnmaximierenden Produktionsprogramm Q^* und dessen Realisation entsprechend:

$$\Delta Q^* \sim N(0, \sigma_M^2) \quad . \tag{3.10}$$

19 Von Produktionsrisiken wird während der gesamten Modelldiskussion abstrahiert.

Die Höhe des Nachfragerisikos wird durch die Varianz σ_M^2 determiniert. Folgendes Beispiel, das sich am Erwartungsgewinnmaximum orientiert, verdeutlicht die Rolle der Varianz für die unternehmerische Versicherungsnachfrage anhand zweier unterschiedlicher Nachfrageverteilungen, welche denselben Erwartungswert μ besitzen. Die grafische Darstellung des Zusammenhangs findet sich in Abbildung 3.4 wieder.

Die Überlegungen lassen sich wiederum in das $\mu-\sigma$–Modell einkleiden, das bei normalverteilten Rückflüssen mit dem Erwartungsnutzenkonzept übereinstimmt (Löffler (1996), Lajeri und Nielson (2000)). Aus der Erörterung der unternehmerischen Zahlungbereitschaft (vgl. Seite 55) ist klar, dass der Erwartungsnutzen des Unternehmens nicht unabhängig von der Varianz der Güternachfrage ist, die in diesem Fall durch σ_{low}^2 bzw. σ_{high}^2 gemessen wird.

Für eine vergleichende Beurteilung der betrachteten Zufallsvariablen ist eine Kenntnis der genauen Gestalt der "Nutzenfunktion", die über den Gewinn gelegt wird, nicht erforderlich. Für zwei Zufallsvariablen, die — wie in Abbildung 3.4 — denselben Erwartungswert besitzen, gilt übertragen auf das Gütermarktbeispiel nämlich: Die durch eine bestimmte Zufallsvariable repräsentierte Gütermarktkonstellation wird der durch eine andere Zufallsvariable repräsentierten Gütermarktkonstellation genau dann vorgezogen, wenn erstere eine geringere Varianz besitzt, d. h. weniger risikobehaftet ist.

Abbildung 3.4: Produktmarktrisiko aus Unternehmenssicht

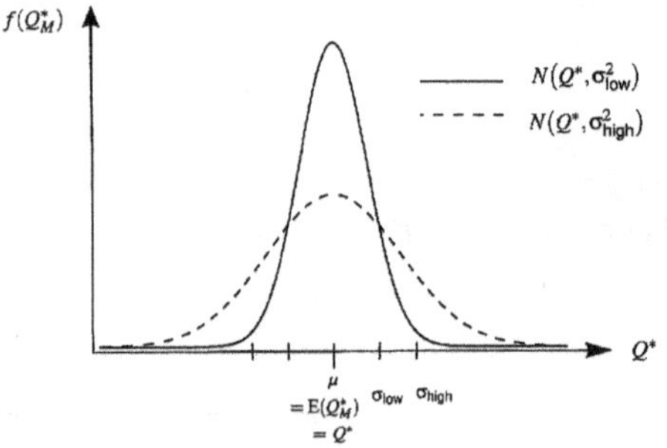

Die Begründung ist denkbar einfach: Es liegt stochastische Dominanz zweiter Ordnung vor (Mas-Colell, Whinston und Green (1995, 197–199)). Oder anhand des Beispiels in Abbildung 3.4 formal ausgedrückt: $N(Q^*,\sigma_{\text{low}}^2) \prec_{\text{SSD}} N(Q^*,\sigma_{\text{high}}^2)$. Der Extremfall der Gütermarktsicherheit ($\sigma_M = 0$) wird allen anderen Konstellationen vorgezogen.

An dieser Stelle setzt wiederum die Versicherungsbegründung aus Sicht des Unternehmens ein. In übertragenem Sinne lässt sich die Varianz der Güternachfrage künstlich reduzieren, indem im Bedarfsfall vom intertemporalen Transfer bestimmter Teile des Produktionsvolumens Gebrauch gemacht wird. Der symmetrischen Gestalt der Dichtefunktion zufolge gleichen sich solche Transfers im Mittel aus (z. B. über eine hinreichende Anzahl von Betrachtungsperioden), so dass — bei einer nicht zu großen Varianz — gilt: Der Zustand unter Sicherheit kann über sich wechselseitig ausgleichende Transfers simuliert werden. In den Erklärungszusammenhang der Risikoaversion gesetzt, zieht dann das Unternehmen c. p. die Welt mit (Versicherungs)Transfer einer Welt ohne Versicherungstransfer vor, da erstere vom Ergebnis her eine geringere Varianz implementiert.

Die beiden Dichtefunktionen in Abbildung 3.4 veranschaulichen den zugrunde liegenden Kerngedanken. So zieht die Unternehmung die gestrichelte Dichtefunktion wegen $\sigma^2_{\mathrm{high}} > \sigma^2_{\mathrm{low}}$ der durchgezogenen Dichtefunktion vor. Anders ausgedrück zeigt eine größere Varianz ein höheres Produktmarktrisiko anzeigt. Wenn es nun gelänge, über den intertemporalen Transfer von Produktionsvolumina aus der hypothetischen Ausgangskonstellation mit der Varianz σ^2_{high} sich in Richtung der Situation mit σ^2_{low} zu bewegen, so würde sich das Unternehmen gemäß $\mu - \sigma$–Kriterium besser stellen und obige Versicherung wäre implementiert.

Übertragen auf die Praxis wird sich unter der Prämisse einer hinreichenden Anzahl von Betrachtungsperioden im Prinzip der Fall einstellen, der durch die Abbildung 3.5 eingefangen wird. In der dargestellten Situation werden die intertemporalen Transfers zur Anpassung der Produktion an die jeweils realisierte Nachfrage verwendet. Der maximal zulässige Transferrahmen sei willkurlich bei $\Delta h_\mu = \sigma_{\mathrm{low}}$ festgesetzt (vgl. auch Definition 1).

Zur inhaltlichen Wirkung der Transferoption: Bei positiven Nachfrageschocks ist die gehandelte Menge nicht weiter durch die Produktion rationiert, soweit das Maß $Q^* + \sigma_{\mathrm{low}}$ nicht überschritten wird. Infolgedessen wird ein höherer Umsatz erzielt als ohne Transferoption. Auch bei negativen Nachfrageschocks stellt sich die Situation anders dar: Nunmehr verdirbt nicht länger ein Teil der hergestellten Güter, sondern es wird die aktuelle Produktion auf ein Niveau gekürzt, welches der Differenz aus erwartungsgewinnmaximaler Produktion und (absolutem) Schock entspricht.

Abbildung 3.5 setzt die Eigenschaft symmetrischer Verteilungen um, dass sich auf längere Sicht, d. h. im Mittel expansive und kontraktive Elemente der Produktion ausgleichen. Somit gleichen sich auch die Transferbewegungen im Zeitablauf aus. Im Ergebnis verringert sich die Varianz (Erhöhung der relativen Häufigkeit von μ auf den in Abbildung 3.5 abgetragenen Wert $f(\mu)$). Diese Varianzreduktion lässt sich daran festmachen, dass es für das Unternehmen irrelevant ist, welcher

Wert Q_M sich aus dem denkbaren Intervall $[(Q^* - \sigma_{low}), (Q^* + \sigma_{low})]$ letztlich realisiert. Insofern ließe sich — salopp formuliert — dieses Intervall komplett der Dichte von μ zuschlagen, sprich alle von Q^* abweichenden Realisationen erhalten die (hypothetische) Dichte Null.

Die Zuordnung der Dichte von Null bildet den Wegfall der Risikoaversion auf dem Intervall $[(Q^* - \sigma_{low}), (Q^* + \sigma_{low})]$ ab. Demgegenüber unterliegen die Ränder der gestrichelten Dichtefunktion außerhalb des durch σ_{low} abgesteckten Intervalls keiner Veränderung bzw. — genauer — sie werden nicht in alternativer Weise interpretiert, da die Transferoption bereits ausgeschöpt ist.

Abbildung 3.5: Intertemporaler Produktionstransfer:
Simulierte Varianzreduktion

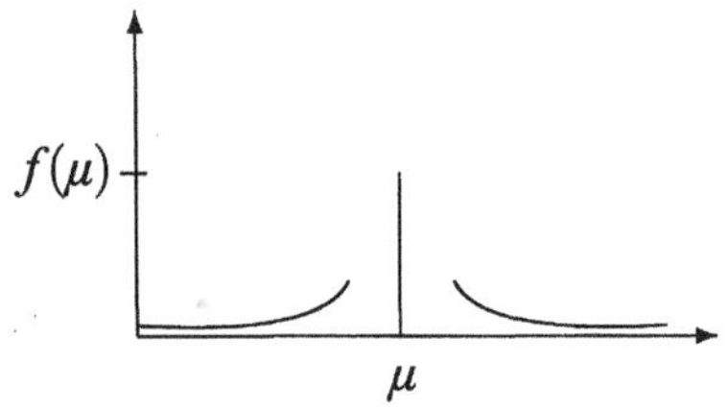

Der zuvor glockenförmige Verlauf der Dichtefunktion, den diese im Intervall $[(Q^* - \sigma_{low}), (Q^* + \sigma_{low})]$ besaß, wird abgelöst durch einen diskontinuierlichen Verlauf, wobei die Dichte nach wie vor an der Stelle des Erwartungswertes μ am größten ist. Der Wert $f(\mu)$ liegt allerdings deutlich über dem ursprünglichen Wert (der hier zwar nicht explizit gekennzeichnet ist, sich aber aus dem Verlauf der Ränder ablesen lässt). Bezogen auf das Ursprungsmodell der zufallsverteilten Nachfrage wird somit insgesamt eine höhere relative Häufigkeit von Q^* simuliert und entsprechend ein geringeres Nachfragerisiko.

Die Implikationen der zufallsverteilten Güternachfrage sind schnell zusammengefasst, wobei betont sei, dass die Argumentation vor dem Hintergrund der Lagerhaltungsbeschränkung (siehe Seite 50) vorgenommen wurde. Im Ergebnis wird das Unternehmen versuchen, eine Verschiebung von Produktionsvolumina zwischen den verschiedenen Produktionsperioden vorzunehmen, falls die Nachfragekonstellation dies erfordert.

Für den Faktor Arbeit beinhaltet dies unmittelbare Konsequenzen, da er an der Produktion, und damit auch an gegebenenfalls vorgenommenen intertemporalen Transfers beteiligt ist. Das Stichwort lautet hier: Rückkoppelungseffekte der unternehmerischen Adaptionsbestrebungen auf die Mitarbeiter. Die Wirkungskette ist dabei wie folgt: Aus der zufallsverteilten Nachfrage resultieren potentielle Anpassungsanstrengungen des Unternehmens, die auf die Arbeitsnachfrage rückwirken. Diese Rückwirkungen beinhalten im Ergebnis Einkommensunsicherheit für die Mitarbeiter, so wie im Beispielszenario skizziert (54ff).

Diese Diskussion sei hier wieder aufgenommen und vertieft: Bedient sich das Unternehmen z. B. einer Rekrutierungs– und Entlassungspolitik, und wird das Ausmaß der vorzunehmenden Beschäftigungsanpassungen durch die Höhe des Nachfrageschocks gesteuert, so äußert sich die Einkommensunsicherheit als Beschäftigungsunsicherheit, was letztlich ein positives Entlassungsrisiko für die Beschäftigten birgt. Da den Mitarbeitern üblicherweise eine konkave Nutzenfunktion unterstellt wird, besteht auf Mitarbeiterseite grundsätzliches Interesse an einer Befreiung von diesem speziellen Entlassungsrisiko. Dieser Zusammenhang kommt in der folgenden Abbildung 3.6 zum Ausdruck.

Abbildung 3.6: Produktmarktinduzierte Beschäftigungslotterie

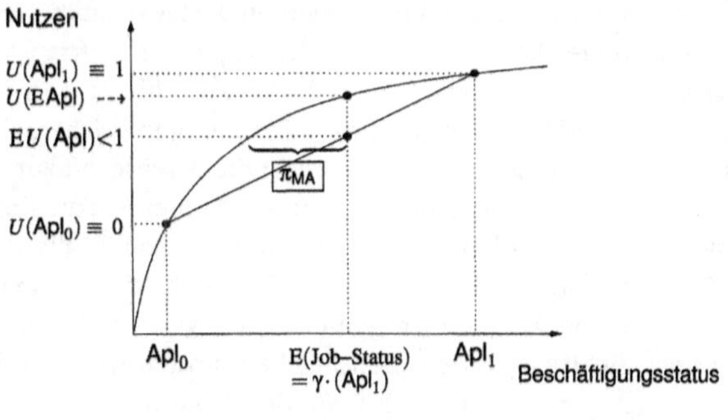

Abbildung 3.6 nimmt das Risiko des Beschäftigungsverlustes grafisch auf und stellt den Zusammenhang zur Nutzenfunktion der Mitarbeiter her, die vom Von–Neumann–Morgenstern–Typ sei (VNM–Nutzenfunktion, Neumann und Morgenstern (1944)). Der Nutzen wird im gewählten Beispiel durch die Beschäftigungslotterie bestimmt. Diese Lotterie besitzt zwei Ausprägungen: (i) (Weiter–)Beschäftigung im Unternehmen, das sich einer schwankenden Güternachfrage gegenübersieht, (ii) Entlassung aufgrund geringwertiger Realisationen der Zufallsvariable Güternachfrage. Der Nutzen aus Beschäftigung übersteigt den Nutzen bei Arbeitslosigkeit.

Die Bestimmung des Sicherheitsäquivalents (resp. der Risikoprämie) ist nicht Ziel dieser Diskussion. Insofern ist eine beliebige Normierung des Wertebereichs für den Nutzen zulässig. Er wird hier auf das Intervall $[0, 1]$ festgelegt. Mit anderen

Worten: Die unter (i) [ii] genannte Realisation verspricht den Nutzen der Höhe 1 [0]. Die Beschäftigungslotterie sei mit Apl bezeichnet, die Realisation *Beschäftigung* mit Apl_1 und die Realisation *Entlassung* mit Apl_0. Die (Weiter–)Beschäftigungswahrscheinlichkeit lautet γ. In der Konkavität der Nutzenfunktion kommt die Risikoaversion der Mitarbeiter zum Ausdruck.

Greift man nun auf die intertemporalen Produktionstransfers zurück und koppelt daran die Zusage des Unternehmens, die Verschiebung von Produktionsvolumina zwischen den Perioden nicht über die Anpassungsform Entlassung $\leftrightarrow$ (Neu–)Rekrutierung vorzunehmen, so bietet sich statt dessen der Transfer von Arbeitszeit an. Dieser Transfer geht mit entsprechenden Verschiebungen von Arbeitszeit über Periodengrenzen hinweg einher und repräsentiert eine spezifische Form der variablen Nutzung des Produktionsfaktors Arbeit. Ansatzpunkt ist jede einzelne Arbeitskraft. Der Symmetrie der Produktnachfrage zufolge leistet jedes Arbeitskraft im Mittel die vereinbarte Regelarbeitszeit (siehe auch h_μ (Element (a)) aus Definition 1).

Negative Nachfrageschocks schlagen sich in einer (temporär) reduzierten Arbeitszeit nieder, positive Nachfrageschocks werden demgegenüber durch (temporär) erhöhte Arbeitszeiten kompensiert. Die intertemporalen Zeittransfers gleichen sich auf Basis der symmetrischen Verteilung der Güternachfrage über die Zeit aus. Hierüber wird für die Mitarbeiter im Prinzip Beschäftigungssicherheit innerhalb des Unternehmens initiiert. Für die Mitarbeiter ist die Bereitschaft zur intertemporalen Zeitflexibilität rational. Anders ausgedrückt ist unter Nutzung dieses Adaptionsinstruments eine Rekrutierungs– und Freisetzungspolitik, die die Zahl der Köpfe variiert, nicht weiter notwendig. So sind die Beschäftigten durch den intertemporalen Transfer von Arbeitszeit gegen das zuvor genannte Entlassungsrisiko versichert, soweit die Transfergrenzen nicht überschritten sind (im diskutierten Beispiel wurde $\sigma_{\text{low}} \equiv \Delta h_\mu$ (Element (b), Definition 1) gewählt).

Die Auswirkungen des Rahmenfaktors *zufallsverteilte Produktnachfrage* lassen sich dahingehend zusammenfassen, dass unter der Prämisse einer eingeschränkten bzw. kostspieligen Lagerhaltung *erstens* eine Anpassung der Produktion an die Nachfragebedingungen grundsätzlich sinnvoll ist. *Zweitens* erscheint es aus Erwägungen heraus, die die effiziente Risikoallokation zwischen Mitarbeitern und Unternehmen betreffen, durchaus angebracht, sich näher mit Anpassungsformen zu befassen, die auf intertemporalen Produktionstransfers beruhen.

Bildlich gesprochen liegt der Reiz solcher Transfers darin, Abweichungen zwischen erwarteter und realisierbarer Nachfrage aus einem nichtlagerfähigen Zustand in einen lagerfähigen — bzw. exakt: in einen nicht–lagerungsbedürftigen — Zustand zu transformieren. Anders ausgedrückt können intertemporale Zeittransfers als Substitut für Lagerhaltung dienen. Letztlich beinhaltet dies eine Annäherung an das Vergleichsmodell, bei die Nachfrage am Gütermarkt deterministisch ist. Aus dieser Perspektive heraus bieten sich intertemporale Arbeitszeittransfers an, da sie genau diese Aufgabe erfüllen. In Kombination mit der Beschäftigungsgarantie (Ⓢ aus Definition 1) lässt sich über die Lösung mit Arbeitszeittransfers ein wechselseitiges Versicherungsmodell für Unternehmen und Mitarbeiter begründen.

Der nächste Abschnitt bereitet das wechselseitige Versicherungskonstrukt verbal und tabellarisch auf. Er dient der Verdeutlichung der zugrunde liegenden Wirkungsmechanismen, wobei die Erörterungen bereits für Arbeitszeitkonten gegeben werden, d. h. Arbeitszeitkonten werden in ihrer institutionellen Funktion als Ausführungsbestimmung von intertemporalen Transfers betrachtet. Für die formale Diskussion vergleiche 3.4.6.

3.4.4 Wechselseitige Versicherung durch intertemporale Zeittransfers in Arbeitszeitkonten

Der vorliegende Unterabschnitt nimmt gezielt auf die innere Logik der Versicherungslösung *Arbeitszeitkonten* Bezug. Dieses geschieht auf zweifache Weise: *Erstens* wird die Optimierungslösung der betrachteten Periode in eine logische Abfolge unterschiedlicher Teilschritte aufgespalten. *Zweitens* erfolgt eine Übertragung der versicherungsspezifischen Ausdrucksweise auf die Einzelcharakteristika von Arbeitszeitkonten. Dabei werden Arbeitszeitkonten als innerbetriebliche Institution betrachtet. Diese Institution schreibt diejenigen Verfahrens– und Ausführungsanweisungen fest, welche für die faktische Abwicklung des intertemporalen Zeittransfers vonnöten sind.

Splitten wir nun das unternehmerische Optimierungsproblem einer jeden Periode (künstlich) in eine logische Sequenz auf. Bei näherer Betrachtung dieser Sequenz sind die verschiedenen Ansatzstellen für die Versicherungselemente ersichtlich: Eine Periode t umfasst die vier Teilsequenzen (i) Bestimmung der Preis–Mengen–Kombination, die den Erwartungsgewinn maximiert, (ii) Realisation der (zufallsbehafteten) Preis–Absatz–Funktion, (iii) Adaption und Produktion, (iv) Handel und Absatz am Gütermarkt (Markträumung).

Das zugehörige Ablaufschema ist wie folgt: Auf Basis der Eingangsinformationen (erwartete Preis–Absatz–Funktion, Mitarbeiterpräferenzen und Produktivität, Produktionstechnologie, Kapitalbestand, Faktorkosten) entscheidet sich das Unternehmen für die erwartungsgewinnmaximierende Preis–Mengen–Kombination. Dieses beschreibt Teilsequenz (i) und ist für alle Perioden innerhalb des betrachteten Zeithorizonts gültig.[20] Die Besonderheit der untersuchten Produktions-

20 Das untersuchte unternehmerische Entscheidungsproblem wird modelltheoretisch als ein sequentielles Entscheidungsproblem angegangen, das in jeder Periode t ($t = 1, \dots, T$) aufs Neue

entscheidung ist lediglich, dass sie die Option auf intertemporalen Zeittransfer enthält. Teilsequenz (ii) in der logischen Abfolge beinhaltet Folgendes: Hier realisiert sich die Nachfrage in Abhängigkeit des in (i) gesetzten Preises gemäß der periodenspezifischen Preis–Absatz–Funktion. Die Höhe der realisierten Nachfrage ist dem Unternehmen friktionslos bekannt.

Auf Teilsequenz (iii) wird die eigentliche Produktion vollzogen. Die tatsächlich hergestellte Menge setzt sich aus der erwarteten Menge und der transferierten Menge zusammen: (a) Produktionsplan gemäß optimaler Preis–Mengen–Kombination und (b) die aufgrund der Schockrealisation vorgenommene Adaption. Punkt (b) entspricht der Verschiebung von Produktionsvolumina zwischen Periodengrenzen und erfolgt gemäß der Ausführungsbestimmung des Arbeitszeitkontos. Infolge der Nachfrageimitation stimmt die tatsächlich produzierte Menge mit der am Gütermarkt nachgefragten Menge überein, so dass Teilsequenz (iv) der logischen Abfolge den Handel des Produktes beschreibt und schließlich die Räumung des betrieblichen Marktsegments umfasst.

An den Übergängen zwischen den Teilsequenzen, und insbesondere aus der Differenz zwischen erwarteten und realisierten Größen, d. h. anhand der Adaption, lässt sich die wechselseitige Versicherung durch intertemporalen Transfer in Arbeitszeitkonten festmachen. Zur Verdeutlichung des Arguments der Wechselseitigkeit wird Tabelle 3.1 aufgenommen.

Diese Tabelle stellt die Versicherungssituation vor, die aufgrund des Rahmenfaktors der zufallsverteilten Güternachfrage besteht. Die Darstellung stellt die beiden Akteure Mitarbeiter und Unternehmen gegenüber, um zu zeigen, dass sich jeder der beiden Akteure sowohl in der Position des Versicherungsnehmers als auch in der Position des Versicherers befindet. Bei der Gegenüberstellung wird so verfahren, dass sechs typischen Charakteristika, die aus versicherungsökonomischer Sicht von Bedeutung sind, da sie das Versicherungsmodell aufsetzen, das korrespondierende inhaltliche Phänomen aus Mitarbeiter- bzw. Unternehmenssicht zugeschlüsselt wird.

Spalte 1 der Tabelle nennt die sechs Versicherungselemente, aus denen sich das Modell *wechselseitige Versicherung durch Arbeitszeittransfers* letztlich zusammensetzt. Die *versicherungsrelevante Umweltbedingung* beschreibt das Phänomen,

---

zu lösen ist. Rein technisch wird dabei die ex ante optimale (Spot–)Lösung bestimmt, die den Erwartungsgewinn maximiert, und deren Gültigkeit sich in jeder Periode erneuert. Dieses Prozedere triff auch für das betrachtete Adaptionsszenario unter Gütermarktschwankungen zu, soweit die Dichtefunktion der Zufallsvariablen symmetrisch ist und der Transfer friktionslos erfolgt. Wenn die grundsätzlichen Rahmenfaktoren — so z. B. die Momente der Zufallsvariable Produktnachfrage — im Zeitablauf nicht variieren, besitzt die ermittelte Spotlösung Gültigkeit für sämtliche Perioden. Dann genügt es, das Modell für ein beliebiges t zu diskutieren und auf alle anderen Perioden zu übertragen, ggf. unter Berücksichtigung einer entsprechenden Diskontierung.

Tabelle 3.1: Institutionalisierter Zeittransfer aus versicherungs–ökonomischer Perspektive

Versicherungs–Element	Verursachender Rahmenfaktor Normalverteilte Güternachfrage	
⇓ ⇓ ⇓ ⇓	Unternehmenssicht	Mitarbeitersicht
Versicherungsrelevante Umweltbedingung	Nachfrageschwankung	Beschäftigungsschwankung
Resultierender negativer Effekt (Akteure)	Gewinnrückgang infolge Umsatzausfall	Entlassung/ Arbeitslosigkeit infolge Absatzeinbruch
Rivikoaversion fußt auf …	stochastische Dominanz zweiter Ordnung ($\mu - \sigma$)	Konkavität der Geldnutzen–funktion ($\mathrm{E}U$–Konzept)
Zahlungsbereitschaft (Höhe Risikoprämie)[a]	$\pi_{\mathsf{Unt}} \approx R_{A,\mathsf{Unt}} \cdot \frac{\sigma^2}{2}$	$\pi_{\mathsf{MA}} \approx R_{A,\mathsf{MA}} \cdot \frac{\sigma^2}{2}$
Materialisierung der Versicherungsprämie	Verzicht auf Entlassung • *Beschäftigungssicherung*	Zugestehen der Option • *intertempor. Zeittransfer*
Zuwendung durch den Versicherungsgeber	Nachfrageimitation	Beschäftigungsgarantie

[a] $R_{A,Unt}$ ($R_{A,Unt}$) misst die absolute Risikoaversion des Unternehmens (Mitarbeiters), zur Bestimmung siehe Seite 55. Bei Gütligkeit einer CARA–Nutzenfunktion ist das Maß der absoluten Risikoaversion unabhängig von der Höhe des erreichten Gewinns/ Wohlstands (CARA: *constant absolute risk aversion*). Eine Annahme, die für das Unternehmen durchaus plausibel ist. Für Mitarbeiter wird hingegen im Allgemeinen ein mit wachsendem Wohlstand abnehmendes R_A unterstellt.

das dafür verantwortlich ist, dass überhaupt Versicherungsnachfrage besteht. Die Wechselseitigkeit kommt dadurch zum Ausdruck, dass diese Umweltbedingung sowohl aus Unternehmenssicht besteht als auch aus Mitarbeitersicht.

Der aus dieser Situation für den jeweiligen (potentiellen) Versicherungsnehmer *resultierende negative Effekt* wird als Zweites aufgenommen. Aus Unternehmenssicht gilt es, sich gegen die Folgen der variierenden Nachfrage zu versichern. Dieser negative Effekt besteht wie erläutert im Rückgang des Gewinns im Vergleich zur Situation ohne Nachfragerisiko. Aus Mitarbeitersicht besteht der negative Effekt in der Entlassungsgefahr bzw. — allgemeiner — im variablen Einkommensstrom. Drittens wird die Parallele zum Investitionskalkül und zur Nutzenfunktion gezogen. Es wird genannt, auf welches Konzept sich der Nachweis der *Risikoaversion* der beiden Akteure gründet, d. h. an welchen Kriterien sich die Risikoneigung festmachen lässt. Als viertes Merkmal schließt sich die *Risikoprämie* an, deren jeweilige Bestandteile auf Seite 55 erörtert wurden.

In welcher Form die (nicht–monetäre) *Versicherungsprämie* schließlich fließt, wird eine Zeile tiefer aufgenommen. Die Rolle der mitarbeiterseitigen Prämienzahlung übernehmen die intertemporalen Zeittransfers. Dem steht die unternehmensseitige Prämie in Form der Beschäftigungszusicherung gegenüber. Beide Elemente sind fester Bestandteil des Kontenmodells, auf dem schließlich die Zwei- bzw. Wechselseitigkeit der Lösung aufbaut. Die letzte Zeile schließlich umfasst die Leistung der anderen Vertragspartei, d. h. die im Versicherungsfall erfolgte *Zuwendung durch den Versicherungsgeber*. Durch die Bereitschaft der Mitarbeiter, Arbeitszeitkontingente flexibel zwischen unterschiedlichen Perioden hin- und her zu schieben, wird aus Unternehmenssicht im Ergebnis eine Imitation der Bedingungen am Gütermarkt vorgenommen.

Das folgende, beliebig gewählte Beispiel soll die Wirkungsweise untermalen, wobei von Fixkosten abstrahiert wird: Angenommen, ein negativer Nachfrageschock in Höhe von $-\Delta Q$ realisiere sich in Periode t. Das Unternehmen macht dann von seiner Transferoption Gebrauch, indem es auf die volle Nutzung des Produktionsfaktors Arbeit verzichtet, sprich Arbeitszeit auf künftige Perioden verschiebt. Zu diesem Zweck stellen die Mitarbeiter exakt die zur Produktion von ΔQ erforderliche Arbeitszeit als persönliche Zeitschuld — d. h. als künftige Kredite an das Unternehmen — in das Arbeitszeitkonto ein.[21] Das Unternehmen realisiert im Vergleich zum Erwartungsgewinn einen Gewinnrückgang in Höhe von $-p\Delta Q$. Darüber hinaus versichert es die beteiligten Mitarbeiter gegen drohende Arbeitslosigkeit. Das positive (Vergleichs-)Entlassungsrisiko resultiert im (Vergleichs-)Fall, der von intertemporalen Zeittransfers absieht, durch Rückkoppelung. Dieser Rückkoppelungseffekt resultiert aus dem Produktions- und Gewinnrückgang des Unternehmens.

Weiter sei angenommen, in der Folgeperiode $t+1$ realisiere sich ein positiver Nachfrageschock der Höhe $+\Delta Q$. Unter Ausübung der Transferoption wird dann vom Unternehmen ein Arbeitszeitkredit des Umfangs entnommen, der zur Produktion von ΔQ erforderlich ist. Im betrachteten Beispiel bauen die Mitarbeiter ihr Guthaben auf dem Arbeitszeitkonto ab.[22] Der vom Unternehmen verbuchte Mehrumsatz beträgt $p \cdot \Delta Q$. Grenzkostenneutralität des intertemporalen Transfers vorausgesetzt, übersteigt der Periodengewinn in $t+1$ den erwarteten Periodengewinn, und zwar exakt um den in Beispielperiode t ausgewiesenen Gewinnrückgang.

Insgesamt, d. h. im Mittel aller Perioden wird somit der Erwartungsgewinn unter Sicherheit erreicht, was letztlich durch die symmetrische Gestalt der Verteilung

---

21 Diese Mitarbeiterarbeitszeitschuld beinhaltet für die Unternehmen die Option auf eine spätere Entnahme eines Arbeitszeitkredites, der gemäß Arbeitszeitkonto und auch laut bundesdeutscher Rechtsprechung unverzinst ist (vgl. BAG 2001). Jeder Mitarbeiter besitzt sein eigenes Konto, wobei es bei homogenen Arbeitskräften (bzw. Teams) formaltheoretich unerheblich ist, ob alternativ ein Mitarbeitersammelkonto betrachtet wird.

22 Unter den Prämisse des gewählten Beispiels sind die Konten nach den beiden hypothetischen Perioden gerade wieder ausgeglichen.

begründet ist. Anders ausgedrückt, versichern die Arbeitnehmer ihre Unternehmung gegen die negativen Folgen des Sachverhalts *Nachfrageschwankungen* bzw. *zufallsverteilte Nachfrage*. Demgegenüber versichert das Unternehmen seine Mitarbeiter gegen diskontinuierliche Erwerbstätigkeit, d. h. es "simuliert" den Zustand langfristiger und ununterbrochener Beschäftigung, der unter Sicherheit bestehen würde. Die Prämie des Mitarbeiters besteht in dem Zugeständnis der Transferoption, d. h. in der intertemporalen Separierbarkeit von Arbeitszeitkontingenten.

Der Reiz des Modells zur Arbeitszeitflexibilisierung durch Arbeitszeitkonten als eine Form der wechselseitigen Versicherungslösung macht sich abermals an zwei Punkten fest: *Erstens* ist es aus Unternehmenssicht reizvoll, expansive und kontraktive Elemente der Anpassung in einem einzigen Instrument zu vereinen, das zudem grenzkostenneutral ist. Die Variation des Arbeitseinsatzes erfolgt *zweitens* unter der Prämisse der Mitarbeiterversicherung. So sind die Arbeitskräfte de facto gegen produktmarktinduzierte Arbeitsplatzschwankungen und deren Implikationen versichert. Beide Punkte sind durch institutionalisierte Arbeitszeitkonten erfüllbar.

Der zentrale Aspekt in Bezug auf Wechselseitigkeit besteht darin, dass sich keine der Parteien eines externen Versicherungsunternehmens bedienen muss, sondern die Versicherung sozusagen unternehmensintern und wechselseitig ausgleichend erfolgt. Das Wechselspiel zwischen Beschäftigungsgarantie und Transferoption wird im Rahmen einer innerbetrieblichen Versicherungslösung vereinbart.

Es ist davon auszugehen, dass die Wechselseitigkeit des Versicherungsansatzes dann tragfähig ist, wenn Mitarbeiter die unternehmensseitig angestrebte Flexibilisierung nachvollziehen können, d. h. dem Verschieben von Arbeitszeit zwischen Periodengrenzen (täglich, wöchentlich, monatlich) guten Gewissens zustimmen können. Oder anders formuliert, wenn nicht andere Gründe wie beispielsweise eine fingierte Reduktion der rechnerischen Stundenentgelte treibender Faktor des Zeittransfers sind, können Zeitkontenmodelle von dauerhafter Existenz sein. In den Begründungsrahmen des Versicherungsmodells gesetzt, lässt sich Wechselseitigkeit dann etablieren, wenn die Mitarbeiter der vom Unternehmen zugesicherten Beschäftigungsgarantie Glauben schenken können. Dieses sollte dann der Fall sein, wenn sich die Mitarbeiter einerseits von einem Entlassungsrisiko betroffen sehen und andererseits das aktuell ausgeübte Transfermaß beurteilen können, d. h. über ΔQ im Bilde sind.

An dieser Stelle setzt die Argumentation ein, die Arbeitszeitkonten als einen von zwei konstituierenden Bestandteilen eines personalpolitischen Systems sieht: Zusätzlich zur Institutionalisierung der Arbeitszeittransfers ist eine weitere innerbetriebliche Arbeitsmarktinstitution zu errichten, die die Mitarbeiter mit dem Transfermaß vertraut macht, so dass diese in der Position sind, zwischen gütermarktgesteuerten und fingierten intertemporalen Zeittransfers zu unterscheiden. Die Rolle des zweiten Bestandteils kann beispielsweise von einem Informations– und Kommunikationssystem (IuK–System) übernommen werden, das die erforderlichen Gütermarktinformationen bereithält. Ein solches IuK–System stellt Informationen über externe Schnittstellen zur Verfügung.

Auf diese Idee geht der nächste Unterabschnitt ein, der eine vertragstheoretisch fundierte Herangehensweise zur Begründung des IuK–Systems (**IKS**) aufnimmt. Er zeigt die stabilitätserzeugenden Charakteristika der betrieblichen Informationspolitik anhand eines Kreditmarktmodells zwischen Unternehmen und Mitarbeitern auf. Das Arbeitszeitkontenmodell lässt sich gut unter der Kreditmarktkonstellation interpretieren, wenn dessen Eigenschaft als Marktplatz für Zeitkredite in den Vordergrund gestellt wird. Aus der — erforderlichen — Kombination der Instrumentenbündel (**Azk**, **IKS**) lässt sich auf das zugehörige personalpolitische System schließen, welches ein wohldefiniertes personalpolitisches Gleichgewicht bildet.

3.4.5 Erweiterung der Polarklassifikation: Das personalpolitische System *Zeitkonten & Kommunikation*

Im Folgenden geht es um das zweite Instrument innerhalb des personalpolitischen Systems mit Arbeitszeitkonten. Damit sich ein stabiles personalpolitisches Gleichgewicht einstellen kann, genügt es nämlich nicht, Arbeitszeitkonten isoliert einzuführen. Vielmehr sind sie mit einem flankierenden und wohldefinierten Instrument zu kombinieren. Wie eingangs dieses Abschnitts beschrieben, besteht das übergeordnete Ziel darin, den Nachweis eines wohldefinierten personalpolitischen (Zwischen–)Systems zu erbringen, was als Erweiterung von Lindbeck und Snower (2000) aufzufassen ist. Dementsprechend darf das entwickelte personalpolitische System als Erweiterung der Polarklassifikation gelten bzw. genauer als wohlbegründete Ausdifferenzierung der beiden Polarvarianten *tayloristisch* und *holistisch*.

Nun ließe sich argumentieren, das Arbeitszeitkontenmodell an sich konstituierte ein solches System (**Azk**), womit obiger Nachweis erbracht wäre. Dann würden Arbeitszeitkonten nicht nur den intertemporalen Zeittransfer regeln, der die in modernen Zeiten erforderliche Adaption implementiert und die wechselseitige Versicherung von Mitarbeitern und Unternehmen steuert, sondern letztlich auch die Funktion eines personalpolitischen Instrumentenbündels übernehmen. Dieses Bündel würde durch die Kombination der Kontenbestandteile (vgl. Definition 1) gebildet und entsprechend als personalpolitisches System interpretiert werden. Dieses System wäre (eineindeutig) einem personalpolitischen Gleichgewicht zugeordnet. Dieses Gleichgewicht würde eine Mittelposition in der durch die beiden

Polarsysteme *tayloristische Arbeitsorganisation* und *holistische Arbeitsorganisation* repräsentierten Gleichgewichtshierarchie einnehmen.

Vom Grundsatz her ist der Gedankengang zwar richtig, d. h. das Kontenmodell beschreibt tatsächlich ein erstes Instrumentenpaket. Dessen isolierter Einsatz allein ist allerdings nicht ausreichend, um die Existenz des personalpolitischen Systems zu begründen. Hierfür sind weitere personalpolitische Elemente vonnöten. So genügt es nicht, die Anwendung des Kontenmodells auf den technischen Vorgang zu beschränken, der heißt: "implementiere das zur Schockabsorption aktuell notwendige Adaptionsvolumen mittels des intertemporalen Zeittransfers unter Nutzung von Arbeitszeitkonten". Damit Arbeitszeitkonten die ihnen zugedachte Dokumentations- und Steuerungsfunktion im Rang eines personalpolitischen Instruments leisten können, bedarf es ergänzender Maßnahmen aus dem personalpolitischen Handlungsspektrum.

Die intuitive Begründung für derartige Maßnahmen setzt bei der Verzahnung der Einzelperioden zu einem Mehrperiodenrahmen an. Die Umsetzung des Versicherungsgedankens beruht wesentlich auf dieser Verzahnung. Anders formuliert ist es für eine dauerhafte Existenz der wechselseitigen Versicherungslösung nicht hinreichend, sich auf die schematische Anwendung des Kontenmodells zu versteifen. Außer auf das Adaptionskalkül ist auf das dynamische Moment einzugehen, welches sich insbesondere in erhöhten Informationsanforderungen niederschlägt. Bei der Etablierung des "mittelpositionierten" Systems kommen dann Arbeitszeitkonten und IuK-Systeme zum Zuge.

Der entsprechenden formalen Begründung liegt ein mehrstufiges Vorgehen zugrunde. Stufe 1 umfasst die bislang diskutierte Integration des Adaptionskalküls in das Optimierungsproblem und erlaubt Aussagen zur grundsätzlichen Vorteilhaftigkeit von Arbeitszeitkonten. Wie im vorigen Unterabschnitt angesprochen, beruht die Vorteilhaftigkeit der Konten darauf, dass sie eine geeignete Institution repräsentieren, die den intertemporalen Zeittransfer regelt. Oder anders formuliert: auf der in Kontenmodellen vorgesehenen kostenneutralen Verschiebung von Produktionsvolumina.

Im Vergleich zu Stufe 1 nimmt Stufe 2 das Abstraktionsniveau etwas zurück und befasst sich näher mit der Rolle von Arbeitszeitkonten, die diese im Rahmen einer auf langfristigen Erfolg ausgerichteten Unternehmens- und Personalpolitik einnehmen. Im Grunde steht die Argumentation unter dem Motto "gesetzt den Fall, Unternehmen und Mitarbeiter entscheiden sich für ein Kontenmodell, unter welchen Voraussetzungen ist diese Lösung über mehrere Perioden tragfähig?". Stufe 2 steht daher in Verbindung mit einer Art Verifizierungskalkül, welches sich wiederum mit dem Schlagwort *überwachte Ersparnis* belegen lässt.[23] Während der

23 Unter überwachter Ersparnis wird der folgende Sachverhalt verstanden: Das Ausmaß der Er-

im Rahmen der vorliegenden Arbeit entwickelte eigene Ansatz in Stufe 1 eingeht, greift Stufe 2 auf vorhandene Beiträge der vertragstheoretischen Literatur zurück. Die Kernaussagen dieser Beiträge werden in diesem Unterabschnitt zusammengefassend dargestellt.

Am besten auf das Adaptionsmodell übertragbar ist ein Ansatz, der Moral Hazard in dynamischen Umgebungen untersucht. Insbesondere die Arbeit von Chiappori, Machino, Rey und Salanie (1994) zeigt deutliche Parallelen zum untersuchten Zusammenhang: Das dort entwickelte Modell der überwachten Ersparnis harmoniert ausgesprochen gut mit dem Untersuchungsrahmen von **Azk** in personalpolitischen Systemen. Knapp zusammengefasst widmen sich Chiappori et al. (1994) (fortan CH94) dem Wechselspiel aus vertraglichem Erinnerungsvermögen, Kreditmarktzugang und Selbstbindungsinstitutionen. Dabei geht es um die Frage, wie sich langfristig optimale Strategien mit Hilfe von Spotverträgen — bzw. genauer: Spotsequenzen — implementieren lassen. Diskutiert wird das Beispiel effizienter Arbeitsverträge. Betrachtet werden die beiden Akteure (i) Mitarbeiter und (ii) Unternehmen. CH94 nehmen wie üblich und im Gegensatz zum hier entwickelten Modell eine starre Zuordnung des Mitarbeiters auf die Rolle des Agenten sowie des Unternehmens auf die Rolle des Prinzipals vor.

Entscheidend für die stabile Implementation einer Arbeitsvertragslösung ist, ob die Kreditnahme des Agenten überwacht werden kann oder nicht und, dass der Kreditmarkt abgeschlossen ist (vgl. CH94, S. 1536–1540). Demgegenüber ist es für Existenz und Kennzeichen der Maximierungslösung ohne Belang, welcher der beiden Akteure letztlich über den Zugang zum Kreditmarkt verfügt. Von dieser letzten Eigenschaft profitiert der für die Arbeitszeitkonten entwickelte Erklärungszusammenhang. Die Ergebnisse von CH94 lassen sich sehr gut auf intertemporale Flexibilität in Zeitkonten übertragen, was im Rahmen dieser Arbeit an zwei Stellen erfolgt. Auf den folgenden Seiten geht es darum, das Modell intertemporaler Zeittransfers in die Begrifflichkeit von CH94 einzupassen, um zunächst den Blick für die grundsätzliche Argumentationslinie zu schärfen, die das Adaptionskalkül in den Zusammenhang personalpolitischer Gleichgewichte stellt. Die formale Übertragung des Kreditmarktansatzes auf die Zeitkontenargumentation erfolgt dann in 3.4.7.

Der Kreditmarktansatz untermauert die Erforderlichkeit eines weiteren Elements aus dem personalpolitischen Instrumentarium, das die Stabilität der wechselseitigen Versicherungslösung gewährleistet. Hierfür wird der Kontenzusammenhang auf den klassischen Ersparniszusammenhang zurückgeführt. Da außer den genannten Parteien keine weiteren Akteure beteiligt sind, implementiert die Insti-

---

sparnis, die Akteur A tätigt, wird von Akteur B bestimmt. Dabei überwacht Akteur B die Ersparnisbildung des Akteurs A.

tution Arbeitszeitkonten ggf. einen abgeschlossenen Kreditmarkt über Arbeitszeiten mit den beiden Parteien (i) Mitarbeiter, (ii) Unternehmen.

Insofern lassen sich die Kernaussagen von CH94, die auf einem abgeschlossenen Kreditmarkt basieren und sich auf die Überprüfbarkeit bzw. Überwachung der Kreditnahme und Ersparnisbildung des Agenten gründen, auf das Arbeitszeitkontenmodell übertragen.[24] Im untersuchten Kontext bezieht sich Überwachung bzw. Überprüfbarkeit dabei auf das Ausmaß der aufgenommenen Arbeitszeitkredite und auf das Ausmaß der entgegengerichteten Ersparnisbildung, wobei letzteres den Verzicht auf aktuelle Zeitvolumina abbildet. Theoretisch wird dabei nicht zwischen der Überprüfbarkeit bzw. Überwachung der Kreditnahme diskriminiert, hier wird ganz allgemein von "überwachter Ersparnis" gesprochen.

Dadurch, dass der eigentliche Zugang zum Kreditmarkt beliebig zwischen den Akteuren variiert werden kann, lassen sich unterschiedliche — formalanalytisch allerdings äquivalente — Formulierungsalternativen der Kredit- und Ersparnisbildung finden. Beispielsweise lassen sich die Zeitvolumina in hypothetische monetäre Äquivalente umrechnen, die als Ersparnis des Mitarbeiters interpretiert werden können. Die Alternativformulierungen korrespondieren mit unterschiedlichen Betrachtungswinkeln, aus denen heraus sich die inhaltliche Interpretation des personalpolitischen Systems variieren lässt. Im Endeffekt tauschen Mitarbeiter und Unternehmen wechselseitig die Rolle von Prinzipal und Agent auf dem innerbetrieblichen Markt für Arbeitszeittransfers. Auch kommt beiden Akteuren je nach Richtung des realisierten Gütermarktschocks die Position des Kreditnehmers oder aber die Position des Kreditgebers zu.

Tabelle 3.2 stellt die Komponenten (a) und (b) des Kreditmarktmodells in den unterschiedlichen Begriffsvarianten dar. Die Summe beider Komponenten, die sich als (deterministische) Bezugsgrundlage interpretieren lässt, findet sich in Spalte (c) wieder. Das Originalmodell P1 von CH94 ist der ersten Zeile zu entnehmen. Die weiteren Varianten P2 bis P_ω korrespondieren mit alternativen Blickrichtungen, aus denen sich die Kreditmarktinterpretation des Zeitkontenmodells anstellen lässt. P2 nimmt die Perspektive des Unternehmens ein. P3 und P_ω betrachten das Kreditmarktmodell aus Sicht der Mitarbeiter. Dabei konzentriert sich P3 auf die Verschiebung von Einkommensanteilen, so wie dies beispielsweise im intertemporalen Konsummodell diskutiert wird.

Demgegenüber bricht P_ω auf die Stundenverdienstebene herunter. Dieses letzte Modell unterscheidet sich von den anderen Darstellungen dadurch, dass die beiden Zufallsvariablen in (c) sowie (b) aufgenommen sind und die deterministische

24 Im vorangehenden Unterabschnitt wurden bereits einige Plausibilitätsüberlegungen darüber angestellt, dass es der Etablierung eines Transfermarktes für Arbeitszeiten nur förderlich sein kann, wenn die optionsgewährende Instanz über das Ausmaß des tatsächlichen Transfervolumens $(h_t - h_\mu)$ im Bilde ist. Die Forderung der Überprüfbarkeit untermauert dieses formal.

Größe in Spalte (a). Im Gegensatz hierzu führen die beiden anderen Varianten P2 und P3 die deterministische Größe in (c) und nehmen die beiden Zufallsvariablen in (a) bzw. (b) auf. Das Modell P_ω wird in Abschnitt 3.4.7 ab Seite 92 vertieft.

Tabelle 3.2: Übertragung der Begrifflichkeit des Kreditmarktansatzes

	Komponenten des Kreditmodells			Inhaltliche Interpretation der Ersparniskomponente
	(c) =	(a)	+ (b)	Beispiel: negativer Schock ($h_\mu > h_t$)
P1	w_t, $[w_{t+1}]$	c_t, $[c_{t+1}]$	s_t, $[-s_{t+1}]$	obligatorischer Konsumverzicht ⇔ intertemporaler Konsumtransfer (zum Zweck der Anreizsteuerung).
P2	h_μ	h_t	$(h_\mu - h_t)$	Verzicht[a] auf das Ausschöpfen des (erwarteten) Arbeitszeitkontingents ⇔ intertemporaler Zeittransfer.
P3	$w = \omega_\mu \cdot h_\mu$	$\omega_\mu \cdot h_t$	$\omega_\mu \cdot (h_\mu - h_t)$	Zuschlag[b] zum aktuellen Konsumpotential ⇔ rechnerischer Anteil am (fixen) Monatseinkommen w.
P_ω	$\frac{\omega_\mu \cdot h_\mu}{h_t} \equiv \widetilde{\omega}_t$	$\frac{\omega_\mu \cdot h_t}{h_t} = \omega_\mu$	$\omega_\mu \cdot \frac{h_\mu - h_t}{h_t} \equiv -\widetilde{s}_t$	Differenz[c] zwischen dem Referenzmaß ω_μ (konst.) und dem rechnerischen variablen Stundenentgelt $\widetilde{\omega}_t$.

[a] Der Verzicht wird ausgeübt bei einem negativen Nachfrageschock. Positive Nachfrageschocks implementieren demgegenüber das Überausschöpfen des Zeitkontingents und damit die Aufnahme eines Arbeitszeitkredits durch das Unternehmen.
[b] Aus Mitarbeitersicht für einen negativen Gütermarktschock mit reduzierter Arbeitszeit formuliert: Der Zuschlag zum Konsumpotential entspricht dem zeitlichen Vorziehen von Einkommensteilen.
[c] Erneut für das Beispiel des negativen Schocks betrachtet ($h_t < h_\mu$), infolge dessen es zur Gewährung von Stundenentgeltkrediten ($-\widetilde{s}_t$) an den Mitarbeiter durch das Unternehmen kommt bzw. zum Abbau vorhandener Stundenentgeltersparnis.

Im Folgenden seien die Einzelperspektiven etwas genauer betrachtet: Für das Unternehmen geht es in P2 darum, in Abhängigkeit der aktuellen Nachfragebedingungen, entweder auf einen Teil des durch h_μ vereinbarten Arbeitszeitkontingents zu verzichten ($h_\mu - h_t > 0$) oder aber Teile künftiger Zeitkontingente vorzuholen ($h_\mu - h_t < 0$). Diese erste Perspektive fasst das Arbeitszeitkontenmodell als ein Bankenmodell auf, in dem — technisch gesprochen — die Mitarbeiter–Bank als Prinzipal Zeitkredite vergibt und Zeiteinlagen annimmt sowie darüber hinaus den Transferzugang des Unternehmens beaufsichtigt, d. h. die Ersparnis des Agenten überwacht. Mit der Richtung des Gütermarktschocks variiert auch die Richtung der Ersparniskomponente (siehe auch Spalte (b)). So ist die Zeitersparnis des Unternehmens positiv bei kontraktiven Nachfrageschocks und negativ bei expansiven Nachfrageschocks.

Diese Perspektive korrespondiert mit dem Ursprungsmodell, wenn man die dort diskutierten Kompensationsschemata durch die hier diskutierten Arbeitszeitschemata ersetzt. Aus dieser Perspektive zerfällt die vereinbarte Periodenarbeitszeit in die beiden Komponenten (a) aktuelle Arbeitszeit und (b) aktuelle Zeitersparnis. Ein negatives Vorzeichen in (b) zeigt entsprechend Entsparen an.

Der zweite, in P3 eingenommene Betrachtungswinkel setzt bei der (fixen) Zeitentlohnung des Mitarbeiters an (w in Definition 1) und trennt diese in die beiden Komponenten (a) (rechnerisch) verfügbarer Konsum und (b) (residualer) intertemporaler Konsumtransfer. Aus dieser Blickrichtung wird der Mitarbeiter entsprechend als Kreditnehmer bzw. als Anleger tätig. Fällt das in einer Periode vom Unternehmer abgerufene Stundenkontigent unter das in h_μ vereinbarte Maß, so nehmen die Mitarbeiter (gezwungenermaßen) einen Konsumkredit auf. Dieser Kredit wird beispielsweise in einer (Folge–)Periode zurückgezahlt, in der das abgerufene Stundenkontingent h_t das vereinbarte Kontingent übersteigt. Die kombinierte Darstellung von P2 und P3 untermalt sehr schön die Wechselseitigkeit des Versicherungs– bzw. Kreditmarktmodells.

Die verfeinerte Variante (P_ω) formuliert hypothetische Stundenentgelte. Bei dieser Variante erfolgt die stabilitätsinduzierende Ersparnisbildung über hochgerechnete Stundenentgeltkredite ($-\widetilde{s}_t$), die den Mitarbeitern gewährt werden. Dabei baut das Unternehmen die entsprechende Ersparnis auf oder anders formuliert: Mitarbeiter nehmen im Falle eines negativen Nachfrageschocks Stundenentgeltkredite auf, d. h. das aktuelle, auf Basis der adaptierten Arbeitszeit und des Fixlohns hochgerechnete Stundenentgelt überschreitet die Vergleichsgröße des auf Basis der Normalarbeitszeit erwarteten Stundenentgelts. In Zeiten positiver Nachfrageschocks bauen Mitarbeiter demgegenüber Ersparnis über einen Stundenentgeltverzicht auf, die in Zeiten negativer Schocks entsprechend abgebaut werden kann.

Als Fazit dieser knappen Einordnung bleibt festzuhalten, dass sich das Entscheidungsproblem im Sinne der Wechselseitigkeit aus alternativen Perspektiven betrachten lässt, wobei die jeweils gewählte Perspektive beispielsweise darauf basiert, welcher Teilaspekt der Wechselseitigkeit der Versicherungslösung unter die Lupe genommen wird.

Im Ursprungsmodell setzt sich die Kompensationszahlung (c) an den Mitarbeiter aus zwei Komponenten zusammen: (a) Periodenkonsum und (b) "überwachter" Konsumverzicht. Komponente (b) geht als Ersparnis s_t, d. h. als Konsumtransfer in künftige Perioden in die in (c) vereinbarte Entlohnung w_t ein. Komponente (a) entspricht nicht nur dem aktuell verfügten Konsumrahmen c_t, sondern zudem der Differenz aus (c) und (b). Inhaltlich bedeutet dies, dass dieser Konsumrahmen stets ausgeschöpft wird. CH94 fokussieren auf die Wahl des effizienten Entlohnungsmusters, die der Prinzipal zu treffen hat. Das zugrunde gelegte Mehrperiodenmodell formuliert Arbeitsverträge zwischen Unternehmen (Prinzipal) und Mitarbeiter (Agent). Der Prinzipal überwacht die Ersparnisbildung des Agenten, so dass Periodeneinkommen (Komponente (c)) und Periodenkonsum des Agenten (Komponente (b)) nicht mehr zwangsläufig übereinstimmen.

Diese Form der Überwachung erlaubt es dem Prinzipal, die konstruktionsgemäß *erinnerungslosen* Spotverträge mit dem Erinnerungsvermögen auszustatten, das zur Generierung langfristiger Optima notwendig ist. Das dem Agenten als Lösung des unternehmerischen Maximierungsproblems angebotene wohldefinierte Entlohnungspaket umfasst in jeder Periode die beiden Elemente Konsum und Ersparnis unter Berücksichtigung des jeweiligen Reservationsnutzens. Mit Hilfe dieser Komponentenzerlegung des Entlohnungspakets lässt sich das langfristige Optimum in einer Sequenz aus Spotverträgen generieren, was faktisch die Stabilität des Vertragskonstruktes implementiert (Chiappori et al. (1994, 1537–1540)).

Zusammengefasst wird Spotimplementierbarkeit (und damit zudem die hierfür notwendige Eigenschaft der Nachverhandlungsstabilität) erreicht, indem der Prinzipal über die Ersparnisbildung des Agenten informiert ist und diese im Bedarfsfall steuern kann.[25] Diese Argumentation lässt sich ganz analog für das Arbeitszeitkontenmodell führen, woraus schließlich die Notwendigkeit des zweiten personalpolitischen Instruments, nämlich des *IuK–Systems über Gütermarktbedingungen* resultiert.

Übertragen auf das Vokabular im Arbeitszeitkontenmodell ergibt sich Folgendes: Der Unternehmer–Prinzipal des Ursprungsmodells korrespondiert mit dem Mitarbeiter–Arbeitszeitprinzipal im hier entwickelten Modell. Der Unternehmer–Arbeitszeitagent des Kontenmodells findet sich entsprechend in der Rolle des Mitarbeiter–Agenten des Ursprungsmodells wieder. Während allerdings im Originalmodell der Prinzipal den Zugang zum Kreditmarkt besitzt, ist dies im Arbeitszeitkontenmodell eher umgekehrt: Hier verfügt der Arbeitszeitagent den intertemporalen Zeittransfer auf Basis der Bedingungen am Gütermarkt. Die Übertragbarkeit von CH94 ist hierdurch jedoch nicht beeinträchtigt, da Folgendes gilt: Besitzt zumindest eine der Parteien Zugang zu einem perfekten Kreditmarkt und ist darüber hinaus die Kreditnahme des Agenten überprüfbar bzw. kann auf die zugehörige Ersparnisbildung konditioniert werden, so ist unerheblich, welche Partei über den Kreditmarktzugang verfügt (Chiappori et al. (1994, 1536)).

---

25 Der optimale langfristige Vertrag ist nachverhandlungsstabil (ex post effizient). Ein langfristiger Vertrag ist genau dann spotimplementierbar, wenn ein perfektes Bayesianisches Gleichgewicht des Spotvertragsspiels existiert, welches das Ergebnis des langfristigen Vertrags repliziert. Spotverträge sind ex ante effizient, ex post jedoch nicht unbedingt. Wesentlich ist dabei die Rolle des vertraglichen *Erinnerungsvermögens*. Beinhaltet der optimale langfristige Vertrag Erinnerung, gehen z. B. die Entlohnungen aus Vorperioden in die Bestimmung der aktuellen Lohnhöhe ein, so wird die Sequenz von Einzelverträgen durch das langfristige Optimum pareto–dominiert. Die Möglichkeiten des *Kreditzugangs*, über die die Akteure verfügen, können dieses Ergebnis entscheidend verändern, wenn die Ersparnisentscheidungen Spotimplementierbarkeit herbeiführen.

Der wesentliche Punkt besteht also in der Überwachung der Ersparnis. Anders ausgedrückt muss der Mitarbeiter das Ausmaß der Kredittätigkeit des Unternehmers beaufsichtigen können. Die Kredittätigkeit bezieht sich dabei auf den vorgenommenen intertemporalen Arbeitszeittransfer. Hieraus leitet sich die Notwendigkeit eines angemessenen IuK–Systems ab: Nur dann, wenn Informationen über die Realisierung der Gütermarktschocks zur Verfügung stehen, die eine Kontrolle von $h_\mu - h_t$ bzw. $h_t - h_\mu$ zulassen, können Zeitkonten als innerbetriebliche Institution etabliert werden. Nur dann, wenn Arbeitszeitkonten als eine solche Institution erfolgreich etabliert sind, kommt ihnen die Funktion eines wohldefinierten (nachverhandlungs)stabilen personalpolitischen Instrumentenbündels zu.

Zusammengefasst: Die in diesem Kontext erforderliche Informations– und Überwachungsfunktion wird durch ein innerbetriebliches IuK–System übernommen. Dieses System beinhaltet notwendigerweise Informationen über den Gütermarkt und über wichtige finanzielle Kennziffern des Unternehmens. Diese Informationen müssen, um Nachverhandlungsstabilität und langfristige Existenz der Arbeitszeitkonten zu implementieren, den Mitarbeitern zugänglich sein, damit diese die Transferhöhe evaluieren können. Für die Diskussion der personalpolitischen Systeme resultiert im Ergebnis die Erweiterung der Polarklassifikation tayloristisch vs. holistisch: Das personalpolitische System *Zeitkonten & Kommunikation* gründet sich auf die Integration des Kreditmarktansatzes in den Adaptionsansatz.

Die Aspekte Nachverhandlungsstabilität und abgeschlossener innerbetrieblicher Kreditmarkt werden in 3.4.7 wieder aufgenommen. Der nächste Unterabschnitt widmet sich der formalanalytischen Diskussion des intertemporalen Zeittransfers. Im Anschluss an die Darstellung des dem Zeitkontenmodell zugrunde liegenden Annahmengerüstes wird auf das Prozedere der Gewinnmaximierung eingegangen.

3.4.6 Die formalanalytische Modelldiskussion

Die folgenden Seiten beinhalten die formale Diskussion des Modells. Das Anliegen besteht darin, die prinzipielle Eignung von Arbeitszeitverschiebungen über Periodengrenzen hinweg — und darauf aufbauend die Vorteilhaftigkeit von Arbeitszeitkonten — als Adaptionsinstrument nachzuweisen. Dieses Adaptionsinstrument dient dem Ausgleich transitorischer Nachfrageschwankungen. Nachfrageschwankungen treten dabei aufgrund der normalverteilten Güternachfrage auf. Grob gesprochen dienen intertemporale Zeittransfers als Substitut für Lagerhaltung.

Der folgende Erklärungsansatz wendet sich primär an Unternehmungen, die bereits bestehen, sich auf ihrem Produktmarkt etablieren konnten und dementsprechend über einen gewissen Erfahrungsschatz verfügen. Zunächst seien die Modellannahmen genannt und hinsichtlich ihrer modellkonstituierenden Eigenschaften beleuchtet. Im Anschluss wird das unternehmerische Maximierungskalkül nach bewährtem Muster durchgespielt. Unter Verwendung der Bedingungen erster Ordnung wird aufgezeigt, dass es aus Unternehmenssicht grundsätzlich sinnvoll ist, einen intertemporalen Arbeitszeittransfer durchzuführen. Schließlich werden mögliche Institutionalisierungen derartiger Transfers skizziert und es wird argumentiert, warum unter Kosten–Nutzen–Gesichtspunkten eine Kontenlösung die institutionelle Form der Wahl bilden sollte.

Das Modell selbst ist zum Zweck der klaren Argumentationsführung bewusst stilisiert gehalten. Für die letztlich gewonnenen Ergebnisse sind die theoretisch postulierten Nachfrageschwankungen, die Annahme heterogener Preisbildung sowie die Annahme über die Lagerhaltungsbeschränkungen ausschlaggebend. Wie bereits in den vorangehenden Unterabschnitten 3.4.1 und 3.4.4 erläutert, basiert die grundsätzliche Funktionsweise des Modells als wechselseitige Versicherung zwischen Arbeitgeber und Arbeitnehmer auf dem $\mu - \sigma$–Kriterium und auf dem Erwartungsnutzenkonzept, wobei wegen der normalverteilten Güternachfrage gilt, dass beide Konzepte übereinstimmen (Lajeri und Nielson (2000)).

Das Annahmengerüst für das unternehmerische Entscheidungsproblem lautet wie folgt:

A1 Die Güternachfrage X sei eine normalverteilte Zufallsvariable mit dem Erwartungswert μ und der Varianz σ^2. Die aktuelle Realisation offenbare sich unmittelbar. μ sei zeitkonstant.

A2 Akteure innerhalb des Modells seien (i) das Unternehmen sowie (ii) die Mitarbeiter. Das Unternehmen treffe die Entscheidung über die Entlohnung der Mitarbeiter und wähle zudem die Beschäftigungshöhe. Mitarbeiter entscheiden im Falle eines Vertragsangebotes über die Aufnahme der Beschäftigungsbeziehung, d. h. über die Annahme des Arbeitsplatzes.
Das auf diese Weise zustandegekommene Matching zwischen Arbeitskräften und Arbeitsplätzen entspreche dem gewinnmaximalen Matching unter Umweltsicherheit.

A3 Das Unternehmen sei risikoavers. Die (Geld–)Nutzenfunktion der Mitarbeiter sei konkav.

A4 Betrachtet werde eine Einproduktunternehmung, wobei das hergestellte Produkt mit Q bezeichnet werde. Lagerhaltungskosten für nicht abgesetzte Teile des Produktionsprogramms seien prohibitiv.

A5 Zur Herstellung von Q kommen die Produktionsfaktoren Arbeit L und Kapital K zum Einsatz. Die Kapitalausstattung sei kurzfristig konstant. L werde in Effizienzeinheiten gemessen und beinhalte die Komponenten (a) Arbeitszeit h sowie (b) Anzahl der Mitarbeiter N. Die Arbeitszeit variiere nicht zwischen den Arbeitskräften. Die Länge der monatlichen Arbeitszeit unter Sicherheit sei als Standardarbeitszeit h_μ bezeichnet.

A6 Heterogene Preisbildung sei zugelassen. Die für das Unternehmen relevante (erwartete) Preis–Absatzfunktion $\mathrm{E}[P(Q)]$ sei bekannt, ebenso die Streuung der Güternachfrage um den Erwartungswert. Das Unternehmen bestimme einen Listenpreis, der Produktpreis p sei somit periodenfix.

A7 Effiziente Anreizsteuerung der Mitarbeiter sei erforderlich. Sie lasse sich allerdings im Rahmen des Shapiro–Stiglitz–Ansatzes erreichen, sei also mittels einer Shirking–Variante aus der Welt der Effizienzlohnmodelle zu leisten (vgl. Shapiro und Stiglitz (1984)). Die Wahl der anreizverträglichen Kompensation folge daher den Anforderungen der Shapiro–Stiglitz–Welt. Der zu zahlende anreizkompatible fixe Zeitlohn sei mit w bezeichnet und messe das Monatsentgelt einer im Unternehmen beschäftigten Arbeitskraft gemäß der No–Shirking–Condition.[26] Weitere monetäre Kompensationsbestandteile seien nicht vorgesehen.

Annahme **A1** besagt nichts anderes, als dass Differenzen zwischen geplanten und realisierten Bedingungen am Gütermarkt existieren. In Kombination mit den anderen Annahmen folgt hieraus die prinzipielle Notwendigkeit, sich im Zuge der unternehmerischen Optimierung näher mit Flexibilisierungsstrategien auseinanderzusetzen. Gleichbedeutend hierzu ist der Arbeitsauftrag, geeignete Adaptionsinstrumente zu entwickeln.

Annahme **A2** definiert die Entscheidungsträger im Modell, wobei dem Unternehmen die Rolle zukommt, das Optimierungsproblem unter Nebenbedingungen zu lösen, während den Arbeitskräften der übliche Part der reagierenden Seite zugewiesen wird: Zunächst treffen potentielle Mitarbeiter dabei die bekannte *Take-it-or-leave-it*–Entscheidung über die Annahme des Vertragsangebots (z. B. Tirole (1989)). Dieses entspricht der Entscheidung über die Aufnahme der Beschäftigung und den Einstieg in das betreffende Unternehmen. Im Falle des Einstiegs wird anschließend die *Effort*–Entscheidung hinsichtlich der Leistungsintensität getroffen.

Die Leistungsintensität wird hier gemäß Annahme **A7** an der Anreizverträglichkeitsbedingung des breit akzeptierten Modells von Shapiro und Stiglitz (1984) ausgerichtet. Hierdurch ist einerseits effiziente Anreizsteuerung gewährleistet. Andererseits beinhaltet die No–Shirking–Condition in Verbindung mit der Annahme über die mitarbeiterseitige Risikoaversion weitere Implikationen, die nicht ohne Belang für denkbare Versicherungslösungen sind. In der Konsequenz sind Abschläge vom aktuellen Kompensationsniveau, die sich als Prämie für eine Versicherung auffassen ließen, die in nachfrageschwächeren Zeiten vor der Entlassung schützt, nicht gangbar. Der Grund hierfür liegt darin, dass derartige Abschläge eine Reduktion der Leistungsintensität unter das effiziente Maß auslösen würden.

Annahme **A3** zeigt auf, dass jede der beiden Parteien auf Basis ihrer Risikoaversion die Bereitschaft zur Zahlung von Versicherungsprämien besitzt. Auch lässt sich die Aussage treffen, dass sich die beiden Akteure immer dann wech-

26 Die Höhe von w ist gerade so hoch bemessen, dass die entsprechenden Arbeitskräfte am Arbeitsplatz nicht bummeln. Dieser Sachverhalt ist als No–Shirking–Condition (Shapiro und Stiglitz (1984, 436)) in die Literatur eingegangen. Mit dieser Bedingung geht die Solow–Bedingung der effizienten Anreizsteuerung einher, die formal folgende Beziehung zwischen Effort und Entlohnung erzwingt: $d\ln e(w)/d\ln w = 1$ (Solow (1979)).

selseitig versichern, wenn die Prämienforderung die Zahlungsbereitschaft nicht überschreitet (Paretokriterium). Die Form etwaiger Prämien ist a priori zwar nicht festgelegt (monetär vs. Zeitäquivalente), sie ist allerdings aufgrund der Effizienzlohnüberlegungen ggf. genau zu bedenken. Im Grunde kommen Lohnabschläge als arbeitnehmerseitige Prämien nicht in Betracht, da dieses zur Verletzung der No-Shirking-Condition führen würde (Shapiro und Stiglitz (1984, 435-438)). Die aus der Erfüllung der Anreizverträglichkeitsbedingung resultierende Eigenschaft der Lohnrigidität führt dazu, dass ein direkter monetärer Transfer zwischen den gemäß Annahme **A3** risikoscheuen Akteuren aus anreiztheoretischen Erwägungen heraus nicht in Betracht kommt.

Nickell (1978) diskutiert ausführlich die Wahl geeigneter Anpassungsstrategien, wenn Lagerhaltungsbeschränkungen von Belang sind. In diesen Rahmen fügen sich die Annahmen **A4** bis **A6**. Sie implizieren, dass es *erstens* erforderlich ist, alternative Anpassungsstrategien zur Lagerhaltung zu entwickeln (mangelnde Lagerhaltungsoption in Annahme **A4**), dass *zweitens* die herkömmlichen Produktionsgrundlagen gelten (Annahme **A5**) und dass *drittens* mikroökonomische Modelle unvollständiger Konkurrenz als geeignete Erklärungsgrundlage erachtet werden (Annahme **A6**).

Hinsichtlich Annahme **A6** sei in erster Linie auf den äußerst flexiblen und ebenfalls breit akzeptierten Ansatz von Dixit und Stiglitz (1977) verwiesen. Dieses Marktmodell unvollständiger Konkurrenz mit Mitarbeiterpräferenzen für Gütervielfalt lässt sich auf den hier diskutierten Zusammenhang anwenden, wobei sich die Formulierung stets über erwartete Größen erstrecken soll. Auf dieses Modell wird insbesondere auch im empirischen Teil noch weiter rekurriert.

Die arbeitsmarktpolitische Konsequenz aus Annahme **A7** schließlich besagt, dass wegen der Nachfrageschwankungen das Risiko, den derzeitigen Arbeitsplatz trotz hoher Leistungsintensität zu verlieren, ex ante nicht Null ist. Ob es tatsächlich zu einer Entlassung auf Basis des Nachfrageausfalls kommt, wird durch die Ausprägung der unternehmensseitig vorgenommenen Anpassungsreaktion determiniert. Besteht die Adaption beispielsweise in der Variation der Mitarbeiterzahl bei einer Gleichverteilung der Freisetzungswahrscheinlichkeit und zuvor optimalem Matching, so entspricht das Entlassungsrisiko des Einzelnen der Zahl der freigesetzten Mitarbeiter bezogen auf die derzeitige Firmengröße.

Auf Basis der Vorüberlegungen ist allerdings kaum zu erwarten, dass die betriebliche Adaption primär über die Variation der Mitarbeiterzahl erfolgt, sondern vielmehr, dass alternative Adaptionsstrategien zum Einsatz kommen. Neben institutionellen Hemmnissen, die gegen eine klassische Hire-and-fire-Strategie sprechen, sind wie erwähnt auch Humankapitalgesichtspunkte von Bedeutung. Das durch die Annahmen implementierte formale Modell wird auf den nächsten Seiten dargestellt, auf denen auch die eigentliche Optimierung vorgenommen wird. Das zugehörige Prozedere konzentriert sich auf die Maximierung des Erwartungsgewinns und zieht Maßnahmen zur Flexibilisierung ins Kalkül.

Das Unternehmen fertige das Produkt Q gemäß der folgenden Produktionsfunktion:

$$Q = f(L(N,h),K) \quad . \tag{3.11}$$

Der Kapitalstock ist über den kurzfristig maßgeblichen Planungshorizont annahmegemäß konstant, so dass von Investitionen in die Produktionsanlagen abstrahiert wird. Es fallen damit kurzfristig fixe Kapitalkosten in Höhe von $\overline{c_{\overline{K}}}$ an. An dieser Stelle sei zunächst kurz der Fall unter Sicherheit (bzw. unter Verzicht auf denkbare Adaptionsmechanismen und somit ohne Anpassungskosten) aufgezeigt, der dementsprechend auf die Standardarbeitszeit h_μ rekurriert:

$$C_\mu = g(L,\overline{K}) = w \cdot N + \overline{c_{\overline{K}}} \quad . \tag{3.12}$$

Der in Gleichung (3.12) dargestellte Zusammenhang misst die monatlichen Kosten unter Sicherheit C_μ. Vor dem Hintergrund der Nachfrageschwankungen und aufgrund der Varianzaversion beschreibt Gleichung (3.12) nicht die für die gewinnmaximale Produktionsentscheidung maßgebliche Beziehung. Wegen des Nachfragerisikos besteht nämlich grundsätzlich Anpassungsbedarf, der sich zudem in der Kostenfunktion niederschlägt. In verallgemeinerter Form lautet (3.12) für eine bestimmte Periode t somit:

$$\begin{aligned} C_t &= g(L_t,\overline{K}) = g\left(Q_\mu(L_\mu,\cdot),\Delta Q(\Delta L),\overline{K}\right) \\ &= w \cdot N_\mu + c_t(\Delta Q) + \overline{c_{\overline{K}}} \quad , \end{aligned} \tag{3.13}$$

wobei ΔL die ex post Abweichung zwischen der *realisierten* Nutzung des Faktors Arbeit L_t und dem zugehörigen Erwartungswert L_μ misst. Die Kosten der Flexibilität kommen in c_t zum Ausdruck. Sie resultieren aus dem Bestreben, in Periode t eine Angleichung von realisierter Nachfrage und Produktionsprogramm herbeizuführen, und besitzen den Erwartungswert $E[c_t] = 0$. Im Referenzpunkt unter Sicherheit gilt stets $c_t = 0$. Wird auf Anpassungsstrategien generell verzichtet, gilt ebenfalls $c_t = 0$, d. h. die in Gleichung (3.12) dokumentierte Beziehung.

Nun sei genauer auf die Maximierung des Erwartungsgewinns eingegangen. Die auf diesem Wege erzielte Lösung vergleichen wir mit dem Gewinn unter Sicherheit und mit einem stilisierten Szenario, welches friktionslose Adaption beinhaltet. Dieses Vorgehen fußt auf dem Ziel, eine schlüssige Erklärung für den intertemporalen Transfer von Produktionsvolumina zu liefern. Als Diskussionsergebnis lässt sich die Vorteilhaftigkeit intertemporaler Produktionsverschiebungen begründen, welche das "Trägermedium" Arbeitszeit nutzen.

Das marginalanalytische Grundkonzept schreibt als notwendige Bedingung für die Lösung des betrachteten Optimierungsproblems die Übereinstimmung von Ertragszuwachs und Kostenzuwachs bei einer infinitesimalen Änderung der Ausbringungsmenge vor. Formal entspricht das *Grenzerlös* $\overset{!}{=}$ *Grenzkosten*–Kalkül der folgenden Gleichung:

$$p+\frac{\partial P}{\partial Q}\cdot Q \overset{!}{=} \frac{\partial C}{\partial Q}\equiv C_Q \quad . \tag{3.14}$$

Unter der Voraussetzung der Erfüllung dieser Bedingung lautet der Erwartungswert des Gewinnmaximums unter Sicherheit:

$$\mathrm{E}\Pi^*_{fb} = p^*\cdot Q^*(L^*,\overline{K})-C(Q^*|\overline{K}) \quad . \tag{3.15}$$

Wie üblich, fixiert die Unternehmung den Preis p^* in Höhe des mit der optimalen Ausbringungsmenge Q^* korrespondierenden Wertes, d. h. p^* aus Gleichung (3.15) entspricht dem Preis laut erwarteter Preis–Absatzfunktion $P(Q)$ an der Stelle Q^*. Wie üblich, wird die zugehörige Preis–Mengen–Kombination mit (p^*,Q^*) bezeichnet. $\overline{K}$ ist weiterhin kurzfristig fix. Die mit Q^* durch die Zuordnungsvorschrift der Produktion festgelegte optimale Beschäftigungshöhe lautet L^*.

Die in Gleichung 3.15 beschriebene Größe $\mathrm{E}\Pi^*_{fb}$ diene als oberes Referenzmaß (*Benchmark*) und werde mit FBB bezeichnet. Der aufgrund der Lagerhaltungsbeschränkung tatsächlich erzielbare Gewinn $\mathrm{E}\Pi_M$ basiert allerdings auf der zufallsverteilten Güternachfrage, deren Erwartungswert $\mathrm{E}Q$ beträgt. Der erzielbare Gewinn bestimmt sich letztlich aus denkbaren Realisationen der Absatzschwankungen und aus der potentiellen Adaption. Auf Basis der Zufallsvariable Güternachfrage gilt ganz allgemein:

$$\mathrm{E}\Pi_M = p(\mathrm{E}Q)\cdot \mathrm{E}Q - w\cdot N|_{\mathrm{E}Q}-c_t[\Delta Q]-\overline{c_{\overline{K}}} \tag{3.16}$$

und an der Stelle Q^*, die mit dem Erwartungswert des maximierten Gewinns korrespondiert, entsprechend:

$$\mathrm{E}\Pi^*_M = \mathrm{E}\left[pQ^* - wN^* - c_t[Q_M - Q^*]\right] - \overline{c_{\overline{K}}} \quad . \tag{3.17}$$

Wird keine gezielte Anpassung vorgenommen, so unterschreitet der tatsächliche Erwartungsgewinn den in Gleichung (3.15) dokumentierten Wert $\mathrm{E}\Pi^*_{fb}$ stets.

Diese Eigenschaft folgt aus der Lagerhaltungsannahme. Der Zusammenhang sei für die Stelle des Erwartungsgewinnmaximums illustriert, wobei sich die Verteilungsfunktion der Güternachfrage in die beiden Teilbereiche (i) Rationierung durch Herstellerseite ($Q < Q_M$) sowie (ii) Rationierung durch die Nachfrageseite ($Q_M \leq Q$, mit $Q_{M,\Delta\leq 0}$) splitten lässt:

$$\begin{aligned}
\mathrm{E}\Pi_M^* &= \left[1-\mathrm{Prob}(Q_M \leq Q)\right]\cdot P(Q)\cdot Q + \mathrm{Prob}(Q_M \leq Q)\cdot P(Q)\cdot Q_{M,\Delta\leq 0} \\
&\quad - C(Q|\overline{K}) - c_t[Q_M - Q^*] \qquad (3.18) \\
&= (1-F(Q_M))\cdot p^*Q^* + F(Q_M)\cdot p^*Q_{M,\Delta\leq 0} \\
&\quad - C(Q|\overline{K}) - c_t[Q_M - Q^*] \qquad (3.19) \\
&= 0.5\cdot p^*Q^* + 0.5\cdot p^*Q_{M,\Delta\leq 0} - C(Q|\overline{K}) - c_t[Q_M - Q^*] \\
&< p^*Q^* - C(Q|\overline{K}) \equiv \mathrm{E}\Pi_{fb}^* \quad , \qquad (3.20) \\
&\quad \text{da } Q_{M,\Delta\leq 0} < Q^* \quad \text{und} \quad c_t[\cdot] = 0
\end{aligned}$$

aufrund fehlender Anpassung. Dabei misst $F(Q_M)$ die Verteilungsfunktion der Güternachfrage an der Stelle der realisierten Marktnachfrage Q_M, oder anders ausgedrückt, die Wahrscheinlichkeit, dass die aktuelle Nachfrage die laut optimalem Produktionsplan gewählte Ausbringungsmenge Q^* unterschreitet. Demgegenüber misst $(1 - F(Q_M))$ die Eintrittswahrscheinlichkeit für einen Nachfrageüberhang. Aufgrund der symmetrischen Verteilung der Nachfragefunktion sind beide Zustände gleichwahrscheinlich, d. h. es gilt $F(Q_M) = (1 - F(Q_M)) = 0.5$, was den Übergang von Gleichung (3.19) zu Gleichung (3.20) erklärt.

Der in den Gleichungen (3.18) bis (3.20) dargestellte Zusammenhang sei kurz erläutert. Q misst die gemäß $P(Q)$ zu erwartende und geplante Produktnachfrage, die im Erwartungsgewinnmaximum den Wert Q^* annimmt. Q_M misst demgegenüber die Realisation von Q, d. h. die Realisation von Q^* auf dem Gütermarkt. Überschussnachfrage kann annahmegemäß nicht befriedigt werden: Die geplante Ausbringungsmenge Q^* stimmt mit der abgesetzten Menge überein, solange $Q_M \geq Q^*$ ist und keine expansiven Anpassungsmaßnahmen unternommen werden. Derartige Zusammenhänge seien mit $Q_{M,\Delta>0}$ gekennzeichnet. Mit $Q_{M,\Delta\leq 0}$ werden Zustände bezeichnet, in denen die tatsächlich nachgefragte Absatzmenge geringer ausfällt als laut Produktionsprogramm vorgesehen. Die überschüssige Produktionsmenge verfällt, soweit keine Anpassung vorgenommen wird, da hier stets die realisierte Nachfrage $Q_{M,\Delta<0}$ abgesetzt wird.

Die Produktionskosten sind — unabhängig von der Ausprägung, die ΔQ annimmt — stets $C(Q^*|\overline{K})$: Wird von Anpassung abstrahiert, so gilt $c_t[Q_M - Q^*] =$

0. Ist die Eintrittswahrscheinlichkeit des Ereignisses $\Delta Q < 0$ positiv, so kann die Unternehmung das in Gleichung (3.15) beschriebene Benchmark (FBB) nicht erreichen, da stets $\mathrm{E}\,\Pi_M^* < \mathrm{E}\,\Pi_{fb}^*$ gilt und die Ungleichung (3.20) erfüllt ist. Hier liegt die Frage nahe, ob ein zur Lagerhaltung vergleichbares Adaptionsinstrument existiert, welches geplante und realisierte Nachfrage ex post in Einklang bringt. Lässt sich ein solches Instrument finden, so ließe sich die bislang vorhandene Rigiditätsfalle verlassen.

Im Folgenden wird gezeigt, dass der intertemporale Transfer von Produktionsvolumina, der über das Vorziehen und Zurückstellen von Arbeitszeit vorgenommen wird, ein derartiges Instrument repräsentiert. Intertemporaler Zeittransfer setzt *erstens* an der Differenz ΔQ an: Werden bei einer Realisation $\Delta Q < 0$ Teile des Arbeitszeitkontingents in künftige Perioden tranferiert, die sich im Falle von $\Delta Q > 0$ dann entsprechend erschließen lassen, so entfällt hierdurch auch die Rationierung durch die Herstellungsseite.[27]

Dem Wegfall dieser Beschränkung stehen wegen der symmetrischen Gestalt der Nachfrageverteilung keine Grenzkosten gegenüber, da das zusätzlich erforderliche Zeitkontingent durch den intertemporalen Zeittransfer — oder anders formuliert: durch die Zwischenlagerung von Arbeitszeitkontingenten — zur Verfügung steht. Zeitkontingente stehen deshalb zur Verfügung, da Realisationen unterhalb des Erwartungswertes, sprich $Q_{M,\Delta<0}$ nicht mehr zum Verlust (Verderb) des Produktionsprogramms führen, sondern — sozusagen vor Vollzug der Herstellung — über die Wahrnehmung der Zeitoption in künftige Perioden transferiert werden.

Intertemporaler Zeittransfer setzt *zweitens* bei den Kosten der vorgenommenen Adaption $c_t[Q_M - Q^*]$ an. Rein theoretisch können sich entsprechende Anpassungskosten auf die Grenzkosten auswirken und/oder zu einer Verschiebung der Fixkosten führen. Solange das nachfragebedingte, gewünschte Transfervolumen (vgl. $|h_t - h_\mu|$, Definition 1) die Transfergrenze (vgl. Δh_μ, Definition 1) unterschreitet, verursacht das Adaptionsinstrument *intertemporaler Arbeitszeittransfer in Arbeitszeitkonten* ausschließlich Fixkosten. Mit anderen Worten resultiert keine Veränderung der Grenzkostenfunktion im Vergleich zur Situation unter Sicherheit (vgl. Element (b), Definition 1).

Aus der Anwendung des Maximierungskalküls folgt aufgrund der Kostencharakteristika des Zeittransfers, d. h. aus formaltheoretischer Sicht:

> Intertemporaler Arbeitszeittransfer in unverzinsten Arbeitszeitkonten ist anderen quantitativen Anpassungsinstrumenten stets vorzuziehen, wenn die Zufallsvariable Güternachfrage symmetrisch verteilt und die Varianz nicht zu hoch ist.

---

27 Hier soll lediglich auf der Ebene des grundsätzlichen Nachweises argumentiert werden. Insofern wird auf die Erläuterung des Falls, in dem das vereinbarte maximale Transfermaß Δh_μ nicht hinreicht, nicht weiter eingegangen.

Übergeordnete Voraussetzung: Der Referenzgewinn der Bezugssituation unter Sicherheit $E\Pi^*_{fb}$ (FBB) ist hinreichend groß, so dass die Fixkosten des Adaptionsinstruments *Arbeitszeitkonten* gedeckt sind.

Nachdem nun die grundsätzliche Dominanz von Arbeitszeitkonten anhand der Kostencharakteristika begründet ist, folgen einige erläuternde Bemerkungen zu den Elementen (a) bis (e) des Arbeitszeitkontos aus der Eingangsdefinition 1. In Kombination mit Annahme **A5** stimmen die Normalarbeitszeit (Element (a) der Definition auf Seite 59) mit der erwarteten Arbeitszeit (Annahme **A5**) überein.[28] Die erwartete Arbeitszeit h_μ wiederum korrespondiert mit der Mitarbeiterzahl N_μ, welche vom gewinnmaximierenden Unternehmen unter Gütermarktsicherheit gewählt würde.

Das zweite Element der Definition 1 von Arbeitszeitkonten beschreibt im Prinzip eine Auswahlregel: Mit Δh_μ aus (b) wird die betriebsindividuelle obere Schranke für den Betrag der periodenspezifischen Abweichung zwischen realisierten (d. h. aktuell gültigen) Arbeitsstunden und erwarteten (d. h. durchschnittlichen) Arbeitsstunden vereinbart. Soweit das infolge der Realisierung des Nachfrageschocks gewünschte Transfervolumen $|h_t - h_\mu|$ den Wert Δh_μ unterschreitet, so wird das gewünschte Transfervolumen realisiert. Rein theoretisch ließen sich unterschiedliche Schranken für den Fall positiver Nachfrageschocks und für den Fall negativer Nachfrageabweichungen einziehen. Dieses soll im diskutierten Modell aber nicht erfolgen, sondern es sei der symmetrische Fall unterstellt, bei dem kein Unterschied zwischen maximal zulässigen Arbeitszeitkrediten ($h_t > h_\mu$) und maximal zulässigen Arbeitszeitanlagen ($h_t < h_\mu$) gemacht wird:

$$\{\Delta h_\mu \in \mathbb{R} \quad : \quad \max_{h_t > h_\mu} |h_t - h_\mu| = \underset{\Delta>0}{\Delta} h_\mu = \underset{\Delta<0}{\Delta} h_\mu = \max_{h_t < h_\mu} |h_t - h_\mu|\} \quad . \tag{3.21}$$

Nun ließe sich argumentieren, für Unternehmen sei es stets sinnvoll, Δh_μ so groß wie möglich zu wählen. Dieses ist aber ein Trugschluss, wie aus Annahme **A7** ersichtlich ist. Das Effizienzlohnargument impliziert Folgendes: Das auf Basis des — potentiellen — intertemporalen Zeittransfers rechnerisch ermittelte Stundenentgeltminimum $\omega_\mu/(h_\mu + \Delta h_\mu)$ sollte eine gewisse Grenze nicht unterschreiten.[29] Ansonsten wäre die Anreizverträglichkeitsbedingung verletzt. Somit ist Δh_μ

---

28 In der Praxis mag die Normalarbeitszeit dabei auf Regelungen basieren, die die Tarifparteien auf Verbandsebene treffen. Denkbar sind darüber hinaus betriebsspezifische Vereinbarungen zur Normalarbeitszeit. Auch ist in Deutschland durch das Arbeitszeitgesetz beispielsweise eine obere Schranke für die Normalarbeitszeit festgesetzt. Im Rahmen der hier entwickelten theoretischen Modellierung wird davon ausgegangen, dass etwaige institutionelle oder gesetzliche Regelungen mit der No–Shirking–Condition (Shapiro und Stiglitz (1984)) vereinbar seien.

29 Die Wert $\omega_\mu/(h_\mu + \Delta h_\mu)$ gibt den Minimalwert für den Stundenverdienst an, den dieser auf Basis der Regelungen im Arbeitszeitkonto annehmen kann. Dieser Wert tritt dann ein, wenn das

auch im Interesse des Unternehmens a priori wohlbegrenzt. In der betrieblichen Praxis sind drei charakteristische (Eck–)Realisationen der geleisteten Arbeitszeit von Belang: A. h_t, B. $h_\mu + \Delta h_\mu$, C. $h_\mu - \Delta h_\mu$, wobei im Falle von A. die Stundenzahl zum Zuge kommt, welche gerade die realisierte Güternachfrage imitiert. B. bzw. C. markieren die höchstmögliche bzw. geringstmögliche Arbeitszeit, die gemäß Arbeitszeitkontenregelungsrahmen pro Periode zu Adaptionszwecken zur Verfügung stehen. Sie determinieren den Schwankungsrahmen, für den die Dominanz von Arbeitszeitkonten zutrifft.

Element (c) der Eingangsdefinition zielt in eine vergleichbare Richtung wie Δh_μ, nur dass hier der Blick explizit auf den Konflikt zwischen den beiden Polarzielen (i) angemessene Erfahrungs– und Ausgleichsdauer und (ii) obligatorische Überprüfung auf permanente Nachfrageverschiebungen gerichtet ist. Die Begrifflichkeit der angemessenen Erfahrungs– und Ausgleichsdauer ist so zu verstehen, dass es für eine verlässliche Beurteilung der Leistungsfähigkeit der personalpolitischen Institution *Arbeitszeitkonten* einer hinreichenden Wiederholung des Zufallsereignisses *Gütermarktnachfrage* bedarf. Der unter (ii) genannte Punkt ist insbesondere vor dem Hintergrund der rapiden technologischen Entwicklung und vor dem Hintergrund des allgemeinen Trends zur Globalisierung nicht zu unterschätzen. Hinter der Vereinbarung eines Zwangsausgleichs von Kontenbewegungen, d. h. hinter der Forderung von ausgeglichenen Kontenständen, steckt die Überlegung, eine im Mittel richtig prognostizierte Nachfrage erfülle diese Forderung unter der Voraussetzung von (i). Demgegenüber erforderten permanente Nachfrageverschiebungen eine Neuausrichtung. Ziel von (ii) ist also, permanente von transitorischen Nachfrageabweichungen zu trennen. In Punkt (d) kommt die Mitarbeiterversicherung zum Ausdruck (vgl. Annahmen **A3** und **A7**).

Die als Element (e) vereinbarte Befreiung vom kurzfristigen reallokativen Entlassungsrisiko ist von substantieller Bedeutung für die Wirksamkeit des Modells: Die wechselseitige Versicherung lässt sich nur dann etablieren, wenn die Beschäftigten darauf vertrauen können, die Beschäftigungszusage werde eingehalten. In einem engen Zusammenhang hiermit steht der Mitarbeiter*eindruck* über die transferierten Zeitkontingente. Dieser Eindruck umfasst die von den Mitarbeitern empfundenen Eigenschaften der intertemporalen Zeittransfers. Diese Eigenschaften bereiten kein Vertrauensproblem, wenn die Mitarbeiter die im vorangehenden Unterabschnitt 3.4.5 beschriebene Überwachungsmöglichkeit im Rahmen des Kreditmodells besitzen.

Stellt sich demgegenüber heraus, dass die Unternehmung die ausgesprochene Beschäftigungsgarantie nicht erfüllt oder aber andere Faktoren als die Gütermarktschwankungen ursächlich für die getätigten Transfervolumina sind, so wird

vorziebare Arbeitszeitkontingent Δh_μ in voller Höhe ausgeschöpft wird.

die Zustimmung zur Arbeitszeitflexibilisierung verwehrt, zurückgezogen oder aber der Gültigkeitszeitraum von Vereinbarungen über Zeitkonten wird nicht fortgeschrieben. Ganz ähnlich wird verfahren, wenn sich herausstellt, dass das Unternehmen bei der Praktizierung des Kontenmodells faktisch nicht auf den Ausgleich der Kontenbewegungen bedacht ist, sondern auf eine Erhöhung der mittleren Arbeitszeit. Im Ergebnis würde ein derartiges Verhalten auf eine Reduzierung der rechnerischen Stundenentgelte zielen. Weisen die Konten nach Ablauf eines beliebigen und hinreichend langen Beobachtungszeitraums Δt — aus Mitarbeitersicht — hohe Plussalden auf, so deutet vieles darauf hin, dass die Unternehmensseite tatsächlich nicht auf die Versicherung transitorischer Nachfrageschwankungen bedacht ist, sondern andere Interessen mit dem Kontenansatz verfolgt.

Vor dem Hintergrund dieser Überlegungen ist der folgende Abschnitt zu lesen, der sich mit Glaubwürdigkeit und Nachverhandlungsstabilität von Arbeitszeitkonten beschäftigt. Aus den Anforderungen an Glaubwürdigkeit und Dauerhaftigkeit der personalpolitischen Adaptionsinstitution *Arbeitszeitkonten* ergeben sich die Anforderung an Nachverhandlungsstabilität und damit an ergänzende personalpolitische Instrumente zur Informationsbereitstellung. Dieses wird im nächsten Abschnitt angegangen.

3.4.7 Nachverhandlungsstabilität von Arbeitszeitkonten

Die Konstruktion des diskutierten Modells als Sequenz von Spotverträgen macht es notwendig, sich mit der Ex–post–Effizienz von Verträgen bei unzureichender Selbstbindung zu beschäftigen (Spotimplementierbarkeit), und die Implikationen für den spezifischen Ansatz der Arbeitszeitkonten herauszuarbeiten. Die Grundlagen hierfür wurden bereits in 3.4.5 gelegt, wo die langfristig optimalen Eigenschaften des Kreditmarktansatzes über Zeittransfers verbal thematisiert wurden.

Nachverhandlungsstabilität ist notwendige Voraussetzung für Spotimplementierbarkeit. Lassen sich also Regelungen finden, die die Spotimplementierbarkeit von Arbeitszeitkonten sichern, so sind diese Konten ebenfalls nachverhandlungsstabil. Das von Chiappori et al. (1994) entwickelte integrierte Modell lässt sich in diesem Sinne anwenden. Die folgenden Überlegungen nehmen die Ergebnisse zur Spotimplementierbarkeit auf: Eingeschränkte Selbstbindung und mangelndes Erinnerungsvermögen in Spotverträgen sind verantwortlich dafür, dass reine Verkettungen dieser Verträge nur in Ausnahmefällen langfristig optimale Verträge generieren. Demzufolge ist das langfristige Optimum nicht spotimplementierbar. Gelingt es allerdings, einer Spotsequenz Erinnerungsvermögen zu implementieren, so ist Ex–post–Effizienz gegeben (Chiappori et al. (1994, 1537–1538)).

Ist die Zufallsvariable *Produktnachfrage*, wie in Annahme **A1** postuliert, mittelwertstationär, so entspricht der Einsatz von Arbeitszeitkonten dem von CH94 dargestellten Fall überwachter Ersparnis. Im Originalmodell geht es um effiziente Anreizsteuerung. In knappen Worten zusammengefasst, bestimmt der Prinzipal in einem Zweiperiodenmodell, nachdem er sich ein Bild über die Leistungsintensität des Agenten machen konnte, zu Beginn der zweiten Periode, wie die Aufteilung der Kompensation auf die beiden Bestandteile Konsum und Ersparnis in Periode 1 ausgesehen hat. Entsprechend setzt sich die Kompensation der zweiten Periode zusammen: Die Ersparnis ist in umgekehrter Richtung auszugleichen. Der Prinzipal kontrolliert somit die Ersparnisbildung des Agenten auf dem abgeschlossenen Kreditmarkt, der die beiden Parteien Prinzipal und Agent umfasst. Das Hereinwirken der Ersparnis in die Folgeperiode implementiert Erinnerungsvermögen, woraus wiederum Nachverhandlungsstabilität und Spotimplementierbarkeit resultieren (vgl. auch Tabelle 3.2).

Im betrachteten Untersuchungszusammenhang geht es um effiziente Arbeitszeitsteuerung bzw. effiziente Steuerung der Zeittransfers. Effizienz macht sich in diesem Zusammenhang an den Gütermarktbedingungen fest. Unter der Maßgabe der Spotimplementierbarkeit besteht das Ziel somit darin, den Unternehmer–Agenten zu veranlassen, Zeittransfers ausschließlich zum Zwecke der Nachfrageimitation, d. h. im Sinne der wechselseitigen Versicherungslösung, vorzunehmen (vgl. auch Tabelle 3.1). Das Arbeitszeitkontenmodell ist beispielsweise nicht nachverhandlungsstabil und nicht spotimplementierbar, wenn das Unternehmen auf die folgende Weise betrügt: Es nimmt sich die Freiheit, bereits heute Arbeitszeitkontingente künftiger Perioden abzurufen, ohne dass dem ein entsprechender expansiver Nachfrageschock auf dem Gütermarkt gegenüberstünde. So ist dann auch kein entgegengerichteter Ausgleich des getätigten Zeittransfers zu erwarten. Im Ergebnis beinhaltet ein solches Verhalten die fingierte Kreditnahme, die das Ziel verfolgt, die rechnerischen Stundenentgelte zu reduzieren, da gilt $w/h_\mu > w/h_t$, oder anders ausgedrückt: das vereinbarte durchschnittliche Stundenentgelt (Bezugsgrundlage: h_μ) liegt oberhalb des realisierten rechnerischen Stundenentgelts (Bezugsgrundlage: h_t).

Diese Betrugssituation kann aber vermieden werden und Spotimplementiertbarkeit des Arbeitszeitkontenmodells lässt sich herstellen, wenn folgende Eigenschaft genutzt wird: Durch die Mittelwertstationarität der Nachfragefunktion (μ ist gemäß **A1** zeitkonstant) steht das für Spotimplementierbarkeit benötigte Erinnerungsvermögen zur Verfügung. Das Kontenmodell gemäß Definition 1 ist dann lediglich um ein weiteres Element aus dem personalpolitischen Handlungsspektrum zu ergänzen, die es dem Mitarbeiter–Prinzipal ermöglicht, das Ausmaß der vom Unternehmen getätigten intertemporalen Zeittransfers zu evaluieren.[30] Mit

---

30 Das zugehörige personalpolitische Instrument, das die Evaluation(smechanismen) regelt, sei als **IKS** bezeichnet. Auf eine detaillierte Erörterung wird an dieser Stelle noch verzichtet, da zunächst auf die formalen Grundlagen der Evaluation einzugehen ist. Die Diskussion von **IKS** und

Evaluieren ist hier der Abgleich der intertemporalen Zeittransfers mit den realisierten Gütermarktbedingungen gemeint.

Unter Erfüllung dieser Voraussetzung besitzt die Optimierungslösung mit Arbeitszeitkonten folgende Eigenschaften: Die generierte Sequenz von Einzelverträgen ist nachverhandlungsstabil und die über die *Aneinanderreihung der Einzelperioden* determinierte Beschäftigungsbeziehung ist zudem spotimplementierbar (in Abschnitt 3.4.5 wurde dieses Phänomen mit dem Begriff *Verzahnung* umschrieben). Insofern lässt sich die wechselseitige Versicherungslösung etablieren.

Im Folgenden sei der formale Hintergrund verdeutlicht. Es wird die Perspektive des Mitarbeiters gewählt, der seinen Einkommensstrom über die Erwerbsdauer bewerten muss und dabei die Arbeitszeitkreditnahme des Unternehmens zu überwachen hat. In dem hier betrachteten stilisierten Zeitkontenmodell stimmt die Erwerbsdauer mit der Beschäftigungsdauer im betreffenden Unternehmen überein, wenn die Voraussetzung, das Unternehmen betrüge nicht bei der Inanspruchnahme der Arbeitszeitkredite, d. h. reduziere nicht das rechnerische Stundenentgelt über fingierte positive Nachfrageschocks, erfüllt ist.

Wie sich dies sicherstellen lässt, wird nun erörtert. Die Diskussion bezieht sich auf die Variante P_ω (vgl. Tabelle 3.2, Seite 76). Das *konstante Periodeneinkommen* $w \equiv \omega_\mu \cdot h_\mu$ setzt sich zusammen aus der Addition zweier Teilterme, die jeweils periodenspezifisch sind. Es handelt sich um die beiden zufallsverteilten Summanden (i) *nachfragekorrigiertes Einkommen* und *überwachte* oder auch (ii) *obligatorische Ersparnis*. Beide Summanden ergänzen sich stets zu w. Unter obligatorischer Ersparnis ist dabei Folgendes verstanden: Die tatsächlich, d. h. aufgrund der Nachfragebedingungen geleistete Arbeitszeit korrespondiert mit einem bestimmten Einkommen. Dieses Einkommen weicht von der fixen Kompensation w immer dann ab, wenn sich h_t und h_μ unterscheiden. Gezahlt wird aber stets w, die Differenz zwischen genanntem Einkommen und w heißt im behandelten Modell *obligatorische Ersparnis*. Sie ist positiv, wenn Arbeitszeitkontingente vorgezogen werden. Es wird entspart, wenn die aktuelle Arbeitszeit die vereinbarte Arbeitszeit unterschreitet.

Bei der Beurteilung der Einzelbestandteile durch die Mitarbeiter — oder anders formuliert: an der Entwicklung des jeweiligen Erwartungswertes über die Zeit — setzt der Nachweis der Spotimplementierbarkeit von institutionalisierten Arbeitszeitkonten an.

Aus Mitarbeitersicht dürften sich die beiden folgenden Variablen als geeignete Beurteilungsgrundlage für die Glaubwürdigkeit des Kontenansatzes erweisen (und letztlich auch ausschlaggebend für die Effortentscheidung sein): (i) Die Entwick-

---

insbesondere die Diskussion des in Kombination mit den Arbeitszeitkonten gebildeten Startsystems wird ab Seite 93 wieder aufgenommen.

lung des arbeitszeitkorrigierten Stundenentgelts $\widetilde{\omega}_t$ im Zeitablauf, das sich auf die Bezugsbasis h_t gründet, (ii) die Entwicklung des entsprechenden Pendants $\widetilde{s}_t$, das den rechnerischen Stundenentgeltkredit misst, der in einer bestimmten Periode an das Unternehmen gewährt wird. Derartige Kredite lassen sich inhaltlich als (durch Schwankungen auf Gütermärkten erzwungene) Ersparnis auffassen.

Die formale Darstellung zeigt, dass Arbeitszeitkonten de facto mit zufallsverteilten Stundenverdiensten einhergehen. An dieser Stelle sei allerdings betont, dass es sich hierbei um eine rein gedankliche Trennung der fixen Kompensation in die beiden zufallsverteilten Komponenten handelt:

$$\begin{array}{ccccc} \frac{w}{h_t} & = & \frac{w}{h_\mu} & - & w \cdot \left(\frac{h_\mu h_t}{h_t - h_\mu}\right)^{-1} \quad \text{bzw.} \\ \widetilde{\omega}_t & = & \omega_\mu & - & \widetilde{s}_t \quad , \\ \text{– variabel –} & & \text{– Referenzmaß –} & & \text{– variabel –} \\ \text{periodenspezifischer} & = & \textbf{konstanter} & - & \text{periodenspezifische} \quad . \\ \text{Stundenverdienst} & & \text{Stundenverdienst} & & \text{Ersparnis} \end{array} \tag{3.22}$$

Der hypothetische *periodenspezifische* Stundenverdienst $\widetilde{\omega}_t$ ist ebenso wie die *erzwungene* (Stundenentgelt–)Ersparnis $\widetilde{s}_t$ als Zufallsvariable definiert. Sie ergänzen sich gegenseitig zum erwarteten Stundenentgelt ω_μ, das auf Basis der wechselseitigen Versicherung und der Konstanz von h_μ deterministisch ist (vgl. auch die vorbereitenden Erläuterungen auf den Seiten 69 und 76). Da sowohl $\widetilde{\omega}_t$ mit ω_μ als auch $\widetilde{s}_t$ mit 0 einen konstanten Erwartungswert besitzen, ist das gewünschte Erinnerungsvermögen implementiert. Oder anders ausgedrückt:

> Die Sequenz der Spotverträge mit Arbeitszeitkonten generiert das langfristige Optimum und ist somit nachverhandlungsstabil. Institutionell wird die Ersparnisbildung dabei über die Kontenbewegung auf dem Arbeitszeitkonto gesteuert.

Dieses Ergebnis beruht auf der Eigenschaft, dass $h_t - h_\mu$ die einzige zu Periodenbeginn unbekannte Größe ist, die die periodenspezifische Aufteilung in Konsum und Ersparnis determiniert. Formal gilt Folgendes:

$$w = \widetilde{\omega}_t \cdot h_\mu + \widetilde{s}_t \cdot h_\mu \quad , \tag{3.23}$$

$$\text{mit} \quad \widetilde{s}_t \sim N\left(0, \sigma^2(\sigma_M^2)\right) \tag{3.24}$$

$$\text{und} \quad \widetilde{\omega}_t \sim N\left(\omega_\mu, \sigma^2(\sigma_M^2)\right) \quad . \tag{3.25}$$

Das Ausmaß von $\tilde{s}_t$ wird zwar durch die Realisierung der Zufallsvariable *Güternachfrage* determiniert. Das Ausmaß des Arbeitszeittransfers $(h_t - h_\mu)$ liegt aber letztlich im Ermessensspielraum des Unternehmens, so dass $\tilde{s}_t$ vom Grundsatz her anfällig für betrügerisches Verhalten auf Unternehmensseite ist.

An dieser Stelle lässt sich die Verbindung zwischen dem personalpolitischen Instrument **Azk** und dem personalpolitischen Instrument **IKS** knüpfen. Die Verbindung zum personalpolitischen Startsystem wird dabei über die in den Gleichungen 3.23 bis 3.25 formal dargestellten Überlegungen hergestellt: Da die Beschäftigten in Arbeitszeitkonten die Arbeitszeit–Bank sind, [31] müssen sie die faktische Kreditnahme des Unternehmens (gemessen durch $h_t - h_\mu$) verifizieren (können). Ansonsten lässt sich der Nachweis der nachverhandlungsstabilen und dauerhaften Vorteilhaftigkeit dieser Flexibilisierungsstrategie nicht erbringen.

Als Nebenprodukt ist hierdurch die Existenz des personalpolitischen Systems **Azk–IKS** bewiesen. Dieses personalpolitische System etabliert die wechselseitige Versicherungslösung zwischen Mitarbeitern und Unternehmen. Es sei explizit als Startsystem bezeichnet.

Für die unternehmerische Praxis heißt dies, dass den Mitarbeitern bzw. ihrer Vertretung in Betrieben, die über Arbeitszeitkonten verfügen, substantielle Informationsrechte einzuräumen sind und ein geeignetes Rückkoppelungssystem für Informationen über Gütermarktbewegungen einzurichten ist. Derartige Maßnahmen zur Information und Kommunikation dienen dazu, den unternehmerischen Spielraum bei der Verschiebung von Zeitkontingenten zu beurteilen und die Koppelung von intertemporaler Zeitflexibilität an Gütermarktschwankungen zu verifizieren.

Zusammengefasst müssen Mitarbeiter hinreichend über die betriebliche Situation im Bilde sein, da die langfristigen Effizienzeigenschaften von Arbeitszeitkonten auf der Kontrolle des Kreditmarktes für Arbeitszeit beruhen. Der Term "durch den Mitarbeiter–Prinzipal überwachte Ersparnisbildung des Unternehmer–Agenten" beinhaltet dabei Folgendes: Der im Arbeitszeitkonto **Azk** definierte Regelungsspielraum (Δh_μ: zulässige Höhe von Zeitentnahme bzw. Zeitaufbau pro Periode, Δt: Ausgleichszeitraum der Arbeitszeitsaldi) wird von den Mitarbeitern kontrolliert, und es wird der Gütermarktbezug des aktuellen Transfervolumens $h_t - h_\mu$ überwacht. Dabei ist u. a. bekannt, wie hoch Δh_μ plausiblerweise bemessen werden sollte, und es stehen Erfahrungswerte über den Zeithorizont Δt zur Verfügung,

31 Die Argumentationslinie fußt auf der implizit getroffenen Annahme zur zeitlichen Separierbarkeit bzw. über die vernachlässigbare Zeitpräferenz der Bereitstellung von Arbeitszeiten. Die Integration einer angemessenen Verzinsung ist daher nicht notwendig, wenn das primäre Interesse den qualitativen Resultaten gilt. Ohnehin ließe sich die (unbeobachtete) Verzinsung in Arbeitszeitkonten als Pendant (unbeobachteter) Prämienzahlungen interpretieren, die aus einer Versicherung des Beschäftigungsrisikos resultieren. Die Annahme, deren Höhe sei identisch, ist vollkommen unkritisch.

über den sich transitorische Schocks aufheben sollten bzw. nach dessen Ablauf eine generelle Neubewertung der Nachfragefunktion vorgenommen werden sollte.

> In der unternehmerischen Praxis erfordert die Stabilität von Arbeitszeitkonten (**Azk**) daher, die Gruppe der Mitarbeiter über Marktprognosen, über Auftragsbestände und über vergleichbare Indikatoren kurzfristiger Prägung in Kenntnis zu setzen. Es bietet sich die Institutionalisierung mittels betrieblicher Informations- und Kommunikationskanäle an (**IKS**). Die Instrumentenkombination **Azk** – **IKS** definiert ein personalpolitisches System.

Die Eigenschaft der Spotimplementierbarkeit und Nachverhandlungsstabilität wurde unter der Prämisse der Mittelwertstationarität der Nachfragefunktion abgeleitet. Demgegenüber erfordern dauerhafte Verlagerungen der Nachfrage eine Neuformulierung von Arbeitszeitkonten bzw. Anpassungen ihrer Elemente, z. B. eine Reduktion von h_μ, die hier aber nicht weiter vertieft wird. Dauerhafte Nachfrageüberhänge sind ein Anreiz für unternehmerseitiges Moral Hazard, da Mitnahmeeffekte aus verringerten Stundenverdiensten ($\widetilde{\omega}_t$) möglich scheinen. Die Beschäftigten haben jedoch die Möglichkeit, korrigierend einzuwirken und ihrerseits eine Neuformulierung der betroffenen Elemente in den Arbeitszeitkonten anzustreben. Die notwendige Informationsbasis besitzen sie aufgrund der zuvor begründeten innerbetrieblichen Informations- und Kommunikationskanäle.

Es ist in mehrfacher Hinsicht sinnvoll, die Diskussion um die Kombination *Arbeitszeitkonten–innerbetriebliches IuK–System* in ihrer Eigenschaft als charakteristischer Bestandteil personalpolitischer Systeme zu vertiefen. Hier stellt sich die Frage, ob und in welcher Weise sich diese nachverhandlungsstabile Variante quantitativer Adaption als Subsystem in übergeordnete Varianten einfügt. Die zugrunde liegende Ausgangsvermutung lautet, dass zwischen **Azk–IKS** und anderen Instrumenten aus dem personalpolitischen Handlungsspektrum ebenfalls wohldefinierte Komplementaritäten existieren. Bei Gültigkeit dieser Vermutung leitet sich die Existenz ranghöherer personalpolitischer Systeme bzw. Gleichgewichte ab, wobei das soeben abgeleitete personalpolitische (Zwischen–)System als wohldefinierter Bestandteil eingeht. Auf diesen Punkt geht der folgende Unterabschnitt ein.

3.4.8 *Zeitkonten & Kommunikation* als Bestandteil übergeordneter personalpolitischer Systeme

Aus den bisherigen Ausführungen zum Adaptionskalkül und zum Verifikationskalkül konnte insgesamt der Schluss gezogen werden, dass Komplementaritäten zwischen Arbeitszeitkonten (**Azk**) und innerbetrieblichen Informations- und Kommunikationssystemen (**IKS**) bestehen. Daher darf die Kombination beider als personalpolitisches System gelten.

Komplementaritäten zwischen personalpolitischen Elementen bestehen immer dann, wenn die auf Basis einer simultanen Einführung dieser Elemente resultierende ertragssteigernde Wirkung höher ausfällt als der Vergleichswert, der sich aus der Summe der Einzeleffekte konstruieren ließe, welche sich jeweils im Zuge einer isolierten Einführung einstellen. Genau diese Eigenschaft wurde in den vorangehenden Unterabschnitten belegt: Die erwartungsgewinnsteigernde Wirkung eines intertemporalen Zeittransfers entfaltet sich dann besonders, wenn diese Transfers in den Rahmen einer wechselseitigen Versicherungslösung gefasst werden, deren Existenz wiederum auf der Verzahnung von Einzelperioden beruht. Das Kontenmodell entspricht der Institutionalisierung der Versicherungslösung. Die Zurhilfenahme des Informations- und Kommunikationssystem repräsentiert die institutionelle Umsetzung der Anforderungen, die aus der Verzahnung der Einzelperioden zu einem dauerhaft tragfähigen Modell resultieren.

Wie ordnet sich dieses System nun in einen weiter gefassten Zusammenhang ein, der auf die von Lindbeck und Snower (2000) entwickelte Dichotomisierung *tayloristische Arbeitsorganisation* versus *holistische Arbeitsorganisation* Bezug nimmt. Dieses erfolgt, indem das durch die beiden obigen Komponenten gebildete Startsystem anhand von Plausibilitätsüberlegungen — sozusagen stückweise — um weitere Instrumente aus dem personalpolitischen Instrumentarium zu einem umfassenden personalpolitischen System ausgebaut wird. Salopp formuliert trägt dieses so entwickelte umfassende System die Züge der *holistischen Arbeitsorganisation*.

Beginnen wollen wir zunächst mit einer genaueren Betrachtung der inhaltlichen Ausgestaltung des angesprochenen Informations- und Kommunikationssystems. Zur Entfaltung der Verbundeffekte zwischen **Azk** und **IKS**, d. h. auf Basis der Übertragung des Kreditmarktansatzes von CH94 auf das Zeitkontenmodell, ist es von Vorteil, einen regelmäßigen Informationsaustausch mit den Mitarbeitern über die folgenden Faktoren sowie über deren Entwicklung im Zeitablauf zu pflegen: (a) Auftragslage, (b) Umsatzgrößen, (c) Produktivitätskennzahlen und (d) Marktverhalten von Mitbewerbern. Alle vier genannten Kriterien dienen dazu, die Mitarbeiter in die Lage zu versetzen, die vom Unternehmen getätigten Arbeitszeitkredite zu verifizieren.

Die Effizienz des Informationsverarbeitungsprozesses (Dokumentation, Aufbereitung, Kommunikation, Aktualisierung, Generierung von Längsschnittinformationen, Prognosen) lässt sich entscheidend durch den Einsatz moderner Informationstechnologien fördern. Auch ist es sinnvoll, Dokumentation und Pflege des Kontensystems computergestützt vorzunehmen. Auf diesen Argumenten basiert ein weiterer Synergieeffekt. Dieser besteht zwischen dem Grundsystem **Azk–IKS** und IT–basierten Dokumentations- und IuK–Systemen (**IT**). Als ergänzendes personalpolitisches Instrument genutzt, untermauert **IT** die Wirksamkeit von intertemporaler Flexibilität und Mitarbeiterinformation.

Intertemporale Flexibilität geht Hand in Hand mit qualifikatorischer Flexibilität. Während intertemporale Flexibilität auf zeitliche Einsatzflexibilität zielt, deren Grenzkosten Null sind, betrifft qualifikatorische Flexibilität den flexiblen Einsatz auf unterschiedlichen Arbeitsplätzen bzw. mit zeitlich variablen Arbeitsinhalten. Für qualifikatorische Flexibilität hat sich der Begriff *Multiskilling* eingebürgert. Hinsichtlich potentieller Komplementaritäten zwischen *Multiskilling* und Arbeitszeitkonten ließe sich in einer praxisorientierten Argumentation durchaus vermuten, beide Flexibilisierungsinstrumente kämen substitutiv zum Einsatz. Damit dieses Argument zum Tragen käme, müsste allerdings das folgende stilisierte Szenario bezüglich der Arbeitsinhalte vorliegen: Der negative Nachfrageschock, der beispielsweise Teilaufgabe L^1 innerhalb des Aufgabenspektrums betrifft, müsste durch einen positiven Nachfrageschock (mit identischem Zeitbedarf) beispielsweise bei Teilaufgabe L^2 aufgewogen werden.

Das systematische Auftreten *sich ausgleichender Koinzidenzen* ist aber eher unwahrscheinlich. Sollte dieses aber zufällig der Fall sein und sind zudem entsprechende Mehrfachqualifikationen vorhanden, so ist es sinnvoll, den hierüber regelbaren Anpassungsbedarf durchaus auszuschöpfen, sprich dynamisches *Multitasking* durchzuführen. Dynamisches *Multitasking* impliziert eine zeitvariable Aufteilung des Arbeitszeitbudgets auf die Teiltätigkeiten. Im Sinne der von LS geführten Argumentation (vgl. Abschnitt 3.2, insbesondere Seite 36ff) folgt daraus ein im Zeitablauf veränderliches $\tau^*(t)$. Ergänzender Adaptionsbedarf wird dann über Kontenbewegungen im Arbeitszeitkonto geregelt. Dabei steht die Verschiebung von Zeitkontingenten mittels **Azk** stets zur Verfügung, während dynamisches *Multitasking* **TauDyn** an zusätzliche Bedingungen geknüpft ist. Hieraus lässt sich insgesamt der vorläufige Schluss ziehen, dass **Azk** und **TauDyn** als komplementäre Instrumente zum Einsatz kommen.[32]

Diese Komplementarität, die de facto den grenzkostenlosen betrieblichen Adaptionsspielraum erhöht, der z. B. im Arbeitszeitkonto durch Δh_μ begrenzt wird, untermauert die Rolle von *Multiskilling* als Erfolgsfaktor: Mitarbeiter, die über ein entsprechendes Maß an Mehrfachqualifikationen verfügen, können diese im Bedarfsfall aufgabenspezifisch abrufen. Investitionen in abgestimmte Weiterbildungsprogramme sind dann ein weiteres Element des übergeordneten personalpolitischen Systems. Das zugehörige personalpolitische Instrumentarium sei mit **WB** bezeichnet. Es misst das betriebliche Engagement für Humankapitalbildung, die auf Mehrfachqualifizierung ausgelegt ist. Liegen die qualifikatorischen Grundlagen vor, so lässt sich das Zusammenspiel von **Azk – IKS – TauDyn** durch den Einsatz von Gruppenarbeit optimieren (**TEAM**). Auch hier liegt ein Systemeffekt im Sinne der sich wechselseitig verstärkenden Effekte vor.

32 Genauere Auskunft wird hier die empirische Untersuchung in Kapitel 6 geben.

Schließlich sei darauf hingewiesen, dass sich die zeitlichen Freiräume, die für Aufbau und Pflege von Mehrfachqualifikationen erforderlich sind, mit Hilfe von Arbeitszeitkonten schaffen lassen. Hierfür sind die unterschiedlichsten Varianten denkbar, d. h. auch solche, in denen Mitarbeiter Teile bestehender Zeitguthaben in Qualifizierungszeiten einbringen.

Zwar liegt es im Ermessen der Unternehmung, wie hoch die jeweilige Periodenentnahme an Zeitkontingenten ausfällt. Allerdings impliziert das Verifizierungskalkül, dass Mitarbeiter die erforderliche Höhe von h_t (bzw. die Realisation der Ersparnis $\widetilde{s}_t$) einer beliebigen Periode beurteilen. Treten ungewöhnliche Abweichungen von der im Arbeitszeitkonto vereinbarten Basis zu Tage — wie etwa bei persistenten Nachfrageverlagerungen —, so sollten Mitarbeiter am Prozess der Modifikationsentscheidung beteiligt sein.

Sind die erforderlichen Grundlagen für Mehrfachqualifikation und dynamisches *Multitasking* gelegt, so lässt sich der Anpassungsprozess an sich ändernde Tätigkeitsbündel optimieren. Ein Beispiel hierfür wäre die Strategie, diejenigen Mitarbeiter, die über jene Vor–Ort–Informationen verfügen, welche Variationsumfang und –richtung anzeigen, zudem mit der Entscheidungskompetenz über die Variation zu betrauen. Insofern besteht ein weiterer Synergieeffekt zwischen dem bisherigen System und der Entscheidungsbeteiligung der Mitarbeiter an täglichen Arbeitsabläufen (**EID**).

Damit schließt sich der Kreis zu der von Lindbeck und Snower (2000) geführten Argumentation. Die beiden personalpolitischen Instrumente **Azk** und **IKS** werden gemeinsam eingeführt. Dieses erfolgt als wechselseitige Versicherungslösung. Diese Lösung beschreibt das in diesem Abschnitt nachgewiesene personalpolitische (Start–)System, welches sich aus der Integration des Flexibilisierungskalküls in die Reorganisationsdiskussion ergibt. Dieses System findet sich in der Argumentation von LS nicht wieder, so dass die Existenz eines dritten personalpolitischen Gleichgewichts nachgewiesen wurde. Dieses Gleichgewicht ordnet sich in der Gleichgewichtshierarchie zwischen die beiden Polarvarianten gemäß LS ein. Es ist oberhalb der tayloristischen Arbeitsorganisation angesiedelt, da es die nachverhandlungsstabile Adaptionsstrategie (operationalisiert durch das personalpolitische System **Azk–IKS**) repräsentiert. Wie die voranstehenden Überlegungen zeigen, liegt dieses Startsystem unterhalb der holistischen Variante von LS.

Das in diesem Unterabschnitt begründete übergeordnete komplementäre personalpolitische System, umfasst die Elemente **Azk–IKS–IT–WB–TauDyn–TEAM–EID**. Die letzten drei Elemente beschreiben dabei die *Multitasking*–Umgebung gemäß LS. Die beiden Elemente **IT** und **WB** rekurrieren auf verbesserte Rahmenfaktoren im Bereich der IT–Systeme, die es zu nutzen gilt, und auf die Qualifikationsvoraussetzungen moderner Prägung. Dieses umfassende personalpolitische

System darf durchaus als verfeinerte Variante der *holistischen Arbeitsorganisation* aufgefasst werden, das Startsystem hingegen als die erste Stufe in der dreistufigen Reorganisationspyramide, die ihre Bezugsbasis bei der *tayloristischen Arbeitsorganisation* besitzt. Dieses Kapitel soll schließen mit dem Tenor aus den beiden vorgestellten mikrofundierten Ansätzen.

3.5 Der Tenor der marginalanalytischen Fundierung

An dieser Stelle sei der eingangs ausgeführte Gedanken zu den multiplen Firmengleichgewichten (Seite 25) wieder aufgenommen. Dort wurde argumentiert, mit der Untersuchung alternativer personalpolitischer Systeme werde de facto eine Untersuchung firmenspezifischer Gleichgewichte angegangen, da sich jedes Unternehmen anhand seines realisierten personalpolitischen Systems, d. h. anhand seiner gleichgewichtigen Arbeitsorganisation, identifizieren lasse. Die Systemvielfalt, d. h. die Zahl der multiplen Gleichgewichte, ist dem Verbundgedanken zufolge aber auf einige wenige charakteristische personalpolitische Systeme beschränkt. Anders formuliert ist die Zusammenstellung jedes dieser personalpolitischen Systeme wohlbegründet, was sich als systemimmanenter (und abgestimmter) Katalog aus dem personalpolitischen Handlungsspektrum interpretieren lässt.

Beispielsweise konzentriert sich der in Abschnitt 3.2 ausführlich vorgestellte Erklärungsansatz von Lindbeck und Snower (2000) auf den Polarfall zweier divergierender Gleichgewichte. Auf Basis stilisierter Fakten (Kostendegression im Bereich IuK, Entwicklung flexibler Fertigungstechnologien, wachsende Bildungsstandards, Mitarbeiterpräferenzen für abwechslungsreiche Tätigkeiten) konnten Komplementaritäten im personalpolitischen Handlungsspektrum belegt werden, die schließlich zum Nachweis der beiden Polargleichgewichte (i) *tayloristische Arbeitsorganisation* und (ii) *holistische Arbeitsorganisation* führten.

Zum Zweck des grundsätzlichen Belegs komplementärer personalpolitischer Systeme, d. h. im Sinne der mathematisch–logischen Herangehensweise "es existiert eine Lösung", ist die Beschränkung auf die Polarorganisationen durchaus sinnvoll. Aus inhaltlichen Erwägungen heraus sollte dieser Erklärungsansatz allerdings erweitert werden. Insbesondere bei der Umsetzung kurzfristiger Flexibilitätsanforderungen moderner Produktion lässt die Diskussion von Lindbeck und Snower (2000) einige Wünsche offen. An dieser Stelle setzt das in Abschnitt 3.4 entwickelte Adaptionsmodell ein. Bei einer zufallsverteilten Produktnachfrage wurde dort die Existenz eines weiteren personalpolitischen Systems belegt. Dieses System (**Azk–IKS**) beschreibt eine wechselseitige Versicherungslösung zwischen Mitarbeitern und Unternehmen, die sich intertemporaler Produktions– und Arbeitszeittransfers bedient. In der durch die Polarsysteme aufgezeigten Gleichgewichtshierarchie belegt es eine Zwischenstufe, und es wurde als Startsystem bezeichnet.

Betrachtet man auf diesem abstrakten Niveau das Aggregat aller Unternehmungen, so lassen sich drei unterschiedliche charakteristische personalpolitische Gleichgewichte ausmachen. Wird ein Betrieb reorganisiert, so entspricht dies formal dem diskreten Wechsel zwischen zwei Gleichgewichten, wobei eine bestimmte Firma ihr derzeitiges personalpolitisches Gleichgewicht (z. B. (i)) verlässt, um zu einem anderen personalpolitischen Gleichgewicht zu gelangen, das in der Gleichgewichtshierarchie einen höheren Rang einnimmt (z. B. **Azk–IKS** oder (ii)).

Die durch die mikroökonomisch fundierte Diskussion belegten personalpolitischen Gleichgewichte tragen dabei die folgenden Züge: Die unter (i) genannte *tayloristische Arbeitsorganisation* besitzt das am wenigsten ausgeprägte personalpolitische Instrumentarium und markiert das Gleichgewicht in der personalpolitischen Gleichgewichtshierarchie, welches die niedrigste Position aufweist (Nullsystem/Basissystem). Der zugehörige abgestimmte Katalog aus dem personalpolitischen Handlungsspektrum umfasst die folgenden typischen Systemkomponenten: (a) Spezialisierung der Mitarbeiter auf eine Tätigkeit (Humankapitalspezifizität), (b) starre Zuordnung zwischen Arbeitsplatz und Arbeitskraft bei eng abgegrenzter (eindimensionaler) Aufgabendefinition, (c) klare Aufgabentrennung zwischen den Arbeitskräften, (d) klare Rollen– und Verantwortungstrennung zwischen Mitarbeitern und Unternehmensleitung sowie (e) auf objektiven und verifizierbaren Kriterien basierende Kompensationskomponenten, die zumeist individuenspezifisch sind. Das entsprechende Gleichgewicht werde mit dem Symbol $\mathsf{Taylor}_{\mathsf{base}}$ belegt.

In der Systemhierarchie ist das durch das Startsystem, d. h. das durch die beiden personalpolitischen Instrumente (a) Arbeitszeitkonten und (b) gütermarktbezogenes Informations– und Kommunikationssystem konstituierte personalpolitische Gleichgewicht dem von LS begründeten System $\mathsf{Taylor}_{\mathsf{base}}$ nachgelagert, nimmt in der Gleichgewichtsrangordnung also die nächsthöhere Stufe ein. Dieses personalpolitische Gleichgewicht wurde mit Hilfe einer mikroökonomisch fundierten Argumentationsführung als wechselseitige Versicherungslösung zwischen Mitarbeitern und Unternehmen belegt. Diesem Versicherungsgleichgewicht wird im Weiteren das Symbol $\mathsf{Adapt}_{\mathsf{htr}}$ zugeordnet.

Weiterführende Überlegungen, die sich in erster Linie auf Plausibilitätshypothesen gründen, konnten zeigen, dass dieses Zwischengleichgewicht bei Vorliegen entsprechender Rahmenfaktoren, zu denen unter anderem entsprechende Mehrfachqualifikationen der Mitarbeiter zählen, zu einem umfassenden personalpolitischen System ausgebaut werden sollte.

Dieses umfassende personalpolitische System wiederum trägt die Züge des unter (ii) genannten und von Lindbeck und Snower (2000) entwickelten personalpolitischen Gleichgewichts der *holistischen Arbeitsorganisation*. Das entsprechende Gleichgewicht ist durch Bestandteile gekennzeichnet wie etwa (a) Fertigung des Produktes in Gruppenarbeit mit zeitvariabler Aufgabenzuordnung auf die einzelnen Teammitglieder, (b) mehrdimensionales Aufgabenspektrum der Arbeitskräfte, was z. B. die Qualitätskontrolle und –steuerung im laufenden Produktionsprozess einschließt sowie das gezielte Nutzen von technologischen Fertigungssynergien, (c) Übertragung der Entscheidungskompetenz im Zusammenhang kurzfristiger Prozesssteuerung auf direkt produktive Mitarbeiter(teams), z. B. an der Produktionslinie, (d) Einbindung dieser Teams in Rückkoppelungssysteme (z. B. Kundenfeedback) und Innovationsprozesse, (e) (Aufbau und) regelmäßiger Ausbau von Mehrfachqualifikation, Kultivierung der Fähigkeit aufgabenübergreifenden Lernens (Lernbereitschaft und sogenanntes *Upskilling*) sowie (f) geografische Mobilität der Mitarbeiter. Das unter (e) genannte personalpolitische Instrumentarium beruht dabei zunehmend auf der gezielten Nutzung von Lernsynergien. Für das umfassende personalpolitische System werde das Symbol Holist vergeben.

Insgesamt zeigt die marginalanalytisch fundierte Analyse personalpolitischer Systeme demnach die Gleichgewichtshierarchie $\text{Taylor}_{\text{base}}$, $\text{Adapt}_{\text{htr}}$, Holist auf. Sollte sich ausgehend von einem tayloristisch geprägten System die Reorganisation schrittweise vollziehen, so wäre zu vermuten, dass zunächst intertemporale Flexibilität eingeführt wird und im Bedarfsfall die notwendigen Qualifikationsgrundlagen gelegt werden. Sobald entsprechende Grundlagen vorliegen, ist der Produktionsprozess durch technologische Aufgabenkomplementaritäten gekennzeichnet und bestehen zwischen unterschiedlichen Teiltätigkeiten Lernsynergien, so ist mit einer weitergehenden Reorganisation in Richtung des umfassenden personalpolitischen Systems zu rechnen.

Aus diesem Tenor lassen sich wichtige Hypothesen für die empirische Untersuchung gewinnen, die in Kapitel 5 vorgestellt werden. In Anbetracht der Möglichkeit, dass sich die Mitarbeitereinstellung gegenüber Aufgabenspektren im Lauf der Jahre dahingehend verändert haben könnte, so dass Mitarbeiter inzwischen eine Vorliebe für mehrdimensionale Tätigkeiten und Aufgabenvielfalt besitzen, bietet sich unter Umständen eine Unterteilung des personalpolitischen Gleichgewichts Holist in die beiden Alternativen (ii1) $\text{Holist}_{\text{tec}}$ (Dominanz technologischer (Aufgaben–)Komplementaritäten) sowie (ii2) $\text{Holist}_{\text{lsy}}$ (Schwerpunkt auf Mitarbeiterpräferenzen) an.

Was die Reorganisationsabfolge abelangt, so ist es nicht erforderlich, sämtliche Stufen der Gleichgewichtshierarchie zu durchlaufen. Vielmehr wird auf Basis der gültigen Ramenbedingungen bzw. deren Veränderung der größtmögliche "komplementäre Sprung" vollzogen. Befindet sich ein Betrieb vor Änderung charakteristischer Rahmenfaktoren beispielsweise im *tayloristischen Gleichgewicht* $\text{Taylor}_{\text{base}}$ und ändern sich diese Faktoren dahingehend, dass die Kosten für IT–basierte Fertigungssysteme gesunken sind, dass Mitarbeiter inzwischen Interesse an abwechslungsreichen Tätigkeiten und an erweiterten Handlungsspielräumen besitzen, dass die Kosten für Lagerhaltung gestiegen sind und dass die Güternachfrage zunehmend Schwankungen ausgesetzt ist, so ist eine sprunghafte Reorganisation von $Taylor_{base}$ zu $Holist_{lsy}$ durchaus denkbar. Ganz Vergleichbares gilt für Neugründungen, die auf Basis ihrer fertigungstechnologischen Ausrichtung und vor dem Hintergrund des rekrutierten Humankapitals bereits zu Beginn der Firmenlaufbahn auf einem der höherrangigen personalpolitischen Gleichgewichte einsteigen.

Das nächste Kapitel nimmt den Gedanken des diskreten Systemwechsels auf und stellt entsprechend ein formalanalytisches Instrumentarium vor, das sich der Untersuchung diskreter Umgebungen widmet.

Kapitel 4

Verbandstheoretische Fundierung personalpolitischer Systeme

Auch dieses Kapitel stellt auf die formaltheoretische Untermauerung der stilisierten Fakten aus der unternehmerischen Praxis ab, legt dabei allerdings sehr viel Wert auf eine angemessene Berücksichtigung der diskreten Natur des personalpolitischen Instrumentariums. Insofern lässt sich das in diesem Kapitel zum Einsatz gebrachte formalanalytische Instrumentarium als verallgemeinerte Version des zuvor verwendeten marginalanalytischen Instrumentariums auffassen. Der einleitende Abschnitt wird hierauf inhaltlich Bezug nehmen.

Das Interesse gilt nach wie vor der Häufung bestimmter Instrumentenkombinationen zu sogenannten personalpolitischen Systemen. Diese Systeme lassen sich als wohldefinierte Maßnahmenkataloge auffassen. Ursächlich für die Häufung bestimmter Maßnahmen sind Komplementaritäten zwischen personalpolitischen Instrumenten. Formalanalytisch gilt es, die Vorteilhaftigkeit derartiger Maßnahmenkataloge im Vergleich zu unkoordiniert zusammengestellten Maßnahmenkombinationen nachzuweisen.

Anders formuliert repräsentiert ein wohldefinierter Maßnahmenkatalog ein gleichgewichtiges personalpolitisches System. Übertragen auf den Horizont der Unternehmen repräsentiert der (firmen)spezifische personalpolitische Maßnahmenkatalog ein (firmen)spezifisches Gleichgewicht. Reorganisation korrespondiert ganz entsprechend mit einem Gleichgewichtswechsel, d. h. mit dem Übergang zwischen zwei voneinander abweichenden personalpolitischen Systemen.

Sind besagte Komplementaritäten vorhanden, so wird die Anzahl der beobachteten firmenspezifischen Gleichgewichte allerdings erheblich unter der Anzahl der Unternehmen liegen. Wird das Aggregat aller Firmen zu einem bestimmten Zeitpunkt betrachtet, so lassen sich einige wenige Gleichgewichte ausmachen, die aufgrund der Systemeigenschaften nicht ineinander übergehen, sondern sich deutlich voneinander abgrenzen. Wird beispielsweise das Zielfunktionsgebirge, welches durch die Potenzmenge der personalpolitischen Systeme aufgespannt wird, aus der Vogelperspektive betrachtet, so lassen sich mehrere scharf ansteigende

Bergspitzen ausmachen. Diese ragen im Stile der westaustralischen *Pinnacles* aus dem Boden heraus. Deren individuelle Höhe misst — technisch gesprochen — die Ausprägung der Zielfunktion (z. B. Effizienz), welche wiederum durch das dortige personalpolitische Systeme determiniert wird.

Dass die Position dieser *Pinnacles* zueinander, d. h. im übertragenen Sinne das Profil der Berge, durch die Komplementaritätseigenschaft ebenfalls vorgegeben ist, wird im Rahmen dieses Kapitels gezeigt. Auch wird gezeigt, dass sich die Ordnung der personalpolitischen Systeme auf die Ordnung der (bedingten) Optimierungslösungen überträgt. Die Ordnung der personalpolitischen Systeme ergibt sich auf Basis der aktuellen Zusammenstellung des personalpolitischen Instrumentariums. Mit zunehmender Ausgefeiltheilt des personalpolitischen Maßnahmenkatalogs steigt dabei die Position in der Systemhierarchie. Die Optimierungslösungen ordnen sich auf natürliche Weise anhand des Zielfunktionswertes.

Die Täler zwischen den Stiften markieren — ebenfalls in übertragenem Sinne — tiefe Einschnitte, der Übergang Maximum–Senke–Maximum vollzieht sich nicht fließend, sondern abrupt. Die zugehörige inhaltliche Argumentationskette ist wie folgt: Eine beliebige Variation der personalpolitischen Variablen, so wie dies durch die Potenzmenge umschrieben wird, ist aufgrund der Komplementaritätsbeziehung im personalpolitischen Instrumentarium nicht sinnvoll. So kann der größte Teil der prinzipiell denkbaren Maßnahmenkombinationen von vornherein aus der Lösungsmenge ausgeschlossen werden. Die Kenntnis über vorhandene Komplementaritäten lässt sich für die effiziente Gestaltung der Arbeitsorganisation nutzen.[1]

Durch die verbandstheoretische Fundierung kommt dabei ein Analyseinstrumentarium zum Zuge, das im Vergleich zum marginalanalytischen Instrumentarium des vorangehenden Kapitels der diskreten Natur der zugrunde liegenden Variablen (Entscheidungsvariablen sowie Rahmenfaktoren) bereits auf der formalanalytischen Ebene gerecht wird.[2] Daher wird das Konzept komplementärer Varia-

1 In der vorliegenden Arbeit ist die Optimierung von Optimierungsverfahren zwar kein expliziter Gegenstand der Diskussion. Dennoch sei an dieser Stelle bemerkt, dass die verbandstheoretische Fundierung als ein Schritt in diese Richtung interpretiert werden kann. So lässt sich die Lösungsmenge des unternehmerischen Entscheidungsproblems mit einfachen Mitteln auf einen sehr engen Bereich eingrenzen, wenn einige wenige topologische Voraussetzungen in den zugrunde liegenden Variablenräumen erfüllt sind. Auf die aus der Marginalanalyse vertraute kritische Annahme der (*k*–fach stetigen) Differenzierbarkeit kann hingegen verzichtet werden.

2 Mit Blick auf die sprachliche Vielfalt werden für den Term *Rahmenfaktoren* gleichbedeutend die Begriffe *Umweltbedingungen, Constraint Set, Set der Restriktionen, Parameterraum, Menge der Nebenbedingungen, Rahmenbedingungen* verwendet. Über die Wahl der Entscheidungsvariablen wird optimiert. Die Menge aller Variablen, die überhaupt Berücksichtigung im unternehmerischen Entscheidungsproblem finden, wird durch die Vereinigungsmenge zwischen derzeitigen Umweltbedingungen und derzeitigen Entscheidungsvariablen gebildet. Der Erklärungsansatz selbst ist dabei so offen gehalten, dass er eine variable und ggf. alternierende Zuordnung sämtlicher Variablen zwischen den Teilmengen grundsätzlich erlaubt. Zeitkonstante Rahmenbedin-

blen und Systeme in das Konzept der supermodularen Optimierung eingekleidet. Das Konzept supermodularer Optimierung beruht auf der natürlichen Ordnungseigenschaft von Verbänden, und genau diese Eigenschaft lässt sich perfekt für die Erklärung von Komplementaritäten in personalpolitischen Systemen nutzen.

Der weitere Teil dieses Kapitels wendet dieses Konzept auf die effiziente Gestaltung der Arbeitsorganisation an. Im direkt folgenden Abschnitt 4.1 wird auf die diskrete Natur des unternehmerischen Entscheidungsproblems Bezug genommen, um auf die formalanalytische Eleganz des verbandstheoretischen Instrumentariums aufmerksam zu machen. Daran anschließend verdeutlicht Abschnitt 4.2 ähnlich wie der Abschnitt 3.1 des vorangehenden Kapitels 3 die Idee, die hinter der komparativen Statik steckt, diesmal allerdings konsequent auf die diskrete Umgebung übertragen.

Abschnitt 4.3 vertieft den Umgang mit dem verbandstheoretischen Vokabular. Dort werden zunächst charakteristische Beispielszenarien der unternehmerischen Personalpolitik erläutert, um den Blick für die Verfahrenstechnik und für die Logik aufsteigender Gleichgewichte zu schärfen. Die verbleibenden Unterabschnitte übertragen das korrespondierende formale Rüstzeug (rezeptartig) auf den Untersuchungsgegenstand personalpolitischer Systeme und weisen in diesem Zusammenhang auf wichtige Eigenschaften hin. Diese Eigenschaften[3] leiten sich aus den Definitionen über Verbände ab (Anhang A). Salopp formuliert vereinfacht sich hierdurch der Nachweis von Komplementaritäten, und diese Kenntnis verschlankt schließlich die Prozedur *Wahl der effizienten Arbeitsorganisation*.

Abschnitt 4.4 nimmt ein aus der Literatur vorliegendes Anwendungsbeispiel auf, das sich dem Zusammenspiel von Produktqualität und Produktnachfrage widmet. Anhand dieses Beispiels wird der formale Gang bei der Anwendung der Theorie der supermodularen Optimierung vorgeführt, mit deren Hilfe die Existenz eines wohldefinierten komplementären Systems belegt wird. Wird das Qualitätskalkül durch das — aus Abschnitt 3.4 vertraute — Adaptionskalkül ersetzt, so ist man bei Abschnitt 4.5 angelangt. Dieser Abschnitt spitzt den Nachweis von Komplementaritäten mittels des verbandstheoretischen Instrumentariums direkt auf den Nachweis des personalpolitischen Startsystems zu (**Azk** – **IKS**).

Der abschließende Abschnitt 4.6 ist dem Vergleich der Resultate aus der Mikrofundierung mit denen aus der verbandstheoretischen Fundierung gewidmet. Er

---

gungen können dabei explizit mit in den *Constraint Set* aufgenommen werden. Dieses mag mitunter aus Veranschaulichkeitsgründen sinnvoll sein, die Eigenschaften der Lösungen hinsichtlich der Komplementaritäten bleiben allerdings unberührt davon, ob konstante Parameter aufgeschrieben werden oder weggelassen werden. Hierauf wird an späterer Stelle noch etwas genauer eingegangen.

3 Äquivalenz von Supermodularität und wachsenden Differenzen, Äquivalenz von Supermodularität und aufsteigenden Gleichgewichten

lässt sich dahingehend zusammenfassen, dass beide Ansätze zu ähnlichen Resultaten hinsichtlich der prognostizierten personalpolitischen Systeme bzw. Systemhierarchien kommen. In komplexen Umgebungen ist die supermodulare Optimierung allerdings im Vergleich zum marginalanalytischen Instrumentarium weniger kompliziert, d. h. der eigentliche Komplementaritätsbeweis vereinfacht sich erheblich. Versteift man sich auf die formale Angemessenheit des Analyseinstrumentariums für diskrete Umgebungen, so sollte ebenfalls auf den Ansatz der supermodularen Optimierung zurückgegriffen werden.

4.1 Diskrete Variation im personalpolitischen Handlungsspektrum

Die Anwendung des marginalanalytischen Instrumentariums setzt formal voraus, dass die untersuchten Zielfunktionen bestimmte Differenzierbarkeitskriterien erfüllen. Zudem muss gewährleistet sein, dass die personalpolitischen Instrumente, deren — u. U. — komplementäre Beziehung es zu untersuchen gilt, stetig variiert werden können. Begründet liegt dies darin, dass die Untersuchung von ε–Umgebungen auf einer infinitesimalen Variation fußt.

Für eine Untersuchung rein technologischer Produktionsbedingungen mag diese vereinfachende Annahme noch gerechtfertigt sein. Da personalpolitische Instrumente aber auf den Faktor Mensch rekurrieren, der sich von den anderen Produktionsfaktoren in einer Reihe von Kriterien erheblich unterscheidet, ist bei der Übertragung des marginalanalytischen Instrumentariums Vorsicht geboten. Nun ließe sich argumentieren, die — fälschlicherweise getroffene Annahme infinitesimaler Variation — sei unerheblich, da die diskrete Variation einer Vielzahl unterschiedlicher Variablen vom Ergebnis her zumindest approximativ eine stetige Variation implementiere. Aus Erwägungen der formalanalytischen Eleganz heraus und auf Basis denkbarer Vereinfachungen, die durch alternative Verfahren ermöglicht werden, bietet es sich dennoch an, nach geeigneten diskreten Verfahren zu forschen, die die folgenden Eigenschaften besitzen und insofern eine allgemeingültige Anwendbarkeit besitzen:

Erstens wird an solche Verfahren die Forderung gestellt, komparative Statik über Funktionen betreiben zu können, die die üblichen Differenzierbarkeitskriterien (d. h. die C^2–Eigenschaft) nicht erfüllen. Diese Anforderung an Allgemeingültigkeit ist in jedem Fall erfüllt, wenn sich Komplementaritäten unter Verzicht auf die Stetigkeitsannahme belegen lassen. *Zweitens* sollten derartige Verfahren eine variable Zuordnung der Einzelvariablen auf den Parameterraum (*Constraint Set*) bzw. auf den Handlungsraum (*decision variables*) erlauben. Grob gesprochen sollte es gleichgültig sein, aus welcher Richtung die potentielle Komplementarität in Augenschein genommen wird. Diese Eigenschaft korrespondiert mit dem Satz von Schwarz. *Drittens* lässt sich in komplexen personalpolitischen Systemen die Matrix der zweiten Ableitungen analytisch in der Regel nicht mehr bestimmen, so dass hier Verfahren von Vorteil sind, die zumindest Aussagen über die gewinnmaximierende Variationsrichtung der Einzelvariablen innerhalb des Systems geben. Dabei ist beispielsweise an Handlungsempfehlungen gedacht, die besagen, dass zwei (oder mehrere) Instrumente gleichgerichtet variiert werden sollten, was auf eine simultane Ausweitung bzw. den simultanen Abbau hinausläuft.

Diese Punkte leistet die in der Verbandstheorie angesiedelte Theorie der supermodularen Optimierung, was in den folgenden Abschnitten noch weiter ausgeführt wird. Der verbandstheoretische Ansatz wird im weiteren Verlauf dieses Kapitels zunächst abstrakt vorgestellt und anschließend auf den Untersuchungsgegenstand der betrieblichen Personalpolitik übertragen. Das übergeordnete inhaltliche Ziel besteht dabei in dem Nachweis von Komplementaritäten in personalpolitischen Systemen.

4.2 Die formale Idee: Komplementaritäten in der Arbeitsorganisation im Lichte diskreter Analyseverfahren

Die der grundsätzlichen Argumentationsführung zugrunde liegende Logik bleibt unberührt von dem Übergang von infinitesimalen Analyseverfahren zu diskreten Analyseverfahren. Die Begründung von personalpolitischen Systemen — d. h. der prinzipielle Fahrplan für einen formalen Nachweis der in der Unternehmenspraxis beobachteten (Ko–) Existenz divergierender Formen der Arbeitsorganisation — rekurriert stets auf Ergebnisse, die im Zuge des komparativ–statischen Gleichgewichtsvergleichs erzielt werden.

Das hier eingesetzte diskrete Analyseverfahren ist die Theorie der supermodularen Optimierung, die auf dem mengentheoretischen Konzept der Verbände basiert. Verbände besitzen eine natürliche Ordnungseigenschaft (vgl. Birkhoff (1967), Gericke (1967), Topkis (1978)). Diese Ordnungseigenschaft lässt sich ausgezeichnet für die komparative Statik nutzen. Rein formal wird bei der Lösung des unternehmerischen Entscheidungsproblems "finde die effiziente Kombination personalpolitischer Instrumente, und zwar gegeben die aktuellen Umweltrestriktionen" eine supermodulare Funktion auf einem Verband maximiert. Ganz allgemein verfolgt dieses diskrete Analyseverfahren das Ziel, allgemeingültige Bedingungen dafür abzuleiten, dass ein bedingtes Entscheidungsproblem aufsteigende Lösungen besitzt. Im Speziellen gilt das natürlich auch für die Gestaltung der effizienten Arbeitsorganisation, wobei versucht wird, den Nachweis einer Systemhierarchie zu leisten.

Das verbandstheoretische Vokabular verwendet für bedingte Entscheidungsprobleme den Begriff **parameterisiertes Optimierungsproblem**, da sich sämtliche Nebenbedingungen als Umweltrestriktionen auffassen lassen, welche durch spezifische Parameterkonstellationen auferlegt sind. Der Begriff **aufsteigende Lösungen** ist ebenfalls verbandstheoretisch. Aufsteigende Lösungen bilden auf formale Weise das inhaltliche Phänomen der *Komplementaritäten* ab. In der verbandstheoretischen Terminologie hat sich hierfür insgesamt der Begriff **monotone komparative Statik** eingebürgert, dessen marginalanalytisches Pendant *eindeutige komparative Statik* lautet. Äquivalente Formulierungen aus der Verbandstheorie sind (a) parametrische Monotonie und (b) wachsende Differenzen. Wachsende Differenzen bestehen in Bezug auf die Werte der Zielfunktion und — nach Durchführung der Optimierungsoperation — in Bezug auf die bedingten Zielfunktionsmaxima.

Die zugehörige Eigenschaft der Zielfunktion ... *komplementär in den Variablen* (x, y) lautet in der verbandstheoretischen Formulierung ... *supermodular in den Variablen* (x, y).

Die Anwendung der Theorie der supermodularen Optimierung erfolgt ähnlich routinisiert wie die Anwendung des marginalanalytischen Instrumentariums. Der eigentlichen Optimierung vorausgelagert ist die Betrachtung der mengentheoretischen Beschaffenheit der zugrunde liegenden Variablenräume. Dabei wird überprüft, ob die einzelnen Unterräume Teilverband sind. Die Teilverbandseigenschaft selbst ist als Konstrukt zu verstehen. Die Teilverbandseigenschaft stellt sicher, dass die untersuchten Funktionen im Sinne der supermodularen Optimierung *well behaved* sind.[4] Der vergleichbare Arbeitsschritt in der Welt der infinitesimalen Variation würde lauten: Weise die C^2–Eigenschaft nach, da sich die Matrix der zweiten Ableitungen, die zum Nachweis von Komplementaritäten zu beurteilen ist, nur unter dieser Voraussetzung bilden lässt.

Der dem betrachteten parameterisierten Entscheidungsproblem zugeordnete Variablenraum lässt sich nach folgendem Muster kategorisieren: *Erstens* kann die Variation einer Variablen entweder innerhalb oder außerhalb des betrieblichen Ermessensspielraums liegen.[5] Variablen innerhalb des Ermessensspielraums heißen Entscheidungsvariablen. Über diese Variablen wird optimiert. Variablen außerhalb des Ermessensspielraums heißen Parameter (bzw. gleichbedeutend: Ne-

4 Was die topologischen Voraussetzungen der verbandstheoretischen Analyse anbelangt, so sei auf Anhang A verwiesen. Für eine Erläuterung der Eigenschaft *supermodular in* ... sowie für die (in Teilverbänden äquivalente) Eigenschaft *steigende Differenzen im Parameterniveau* vgl. Abschnitt 4.3.2.

5 Der allgemeinen Herangehensweise folgend werden personalpolitische Instrumente, deren Einsatz ggf. mit Institutionen wie etwa dem Betriebsrat abzustimmen ist, dem betrieblichen Ermessensspielraum zugeordnet. Der Abstimmungsprozess selbst wird modelltheoretisch dann als Element der Kostenfunktion behandelt.

benbedingungen, Umweltrestriktionen). Obwohl letztgenannte Variablen nicht im Zuge der betrieblichen Entscheidungsfindung verändert werden können, sind sie hierfür dennoch von Bedeutung: Die aktuellen Parameterwerte determinieren die für das Optimierungsproblem gültige Parameterkonstellation und begrenzen daher den Lösungsraum. Budgetrestriktionen und Höchstgrenzen für die monatliche Arbeitszeit sind Beispiele hierfür.

Zweitens unterscheiden sich die Parameter anhand ihrer Stabilität über die Zeit. Variable Restriktionen sind von zeitkonstanten Restriktionen abzugrenzen. Zeitkonstante Parameter sind insofern für die Unternehmenspolitik von Bedeutung, als dass sie grundlegend für die (A–priori–)Eingrenzung der Lösungsmenge des Entscheidungsproblems sind. Keinen Einfluss nehmen sie allerdings auf die Resultate der komparativen Statik und sind somit auch ohne Belang für die Komplementaritätseigenschaft der zugrunde liegenden Zielfunktion. Wichtig ist in diesem Zusammenhang vielleicht die Zusatzbemerkung, dass die nachgewiesenen Komplementaritäten insgesamt stets auf dasjenige übergeordnete Regime rekurrieren, welches implizit durch den zeitfixen Rahmen determiniert wird (z. B. kontinentaleuropäische Staatsformen mit entsprechender Finanz–, Steuer– oder Arbeitsmarktpolitik im Vergleich zu unregulierten oder zentralverwalteten Formen).

Die topologische Beurteilung der auf Basis der erörterten Abgrenzungskriterien gebildeten Teilmengen zielt auf die zuvor genannte Teilverbandseigenschaft. Sind die untersuchten Funktionen im diskreten Sinne *well behaved*, so wird der Nachweis der Komplementaritätseigenschaft für Teilverbände geführt und reduziert sich entsprechend auf ein einfaches Verfahren. Die Teilverbandseigenschaft besagt dabei, dass die Teilmenge aus einem Verband betrachtet wird, die bezüglich des elementweisen Minimums sowie bezüglich des elementweisen Maximums zweier beliebiger Vektoren abgeschlossen ist. In interpretierbarer Weise formuliert, ist lediglich gefordert, dass eine gleichgerichtete Variation der untersuchten Variablen nicht per Definition ausgeschlossen sein darf.

Auf das Beispiel der beiden Variablen (a) Job Rotation und (b) Mitarbeiterpartizipation übertragen, beinhaltet diese Forderung Folgendes: Der Ausbau eines personalpolitischen Instruments (z. B. Job Rotation) darf nicht zum obligatorischen Abbau eines anderen Instruments führen bzw. dessen A–priori–Handlungsspielraum einschränken (z. B. Einschränkung der Entscheidungskompetenz auf Mitarbeiterseite). Gilt dies für alle ins Kalkül gezogenen Instrumente, so entstammen die entsprechenden Variablen einem Teilverband.[6]

6 Diese Forderung ist so zu interpretieren, dass die Instrumente prinzipiell einer gleichgerichteten Variation zugänglich sein müssen. Was die praktische Personalpolitik bei gegebener Budgetrestriktion anbelangt, so gilt: Auf einem bestimmten Gleichgewichtsniveau trägt die abgestimmte Instrumentenkombination dem trade–off zwischen den unterschiedlichen Instrumenten Rechnung. Ein kurzer Blick auf die vertraute Cobb–Douglas–Produktionsfunktion mag die-

Ist diese topologische Voraussetzung gegeben, so kann komparative Statik im Lichte des diskreten Analyseverfahrens betrieben werden.[7] Oder anders ausgedrückt: Immer dann, wenn die zugrunde liegenden Variablenräume die Teilverbandseigenschaft besitzen, wird untersucht, ob die Zielfunktion supermodular ist, d. h. ob wachsende Differenzen vorliegen. Ist dieses der Fall, so sind die Entscheidungsvariablen — so z. B. zwei personalpolitische Einzelinstrumente — komplementär. In diesem Fall ist deren simultane Variation einer isolierten Variation vorzuziehen. Die Vorteilhaftigkeit der simultanen Variation wiederum begründet ein komplementäres personalpolitisches System. Wie weit dieses System reicht und welche Einzelinstrumente in die gleichgerichtete Entwicklung miteinbezogen werden, hängt davon ab, welche Instrumente aus dem komplementären Zusammenhang sich im unternehmerischen Entscheidungsrepertoire befinden.

Mit der hier erörterten Anwendung der supermodularen Optimierung wird wiederum das Anliegen verfolgt, eine Gleichgewichtshierarchie über die charakteristischen personalpolitischen Systeme nachzuweisen. Dabei bestätigen sich die im vorigen Kapitel über das Ranking der personalpolitischen Systeme geäußerten Hypothesen, d. h. die dort postulierte Gleichgewichtshierarchie wird mit Hilfe der Theorie der supermodularen Optimierung formalanalytisch angemessen untermauert. Angemessen bedeutet hierbei, dass das eingesetzte Analyseinstrumentarium der diskreten Natur des Untersuchungsgegenstands gerecht wird.[8]

Die im Weiteren abgeleiteten Ergebnisse beruhen auf einigen wenigen grundlegenden Definitionen und Propositionen aus der Verbandstheorie, die in Anhang A zusammengefasst sind. Der folgende Abschnitt widmet sich zunächst der verfahrenstechnischen Abgrenzung zwischen infinitesimalen Umgebungen und diskreten Umgebungen, um dann genauer auf die Bedeutung der Theorie der supermodularen Optimierung einzugehen, die diese für die Untersuchung personalpolitischer Systeme besitzt.

4.3 Der Erklärungsbeitrag der Theorie der supermodularen Optimierung für personalpolitische Systeme

Inhaltlich werden in der diskreten Umgebung ganz genau die gleichen Phänomene gemessen wie die im vorigen Kapitel beschriebenen Phänomene: Es geht um den

---

sen scheinbaren Widerspruch auflösen: Die beiden Produktionsfaktoren Arbeit und Kapital sind Edgeworth-Komplemente. Auf einer bestimmten Isoquante stehen beide allerdings in substitutiver Beziehung.

7 Im Zuge der komparativen Statik wird dabei Veränderungen der (laut Maximierungskalkül) effizienten Wahl der Entscheidungsvariablen nachgegangen, welche aus Verschiebungen bei den variablen Parametern resultieren.

8 Die postulierten Hypothesen werden im empirischen Teil der Arbeit überprüft.

formalanalytischen Nachweis, dass es sinnvoll ist, personalpolitische Instrumente in abgestimmter Weise zu kombinieren. Die Abstimmung besteht darin, bestehende Verbundeffekte zu nutzen.

Geht es beispielsweise um die Beurteilung mehrerer Maßnahmen, die derzeit noch nicht im personalpolitischen Spektrum des Betriebes eingesetzt sind, so liegt ein Verbundeffekt zwischen diesen dann vor, wenn die simultane Einführung der Maßnahmenkombination einen Ertragszuwachs verspricht, der denjenigen übersteigt, den die (hypothetische) Aufsummierung aller Einzeleffekte ausweisen würde. Mit anderen Worten ist der Einsatz stimmig zusammengestellter Maßnahmenbündel dem unkoordinierten Einsatz der Einzelinstrumente vorzuziehen.

Die Ausprägung des effizienten Maßnahmenbündels ändert sich dementsprechend, wenn es zu Änderungen in den betrieblichen Rahmenbedingungen kommt oder aber sich der personalpolitische Handlungsspielraum ausweitet. Die folgenden Beispielszenarien nehmen den Gedanken der komparativen Statik auf und fokussieren dementsprechend auf die Ablösung eines personalpolitischen Systems durch ein anderes, wobei der Wechsel an sich aus der Entwicklung der Rahmenbedingungen hervorgeht.

4.3.1 Personalpolitische Beispielszenarien

Der inhaltliche Bezug der natürlichen Ordnungsbeziehung lässt sich am besten anhand von Beispielszenarien veranschaulichen. Diese Szenarien sollen den Bogen von der formalen Idee der aufsteigenden Mengen bzw. Lösungen zur inhaltlichen Idee des abgestimmten Einsatzes personalpolitischer Maßnahmen und zunehmender Handlungsspielräume schlagen.

So ließe sich auf Basis des folgenden hypothetischen Referenzszenarios argumentieren:[9] Die Güternachfrage auf dem vom Unternehmen bestückten Gütermarkt sei wohlbekannt. Die Höhe der Nachfrage sei stabil und ausschließlich vom Preis abhängig, die Konsumenten hegten keinerlei Präferenzen für Gütervielfalt oder Produktqualität. Das produzierte Gut besitze im Sinne von Lancaster (1966) lediglich eine Dimension, was im Prinzip zwei Implikationen beinhaltet. Erstens wird der Nutzen der Konsumenten durch die Höhe des Einkommens und der Güterpreise determinert. Zweitens bestimmt sich der Gewinn des Unternehmens aus der funktionalen Gestalt der Produktionsfunktion, aus der Entlohnung der Produktionsfaktoren und aus der Präferenzordnung der Konsumenten.

Nehmen wir nun für das Referenzszenario weiterhin an, die Produktionsfunktion, d. h. die Transformationsregel von Faktorinputs in den Güteroutput, sei nicht

9 Im Sinne der folgenden formalanalytischen Argumentation ließe sich dieses System als Nullsystem in der Gleichgewichtshierarchie der Arbeitsorganisationen bezeichnen, da es allen anderen Gleichgewichten untergeordnet ist.

nur theoretisch bekannt, sondern darüber hinaus auch (durch Dritte) verifizierbar. Praktisch bedeutet dies, dass der Input — so z. B. die Arbeitsleistung — beobachtbar ist. Die Implikation für das personalpolitische System ist vor diesem Hintergrund und auf Basis der deterministischen Güternachfrage klar und einfach: Das dem Referenzszenario zugehörige personalpolitische Gleichgewicht korrespondiert mit der tayloristisch geprägten Arbeitsorganisation, beinhaltet daher eine klare Aufgabenzuordnung und ein einfach strukturiertes Kompensationssystem. Entsprechende Kompensationsregeln beruhen auf objektiven Leistungsmaßen, die sich beispielsweise in einer Stückentlohnung wiederfinden.[10]

Nun sei angenommen, zwei wesentliche Rahmenbedingungen änderten sich: Die Güternachfrage sei nicht länger deterministisch und die Anpassung der Faktornachfrage erfolge weder friktionslos noch zu Grenzkosten von Null. Beispielsweise komme es zu temporären Nachfrageschocks, welche die Güternachfragekurve — und demzufolge die Arbeitsnachfragekurve — um einen konstanten Erwartungswert "hin und her" verschieben. Darüber hinaus existierten (quasi) fixe Beschäftigungskosten (vgl. Oi (1962)). Schließlich sei der Arbeitsmarkt in Bezug auf denkbare Hire– and–Fire–Politiken reguliert. Letzteres ließe sich als konstante Rahmenbedingung auffassen. Ein alternatives Anpassungsmedium, welches mit diesem Beispielszenario harmoniert, wäre dann in der Arbeitszeitvariation zu sehen. Der Einsatz erfolgt unter dem Gesichtspunkt der Gewinnmaximierung.[11]

Die Variation könnte beispielsweise in einer wechselnden Abfolge von bezahlten Überstunden und Kapazitätsunternutzung bestehen. An der grundsätzlichen Ausrichtung der Arbeitsorganisation ändert sich dabei nichts. Weder werden die Mitarbeiter besonders in den Entscheidungsprozess eingebunden, noch wird in Teams gearbeitet. So ist auch nicht vorgesehen, dass eine Mitarbeitergruppe mit einer Gesamtaufgabe betraut ist, was definitionsgemäß eine teaminterne Koordination ausschließt, die auf abwechslungsreiche Tätigkeiten zielt (z. B. Rotation der Gruppenmitglieder zwischen den Spezialtätigkeiten).

Wenn allerdings die Input–Output–Relation nicht mehr eindeutig bestimmbar bzw. dieses mit nicht–trivialen Überwachungskosten verbunden ist, so bietet sich aus Anreizerwägungen heraus beispielsweise eine Entlohnung über Wertgrenzprodukt an (einen guten Überblick liefern Weiss (1990) und Gibbons (1998)). Im Ergebnis ruft dies ein spürbares und dauerhaftes Arbeitslosigkeitsniveau hervor.

10 In Abhängigkeit der relativen Risikoneigung der Beteiligten wird es z. B. bei zufälligen Produktionsstörungen, deren Realisation von einer Seite besser beurteilt werden kann, zum trade–off zwischen den beiden Kriterien (a) effiziente Leistungssteuerung und (b) effiziente Risikoteilung kommen (vgl. Weiss (1990), Baker, Gibbons und Murphy (1994)). Die First–best–Lösung wird immer dann erreicht, wenn ein objektives Leistungsmaß existiert, das den *Effort* des Mitarbeiters hinreichend operationalisiert (Rees (1984)).

11 Eine interessante Diskussion unter Berücksichtigung von konjunkturellen Faktoren und Friktionen findet sich bei Nickell (1978)).

Man könnte sich vorstellen, dass nicht allein der Gütermarkt von kurzfristigen (reallokativen) Schocks betroffen sei, sondern weitere Risiken hinzutreten. Derartige schwankungsbehaftete (variable) Rahmenfaktoren sind beispielsweise Energiekosten, Mieten, Mehrarbeitszuschläge, Kurzarbeitsregelungen. Dieses bleibt nicht ohne Auswirkungen auf die Anforderungen an das betriebliche Zeitmanagement. Hier ließe sich insgesamt eine Verschärfung vermuten, die mit hohen logistischen Anforderungen einhergeht. Auch ließe sich über ein Lagerhaltungssystem nachdenken, das allerdings von einer guten Logistik zu begleiten ist.

Was das personalpolitische System anbelangt, so ließe sich folgern, dass infolge der Verschiebungen in den Rahmenfaktoren die Ablösung des personalpolitischen Instrumentariums aus dem Referenzszenario erfolgt. Oder anders ausgedrückt: Aufgrund der veränderten Rahmenbedingungskonstellation ist Reorganisation effizient. Letztere vollzieht sich, wenn die Rahmenfaktoren bestimmte Schwellenwerte überschritten haben, in abrupter Form. Im soeben beschriebenen Beispielszenario ist es sinnvoll, eine Verzahnung der zufallsbehafteten Perioden herbeizuführen, die einen Ausgleich der (periodenspezifischen) Schwankungen über die Zeit erlaubt. Ein denkbarer Kandidat hierfür wäre die im vorigen Kapitel diskutierte intertemporale Verschiebung von Produktionsvolumina bei gleichzeitiger Information der Mitarbeiter über das erforderliche Transfermaß, d. h. über die augenblickliche Realisation des Risikos. Abstrakt ließe sich hier von der Integration periodenübergreifender personalpolitischer Instrumente sprechen, die den Wechsel zu einem neuen personalpolitischen Gleichgewicht erzeugt.

Der grundsätzliche Gedanke der Schwellenwertargumentation ist dabei der folgende: Kommt es bei mehreren der zugrunde liegenden Rahmenbedingungen bzw. Determinanten der Kostenfunktion (z. B. Informationskosten) zu Veränderungen oder wird ein bestimmtes Instrument gesetzlich vorgeschrieben, so ist der diskrete Übergang von einem personalpolitischen System zu einem deutlich abweichenden personalpolitischen System effizient. Immer dann, wenn im Sinne der komparativen Statik Komplementaritäten zwischen den im System enthaltenen personalpolitischen Instrumenten vorliegen und die Rahmenbedingungen einen höheren Schwellenwert überschreiten, erfolgt der Übergang zu einem höherwertigen System. Anders ausgedrückt: Das Niveau dieser Instrumente wird in dieselbe Richtung variiert. Im gewählten Beispiel von Zeitmanagement und allokativen Schwankungen sind dies die beiden Instrumente (a) intertemporaler Transfer von Arbeitszeit sowie (b) Nachvollziehbarkeit der Gütermarktentwicklung für Mitarbeiter und Unternehmen.

Dieses Beispielszenario geht zwar auf die jüngsten Entwicklungen im Bereich Flexibilität und betriebliches Adaptionsvermögen ein, sagt allerdings noch nichts über denkbare Entwicklungen der Konsumentenpräferenzen aus, wie etwa über Präferenzen für Gütervielfalt. Dieses erfolgt in einem nächsten Beispielszenario:

Hier ließe sich aus der wachsenden Produktvielfalt, die als stilisierter Fakt der 90er Jahre gelten darf, auf Verschiebungen der Konsumentenpräferenzen in Richtung Gütervielfalt rückschließen. Anders formuliert fragen Konsumenten mit dem Produkt einen mehrdimensionalen Eigenschaftsvektor nach, der Elemente wie etwa Vor–Ort–Service beinhalten kann.[12] Denkbar ist auch, dass die Zusammenstellung dieses Eigenschaftsvektors im Zeitablauf variiert, was mit zeitvariablen Präferenzen korrespondiert. Der Variation des Nachfragevolumens durchaus vergleichbar, ließe sich hier von (transitorischen oder persistenten) Verschiebungen der präferierten Eigenschaftsanteile (Farbe, technische Details, Ausstattungsmerkmale, Produktimage, etc.) innerhalb des mehrdimensionalen Outputvektors sprechen. Dieses Szenario sollte insgesamt eine betriebliche Investitionsstrategie forcieren, die flexibles physisches Kapital im Vergleich zu traditionellem Produktivkapital begünstigt.

Auch für das letztgenannte Beispielszenario lässt sich die obige Schwellenwertargumentation führen, wobei auch diesmal ein höherer Schwellenwert überschritten sei: Die neue Rahmenbedingungskonstellation, also im Prinzip die Kombination von *quantitativen* und *funktionalen* Risiken/Schwankungen mit dem allgemeinen Trend der Kostendegression für IT–Systeme, korrespondiert mit einer personalpolitischen Instrumentenkombination, die auf dem zuvor beschriebenen personalpolitischen System aufsattelt, welches wiederum durch Reorganisation aus der tayloristisch geprägten Arbeitsorganisation der Massenproduktion mit standardisierten Produkten hervorging. Dieses dritte personalpolitische System ergänzt das Maßnahmenbündel der zweiten Form (intertemporale Flexibilität und Kommunikation: **Azk–IKS** bzw. Adapt_{htr}) um ein Maßnahmenbündel, welches auf Mehrfachqualifikation und Mitarbeiterbefugnis bei Entscheidungen setzt und darüber hinaus Qualitätskontrolle und prozessbegleitende Eingriffe der sogenannten Frontline–Mitarbeiter sowie Kundenfeedback betont (Holist). Unter Frontline–Mitarbeitern werden dabei solche direkt produktiven Mitarbeiter verstanden, die unmittelbar am Herstellungsprozess beteiligt sind, so z. B. in größeren Fabriken an der Linie arbeiten.

Das in diesem letzten Szenario zum Einsatz gebrachte personalpolitische Instrumentarium besteht entsprechend aus einer wohlabgestimmten Kombination solcher Maßnahmen, die unter Berücksichtigung der Zeitbudgetrestriktion die Aufteilung der Arbeitszeit auf Produktion, Wartung, (Re–)Investition in Humankapital oder Reparieren optimiert. Auf Basis der genannten Rahmenbedingungen wird

12 Entsprechende markttheoretische Erklärungsansätze rekurrieren auf Modelle zur monopolistischen Konkurrenz (vgl. Dixit und Stiglitz (1977), Chamberlin (1950)). Werden diese Ansätze um angemessene Marktzutrittsschranken angereichert, so lässt sich eine geringe Anzahl von Anbietern modelltheoretisch handhaben. Die ursprünglichen Arbeiten basieren auf einer Vielzahl kleiner Anbieter.

deutlich, dass die relativen Anteile der Teiltätigkeiten im Tätigkeitsprofil von Periode zu Periode variieren können, somit einen hohen Grad an Mitarbeiterflexibilität (ggf. auch Mobilität) zur Voraussetzung haben.[13]

Es wird aber auch deutlich, dass in derartig ausgefeilten personalpolitischen Systemen, die auf Mitarbeiterverantwortung aufbauen, explizite monetäre Anreize eine ambivalente Rolle besitzen: Werden sie zu stark gesetzt, so besteht die Gefahr der kontraproduktiven Anreizsteuerung, da nutzenmaximierende Mitarbeiter primär in den Teil ihres Tätigkeitssvektors investieren, der mit dem durch die expliziten Anreize belohnten Bereich in Verbindung steht. Hier bietet es sich eher an, explizite Anreize in den Hintergrund treten zu lassen oder aber um "Verwässerungen" wie etwa eine Gewinnbeteiligung anzureichern, die von der sogenannten *Free–Rider*–Problematik betroffen sind. Das übergeordnete Ziel der Entlohnungspolitik besteht darin, die Mitarbeiter so zu steuern, dass sie nicht den Blick für die übrigen, nicht separat objektivierbaren Tätigkeiten verlieren. Letztere Teiltätigkeiten lassen sich nur implizit (indirekt) stimulieren.

Hiermit schließt die Darstellung der Beispielszenarien. Ziel des anschließenden Abschnitts ist es, die Systemeigenschaft formal zu belegen, d. h. zu zeigen, dass — und ab wann — ein gleichgerichteter Ausbau der verschiedenen Einzelinstrumente effizient ist. Der Komplementaritätsnachweis wird über die komparative Statik in verallgemeinerten Umgebungen geleistet, wobei explizit auf die diskrete Änderung von Rahmenbedingungen fokussiert wird. Das zugehörige verbandstheoretische Rüstzeug unterscheidet sich grundlegend vom marginalanalytischen, welches in C^2–Umgebungen zum Einsatz kommt. Auch das *instrumentarien*spezifische Vokabular differiert zwischen den Ansätzen. Dabei umfasste das formale Rüstzeug der zweifach stetig differenzierbaren Umgebung aus Kapitel 3 die *mikroökonomische Fundierung (marginalanalytisches Instrumentarium)*. Demgegenüber lautet das formale Rüstzeug für die durch fehlende Differenzierbarkeit und diskrete Sprünge charakterisierte Umgebung *verbandstheoretische Fundierung (Theorie der supermodularen Optimierung)*.

Die über die Beurteilung der Kreuzableitungen belegte Eigenschaft der *Komplementarität* eines Variablensystems in C^2–Umgebungen wird in diskreten Umgebungen formal durch die Eigenschaft der *Supermodularität* belegt. Die übergeordnete inhaltliche Interpretation, die im Zusammenhang mit Verbundeffekten und Komplementaritäten geführt wird, findet natürlich gleichermaßen für beide Umgebungen Anwendung. Der folgende Unterabschnitt beurteilt dies aus verschiedenen Blickwinkeln heraus eingegangen.

---

13 Vgl. die *holistische Arbeitsorganisation* im Sinne von Lindbeck und Snower (2000).

4.3.2 Komplementarität und Supermodularität

Ziel dieses Unterabschnitts ist es, die Parallelität zwischen dem sprachlich weniger vertrauten Konzept der Supermodularität und dem sprachlich vertrauten Konzept der Komplementarität darzustellen. In der bislang vertrauten Welt wird Komplementarität über die Kreuzableitungen belegt. In der nicht–differenzierbaren Welt, auf die sich die Arbeit insgesamt konzentriert, wird demgegenüber gezeigt, dass die Zielfunktion supermodular auf dem relevanten Teilverband ist.

Diese Eigenschaft der Zielfunktion ist gleichbedeutend mit der Existenz wachsender Differenzen (vgl. Anhang A, Abschnitt A.3), was wiederum mit dem aus der mikroökonomischen Theorie wohlbekannten Phänomen zunehmender Grenzerträge korrespondiert. Während allerdings das Konzept der Grenzerträge auf infinitesimale Variation angewiesen ist, gilt diese Beschränkung nicht für supermodulare Funktionen. Formal wird dabei stets komparative Statik über das (bedingte) unternehmerische Entscheidungsproblem betrieben. Insofern beschreibt Supermodularität eine allgemeingültige Form der Komplementarität, wobei sich die Allgemeingültigkeit auf den Verzicht der Annahme stetiger Variation bezieht.

Folgende schematische Fassung mag diese erste Formulierungsvariante verdeutlichen: Der Nachweis von Komplementaritäten erfolgt in Funktionen, die in mathematischer Sicht *well behaved* sind, über die Eigenschaften der Kreuzableitungen (und greift damit auf die Matrix der zweiten Ableitungen zurück). Demgegenüber gelingt der Nachweis von Komplementaritäten in Funktionen, die in obigem Sinne nicht *well behaved* sind (z. B. in diskreten Umgebungen), indem gezeigt wird, dass die Zielfunktion supermodular ist. Der Term Supermodularität korrespondiert mit der Eigenschaft wachsender Ertragszuwächse.

Einen Formulierungsschritt weiter gehen inhaltliche Interpretationen, die in unserem Fall die praktische Bedeutung für die personalpolitischen Systeme anbelangen. Der Einfluss von Synergieeffekten auf die Gestaltung personalpolitischer Maßnahmenkataloge lässt sich am besten auf Basis von Komplementaritäten verdeutlichen, da dieser Begriff vertraut ist. Der Komplementaritätsbegriff bezeichnet in den weiteren Ausführungen das umgebungsunabhängige Phänomen der Vorteilhaftigkeit einer gleichgerichteten Variation bzw. zeigt die Existenz von Verbundeffekten an. Aufgrund der inhaltlichen Äquivalenz von (annahmenrobuster) Komplementarität und Supermodularität werden die beiden Begriffe hinsichtlich ihrer praxisrelevanten Bedeutung als austauschbar verwendet.[14]

In einer neueren Publikation beschäftigt sich Topkis eingehend mit der sprachlichen Parallelität und der formalen Abgrenzung zwischen Supermodularität und Komplementarität (Topkis (1998)). Er stellt dabei primär auf die Trennung zwi-

14 Mit vergleichbaren Phänomenen beschäftigt sich der Forschungsstrang der *Economies of Scope*, der seit Beginn der 80er Jahre diskutiert wird (Teece (1980), Teece (1992), Marsden (1996)).

schen mathematischer Zielsetzung und inhaltlich–interpretativer Zielsetzung ab. Inhaltliche Interpretationen werden seiner Meinung nach anschaulich, wenn sie in den Zusammenhang von Komplementaritäten und wachsenden Differenzen gestellt werden.

Demgegenüber vereinfacht sich die mathematische Handhabung, wenn das Problem in supermodulare Funktionen eingekleidet wird, die auf einem Verband maximiert werden.[15] Die dritte zur Veranschaulichung aufgenommene Abgrenzungsvariante der beiden Parallelkonzepte Supermodularität und Komplementarität bezieht sich abermals auf die topologischen Eigenschaften der zugrunde liegenden Umgebungen. Dabei korrespondiert das Begriffs–Umgebungspaar *Supermodularität–Verband* mit schwachen Annahmen über die Topologie. Diesbezüglich trifft die Kombination *Komplementarität–C^2–Umgebung* strengere mengentheoretische Annahmen. Sind diese strengen Annahmen erfüllt, so sind die erstgenannten topologischen Voraussetzungen ebenfalls gegeben. Anders ausgedrückt ist jede zweifach stetig differenzierbare Funktion auch Verband.

Auf den folgenden beiden Seiten wird die formale Fassung des Supermodularitätsbegriffs präsentiert. Dort wird definiert, welche Funktionen supermodular sind und dementsprechend wachsende Differenzen besitzen. Selbst wenn an dieser Stelle noch nicht explizit bewiesen wird, dass Supermodularität und wachsende Differenzen identisch sind, so wird dieses Ergebnis dennoch bereits integriert. Der diesbezügliche Beweis beruht auf Proposition 4 und ist Anhang A zu entnehmen.

Wie beschrieben, sind komplementäre Instrumente ($z \in Z$) dadurch charakterisiert, dass die durch sie beschriebene Zielfunktion $f[z]$ supermodular ist, wobei diese supermodulare Funktion wiederum wachsende Differenzen besitzt. Den wachsenden Differenzen gilt das Interesse, wenn auf die komparative Statik fokussiert wird, so z. B. bei der Untersuchung von Reorganisationsmustern. Insofern ist es für die *Existenz* komplementärer Strukturen in der Firmenpolitik unerheblich, ob die offenbarte Entscheidung für ein personalpolitisches System (d. h. für ein Gleichgewicht) vor dem Hintergrund der wählbaren Variablen $\mathbf{x}$ (z. B. Humankapitalinvestitionen, Investitionen in flexible Fertigungssysteme) analysiert wird oder ob der alternative Weg beschritten wird, der demgegenüber bei den durch die Parameterisierung des Entscheidungsproblems jeweils gegebenen Nebenbedingungen ansetzt. In letzterem Fall wird komparative Statik über ansteigende Restriktionsniveaus betrieben.[16]

---

15 Vgl. hierzu Proposition 4, die den Grundstein für die Äquivalenz von isotonen Differenzen (zunehmende Ertragszuwächse, parametrische Monotonie) und der Supermodularitätseigenschaft (Komplementarität) legt. Für den Beweis der hiermit ebenfalls in Verbindung stehenden Eigenschaft der Maximierung als supermodularitätserhaltende Operation vgl. Unterabschnitt 4.3.4.

16 Beispielsweise lassen sich die in Kapitel 3 detailliert behandelten Arbeiten von Lindbeck und

Der Restriktionsvektor wird dabei durch **r** beschrieben. Er entspricht dem Vektor der Nicht–Entscheidungsvariablen, die im nächsten Unterabschnitt noch genauer betrachtet werden. Der Vektor der Entscheidungsvariablen wird durch **x** gemessen. Der komplette Variablenset lautet entsprechend **z**. Dieser darf jede beliebige Aufteilung zwischen **x** und **r** annehmen, ohne dass die Komplementaritätseigenschaft davon betroffen wäre:

$$\begin{array}{lclc} f[\mathbf{z}]+f[\mathbf{z'}] & \overset{(<)}{\leq} & f[\mathbf{z}\vee\mathbf{z'}]+f[\mathbf{z}\wedge\mathbf{z'}] & \overset{\text{(strenge)}}{\text{Supermodularität in } \mathbf{z}=(\mathbf{x},\mathbf{r})} \\ \Longleftrightarrow\ f[\mathbf{x'},\mathbf{r}]-f[\mathbf{x},\mathbf{r}] & \overset{(<)}{\leq} & f[\mathbf{x'},\mathbf{r'}]-f[\mathbf{x},\mathbf{r'}] & \overset{\text{(streng)}}{\text{wachsende Differenzen,}} \end{array} \quad (4.1)$$

mit den Restriktionsvektoren $\mathbf{r'} > \mathbf{r}$, den Entscheidungsvektoren $\mathbf{x'} > \mathbf{x}$ und $f: Z = X \times R \rightarrow \mathbb{R}^1$, wobei $f[.]$ die reellwertige Zielgröße misst und X, R Verbände sind.[17] Der durch die jeweilige Ausprägung des Parameterraums vorgegebene Handlungsspielraum über die Entscheidungsvariablen D_r ist Teilverband des X. Die letztgenannte Eigenschaft korrespondiert mit den Anforderungen, die hinsichtlich der Zulässigkeit der gleichgerichteten Variation bestehen. Rein technisch besagt sie Folgendes: Das elementweise Minimum je zweier beliebiger Entscheidungsvektoren $\mathbf{x} \in D_r$ muss ebenso wie das elementweise Maximum dieser Vektoren mit dem durch D_r vorgegebenen Handlungsspielraum vereinbar sein. Ist diese Eigenschaft für sämtliche Zweierkombinationen erfüllt, so gilt sie für den gesamten Handlungsraum, dessen Dimension der Dimension von X entspricht.[18]

Zwar konzentriert sich der Nachweis komplementärer Strukturen in X zumeist auf den Handlungsraum und somit auf den Vektor $\mathbf{x} \in X \subseteq Z$ der Entscheidungsvariablen. Er lässt sich jedoch äquivalent über die Untersuchung des Restriktionsvektors $\mathbf{r} \in R \subseteq Z$ erbringen, der den Parameterraum aufspannt. Ein abstraktes Beispiel, bei dem als Ausgangswert für **x** der Nullvektor postuliert wird, mag verdeutlichen: Die Wahrscheinlichkeit, dass der *Einführungsertrag* durch den Übergang von **x** nach **x'** die (beispielsweise fixen) Kosten der Einführung übersteigt,

---

Snower in diese Sinne interpretieren. Die von den Autoren prognostizierte abrupte Reorganisation der Arbeitsorganisation beruht auf Komplementaritäten im Parameterraum, aus denen eine veränderte Aufgabenallokation folgt.

17 Das Pendant des "umgekehrten" Synergieeffektes wird mit Submodularität bezeichnet. Submodularität liegt vor, wenn $f(x,y)$ supermodular in $(x,-y)$ ist, sprich wenn die Ungleichheitszeichen in Gleichung 4.1 in umgekehrter Richtung erfüllt sind. Bei Kostenfunktionen wird oftmals auf Basis von Submodularität argumentiert. Hier wird auch von Subadditivität der Kostenfunktion gesprochen.

18 Die Möglichkeit, die Beweisführung auf das sukzessive Durchspielen von Zweierkombinationen auszurichten, birgt erhebliche Vereinfachungen, die sich auch für den eigentlichen Komplementaritätsnachweis nutzen lassen (vgl. Seite 121).

ist auf dem höherwertigen Niveau der Rahmenbedingungen **r**' größer als auf dem durch **r** repräsentierten niedrigeren Restriktionsniveau.

Praktisch kann man sich steigende Restriktionsniveaus anhand der Entwicklung von PC–Prozessoren veranschaulichen. Unter einem höheren Restriktionsniveau ist z. B. der Pentium IV Prozessor im Vergleich zum niedrigeren Restriktionsniveau des Pentium III oder II zu verstehen. Übertragen auf die Gestaltung bzw. Reorganisation personalpolitischer Systeme heißt dies, dass bestimmte Schwellenwerte für **r**' existieren, bei deren Überschreiten der Übergang zu einem höherwertigen personalpolitischen System, d. h. Gleichgewicht, optimal ist.

Je ausgeprägter die Synergieeffekte innerhalb von **r** sind, umso eher wird ein solcher Schwellenwert überschritten. Dieses liegt daran, dass die aus der simultanen Variation resultierenden wachsenden Ertragszuwächse umso höher ausfallen, je stärker der Verbundeffekt ist. Dementsprechend vollziehen sich Systemwechsel stets in diskreter Form, dem Wechsel des Energieniveaus im aus der Physik bekannten Orbitalmodell vergleichbar.

Insgesamt lässt die Theorie der supermodularen Optimierung beliebige Zuordnungen der Instrumente in Z auf einen der beiden Teilräume R bzw. X zu. Dieser Punkt wird nun weiter vertieft.

4.3.3 Die Aufteilung des Variablenraums: Entscheidungsvariablen – Parameterraum

In diesem Unterabschnitt wird auf die ökonomische Konsequenz der analytischen Eigenschaft eingegangen, die besagt, dass das direkte Produkt aus k Verbänden ein Verband ist (k begrenzt). Aus formaler Sicht ist der Komplementaritätsnachweis über die komparative Statik in den Rahmenbedingungen (vgl. wachsende Differenzen) identisch mit dem Nachweis von Synergieeffekten im Handlungsspektrum (vgl. Supermodularität der Zielfunktion).[19]

Für den Untersuchungszusammmenhang bedeutet dies zweierlei: Einerseits ist es für den grundsätzlichen Nachweis der Komplementaritätseigenschaft und damit für die Vorteilhaftigkeit (abgestimmter) personalpolitischer Systeme ohne Bedeutung, ob eine Variable derzeit zum Entscheidungsrepertoire zählt oder aber dem Set der Umweltbedingungen zugeordnet ist. Andererseits ist der Nachweis von Komplementaritäten auf Basis von beliebigen Modellvereinfachungen zulässig, da ein einmal belegter Synergieeffekt grundsätzliche Gültigkeit besitzt.

Der zweite Aspekt sei kurz erläutert: Man stelle sich den Extremfall der Modellvereinfachung vor, bei dem mit Ausnahme zweier personalpolitischer Instrumente alle übrigen Variablen in den Parameterraum verbannt sind. Wenn nun auf

19 Mit den Konsequenzen aus Proposition 4 korrespondiert in der C^2–Welt der Satz von Schwarz.

Basis dieses Modells die Komplementarität zwischen den beiden Instrumenten belegt wird, so ist diese allgemeingültiger Natur. Allgemeingültiger Natur bedeutet dabei, dass der Systemeffekt zwischen diesen beiden Variablen auch dann weiterbesteht, wenn sich der Handlungsspielraum erweitert, so z. B. in dem Sinne, als dass eine dritte Variable aus dem Restriktionsraum hinzutritt. Besteht über diese dritte Variable parametrische Monotonie, so resultiert aus dem Fakt, dass dieses Instrument ab sofort in angemessener Weise angepasst werden kann — d. h. in Abstimmung mit dem 2–er–Subsystem — die folgende Aussage: Die Richtung des Synergieeffektes im vereinfachten Modell wird exakt bestimmt, die Stärke dieses Effektes wird hingegen unterschätzt.

Diese beiden Argumente seien abschließend in das verbandstheoretische Vokabular übertragen. Zunächst gilt für den Untersuchungsgegenstand zu jedem Zeitpunkt, dass sich die Gesamtheit aller Einzelinstrumente (reihen und dann) in zwei Teilmengen aufteilen lässt. Diese Teilmengen schließen sich wechselseitig aus:

- Teilverband[20] der derzeit verfügbaren Instrumente. Diese bilden den personalpolitischen Handlungsspielraum, da ihre Wahl im unternehmerischen Ermessen liegt:
  Entscheidungsvariablen ➟ $\times_{i=1}^{D} Z_i \equiv Z_D$ vs.
- Teilverband derjenigen Instrumente, deren Niveau derzeit vorgegeben ist. Diese personalpolitischen Instrumente gehen als Rahmenbedingungen in die Lösung des Entscheidungsproblems ein:
  Nicht–Entscheidungsvariablen ➟ $\times_{i=D+1}^{n} Z_i \equiv Z_{N \setminus D}$.

Da die Reihenfolge der k Einzelverbände unerheblich ist, ist es für den Nachweis der Komplementaritätsexistenz ebenfalls unerheblich, in welcher Reihenfolge die Variablen aufgenommen werden. Auch lässt sich die Position einer jeden beliebigen Variablen innerhalb und zwischen den Teilmengen verschieben, ohne dass dies Auswirkungen auf die Teilverbandseigenschaft der zugrunde liegenden Variablenräume hat (vgl auch die Erläuterungen in Anhang A.4). Mit anderen Worten: Jeder übergeordnete Variablenset, der einen Verband beschreibt, lässt sich ohne formalanalytische Konsequenzen so ordnen, dass zunächst sämtliche Entscheidungsvariablen aufgeschrieben werden und anschließend sämtliche Parameterrestriktionen aufgenommen werden.

Man kann sich gemäß obiger Argumentation vorstellen, dass aus Gründen der analytischen Handhabbarkeit zunächst vereinfachte Modellvarianten angegangen werden, die den größten Teil des denkbaren personalpolitischen Instrumentariums in den Teilverband der Parameterrestriktionen einstellt. Mit zunehmendem

20 Das direkte Produkt von I Teilverbänden Z_i wird als $\times_{i=1}^{I} Z_i$ geschrieben (vgl. auch die Ausführungen in Anhang A.3, Seite 265f).

Vereinfachungsgrad des betrachteten Entscheidungsmodells verringert sich der Subset der wählbaren Instrumente, während sich demgegenüber die Anzahl der zu berücksichtigenden Restriktionen erhöht. Das Niveau einer bestimmten Rahmenbedingung ist immer dann identisch mit Null, wenn das personalpolitische Instrument nicht zur Verfügung steht oder aber nicht bekannt ist.

Anders formuliert entspricht die Lösung vereinfachter Modellvarianten der Projektion der Lösung des allgemeinen Modells der Arbeitsorganisation auf die Koordinaten $Z_{N\setminus D}$. Wie kann man sich diese Aussage vorstellen? Durch die Variablen in Z_D wird dann ein komplementäres Subsystem generiert, wenn sich zwischen ihnen Verbundeffekte nachweisen lassen. Dieser Nachweis beruht auf der komparativen Statik und erfolgt formal, indem gezeigt wird, dass die Zielfunktion $f[z]$ supermodular in $(z_1, z_2, \ldots, z_D)$ auf $Z_D \subset Z$ ist. Die Komplementarität zwischen diesen Variablen besteht unabhängig davon, ob (ein Teil aus) $Z_{N\setminus D}$ zum Entscheidungsrepertoire gehört (Milgrom und Shannon (1994), Milgrom und Roberts (1995) Topkis (1998)). Ganz analog gilt dies auch für das andere komplementäre Subsystem, welches auf $Z_{N\setminus D}$ weiterhin besteht.

Diese Eigenschaft ist für die Untersuchung personalpolitischer Systeme essentiell: So sind —aus formalanalytischer Sicht — zunächst beliebige Vereinfachungen des personalpolitischen Systems erlaubt, wenn es um die reine Existenzbegründung von Synergieeffekten geht. Insbesondere ist hier an die Verschlankung des Modells auf zunächst genau zwei veränderbare Instrumente zu denken. In diesem Fall werden alle übrigen Variablen in den Parameterraum geschrieben. Hierauf basierend vereinfacht sich die Untersuchung personalpolitischer Systeme erheblich, wenn daran anschließend gezielt Analogieschlüsse über die weiteren Variablen des komplementären Systems gezogen werden.

Geht es um den grundsätzlichen Nachweis der Existenz von Synergieeffekten und **aufsteigender Lösungen**, so bedeutet das Unterdrücken von Variablen, die z. B. nicht erhebbar sind, aus modelltheoretischer Sicht keine Gefahr. Keine der über die verbleibenden Variablen abgeleiteten Eigenschaften würde sich ändern, wenn die unterdrückten Variablen schließlich doch Berücksichtigung finden. Auch beinhaltet der quantitative Fehler, der aus dieser Vereinfachung resultiert, zwar stets eine Unterschätzung des Systemeffekts, d. h. zugehörige Reorganisationseffekte werden beispielsweise zu gering ausgewiesen. Dieser Fehler ist betragsmäßig jedoch eindeutig beschränkt.[21]

21 Dieses Resultat basiert auf einer besonderen Variante des LeChatelier–Prinzips, das auf globale Umgebungen erweitert wird (vgl. Milgrom und Roberts (1996) und insbesondere auch die Diskussion in Milgrom und Roberts (1995), aber auch die Originalliteratur (Samuelson (1947)) sowie Silberberg (1974)). Im Zuge der empirischen Untersuchungen ist allerdings zu beachten, dass für unbeobachtete Heterogenität und korrelierte Störgrößen zu kontrollieren ist, was zwar methodisch kein großes Problem ist, aufgrund der empirischen Datenlage aber oftmals nicht zufriedenstellend gelingen kann.

4.3.4 Aufsteigende Gleichgewichte

In diesem Unterabschnitt wird gezeigt, dass der Nachweis der Supermodularität den Nachweis der aufsteigenden Gleichgewichte beinhaltet, da die entsprechende Maximierung eine ordnungserhaltende Operation ist.

Die Maximierung einer supermodularen Funktion auf einem Teilverband, d. h. ein diskretes Optimierungsproblem unter Nebenbedingungen, führt daher zu Lösungen, die mit dem Parameterniveau ansteigen. Diese Eigenschaft wird mit dem Begriff *Increasing Solutions* belegt, und dementsprechend generiert die komparativ–statische Analyse von Parametervariationen monotone Ergebnisse:

$$\arg\max\{f[\mathbf{x},\mathbf{r}]\ :\ \mathbf{x}\in D_{\mathbf{r}}\} \tag{4.2}$$

ist *nichtfallende* Funktion des Parameterniveaus $\mathbf{r}$, wobei $D_{\mathbf{r}} \subset X$ die Projektion des Entscheidungsspielraums $\mathbf{x}$ auf die Restriktionskoordinaten $\mathbf{r}$ beschreibt. Insgesamt werden ein (streng) steigendes Niveau der gleichgewichtigen Ausprägung des firmenspezifischen komplementären Systems und dementsprechend (streng) zunehmende Ertragszuwächse genau dann ausgewiesen, wenn die zugrunde liegende Zielfunktion (streng) supermodular ist (Milgrom und Shannon (1994), Shannon (1995)). Die entsprechende Beweisführung ist den folgenden Seiten zu entnehmen.

Hinter der Beweisführung steht das inhaltliche Ziel, die Rangordnung personalpolitischer Gleichgewichte zu belegen. Die korrespondierende formale Ausdrucksweise lautet: Die Eigenschaft der *Supermodularität* bleibt unter der *Maximierungsoperation* erhalten. Der Beweis der ordnungserhaltenden Eigenschaft der Maximierungsoperation wird wie folgt geführt, wobei an dieser Stelle auf eine Notationsvereinbarung hingewiesen sei, die über den gesamten Verlauf der Arbeit Gültigkeit besitzen soll: Immer wenn auf zwei unterschiedliche Variable(nvektoren) Bezug genommen wird und für diese die Schreibweise v'', v' gewählt wird, so bedeutet dies, dass $v'' > v'$. Diese Vereinbarung betrifft Instrumente und Parameter gleichermaßen.

Betrachtet werde die supermodulare Funktion f, die auf die Entscheidungsvariablen $\mathbf{x}$ und die betrieblichen Restriktionen, gemessen durch den Parametervektor $\mathbf{r}$, rekurriert. Aus Gründen der Schreibvereinfachung werden diese beiden Vektoren nicht explizit in Vektorschreibweise dargestellt, sondern es wird $x \in X$ sowie $r \in R$ aufgenommen.[22]

---

22 Zur im Weiteren verwendeten Symbolik: $\subseteq_{TV}$ misst die mengentheoretische Inklusion für Verbände (Ordnung über Teilverbände) und ließe sich inhaltlich durch die Ausweitung des Handlungsspielraums operationalisieren. Der eng begrenzte Handlungsspielraum ist in diesem Fall $\subseteq_{TV}$ des weiter gefassten Spielraums.

- **Zu beweisen ist:** Wenn $f[x,r]$ supermodular ist, dann ist dies auch die Menge der Maximierungslösungen, wobei letztere durch die komparative Statik über den Parameterraum r gegeben ist.

- **Annahmen:**

X,R:	Verband,
D:	Teilverband des $X \times R$,
$f[x,r]$:	supermodular (spm) auf D in (x,r),
D_r:	der durch die Parameterrestriktion $r \in R$ vorgegebene Abschnitt aus $R \subseteq_{TV} X \times R$, der den Handlungsspielraum eingrenzt.

- **Definition der Maximierungsoperation:**

$g[r] \equiv \sup_{x \in D_r} f[x,r]$:	beschränkt auf $\Xi_R D$, wobei $\Xi_R D$ die Projektion von D auf R ist. $\Xi_R D$ entspricht dem für die komparative Statik über die Gleichgewichtskandidaten relevanten Parameterraum, beinhaltet somit die Information über die berücksichtigten Restriktionsniveaus $r_1, \ldots, r_R$.

- **Proposition 1** *Unter den obigen Voraussetzungen ist die durch $g[r]$ beschriebene Funktion ebenfalls supermodular.*

Beweis Proposition 4 aus Anhang A ist zu entnehmen, dass $(x',r') \vee (x'',r'') = (x' \vee x'', r' \vee r'')$ gilt und $(x',r') \wedge (x'',r'') = (x' \wedge x'', r' \wedge r'')$ ist. Da der Verband X (R) für beliebige x', x'' (r', r'') sowohl $x' \vee x''$ ($r' \vee r''$) als auch $x' \wedge x''$ ($r' \wedge r''$) enthält, sind $(x',r') \vee (x'',r'')$ und $(x',r') \wedge (x'',r'')$ Element des $S \subseteq_{TV} X \times R$. Darüber hinaus ist es bei einer abzählbar endlichen Dimension des Produktverbands für die topologischen Eigenschaften unerheblich, in welcher Reihenfolge die Einzelverbände berücksichtigt werden, und welche von ihnen zu Teilprodukten des Gesamtproduktes zusammengefasst werden.

Für das betrachtete parameterisierte Entscheidungsproblem beinhaltet dieses in Kombination mit dem Assoziativgesetz die Möglichkeit, den Teilverband aller Variablen in das direkte Produkt dreier Teilverbände zu zerlegen und diese in beliebiger Reihenfolge aufzuschreiben. Im Speziellen sind dies (a) Entscheidungsvariablen $x \in X$, (b) variable Parameter $t_v \in T_v$ und c) zeitkonstante Parameter $t_k \in T_k$. Die Beliebigkeit der Reihenfolge betrifft natürlich in gleichem Maße die Elemente innerhalb eines jeden Teilverbands.

Aufgrund ihrer Irrelevanz für die komparative Statik und im Sinne einer möglichst schlanken Notation sei auf die Mitnahme der in c) genannten konstanten Parameter verzichtet. Hiermit korrespondierend werde $T_v \equiv T$ gesetzt. Die Zahl der für die komparative Statik insgesamt relevanten Variablen betrage n, so dass schließlich:

$$(x,r) = (x_1,x_2,\dots,x_k,r_{k+1},\dots,r_n) \equiv (z_1,\dots,z_n).$$

Bekanntermaßen (Proposition 4) ist:

$$\begin{aligned}
z' \vee z'' &= \big(\underbrace{z'_1 \vee z''_1,\dots,z'_k \vee z''_k}_{\equiv x'_1 \vee x''_1,\dots,x'_k \vee x''_k},\ \underbrace{z'_{k+1} \vee z''_{k+1},\dots,z'_n \vee z''_n}_{\equiv r'_{k+1} \vee r''_{k+1},\dots,r'_n \vee r''_n}\big) \\
&= (x' \vee x'', r' \vee r'') = (x',r') \vee (x'',r'') \quad , \\
z' \wedge z'' &= (x' \wedge x'', r' \wedge r'') = (x',r') \wedge (x'',r'') \quad .
\end{aligned}$$

Aus der Kombination der Teilverbandseigenschaft von D mit der Supermodularität von f ergibt sich folgende Äquivalenzumformung:

$$f[x',r'] + f[x'',r''] \leq f[x' \wedge x'', r' \wedge r''] + f[x' \vee x'', r' \vee r''] \tag{4.3}$$

$$\Longleftrightarrow \quad \sup\big(f[x',r'] + f[x'',r'']\big) \leq \sup\big(f[x' \wedge x'', r' \wedge r''] + f[x' \vee x'', r' \vee r'']\big) \tag{4.4}$$

$$\begin{aligned}
\Longleftrightarrow \quad & \sup_{x' \in D_{r'}} f[x',r'] + \sup_{x'' \in D_{r''}} f[x'',r''] \leq \\
& \sup_{\substack{x' \in D_{r'} \\ x'' \in D_{r''}}} f[x' \wedge x'', r' \wedge r''] + \sup_{\substack{x' \in D_{r'} \\ x'' \in D_{r''}}} f[x' \vee x'', r' \vee r'']
\end{aligned} \tag{4.5}$$

$$\equiv \quad g[r' \wedge r''] + g[r' \vee r'']. \tag{4.6}$$

Da $g[r]$ als $\sup_{x \in D_r} f[x,r]$ definiert ist, gilt folglich:

$$\sup_{x' \in D_{r'}} f[x',r'] + \sup_{x'' \in S_{r''}} f[x'',r''] \equiv g[r'] + g[r''] \leq g[r' \wedge r''] + g[r' \vee r'']. \tag{4.7}$$

Die letzte Ungleichung belegt die aufsteigenden Gleichgewichte. □

Inhaltlich bedeutet dies nichts anderes, als dass $g[r]$ supermodular ist und die Maximierungsoperation eine supermodularitätserhaltende Operation ist. Anders formuliert ist die Maximierung einer supermodularen Funktion ordnungstreu.

Dieses Ergebnis ist essentiell, denn es folgt unmittelbar, dass die komparative Statik für supermodulare Funktionen eindeutig ist. Supermodulare Funktionen generieren daher monotone komparative Statik, was schließlich zu aufsteigenden Gleichgewichtsfolgen führt. In diesen Folgen wiederum nimmt der Abstand zwischen zwei Gleichgewichten mit wachsendem Index zu.

4.4 Ein Anwendungsbeispiel: Qualität als Determinante der Produktnachfrage

Dieser Abschnitt wendet die zuvor abgeleiteten Ergebnisse auf ein Entscheidungsproblem aus der Unternehmenstheorie an. Im Zuge der Überlegungen wird der Nachweis für ein komplementäres System erbracht. In Anlehnung an das verwendete Instrumentarium der supermodularen Optimierung wird für das Vorgehen die Arbeitsdefinition *supermodulare Unternehmenstheorie* gewählt. Hieran kann sich dann die im folgenden Unterabschnitt aufgenommene Diskussion zur Gestaltung personalpolitischer Systeme ausrichten.

Bevor auf den Nachweis im Einzelnen eingegangen wird, sei einleitend ein vollkommen verallgemeinertes Modell zum Ausgang genommen, welches mit Ausnahme der Annahme über die Separierbarkeit der Zielfunktion in die drei Summanden 1. Umsatz, 2. variable Kosten und 3. fixe Kosten keine weiteren Annahmen trifft. So ist die Spezifikation völlig offen bezüglich der funktionalen Gestalt sowie bezüglich der faktischen Trennung des zugrunde liegenden Variablenraums in die beiden Teilmengen $\times_{i=1}^{D} Z_i \equiv Z_D$ (*Entscheidungsvariablen*) vs. $\times_{i=D+1}^{n} Z_i \equiv Z_{N \setminus D}$ (*Nicht–Entscheidungsvariablen*). Die Betrachtungen fokussieren zunächst auf eine bestimmte Periode.

Diese Zielfunktion lautet dann wie folgt, wobei die sprachliche Übereinkunft getroffen werde, den Produktpreis p je nach Preisbildungshypothese aus dem Set $\equiv Z_D$ herauszuziehen, aus dem Set $Z_{N \setminus D}$ zu entnehmen oder aber als konstante Umweltrestriktion in die Darstellung aufzunehmen (die Funktion selbst ist Topkis (1998) entnommen):

$$\Pi[\mathbf{x},\mathbf{r},p] \quad = \quad p \cdot Q[p,\mathbf{x},\mathbf{r}] \;-\; C_v[Q[.],\mathbf{x},\mathbf{r}] \;-\; K_f[\mathbf{x},\mathbf{r}] \quad . \tag{4.8}$$

Der erste Term rechts des Gleichheitszeichens bezeichnet dabei den Umsatz, der bei Markträumung erzielt wird. Der Produktpreis p wird als betriebliche Entscheidungsvariable variiert, wenn er aus $\equiv Z_D$ stammt. Er geht demgegenüber als zeitvariabler Parameter in das Optimierungsproblem ein, wenn er aus $\times_{i=D+1}^{n} Z_i \equiv Z_{N \setminus D}$ stammt. Die dritte Möglichkeit der Preisbestimmung besteht schließlich darin, dass der Preis (beispielsweise gesetzlich) über die Zeit hinweg fixiert ist. In diesem letzten Fall nimmt p keinen Einfluss auf die komparative Statik. Allerdings gilt: Das Preis*niveau* an sich determiniert das erreichbare Komplementaritätsregime. Gestalt und Zeitkonstanz der Nachfragefunktion Q sind wie gesagt offen.

Der zweite Term auf der rechten Seite misst die variablen Herstellungskosten C_v. Diese variieren mit der produzierten Menge. Aufgrund der gewählten Darstellungsform, die auf Markträumung rekurriert, ist es sinnvoll, hierauf etwas genauer einzugehen. Die folgende Argumentationskette dient der Verdeutlichung: Nur im idealtypischen Fall sind Gütermärkte stets geräumt. Kommt es demgegenüber zu Abweichungen zwischen der in einer Periode produzierten Stückzahl und der auf dem Gütermarkt abgesetzten Stückzahl, so ist dies aus Q nicht ersichtlich. Derartige Abweichungen beeinflussen aber sehr wohl die Höhe der variablen Kosten und sind entsprechend in C_v enthalten. Formal wird dies dadurch ausgedrückt, dass bestimmte Variablen in $\mathbf{x}$ und/oder $\mathbf{r}$ anzeigen, ob und welche Maßnahmen zur Nachfragesteuerung, zur Lagerhaltung etc. dienen. Diese Maßnahmen verursachen Kosten, die mit der hergestellten bzw. nachzusteuernden Menge variieren.

Etwas großzügig gesprochen, lassen sich derartige Instrumente in den übergeordneten Rahmen *Flexibilisierung und Adaption* einordnen (vgl. auch das im vorigen Kapitel eingeführte Beispiel der Nachfrageimitation durch intertemporalen Produktionstransfer, Abschnitt 3.4, und die anschließende formale Diskussion in 3.4.6). Denkbare Adaptionskosten variieren nicht nur in Abhängigkeit des eingesetzten Instrumentariums, sondern zudem mit der Abweichung zwischen Produktion und Nachfrage, somit c.p. mit der hergestellten Menge.[23] Was die topologischen Eigenschaften anbelangt, so ist festzustellen, dass sich das jeweilige Ausmaß der Abweichung — mithin die Differenz zwischen geplanter und abgesetzter Menge — eindeutig ordnen lässt, da es metrisch gemessen wird. Dementsprechend beschreibt es eine Kette gemäß Definition 6 (Anhang A). Diese Eigenschaft ist an späterer Stelle noch von großer Bedeutung, wenn es um den formalen Nachweis der Supermodularität geht.

Der dritte Term aus Gleichung (4.8) beschreibt schließlich die Höhe der produktionsunabhängigen Fixkosten. Sämtliche Kosten, die durch die Wahl des Vektors der Entscheidungsvariablen (ausgeübter Handlungsspielraum bei der Gestaltung des personalpolitischen Systems, Beschäftigungsfixkosten, fixe Kapitalkosten) sowie durch die vorliegenden Rahmenfaktoren (gesetzliche Höchstgrenzen für Arbeitszeiten, fixe Kommunikationskosten etc.) vorgegeben sind, werden durch K_f eingefangen.

Die Höhe von K_f variiert nicht mit der Ausprägung der aktuellen Produktionstätigkeit. Dieser Kostenterm lässt sich insgesamt als eine Schattenvariable interpretieren, welche die (impliziten) Kosten der Gleichgewichtswahl repräsentiert. Mit der Gleichgewichtswahl korrespondiert beispielsweise die Wahl des personalpolitischen Systems, das den betrieblichen Rahmenbedingungen am besten angemessen ist, d. h. die gewinnmaximierende Arbeitsorganisation repräsentiert. Im Grunde rekurriert K_f auf die Hierarchie der personalpolitischen Systeme.

Topkis (1998) zeigt, dass die in Gleichung 4.8 gewählte Form zu allgemein ist, als dass sich die Existenz einer komplementären Struktur belegen ließe. Der ent-

23 Hierüber lässt sich die potentielle Einflussnahme auf C_v festmachen.

sprechende Beweis kann der Originalliteratur entnommen werden (Topkis (1998, 104–105)). An gleicher Stelle wird allerdings auch gezeigt, dass sich dieses ändert, wenn jeweils eine der zugrunde liegenden allgemeinen Annahmen leicht variiert wird, d. h. wenn bestimmte zusätzliche Restriktionen einbezogen werden. Die zuvor im Zusammenhang mit Produktionsabweichungen und Anpassung angesprochene Ketteneigenschaft repräsentiert eine solche Annahmenvariation, deren Integration den Beleg der Supermodularität der Zielfunktion erlaubt. Hierüber werden letztlich Komplementarität und aufsteigende Lösungen im Untersuchungsgegenstand der personalpolitischen Systeme nachgewiesen.

Die folgende Beweisführung erbringt den Nachweis der Supermodularität. Zunächst einmal sei der Vorgang der Adaption aus einer anderen Perspektive formuliert. Hierfür sei angenommen, die Produktnachfrage bestimme sich aus den beiden Variablen (a) Preis und (b) Qualität. Die Nachfragefunktion unterliege wie im vorangegangenen Kapitel Schwankungen, so dass erwartungsgewinnmaximierendes Produktionsprogramm und Realisation der Produktnachfrage grundsätzlich auseinander fallen können. Weiterhin sei angenommen, derartige Abweichungen zwischen Produktnachfrage am Gütermarkt und geplanter Produktnachfrage ließen sich vollständig durch eine Qualitätsveränderung absorbieren. Mit anderen Worten: Ein positiver Nachfrageschock wird mittels einer "entgegengerichteten" Qualitätsreduktion aufgehoben, während ein negativer Nachfrageschock über entsprechende Verbesserungen der Produktqualität absorbiert werden. Hinter diesem Argument steht die Annahme, dass die Güternachfrage Q durch einen zweidimensionalen Produktvektor (Preis $= p$, Qualität $= y$) determiniert wird, wobei beide Eigenschaften auf einem bestimmten Nachfrageniveau substitutiv sind.

Es sei darüber hinaus angenommen, die Qualitätsadaption verursache einerseits variable Kosten und andererseits Fixkosten. Die Relevanz für die variablen Kosten versteht sich von selbst. Demgegenüber lassen sich die durch die Qualitätsoption verursachten Fixkosten als Bereitschaftskosten interpretieren. Die entsprechende Gewinnfunktion lautet dann:

$$\Pi[\mathbf{x},\mathbf{r},p,y] \quad = \quad p \cdot Q[p,y] \; - \; C_v\,[Q[\boldsymbol{\cdot}],y] \; - \; K_f[\mathbf{x},\mathbf{r},y] \quad . \tag{4.9}$$

Die produktions– und damit auch firmengrößenunabhängigen Fixkosten besitzen im Vokabular der Verbandstheorie die folgende Eigenschaft: $K_f[\mathbf{x},\mathbf{r},y]$ ist submodular in $(\mathbf{x},\mathbf{r},y)$. Insofern genügt es zu zeigen, dass $p \cdot Q[p,y] \; - \; C_v\,[Q[\boldsymbol{\cdot}],y]$ supermodular in (p,y) ist, um Supermodularität der Zielfunktion Π in $(\mathbf{x},\mathbf{r},p,y)$ zu beweisen.

Die zugrunde liegenden Variablenräume sollen den verbandstheoretischen Anforderungen genügen, so dass X und R je Teilverband sind. Y ist Kette, mit $y \in Y$.

Die Nachfragefunktion hat den üblichen Verlauf, d. h. $Q[p,y]$ ist monoton fallend in $(p,-y)$. Mit anderen Worten steigt die Produktnachfrage c. p. mit fallendem Güterpreis. Sie ist bei gegebenem Güterpreis höher auf einem höheren Qualitätsniveau als im Falle niedriger Produktqualität. Das aus der mikroökonomischen Welt vertraute Phänomen der abnehmenden Grenzrate der Substitution wird durch folgende Beziehung ausgedrückt: Q ist supermodular in (p,y) und damit submodular in $(-p,y)$. Gemäß der Gleichung (4.1) heißt dies nichts anderes, als dass der durch eine Rücknahme des Preisniveaus von p^h auf p^l erzielbare Nachfrageschub auf einem niedrigen Qualitätslevel (y_{low}) höher ausfällt als auf einem hohen Niveau der Produktqualität (y_{high}).

Fixiert man demgegenüber wie im obigen Anwendungsbeispiel den Preis (z. B. als Listenpreis), so folgen aus der Supermodularität zunehmende Differenzen einer Qualitäts*höherstufung:*

$$Q[y_{\text{high}},p^h]-Q[y_{\text{low}},p^h]\geq Q[y_{\text{high}},p^l]-Q[y_{\text{low}},p^l] \quad , \tag{4.10}$$

d. h. der (schock)absorbierende Nachfrageeffekt der Qualitätsregulierung ist auf einem höheren Preisniveau (linke Seite der Ungleichung) mindestens so groß wie auf einem geringeren Preisniveau (rechte Seite der Ungleichung). Inhaltlich ließe sich hieraus folgern, dass Adaption insbesondere für solche Unternehmen attraktiv erscheint, die über ein hohes Maß an Marktmacht verfügen.

Aus modelltheoretischen Erwägungen heraus sollte derjenige Extremfall ausgeschlossen werden, der ein Randmaximum bezüglich des optimalen Produktionsvolumens ausweist. Formal gesprochen wächst $C_v[Q[.],y]$ mit steigendem Q zumindest proportional, was impliziert, dass die gewinnmaximierende Produktionshöhe nicht ins Unendliche wächst, mithin die optimale Firmengröße begrenzt ist.[24]

Demgegenüber wird die Aufnahme bzw. Ausweitung der Produktionstätigkeit über die folgende Voraussetzung ermöglicht: Es ist nur dann sinnvoll, einer Nachfrageerhöhung mit einer Produktionsanpassung zu begegnen, wenn der zusätzliche Erlös zumindest den Zuwachs aufwiegt, der bei den variablen Herstellungskosten zu Buche steht: Dementsprechend sei $pQ-C_v[Q[.],y]$ annahmegemäß nicht fallend in Q.

Es sei nun gezeigt, dass die soeben definierten Produktions- und Marktbedingungen ein komplementäres System konstituieren, wobei analog zum Beweis aufsteigender Gleichgewichte auf die Vektorschreibweise verzichtet wird. Der Beweis greift auf die eindeutige (natürliche) Ordnungseigenschaft zurück, welche die durch die beiden Ketten P bzw. Y über p bzw. y besteht. Wie gehabt, zeigt der Index $''$ auf ein höherwertiges Element als es der Index $'$ tut.

24 Hiermit korrespondiert die Annahme konvexer Funktionen aus der vertrauten C^2-Umgebung.

- **Zu beweisen ist:**
  $\Pi[x,r,p,y]$ aus Gleichung (4.9) ist supermodular in (p,x,r,y).
- **Wegen der Submodularität von K_f in (x,r,y):**
  Der entsprechende Nachweis reduziert sich auf den Nachweis, dass $p \cdot Q[p,y] - C_v[Q[\cdot],y]$ supermodular in (p,y) ist.

Beweis Man setze das *Betriebsergebnis* $pQ - C_v[Q,y]$ in die Definitionsgleichung für Supermodularität ($f[x' \vee x''] + f[x' \wedge x''] - \{f[x'] + f[x'']\} \geq 0$, Gleichung 4.1) ein und verifiziere die dortige Behauptung:

$$p''Q[p'',y''] - C_v[Q[p'',y''],y''] + p'Q[p',y'] - C_v[Q[p',y'],y'] - \tag{4.11}$$

$$\left\{p''Q[p'',y'] - C_v[Q[p'',y'],y']\right\} - \left\{p'Q[p',y''] - C_v[Q[p',y''],y'']\right\} \geq 0 \quad ,$$

wobei die farbliche Übereinstimmung jeweils mathematische Äquivalenz markiert. Um zu beweisen, dass die in Gleichung (4.11) aufgestellte Behauptung wahr ist, wird der Ausdruck links des Ungleichheitszeichens nun um eine ganze Reihe zusätzlicher Terme erweitert, die sich in der Summe aufheben. Daran anschließend wird die Reihenfolge umgestellt und es werden Teilterme extrahiert, aus denen sich die Komplementaritätseigenschaft ableiten lässt. Der Anschaulichkeit halber werden im Folgenden die charakteristischen Ausdrücke einzeln aufgezeigt. Der Gesamtausdruck entspricht der Summe aller Unterpunkte:

1. $p''Q[p'',y''] - C_v[Q[p'',y''],y'']$
2. $-\{p'' \cdot (Q[p'',y'] + Q[p',y''] - Q[p',y'])\}$
3. $+C_v[Q[p'',y'] + Q[p',y''] - Q[p',y'],\ y'']$
4. $+(p'' - p') \cdot \{Q[p',y''] - Q[p',y']\}$
5. $-\{C_v[Q[p',y'],y'] - C_v[Q[p'',y'],y']\} + \{C_v[Q[p',y'],y''] - C_v[Q[p'',y'],y'']\}$
6. $+C_v[Q[p',y''],y''] - C_v[Q[p'',y'] + Q[p',y''] - Q[p',y'],\ y'']$
   $-\left\{C_v[Q[p',y'],y''] - C_v[Q[p'',y'],y'']\right\}$.

Ist die Gesamtsumme aus 1. bis 6. nicht negativ, so liegt Supermodularität vor. Die Teilsumme aus 1. bis 3. ist nicht–negativ, wenn gilt: $1. \geq -(2.+3.)$. Dieses ist aufgrund der Supermodularität von Q in (p,y) und aufgrund der nicht–negativen Nettoerlöszuwächse erfüllt (es gilt: $p'' \cdot (.'') - C_v[.''] \geq p'' \cdot (.') - C_v[.']$). Der vierte Term ist positiv, da Q mit dem Qualitätsniveau y steigt und p'' annahmegemäß ein höheres Preisniveau indiziert als p'.

Basierend auf den beiden Eigenschaften von Q (a) Supermodularität in (p,y) sowie (b) monoton wachsend in $(-p,y)$ ist der fünfte Term nicht–negativ: Aus Supermodularität in (p,y) — bzw. aus der äquivalenten Eigenschaft der wachsenden Differenzen in y — folgt, dass der Nachfrageschub durch Preisrücknahme von p'' nach p' größer (oder gleich) ausfällt, wenn er auf einem hohen Qualitätsniveau y'' vorgenommen wird im Vergleich zu einem geringeren Qualitätsniveau y'. Anders formuliert steigt $Q[p',y]-Q[p'',y]$ mit wachsendem y. Aus modelltheoretischen Erwägungen heraus wurde die Annahme der nicht–sinkenden durchschnittlichen variablen Kosten getroffen. Insofern überträgt sich die Eigenschaft der in y wachsenden Differenzen auf das in 5. dokumentierte Kostendifferential, so dass $C_v[Q[p',.],y'']-C_v[Q[p'',.],y''] \geq C_v[Q[p',.],y']-C_v[Q[p'',.],y']$ gilt.

Die Nichtnegativität des sechsten und letzten Teilterms fußt ebenfalls auf obiger Annahme über "vernünftige" Verläufe der durchnittlichen variablen Kosten im untersuchungsrelevanten Bereich: Die variablen Kosten pro produziertem Stück sind auf jedem beliebigen Produktionsniveau mindestens so hoch wie der Vergleichswert auf einem niedrigeren Produktionsniveau. Bildlich gesprochen, nimmt die Steigung des entsprechenden Strahls aus dem Ursprung des C_v–Q–Diagramms nicht ab. Oder umgekehrt formuliert, wird eine Verbindungslinie zwischen zwei beliebigen Ausbringungsmengen (z. B. Q^{hi} und Q^{lo}) gezogen, so verläuft diese Linie stets oberhalb derjenigen Punkte, die die zugehörigen Kosten–Mengen–Kombinationen beliebiger Ausbringungsmengen zwischen Q^{hi} und Q^{lo} abbilden.

Genau einer dieser Punkte sei nun ausgewählt, wobei die entsprechende Produktionsstelle mit $Q[p',y']$ bezeichnet werde. Nun besitzt $Q[p',y']$ die Eigenschaft, die Differenz zwischen Q^{hi} und Q^{lo} in die beiden (fiktiven Teilproduktionen) (i) $Q^{\text{hi}}-Q[p',y']+Q^{\text{lo}}$ und (ii) $Q[p',y']-Q^{\text{lo}}$ aufzuspalten, wobei aufgrund der obigen Annahme über C_v die Summe der mit (i) und (ii) verbundenen variablen Kosten maximal den Vergleichswert erreicht, der aus der Addition von $C_v|Q^{\text{hi}}$ und $C_v|Q^{\text{lo}}$ resultiert. Setzt man nun $Q[p'',y']$ für $C_v|Q^{\text{lo}}$ und $Q[p',y'']$ für $C_v|Q^{\text{hi}}$ ein, so entspricht die soeben geführte Argumentation dem Nachweis, dass 6. ≥ 0 gilt.

Aus $1.+2.+3. \geq 0$, $4. > 0$, $5. \geq 0$, $6. \geq 0$ folgt die Gültigkeit von (4.11). □

Proposition 2 *Obige Funktion* $\Pi[.]$ *ist supermodular in den Variablen* (p,x,r,y).

Es wird daher die Existenz eines komplementären Systems in einer betrieblichen Umgebung nachgewiesen, die das abstrakte Instrument y beinhaltet, welches zur Nachfragesteuerung eingesetzt wird. Im diskutierten Anwendungsbeispiel wird y durch eine Qualitätssteuerung operationalisiert, die der Anpassung an aktuelle Nachfragerealisationen dient.

Der komplementäre Zusammenhang zwischen dem Niveau von y und dem durch das Niveau der betrieblichen Rahmenfaktoren r vorbestimmten Handlungsspielraum wird durch die für die Existenz der Gleichgewichtshierarchie über die komplementären Systeme wichtige Eigenschaft der Ordnungstreue der Maximierungsoperation belegt. Diese Eigenschaft wurde in Proposition 1 bewiesen und impliziert beispielsweise, dass mit steigendem Restriktionsniveau r die durch y indizierte System– und Gleichgewichtsposition ansteigt.

Der folgende Abschnitt überträgt dieses Anwendungsbeispiel auf den personalpolitischen Erklärungszusammenhang. Die Argumentation knüpft bei der Nachfragesteuerung an, wobei das bislang diskutierte Instrument *Qualitätsanpassung* durch das personalpolitische Instrument *Zeittransfer* ersetzt wird. Unter Nachfragesteuerung wird dabei Nachfrageimitation mit Hilfe intertemporale Produktionstransfers verstanden.

4.5 Spezifische Anwendung: Das personalpolitische System mit intertemporalen Zeittransfers

Im vorangehenden Abschnitt wurde die Komplementarität zwischen dem "Anpassungsinstrument" *Qualitätssteuerung* und den betrieblichen Entscheidungsvariablen x nachgewiesen. Zu x zählen Variablen, die keinen Einfluss auf die Herstellungskosten nehmen, allerdings das Fixkostenniveau determinieren (vgl. hierzu die funktionale Form der Gleichung (4.9)). Beispielsweise können betriebliche Frühwarnsysteme oder innerbetriebliche IuK–Systeme zum Repertoire der Entscheidungsvariablen in X zählen.

Das Ziel dieses Abschnitts ist es, das bislang betrachtete Adaptionsinstrument der Qualitätssteuerung durch ein gleichwertiges Instrument aus dem personalpolitischen Handlungsspektrum zu ersetzen. Die für die Qualitätssteuerung abgeleiteten formalen Eigenschaften gelten dann ganz analog für das "Ersatzinstrument". Ruft man sich die technische Aufgabe der Qualitätsregulierung vor Augen, so bestand diese darin, die augenblickliche Realisation des Nachfrageschocks $\Delta Q(y^0|p)$ durch den schockabsorbierenden Einsatz von y zu neutralisieren. Oder formal ausgedrückt:

$$Q_M = \underbrace{Q^* + \Delta Q(y^0|p^*)}_{Q_M^0} - \Delta Q(y^0 + \delta y|p^*) = Q^* .$$

Dabei ist Q_M die letztlich realisierte Güternachfrage. (Q^*, p^*) beschreibt die erwartungsgewinnmaximale Preis–Mengen–Kombination, der Ausdruck y^0 entspricht der normalen Produktqualität und δy misst die schockneutralisierende Qualitätsanpassung, welche schließlich die "nachträgliche" Übereinstimmung von Q_M und Q^* auslöst. Die auf Basis des Nachfrageschocks ursprünglich bekundete Nachfrage Q_M^0 wird de facto nicht realisiert.

Die Rolle der Schockneutralisierung wird im Folgenden durch die aus dem mikroökonomisch fundierten Kapitel 3 bekannten intertemporalen Zeittransfers übernommen. Dieses Instrument stellt explizit auf eine Imitation der augenblicklichen Nachfrage ab, was durch die Verschiebung von Produktionsvolumina über Periodengrenzen hinweg erreicht wird. Im Grunde ist es aber unerheblich, welche Form derartige Verschiebungen annehmen, wenngleich die inhärente Lagerfähigkeit von Arbeitszeit sicherlich nicht von Nachteil ist.

Für den Erklärungszusammenhang der Supermodularitäten wesentlich ist allerdings, dass der zugrunde liegende Raum, aus dem das Adaptionsinstrumentarium Zeittransfer entnommen wird, die topologische Eigenschaft der Kette besitzt. Dass Arbeitzeitkonten diese Anforderung erfüllen, verdeutlicht die folgende Darstellung 4.1 anhand einer drei Beispielrealisationen umfassenden Nachfragefolge. Im dargestellten Beispiel misst $H = \delta h_t$ die über die Tranformationsvorschrift $\fallingdotseq_{qm}$ in Zeitäquivalente umgerechnete Stundenzahl, die über die Periodengrenzen hinweg zu verschieben ist, damit es zur Neutralisierung des Schocks kommt:

Abbildung 4.1: Intertemporaler Zeittransfer als Kette

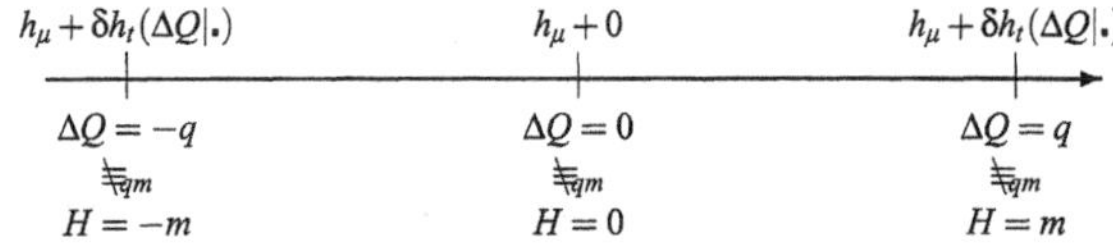

Der Ausdruck $\bullet$ ist Platzhalter für $Q_M^0 = Q^* + H$. Im betrachteten Beispiel misst $-m$ den erforderlichen Stundenrückgang infolge der geringwertigen Nachfragerealisation, die durch den negativen Nachfrageschock ausgelöst wird. Zwei weitere Beispielrealisationen werden abgebildet: Die Realisation der erwarteten Nachfrage ($H = 0$) und die Realisation eines positiven Nachfrageschocks ($\Delta Q = q$). In letzerem Fall wird die hergestellte Menge über eine Expansion der Arbeitszeit des Ausmaßes m mit der nachgefragten Menge in Einklang gebracht. Da für beliebige m entlang des dargestellten Strahls gilt: $-m < 0 < m$, erfüllt der intertemporale Zeittransfer in Arbeitszeitkonten die Eigenschaft der Kette.

Unter der Annahme, die Produktnachfrage sei ausschließlich durch den Preis determiniert — ggf. ergänzt um Präferenzen für Gütervielfalt oder Produzenten — übernimmt der intertemporale Produktionstransfer somit exakt die Rolle der zuvor diskutierten Qualitätsanpassungen. Da die durch Arbeitszeitkonten verursachten Anpassungskosten fixer Natur sind, besitzen die für die in Gleichung 4.9 dargestellte Gewinnfunktion beschriebenen Eigenschaften (variable Kosten und Umsatz) weiterhin Gültigkeit. Die Fixkostenfunktion ist submodular in den anderen Variablen, was beispielsweis zu der Hypothese führt, Zeitkonten seien eher in größeren Betrieben zu finden.

Somit ist gezeigt, dass in Betrieben, für die ein intertemporaler Arbeitszeittransfer praktikabel ist, die zugehörige Zielfunktion supermodular in den drei Variablengruppen (a) intertemporaler Arbeitszeittransfer, (b) weitere Entscheidungsvariablen des personalpolitischen Handlungsspektrums (z. B. Frühwarnsysteme) und (b) betriebliche Rahmenfaktoren wie etwa Nachfragesicherheit ist.

4.5.1 Nachweis der Systemexistenz

Anders formuliert lassen sich die im vorigen Abschnitt gewonnenen Ergebnisse auf den intertemporalen Zeittransfer übertragen, was bedeutet, dass Arbeitszeitkonten **Azk** und $(\mathbf{x}, \mathbf{r})$ ein komplementäres System bilden. Vor dem Hintergrund der Überlegungen zur Glaubwürdigkeit der Versicherungslösung und aufgrund des daraus ableitbaren Informationsbedürfnisses der Mitarbeiter bezüglich der Gütermarktrealisation sollte das innerbetriebliche IuK–System (im vorangehenden Kapitel definiert als **IKS**) Element von x sein. Nur dann sind Arbeitszeitkonten überhaupt praktikabel.

Es darf vermutet werden, dass IuK–Systeme de facto Fixkosten induzieren. Insofern korrespondiert dieses personalpolitische Instrument mit den in Gleichung (4.9) geforderten Kostencharakteristika. Der Supermodularitätsbeweis besitzt daher für das personalpolitische System **Azk–IKS** ebenfalls Gültigkeit. Das zuschlüsselbare personalpolitische Gleichgewicht sei mit $\mathsf{Adapt}_{\mathsf{htr}}$bezeichnet.

Die folgende Gleichung (4.12) nimmt den Zusammenhang formal auf:

$$\Pi[\mathbf{x}, \mathbf{r}, p, \mathbf{AzK}] \;=\; p \cdot Q[p, \mathbf{Azk}] \;-\; C_v[Q[.], \mathbf{Azk}] \;-\; K_f[\mathbf{IKS}, \mathbf{x}_{\backslash \mathbf{IKS}}, \mathbf{r}, \mathbf{Azk}] \quad .$$

Maximiert wird weiterhin die Zielfunktion Π. Der Nachweis der Komplementarität des personalpolitischen Systems $\mathsf{Adapt}_{\mathsf{htr}}$ kann direkt aus dem Beweis der Supermodularität des vorigen Abschnitts übernommen werden (Proposition 2). Das Instrumentenbündel in $\mathsf{Adapt}_{\mathsf{htr}}$ beinhaltet die beiden Elemente (i) intertemporaler Arbeitszeittransfer, der über den innerbetrieblichen Kredit– und Versicherungsmarkt für Arbeitszeit gesteuert wird, und (ii) institutionalisiertes Informations– und Kommunikationssystem, welches Mitarbeitern hinreichend Kenntnis über externe Schnittstellen (Güter– und Beschaffungsmarkt) und über interne Schnittstellen (Prozesskennzahlen) verschafft.

Das aus Kapitel 3 bekannte personalpolitische Initialsystem **Azk – IKS** wird somit durch die supermodulare Optimierung ebenfalls belegt. Da die Theorie der supermodularen Optimierung sogenannte minimal hinreichende Bedingungen für Komplementaritäten identifiziert, markiert $\mathsf{Adapt}_{\mathsf{htr}}$ die Reorganisation vom Taylor–

System (Basissystem) zum nächsthöheren personalpolitischen Gleichgewicht. Das System Adapt_{htr} lässt sich daher auch als Initialsystem bezeichnen. De facto ist hiermit ein übergeordnetes komplementäres System in $(\mathbf{IKS}, \mathbf{x}_{\setminus \mathbf{IKS}}, \mathbf{r}, \mathbf{Azk})$ nachgewiesen, woraus sich weitergehende Aussagen über die Rangordnung von Arbeitsorganisationsformen treffen lassen.

Diese Rangordnung wird durch die gleichgewichtigen personalpolitischen Systeme generiert und lässt sich aus zwei Perspektiven interpretieren: *Erstens* offenbart die Zeitpunktbetrachtung über alle Betriebe aufsteigende Gleichgewichte der Arbeitsorganisation im Aggregat. *Zweitens* erlaubt die Betrachtung eines (hypothetischen) Betriebs über die Zeit die Ableitung einer aufsteigenden Reorganisationsabfolge. Beide Perspektiven zielen dabei auf Gleichgewichtssprünge, die sich anhand der Rahmenbedingungen bemessen. Dabei ist es weder theoretisch noch empirisch ausgeschlossen, dass ein direkt benachbartes Gleichgewicht übersprungen wird. Voraussetzung ist allerdings, dass eine hinreichende Änderung der Rahmenbedingungen vorliegt und der Betrieb hiervon betroffen ist oder aber dass sich der betriebliche Handlungsspielraum entsprechend erweitert.[25]

4.5.2 Interpretation: Firmenspezifische Gleichgewichte

Wie sieht es nun mit den inhaltlichen Eigenschaften der im Zuge des Supermodularitätsbeweises ebenfalls belegten Eigenschaft der aufsteigenden Gleichgewichte aus? Diese Diskussion fokussiert entsprechend auf das Systemranking, sprich auf die Hierarchie der personalpolitischen Systeme, so wie am Ende des Kapitels 3 angesprochen. Formalanalytisch wird komparative Statik betrieben.

Zunächst ließe sich argumentieren, das allgemeine Kostenniveau für IT–Systeme sei gesunken, was — unter umgekehrtem Vorzeichen — einem Anstieg im Parameterraum r gleichkommt.

Diese Restriktionsverschiebung erweitert den Handlungsspielraum von x_1 beispielsweise auf innerbetriebliche Informations– und Kommunikationskomponenten, die entsprechende Systeme als weitere Komponente in einem höherwertigen personalpolitischen System sinnvoll machen. Auch beinhalten die genannten Entwicklungen im IT–Bereich Rückwirkungen auf die eingesetzte Produktionstechnologie, welche inzwischen mit erhöhten Flexibilitätsanforderungen zurechtkommt,

25 Ein Beispiel hierfür wäre die Entscheidungsbeteiligung von Mitarbeitern. Diese mag zwar aus idealtypischer Sicht äußerst sinnvoll sein, da sie diejenigen mit erweiterter Handlungsbefugnis versieht, die am besten informiert sind. Allerdings beruht dieser Vorteil darauf, dass die entsprechenden Mitarbeiter sich mit ihrer neuen Rolle anfreunden können. Diese neue Rolle korrespondiert mit einem erweiterten Aufgabenspektrum, das Anforderungen enthält, die gemäß traditioneller Rollenteilung in den Verantwortungsbereich der Unternehmensleitung fallen. Ist die Bereitschaft zur Übernahme von Verantwortung auf Mitarbeiterseite nicht vorhanden, so gehört das Instrument Entscheidungsbeteiligung dementsprechend (noch) nicht zum personalpolitischen Handlungsspielraum.

aber auch erhöhte Anforderungen an die Qualifikationsvielfalt des einzelnen Mitarbeiters stellt.

Insofern sind Förderung von *Multiskilling*, Gruppenarbeit, Nutzen von technologischen Komplementaritäten im Rahmen von Teamproduktion und *Multitasking* zusätzliche Komponenten aus x, die in einem höherwertigen komplementären personalpolitischen System zum Einsatz kommen sollten. Das soeben beschriebene System korrespondiert mit dem personalpolitischen Gleichgewicht, welches in der aufsteigenden Gleichgewichtshierarchie oberhalb des Initialsystems positioniert ist.

Die nächste Stufe in der aufsteigenden Ordnung beschreibt das übergeordnete personalpolitische System. Die korrespondierende Arbeitsorganisation fußt auf einer veränderten Mitarbeiterrolle. Aus arbeitsökonomischer Sicht verschiebt sich dabei die Grenze zwischen Unternehmertum und traditionellen Mitarbeiteraufgaben. Dieses korrespondiert mit einem Sprung im Restriktionsraum r, der sich auf die Mitarbeiterpräferenzen in Richtung abwechslungsreicher und verantwortungsvoller Tätigkeiten bezieht. Hiermit einher geht ein erweiterter Handlungsspielraum der Teams und die eigenständige Regelung der Zeitallokation durch die Mitglieder in den Teams. Wartungseingriffe sind ebenso Gegenstand des erweiterten Aufgabenspektrums wie prozessbegleitende Qualitätssteuerung. Dieses wird nicht zuletzt durch verbesserte Lerntechniken und den enormen Sprung in der Informationstechnologie markiert (Dokumentation, Analyse). Dieses ranghöchste System macht dabei lebenslanges Lernen notwendig.

4.6 Synopse der beiden konkurrierenden Ansätze

Der abschließende Abschnitt des Theorieteils ist dem Vergleich der Ergebnisse gewidmet, die unter Verwendung der alternativen Analyseinstrumentarien erzielt werden konnten. Er fasst in der gebotenen Kürze den Kern der in den konkurrierenden Ansätzen gewonnenen Resultate und Prognosen zusammen und leitet über zum empirischen Teil der Arbeit.

Insgesamt gelangen die Ansätze zu ganz ähnlichen Schlüssen hinsichtlich der Eigenschafte der personalpolitischen Systeme und hinsichtlich der Existenz einer Systemhierarchie. Diese Systemhierarchie lässt sich als aufsteigende Rangordnung personalpolitischer Gleichgewichte begreifen. Diese Rangordnung wird durch die marginalanalytische Unternehmenstheorie und durch die supermodulare Unternehmenstheorie gleichermaßen belegt. Die Position des jeweiligen personalpolitischen Systems und damit letztlich die Position des betrachteten Betriebs innerhalb der Rangordnung bestimmt sich anhand der Ausgefeiltheit — bzw. salopp formuliert: anhand des Umfangs — des abgestimmten Maßnahmenkatalogs.

Unternehmerische Gewinnmaximierung unterstellt, gilt auf Basis der Erkenntnis, dass es sich bei der Maximierung ganz allgemein um eine ordnungserhaltende Operation handelt, zudem Folgendes: Die durch das laut Verhaltensmaxime optimale personalpolitische System markierte Position innerhalb des Gleichgewichts*rankings* entspricht dem Rang innerhalb der Zielfunktionshierarchie. Der Term Zielfunktionshierarchie bezeichnet dabei die Menge der bedingten Zielfunktionsmaxima, gegeben die Komplementaritätsbeziehung.

In komplexen Umgebungen, d. h. z. B. in hochdimensionierten Optimierungsproblemen, ist die supermodulare Optimierung dem marginalanalytischen Vorgehen überlegen, da sich der eigentliche Komplementaritätsbeweis erheblich vereinfacht. In derartigen Umgebungen ist die Lösung unter Verwendung des marginalanalytischen Instrumentariums oftmals nicht bestimmbar. So ist es beispielsweise erforderlich, die Matrix der zweiten Ableitungen mittels numerischer Verfahren zu approximieren.

Die für eine exakte Berechnung erforderliche Detailkenntnis, ab wann beispielsweise die Reorganisation kostentragend ist, was dann der betrieblichen Praxis als Handlungsanweisung an die Hand gegeben werden könnte, ist aus beiden Theorieperspektiven heraus nicht vorhanden. Für den verbandstheoretischen Ansatz ließe sich dieser Punkt wie folgt formulieren: Zwar kann die Information bereitgestellt werden, ob ein komplementäres System besteht, und es können auch grundsätzliche Handlungsempfehlungen darüber gegeben werden, welche Instrumentenkombinationen gemeinsam variiert werden sollten. Allerdings muss das quantitative Maß der Variation von den Betrieben selbst herausgefunden werden.

Der Wert der supermodularen Unternehmenstheorie für die betriebliche Praxis besteht daher primär darin aufzuzeigen, welche Instrumente zueinander passen und welche Kombinationen vermieden werden sollten, was insgesamt Effizienzgewinne im Rahmen von Suchstrategien verspricht. Aufgrund der nur schwachen Anforderungen an die topologischen Eigenschaften der zugrunde liegenden Variablenräume und seiner allgemeinen Anwendbarkeit erlaubt der supermodulare Ansatz dabei die Ableitung minimaler hinreichender Bedingungen für die Existenz von Komplementaritäten (Topkis (1998, 121–124), Topkis (1978)). Insofern wird die Maßnahmenkombination **Azk–IKS** bzw. $\mathsf{Adapt}_{\mathsf{htr}}$ in der Tat als Startsystem belegt. Das Startsystem bezeichnet dabei das direkt oberhalb des Basis- bzw. Ausgangssystems $\mathsf{Taylor}_{\mathsf{base}}$ rangierende personalpolitische Gleichgewicht. Mengentheoretisch wird das Basissystem als Nullsystem bezeichnet.

Der Gesamtzusammenhang um die Gleichgewichtshierarchien wird im zweiten Teil der Arbeit überprüft. Dieser Teil beinhaltet die empirische Analyse personalpolitischer Systeme. Die entsprechenden Untersuchungen greifen auf einen Betriebspaneldatensatz zurück und beziehen darüber hinaus eine Mitarbeiterbefragung aus einem Betrieb des Verarbeitenden Gewerbes ein. Die aus den beiden theoretischen Kapiteln ableitbaren Hypothesen werden im nächsten Kapitel (Abschnitt 5.1) dargelegt.

Teil III

Empirischer Teil: Personalpolitische Systeme und Reorganisation in der unternehmerischen Praxis

Kapitel 5

Hypothesenbildung, verwendete Daten und Spezifikationsfragen

Dieses Kapitel dient der Vorbereitung der ökonometrischen Untersuchungen, die in Kapitel 6 vorgestellt werden. In diesem Sinne werden auch die Ergebnisse der hypothesengenerierenden multivariaten statistischen Verfahren verstanden, die sich in erster Linie auf die Zugehörigkeit eines Betriebs zu einem bestimmten personalpolitischen System beziehen. Die Resultate der Betriebstypenbildung gehen als (Vor–)Ergebnis in das hypothesenüberprüfende Untersuchungsprogramm des nächsten Kapitels ein.

Der Ablauf sieht dabei vor, zunächst näher auf das Hypothesengerüst einzugehen, das sich aus den theoretisch postulierten Zusammenhängen gewinnen lässt (Abschnitt 5.1). Anschließend werden die im Rahmen des empirischen Programms verwendeten Daten beschrieben (Abschnitt 5.2), wobei auch auf Informationen eingegangen wird, die aus externen Quellen zugeführt werden müssen (5.2.2). Mit Blick auf die komplementaritätsbewahrenden Eigenschaften der Maximierungsoperation und der daraus folgenden Messbarkeitsvereinfachung ist es sinnvoll, eine Vorauswahl der zu untersuchenden Betriebe zu treffen. Diese Vorauswahl besteht darin, die Wirkungsanalyse der komplementären Systeme auf solche Betriebe zu konzentrieren, denen die Gültigkeit der neoklassischen Verhaltensmaxime grundsätzlich unterstellt werden kann (Abschnitt 5.2.3). Hierauf wird zum Abschluss des Kapitelüberblicks noch etwas genauer Bezug genommen.

Die Generierung der in die Untersuchung aufgenommenen personalpolitischen Systemvariablen wird in Abschnitt 5.3 diskutiert. Diese Variablen operationalisieren letztlich die im Theorieteil entwickelten personalpolitischen Gleichgewichte, wenngleich der Gleichgewichtsbegriff bei der Messung empirischer Fakten nur sehr vorsichtig verwendet werden sollte. Abschnitt 5.4 nimmt Bezug auf zugrunde liegende Gütermarktcharakteristika und stellt ein Korrekturverfahren vor, das den Verzicht auf die in ökonometrischen Untersuchungen üblicherweise getroffene Annahme der homogenen Preissetzung bzw. den Verzicht auf die Annahme von Konkurrenzmärkten erlaubt. Verzerrungen, die aus einer Verletzung dieser Annahme resultieren, lassen sich durch Applikation des dort entwickelten Verfahrens, d. h. durch die Aufnahme zusätzlicher Instrumente in die empirischen Modellgleichungen, unterbinden.

Der abschließende Abschnitt 5.5 besitzt insgesamt Exkurscharakter und stellt in der gebotenen Kürze einen Datensatz vor, der sich explizit auf arbeitsangebotsseitige Faktoren konzentriert. Inhaltlich ist diese Datenquelle dem allgemeinen Argumentationsrahmen von Snower (1998) und Lindbeck und Snower (2000) zugeordnet und stellt den Versuch einer ersten Operationalisierung der Zusammenhänge um Mehrfachqualifikation, Humankapitalflexibilität und Mitarbeiterpräferenzen aus Mitarbeitersicht dar.

Diese Eingangsbemerkungen schließen mit einigen erläuternden Überlegungen darüber, warum es aus methodischer Sicht sinnvoll ist, die genannte Vorauswahl der Betriebe zu treffen. Diese Überlegungen gründen sich auf die Wahl der abhängigen Variablen im empirischen Untersuchungsdesign, was einige Anforderungen an die faktische Stringenz des unternehmerischen Optimierungskalküls impliziert.

Im vorangegangenen Kapitel wurde bewiesen, dass die Gewinnfunktion supermodular ist und, dass — die erfolgreiche Lösung des Optimierungsproblems vorausgesetzt — somit wohldefinierte personalpolitische Systeme existieren. Diese Systeme beschreiben eine aufsteigende Ordnung. Die Systemordnung verläuft parallel zur ansteigenden Ordnung, die über die noch in $(\mathbf{x},\mathbf{r})$ verbliebenen Variablen besteht, d. h über die übrigen Entscheidungsvariablen und Rahmenfaktoren. Beispielsweise sind die herkömmlichen Produktionsfaktoren Arbeit und Kapital Element von $\mathbf{x},\mathbf{r}$ und werden beispielsweise gemessen durch Firmengröße bzw. Anlagevermögen. Dabei begrenzt das aktuelle Niveau der Rahmenfaktoren das derzeit erreichbare personalpolitische Gleichgewichtsniveau.

Wie in Proposition 1 bewiesen, überträgt sich die Komplementaritätseigenschaft ebenfalls auf die Menge der Maximierungslösungen. Die inhaltliche Bedeutung dieser Eigenschaft der Maximierungsoperation sei anhand des folgenden stilisierten Beispiels illustriert: Angenommen, es existierten vier charakteristische personalpolitische Systeme, mithin vier theoretisch denkbare personalpolitische Gleichgewichte, die für das Unternehmen in Abhängigkeit der betrieblichen Rahmenfaktoren in Betracht kommen. Gemäß obiger Beweisführung besteht die Lösungsmenge ebenfalls aus vier Elementen, welche allesamt Gewinnmaxima benennen, oder formal:

$$\arg\max\{f[\mathbf{x},\mathbf{r}] \equiv \Pi[\mathbf{x},\mathbf{r},p,\mathbf{AzK}] : \mathbf{x},b \in D_{\mathbf{r}}\} = \{\pi^1,\pi^2,\pi^3,\pi^4\}.$$

Für die Identifikation eines Betriebes, d. h. für die Bestimmung seiner Position innerhalb des Lösungsraums $\arg\max$ ist es dabei unerheblich, ob die Position anhand der Ausprägung der Zielfunktion, anhand des personalpolitischen Systems oder aber anhand der übrigen Variablen(kombinationen) aus $\mathbf{x}, \mathbf{r}$ festgemacht wird. Die grundlegenden Eigenschaften der Maximierungslösungen (wachsende Differenzen, monotone komparative Statik) beschränken sich gerade nicht auf den Gewinn.

Vielmehr treffen diese Eigenschaften ganz analog für die anderen Variablen im Supermodularitätskontext zu und gelten dann ebenfalls für das klassische (nahezu theoriehistorische) Produktivitätsmaß *Output pro Kopf* (OpK). In einem Satz zusammengefasst gründet sich diese alternative Abbildungsoption für monotone komparative Statik darauf, dass die Folge der bedingten Gewinnmaxima supermodular in den beiden klassischen Inputfaktoren Arbeit und Kapital ist (und somit auch in der Notation, die auf Kapitalintensität und OpK rekurriert).

Bei der empirischen Untersuchung komplementärer Umgebungen kann es dabei durchaus sinnvoll sein, eine Reskalierung der formaltheoretischen Zielvariablen *Gewinn* vorzunehmen, wenn daraus eine grundsätzliche Vereinfachung des empirischen Designs resultiert. Zulässig ist ein derartiges Vorgehen selbstverständlich nur dann, wenn es ohne Einfluss auf die Komplementaritätscharakteristika bleibt. Erste Voraussetzung hierfür, d. h. für die Übertragbarkeit der Wachsenden–Differenzen–Argumentation z. B. auf das alternative Zielmaß OpK , ist, dass — salopp gesprochen — auf die Menge der Gewinnmaxima fokussiert wird. Letztlich setzt dies nichts anderes voraus als die Erfüllung des Maximierungskalküls durch die in die Untersuchung einbezogenen Unternehmen.

Hierauf gründet sich die vorgenommene Beschränkung auf die Gruppe der gewinnmaximierenden Betriebe, wobei die grundsätzliche Abfolge der Argumente kurz skizziert sei: Der Gewinn lässt sich nicht messen, so dass dieses Zielmaß als endogene Variable ausscheidet. Demgegenüber steht das klassische Effizienzmaß OpK (bzw. eine hierzu äquivalente Formulierung) zur Verfügung. Dessen Anwendbarkeit beruht allerdings auf der Stringenz des Maximierungskalküls, was für den Augenblick unterstellt sei. Dann entspricht der Beobachtungsraum, auf den sich das empirische Untersuchungsprogramm konzentriert, — formal gesprochen — $\arg\max\{\Pi[\cdot], \text{gegeben die allgemeinen Rahmenfaktoren}\}$.

Unter dieser Voraussetzung kann OpK dem Beleg der theoretisch postulierten Existenz personalpolitischer Systeme dienen und lässt sich insbesondere auch zur Untermauerung der produktivitätsfördernden Effekte heranziehen, wobei letztere wegen der Supermodularität mit höherer Position des personalpolitischen Systems in der Systemhierarchie überproportional zunehmen. Die Wirkungsanalyse folgt genau dem skizzierten Vorgehen und demzufolge wird die verwendete Stichprobe auf solche Betriebe eingegrenzt, für die sich das konsequente Verfolgen des neoklassischen Optimierungskalküls plausibel unterstellt werden kann.

Zu den einführenden Erläuterungen und zur Positionierung des vorliegenden Kapitels im Gesamtzusammenhang der Arbeit sollen diese Ausführungen genügen. Die nun folgenden Abschnitte beschäftigen sich im Detail mit den untersuchungsvorbereitenden Schritten.

5.1 Hypothesen: Personalpolitische Systeme in der Praxis und Firmeneffizienz

Der theoretische Teil konnte zeigen, dass sich Verbundeffekte in der betrieblichen Personalpolitik grundsätzlich belegen lassen, wenn bestimmte Rahmenfaktoren erfüllt sind, die sich ganz allgemein den Bereichen Kostenstruktur im IuK-Bereich, Lernsynergien/Wissenstransfer & Technologieflexibilität sowie Nachfrageschwankungen zuordnen lassen. Aus der Existenz von Verbundeffekten zwischen ganz bestimmten Einzelinstrumenten des personalpolitischen Handlungsspektrums ergibt sich dann unmittelbar die Vorteilhaftigkeit der gleichgerichteten Variation und somit die Existenz personalpolitischer Systeme in der Praxis.

Dieses Ergebnis wurde durchgängig belegt, womit gemeint ist, dass es sich unabhängig von dem zu Rate gezogenen formalanalytischen Ansatz einstellt. Insofern ließe sich argumentieren, für den grundsätzlichen Nachweis von Komplementaritäten sei es unerheblich, ob auf das formale Rüstzeug der mikroökonomischen Theorie zurückgegriffen wird oder aber auf das methodisch verallgemeinerte verbandstheoretische Instrumentarium.

Die folgenden beiden Unterabschnitte gehen genauer auf das aus dem Theorieteil ableitbare Hypothesengerüst ein. Der Schwerpunkt liegt dabei auf dem integrierenden Abschnitt 5.1.2, auf dem das empirische Arbeitsprogramm im Wesentlichen aufbaut. Demgegenüber skizziert der direkt anschließende Abschnitt 5.1.1 die wesentliche Differenz, die sich mit Blick auf die Hypothesengenerierung zwischen beiden Analyseinstrumentarien zeigt. Diese Differenz besteht bezüglich der prognostizierten Systemrangfolge, betrifft dabei im Prinzip jedoch nicht die Reihenfolge der personalpolitischen Systeme innerhalb der Ordnung. Vielmehr geht es um die Eignung des jeweiligen Instrumentariums, die entsprechende Hierarchie aus der formaltheoretischen Argumentation heraus zu postulieren.

5.1.1 Charakteristische Systeme im Licht alternativer Analyseinstrumentarien

Die logische Struktur des Entscheidungsproblems stellt explizit auf diskrete Systemübergänge ab, ist demnach auf diskrete Umgebungen zugespitzt. Insofern erscheint die Anwendung des marginalanalytischen Verfahrens, welches streng formaltheoretisch auf die Untersuchung von ε-Umgebungen abstellt, sprich auf infinitesimale Variation ausgerichtet ist, nicht unbedingt als das Instrumentarium der Wahl.

Gleichwohl sind die hiermit erzielten Ergebnisse denen sehr ähnlich, die unter Verwendung des adäquaten diskreten Verfahrens gewonnen werden. Insgesamt scheint es so, als ob die — unzulässigerweise getroffene — Annahme der (zweifachen) stetigen Differenzierbarkeit der Zielfunktion keine verfälschenden Effekte beinhaltet, die zu einem Kippen der Komplementaritätsresultate führen. Anders formuliert: Das durch die beiden konkurrierenden Ansätze nahegelegte Hypothesengerüst unterscheidet sich in den Grundzügen nicht merklich. Mit Grundzügen ist hier die (Ko)Existenz alternativer personalpolitischer Systeme gemeint, welche sich anhand des praktizierten personalpolitischen Maßnahmenbündels voneinander abgrenzen und die in entscheidendem Maße durch die derzeitige Kombination der betrieblichen Rahmenfaktoren determiniert werden.

Die Grundhypothese zur Existenz und damit zur empirischen Evidenz voneinander abweichender personalpolitischer Systeme, die in sich konsistent sind, ist demnach in beiden Analyseansätzen gleichermaßen gültig. Hinsichtlich der Erkenntnisse über die potentielle Systemhierarchie, die sich an der Ausprägung der korrespondierenden Gewinnmaxima ablesen lässt, gilt diese Übereinstimmung jedoch nicht. Grob skizziert beruht das durch die Marginalanalyse gezeichnete Bild auf dem Vergleich zweier Polarklassifikationen, von denen sich eine realisiert, je nachdem ob bestimmte Schwellenwerte bei den Rahmenfaktoren über– oder unterschritten werden.

So fußen die Ergebnisse, die mit Hilfe des marginalanalytischen Ansatzes hergeleitet wurden, bei Lindbeck und Snower (2000) auf der Polarklassifikation *holistische* vs. *tayloristische* Arbeitsorganisation, und bei Carstensen (2000) wird der Polarfall *wechselseitige Versicherung in nachverhandlungsstabilen Arbeitszeitkonten* vs. *Effizienzlohnmodell ohne Adaption* diskutiert. Will man nun diese nebeneinander entwickelten Polarvarianten in einen intergrierten Ansatz überführen, für den dann eine gemeinsame Hypothesengenerierung vorgenommen wird, so stellt man schnell fest, dass sich basierend auf dem mikroökonomischen Ansatz lediglich Plausibilitätsvermutungen über die Rangordnung der personalpolitischen Systeme anstellen lassen.

Demgegenüber erlaubt der verbandstheoretisch fundierte Ansatz insgesamt die Ableitung minimal hinreichender Bedingungen für die Existenz komplementärer Bedingungen, so dass sich die Komponenten eines personalpolitischen Startsystems identifizieren lassen. Im diskutierten Anwendungsbeispiel (Abschnitt 4.5.1, Seite 133) war dies der nachfrageimitierende, intertemporale Zeittransfer in Arbeitszeitkonten, der mit geeigneten Informationen über die Gütermarktschnittstelle des Betriebs zu kombinieren war. Die theoretische Systembezeichnung lautete

AzK&IKS. In weitergehenden Überlegungen konnte dann die Rangordnung über die existierenden personalpolitischen Systeme aufgezeigt werden, was zur gleichen Rangfolge führte wie die aus den mikroökonomisch fundierten Modellen heraus angestellten Plausibilitätsüberlegungen.

5.1.2 Koexistenz personalpolitischer Systeme und Systemhierarchie

Die vergleichende Betrachtung der beiden analytischen Ansätze, die in Abschnitt 4.6 des vorigen Kapitels durchgeführt wurde, hat bereits darauf hingewiesen, dass der mikrofundierte Ansatz und der verbandstheoretisch fundierte Ansatz zu vergleichbaren Prognosen hinsichtlich der Existenz divergenter personalpolitischer Gleichgewichte kommen.

Ganz Ähnliches lässt sich für die angestrebten Hypothesen hinsichtlich der Firmeneffizienz gewinnen. Wenn man sich dazu entschließt, die Flexibilitätsvariante (vgl. Carstensen (2000)) und die *Multitasking*variante (vgl. Lindbeck und Snower (2000)) als Bestandteile eines integrierten Modells aufzufassen, so lässt sich auf eine wohldefinierte Rangordnung zwischen diesen Gleichgewichten personalpolitischer Systeme schließen. Dazu berücksichtigt man, dass im Zuge der supermodularen Optimierung ein komplementäres personalpolitisches System nachgewiesen wurde, das inhaltlich der Flexibilitätsvariante äquivalent ist (vgl. **AzK – IKS**). Berücksichtigt man zudem, dass das System ohne Anpassung de facto dem personalpolitischen System entspricht, welches mit dem Begriff TAYLOR SYSTEM belegt wurde, so hat man die Gleichgewichtshierarchie bezüglich der Zielfunktion (Gewinn, Produktivität) über die konkurrierenden mikroökonomisch fundierten Ansätze etabliert. Da jedes Gleichgewicht mit einem ganz bestimmten personalpolitischen System in Verbindung steht, entspricht diese Rangordnung der Rangordnung über die personalpolitischen Gleichgewichte, welche im Zuge der supermodularen Optimierung abgeleitet wurde. Die zugehörige Abfolge lautet in aufsteigender Ordnung: (i) Taylor, (ii) wechselseitige Versicherung, (iii) holistisch.

Bislang wurden die vier Ausdrücke a) "Eigenschaften der Lösung des Optimierungsproblems unter Nebenbedingenungen", b) "wohldefiniertes personalpolitisches System", c) "wohlabgestimmter Maßnahmenkatalog" sowie d) (personalpolitisches) "Gleichgewicht" synomym verwendet, was den idealtypischen Vorstellungen der Theorie durchaus gerecht wird. Mit Blick auf den Übergang zur betrieblichen Praxis und der damit verbundenen Abkehr von idealtypischen, stilisierten Modellen wird der Gleichgewichtsbegriff im Folgenden nicht weiterverwendet. Vielmehr wird die Konzentration auf der Umschreibung "personalpolitisches System" bzw. "Betriebstyp" liegen.

Da sich die Ergebnisse aus den konkurrierenden theoretischen Ansätzen unter eine gemeinsame inhaltliche Klammer fassen lassen, ist es insgesamt sinnvoll, ein übergeordnetes Hypothesengerüst zu formulieren. Diesem Gerüst liegen die folgenden Argumente zugrunde:

- Es lassen sich nebeneinander existierende personalpolitische Systeme nachweisen, welche sich anhand der gewählten Arbeitsorganisation, d. h. anhand des personalpolitischen Maßnahmenkatalogs, identifizieren lassen. Eine Momentaufnahme des Betriebsaggregats offenbart daher die Koexistenz verschiedener Systeme, deren Eigenschaften (jeweilige Zusammenstellung der verfügbaren Einzelinstrumente) voneinander abweichen. Die Kombination der personalpolitischen Handlungsalternativen innerhalb eines Betriebstyps ist wohlbestimmt: Sie repräsentiert jeweils die den derzeitigen betrieblichen Rahmenfaktoren angemessene kohärente Maßnahmenkombination.
- Die Systeme selbst beschreiben eine ansteigende Ordnung, was Niveau und Ausgefeiltheit des abgestimmten Maßnahmenkatalogs anbelangt, welcher sich aus den personalpolitischen Einzelinstrumenten zusammensetzt. Hier steht zu vermuten, dass sich drei bzw. vier personalpolitische Systeme beobachten lassen. Drei Systeme lassen sich abgrenzen, wenn lediglich eine holistische Variante vorkommt. Demgegenüber basiert die Beobachtung von vier Systemen auf der Existenz zweier holistischer Varianten. Diese Varianten grenzen sich anhand des von Lindbeck und Snower (2000) genannten betrieblichen Rahmenfaktorengerüsts ab (1. Verfügbarkeit flexibler Fertigungstechnologien, 2. Entwicklung moderne IuK–Technologien, 3. allgemeine Bildungsstandards und 4. Mitarbeiterpräferenzen bezüglich der Aufgabenvielfalt, vgl. auch die Erörterungen auf Seite 29). Die breite Gültigkeit der ersten Punkte dürfte unstrittig sein. Inwieweit sich allerdings von einer allgemeinen Umkehr der Mitarbeiterpräferenzen und einer entsprechenden Umsetzung in der betrieblichen Praxis sprechen lässt, ist offen.

  Sind stets – d. h. für jeden holistischen Betrieb — sämtliche der von LS angeführten geänderten Rahmenfaktoren zutreffend, so existiert nur eine holistische Variante. Lässt sich demgegenüber zwischen zwei Betriebsgruppen trennen, die sich anhand des Merkmals Mitarbeiterpräferenz hinsichtlich Aufgabenvielfalt und Abwechslungsreichtum unterscheiden,[1] so ist zu erwarten, dass sich vier personalpolitische Systeme mit zwei holistischen Varianten belegen lassen. Stark vergröbernd sei hier von einer auf Fertigungssynergien

1 Dieser Aspekt dürfte sich in der betrieblichen Praxis in einer ganzen Reihe unterschiedlicher Phänomene äußern. Wichtig ist hier sicherlich der Bereich der materiellen und immateriellen Beteiligung von Mitarbeitern und Management. Die innerbetriebliche Etablierung solcher Beteiligungssysteme und der sie unterstützenden Informationsmedien ließe sich plastisch als Schritt in der Entwicklung vom Mit*arbeiter* zum Mit*unternehmer* beschreiben. Andere Bereiche wie etwa der Wunsch nach wechselnden Einsatzstandorten oder Job Rotation bei Gruppenarbeit, aber auch intertemporale Flexibilität in Arbeitzeitkonten bilden weitere wichtige Anknüpfpunkte.

(technologischen Komplementaritäten) und Teameffekten basierten holistischen Variante 1 sowie von einer auf Präferenzen und informellen Komplementaritäten basierenden holistischen Variante 2 gesprochen. Die beiden holistischen Varianten bilden die Spitze der System– bzw. Typenhierarchie, wobei das personalpolitische System mit Präferenzen für Aufgabenvielfalt dann das ranghöchste System repräsentiert, wenn ebenfalls technologische Komplementaritäten zum Tragen kommen.

- Es lässt sich ein sogenanntes Null– oder Basissystem ausmachen, welches den niedrigsten Rang einnimmt.

  Dieses Nullsystem zeichnet sich u. a. durch mangelnde innerbetriebliche Flexibilisierungsstrategien, durch das Fehlen geeigneter Maßnahmen der Anpass– und Upgrade–Qualifizierung, durch Ausspezialisierung und enge Aufgabenabgrenzung des Einzelnen, durch minderen Entscheidungsspielraum der Mitarbeiter sowie durch eine in allererster Linie auf objektiven Leistungsmaßen basierende pekuniäre Anreizsteuerung aus. Zur Bezeichnung dieses Nullsystems wird die Terminologie gemäß der Polarklassifizierung von Lindbeck und Snower (2000) übernommen: TAYLOR SYSTEM.

- Die im Unternehmensaggregat koexistierenden (multiplen) Betriebstypen beschreiben eine Rangordnung hinsichtlich der Arbeitsproduktivität. Die geringste Arbeitsproduktivität korrespondiert dabei mit dem Nullsystem.

- Wird ausgehend vom TAYLOR SYSTEM auf die Reorganisation fokussiert, d. h. auf den Wechsel zwischen unterschiedlichen personalpolitischen Systemen, und damit auf den Gleichgewichtswechsel, so wird stets der — unter den gegebenen Umweltänderungen — größtmögliche Schritt vorgenommen. Werden die betrieblichen Rahmenbedingungen durch (transitorische) Nachfrageschwankungen auf dem Gütermarkt bzw. durch (reversible) Flexibilisierungserfordernisse dominiert, so beinhaltet effiziente Reorganisation den Übergang zu einer Arbeitsorganisation, die die beiden folgenden Charakteristika besitzt:

  Intertemporale Zeittransfers (Kontenmodell) & gezielte Mitarbeiterinformation über die Gütermarktbedingungen (Evaluierung der Kreditnahme). Insofern markiert dieses personalpolitische System ein Initialsystem moderner Prägung, mithin den ersten Schritt in einer potentiellen Reorganisationspyramide. Es verspricht den höchsten Effekt, der mittels einer Zwei–Instrumente–Strategie zu erzielen ist.

- Noch ungeklärt ist der Zusammenhang zwischen den diskutierten Präferenzänderungen hinsichtlich der Aufgabenvielfalt auf Seiten derjenigen Mitarbeiter, die bereits seit einiger Zeit im Unternehmen beschäftigt sind. Da nicht vermutet werden kann, dass es zu faktischen Anpassungen im betrieblichen Entgeltniveau kommt (so wie sich dies für potentielle Neueinstellungen begründen ließe), gilt es hier, alternativen Wirkungsmechanismen nachzugehen.

Eine wohlwollende Haltung der Mitarbeiter gegenüber Maßnahmen wie *Job Enrichment* und *Job Enlargement* wäre eine denkbare Richtung. Die erhöhte Bereitschaft zu funktionaler und räumlicher Mobilität sowie zum Aufbau von entgeltunabhängigem *Multiskilling* markieren weitere mögliche Wirkungskanäle, aus denen sich in einem zweiten Schritt Produktivitätswirkungen ableiten ließen.

Aus diesen Argumenten lassen sich empirisch überprüfbare Hypothesen ableiten:

H1 In der betrieblichen Praxis koexistieren vier abgrenzbare personalpolitische Systeme:

1. tayloristisches personalpolitisches System ($Taylor_{base}$),
2. personalpolitisches System der wechselseitigen Versicherung zwischen Unternehmen und Mitarbeiter (Adaptionssystem, $Adapt_{htr}$),
3. holistisches, technisch basiertes personalpolitisches System (technologische Komplementaritäten und Teameffekte, $Holist_{tec}$),
4. holistisches, mitarbeiterzentriertes personalpolitisches System (Mitarbeiterpräferenzen und Wissenstransfer, $Holist_{lsy}$).

H2 Die Systeme folgen einer Rangordnung, die hinsichtlich der Ausgereiftheit des personalpolitischen Maßnahmenkatalogs besteht.

H3 Die aufsteigende Rangfolge der vier personalpolitischen Systeme lautet wie folgt: $Taylor_{base}$, $Adapt_{htr}$, $Holist_{tec}$, $Holist_{lsy}$.

H4 Dieselbe Rangordnung besteht über die Arbeitsproduktivität.

H5 Die produktivitätsfördernden Effekte charakteristischer Subsysteme nehmen mit wachsender Position des personalpolitischen Systems zu: Der *Multitasking*effekt ist für $Adapt_{htr}$ höher als für $Taylor_{base}$, für $Holist_{tec}$ höher als für $Adapt_{htr}$, ...

H6 Gleiches gilt für die mit den jeweiligen personalpolitischen Systemen einhergehenden faktorgebundenen und faktorungebundenen Produktivitätswirkungen.

H7 Der kumulierte Anteil der Systeme $\text{Holist}_{\text{lsy}}$, $\text{Holist}_{\text{tec}}$ und $\text{Adapt}_{\text{htr}}$ sollte aufgrund der veränderten Rahmenbedingungen deutlich über 50 % liegen.

Den Hypothesen wird im empirischen Teil des Vorhabens nachgegangen (Kapitel 6). Dort findet sich eine detaillierte Überprüfung der Komplementaritätsphänomene. Die Systeminzidenz (**H1** bis **H3** und **H7**) wird in Abschnitt 6.1 thematisiert. Zunehmende Reorganisationseffekte (**H5**) werden in 6.2.2 angegangen. Abschließend geht es um den Nachweis der Eigenschaft, die im Theorieteil als aufsteigende Gleichgewichte bezeichnet wurde (**H4**, **H6**), der in erweiterten Produktionsfunktionen vorgenommen wird. Rein formal wird der Ordnung über die Elemente der Menge der Maximierungslösungen in 6.2.3 nachgegangen, wobei sowohl faktorungebundene als auch faktorgebundene Effizienzwirkungen modelliert werden.

5.2 Datengrundlage: Das Hannoveraner Firmenpanel

Die empirischen Untersuchungen beruhen im Wesentlichen auf einem Betriebspaneldatensatz. Es handelt sich dabei um das *Hannoveraner Firmenpanel* (Brand, Carstensen, Gerlach und Klodt (1998)). Bei der Konzipierung dieser kombinierten Längsschnitt- und Querschnitterhebung wurden seinerzeit neue Wege gegangen. Insgesamt standen Vorbereitung, Feldarbeit, Konsistenzprüfung sowie Datenediting im Rang eines Forschungsprojektes, das darüber hinaus erste Auswertungsarbeiten beinhaltete.

Einerseits wurde für die operative Feldarbeit, die Dateneingabe und das nachfolgende Datenediting mit Infratest (München) ein Befragungsinstitut beauftragt, das über langjährige Erfahrungen im Umgang mit Betriebsbefragungen verfügt. Zudem besitzt das Institut eine anerkannte Reputation. Andererseits wurde das Variablenprogramm, aus dem sich letztlich das Fragenprogramm konstituiert, im Rahmen des Forschungsprojektes selbst gewonnen. Das zugehörige Grundkonzept sei im folgenden Unterabschnitt grob skizziert.

5.2.1 Das Grundkonzept

Dem Aufbau des *Hannoveraner Firmenpanels* liegt die grundsätzliche Auffassung zugrunde, die empirische Erforschung bislang ungeklärter Phänomene und sogenannter stilisierter Fakten solle zum einen möglichst mit Hilfe quantitativer Verfahren erfolgen. Zum anderen wird es als sinnvoll erachtet, die mit der Auswertung befassten Personen ebenfalls aktiv in den Prozess der Datengenerierung einzubinden. Schließlich geht es um die Überprüfung der im idealtypischen Ablaufschema *Beobachtung interessanter Phänomene/ empirische Evidenz/ stilisierte Fakten* —

Entwicklung ökonomisch theoretischer Erklärungsansätze — Hypothesengenerierung — Erstellung des Variablen- bzw. Fragenprogramms — systematische Konfrontation mit der empirischen Realität (Datenquellen) — Beurteilung/ ggf. Falsifizierung des theoretischen Modells — ggf. Anpassung der theoretischen Argumentation und/oder Fortentwicklung der empirischen Spezifikation — ggf. neuerliche Konfrontation des angepassten Modells usw. aufgestellten Wirkungshypothesen mit geeigneten quantitativen Methoden.

An der Konzipierung der Erhebung waren Wissenschaftler aus unterschiedlichen Teildisziplinen der Wirtschaftswissenschaften beteiligt. Auch konnten Wirtschaftsgeografen für eine Mitarbeit gewonnen werden. Mit der Befragung wurde ein angesehenes Erhebungsinstitut beauftragt, wobei die Federführung des Projekts auf Seiten der Wissenschaftler lag. Um eine hohe Datenqualität sicherzustellen, wurde das Erhebungsprogramm über den Panel–Zeithorizont in jährlichen Abständen Pretests unterzogen. Deren primäres Ziel waren Validitäts- und Reliabilitätsprüfungen. Integrale Elemente der Erhebungsmethode waren zudem die Konstanz des Interviewers und der befragten Person im Betrieb sowie eine enge Zusammenarbeit zwischen der Forschungsinstitution und dem Befragungsinstitut. Nach Abschluss der eigentlichen Erhebungsarbeiten jeder Welle wurde der Datensatz umfangreichen Konsistenzprüfungen unterzogen. Diese bezogen sich stets auf Niveau und Wachstumsraten der Variablen. Im Zweifelsfall wurden unlogische Angaben durch telefonische Rückfragen bei den Betrieben geklärt. In den allermeisten Fällen handelte es sich um Berichtsfehler, die korrigiert werden konnten.

Die folgenden Ausführungen geben in aller Kürze Aufschluss über das Erhebungsdesign und die Stichprobenausschöpfung. Die Stichprobe hat einen Umfang von 1025 Betrieben[2]. Aus den Jahren 1994, 1995, 1996 und 1997 stehen für Querschnittsauswertungen maximal 1025, 849, 721 und 711 Fälle zur Verfügung. Panelschätzungen, die sich auf den Gesamtzeitraum von vier Jahren beziehen, können auf 625 Betriebe zurückgreifen.[3] Damit konnten über 60 Prozent Panelfälle realisiert werden. Von den Ausfällen wurden 70 Betriebe geschlossen oder produzierten nicht mehr, insgesamt 181 Betriebe verweigerten ihre Teilnahme grundsätzlich, d.h. waren auch nicht mehr bereit, an Folgewellen teilzunehmen. Die übrigen Ausfälle betrafen andere Gründe (vgl. Infratest (1998)). Die Antwortquote zwischen jeweils zwei Befragungswellen lag im Intervall von 78 bis 84 Prozent, der Anteil systematischer Ausfälle jeweils betrug zwischen 14 und 20 Prozent. Der Ausfallprozess variiert mit keinem der beiden Schichtungskriterien (Betriebsgröße, Sektoren) systematisch.

---

2 Hinzu kommen 6 Betriebe, die aus Stichprobenbetrieben ausgegründet wurden und ab der dritten Welle ebenfalls befragt wurden.

3 Die durchgeführten Schätzungen enthalten in aller Regel weniger Fälle, da die allermeisten Fragen item–non–response aufweisen.

Die inhaltliche Konzeption der Befragung folgt einer zweigeteilten Vorgehensweise. Neben einem Kernbereich von viermal erhobenen "echten" Panelfragen wurden zwei alternierende Schwerpunktbereiche gebildet, die in jeweils zwei Wellen im Erhebungsprogramm enthalten sind. Gegenstand der Wellen 1 und 3 war das Schwerpunktthema *Arbeitsmarkt und Beschäftigung*, Gegenstand der Wellen 2 und 4 das Schwerpunktthema *Internationale Produktion, Markt– und Innovationsdynamik*. Die Informationen zu den verschiedenen Elementen des personalpolitischen Systems sind vorwiegend dem ersten Schwerpunkt zu entnehmen. Dabei liegen Angaben zu den Gebieten Flexibilisierung und Zeitmanagement, Information und Kommunikation, Weiterbildung, Gruppenarbeit sowie Entscheidungsbeteiligung in umfangreicher Form vor. Teile des Erhebungsprogramms aus dem zweiten Schwerpunkt sind unter Restriktionsaspekten von Interesse: Informationen zu Forschungsaktivitäten, Kooperation und Innovation, aber auch zu Globalisierung und geografischer Diversifikation der Absatzmärkte können integriert werden.

Die Teile des Variablenprogramms sowie eine Reihe neu generierter Variablen, die Eingang in das empirische Untersuchungsprogramm finden, sind ausführlich in Anhang C erläutert. Auf den Abdruck des Fragebogens wird aber verzichtet, er kann auf Anfrage vom Institut für Quantitative Wirtschaftsforschung am Fachbereich Wirtschaftswissenschaften der Universität Hannover bezogen werden.

Bei einer Beurteilung des Variablenprogramms ist zu beachten, dass von vornherein auf die Erhebung bestimmter Variablen verzichtet wurde. Diese auf den ersten Blick widersprüchliche Vorgehensweise verfolgt das Ziel, eine möglichst hohe Rücklauf- und Wiederholungsquote bei der Befragung zu erreichen. In erster Linie ist hiervon der Kapitalbereich betroffen: Angaben zum Kapitalstock bzw. Informationen über die Höhe von Sachinvestitionen wurden aus Gründen nicht zum Gegenstand des Befragungsprogramms gemacht, die sich unter den Begriff *zu befürchtende Panelmortalität* fassen lassen. Demzufolge müssen Spezifikationen, die beispielsweise den Inputfaktor Kapital beinhalten, diese Information aus geeigneten alternativen Informationsquellen zuspielen. Solche Spezifikationen besitzen im empirischen Untersuchungsprogramm der vorliegenden Arbeit eine große Bedeutung, so dass Kapital entsprechend imputiert wurde. Im Speziellen erfolgte dieses auf Branchenebene, wobei frei verfügbare externe Datenquellen genutzt wurden. Der nun folgende Abschnitt beschreibt dieses Vorgehen im Detail.

5.2.2 Zuspielung erhebungsexterner Informationen

Ein wesentliches Ziel der Befragung bestand in der Realisierung einer zufriedenstellenden Ausschöpfung der Stichprobe und darin, die generelle Antwortverweigerung so gering wie möglich zu halten. Aus diesem Grund wurde auf die Erhebung von Kapital — mit einer Ausnahme — vollständig verzichtet. Diese Ausnahme sei im Folgenden kurz vertieft, um zu verdeutlichen, dass die Nichtbeantwortung von Kapitalvariablen ein ernstzunehmendes Problem ist. In Welle 2 wurde explizit um eine Angabe zu den *Investitionen für neue Verfahren* gebeten, und zwar gemessen an den Bruttoanlageinvestitionen.

Diese Größe wurde genau einmal erhoben und ist somit als reine Querschnittinformation vorhanden. Ihr Non–response–Anteil liegt bei 36 Prozent. Aufgrund der vorgeschalteten Filterführung steht diese Information faktisch allerdings lediglich für ein Zehntel der in Welle 1 befragten Betriebe zur Verfügung. Hieraus sollte deutlich geworden sein, dass es äußerst kritisch ist, in freiwilligen Befragungen, für die zudem Wiederholungsbefragungen angestrebt sind, explizite Angaben zum Kapital zu erbitten. Hier bieten sich eher Fragen nach der Modernität des Maschinenparks o. ä. an.

Für den spezifischen Untersuchungsgegenstand, der in der vorliegenden Arbeit betrachtet wird, haben die erläuterten Umstände im Bereich Kapital erhebliche Konsequenzen. Bei der Untersuchung der aufsteigenden Gleichgewichte, die im Zuge der theoretischen Überlegungen zu personalpolitischen Systemen postuliert wurden, kann auf den Produktionsfaktor Kapital im Prinzip nicht verzichtet werden. Insofern sind quantitative Kapitalangaben unerlässlich.

Im Detail rekurriert die empirische Überprüfung der Produktivitätseigenschaften auf erweiterte Produktionsfunktionen, die den Faktor Kapital als einen wichtigen Produktionsfaktor beinhalten. Aufgrund der Rolle des Kapitals ist hier ein Ausweg aus der Datenlage im *Hannoveraner Firmenpanel* zu finden, der in der vorliegenden Arbeit dem folgendem Prozedere entspricht: Der Kapitalstock wird aus anderen Datenquellen imputiert. Diese Datenquellen sind anonymer Natur, so dass datenschutzrechtlich keine Bedenken gegen das Zusammenfügen der Datensätze bestehen. Im Speziellen wird auf die Reihe der statistischen Sonderveröffentlichungen der Bundesbank zurückgegriffen (Bundesbank (1999)).

Diese Informationsquelle beinhaltet zum einen die Wirtschaftszweigklassifikation (WZ 79), die der in Welle 1 des Firmenpanels gewählten Klassifikation am besten entspricht. Zum anderen werden die entsprechenden Kapitalgrößen des Jahres 1994 sowohl gemäß WZ 93 als auch gemäß WZ 79 ausgewiesen (Statistisches Bundesamt (1993)). Durch den doppelten Ausweis lässt sich die Umstellung der Wirtschaftszweigklassifikation, die in Anlehnung an EU–Richtlinien erfolgte (vgl. Bald-Herbel und Herbel (1995), Nowack und Weisbrod (1995)), im empirischen Untersuchungdesign adäquat berücksichtigen. Der Zeitpunkt der Umstellung fällt in den Zeithorizont des Firmenpanels, so dass zur Berechnung der Wachstumsrate zwischen 1994 und 1993 die Abgrenzung WZ 79 herangezogen wird, während alle Folgejahre auf WZ 93 beruhen (und dementsprechend auf dem Güterverzeichnis für Produktionsstatistiken (GP 95), Statistisches Bundesamt (1994)).

Basierend auf den genannten externen Informationsquellen wurde die Kapitalvariable für jeden Betrieb anhand der Branchenkennzahlen und auf Basis seines individuellen Umsatzes berechnet. So stehen schließlich für jeden Betrieb in jedem Befragungsjahr quantitative Angaben zu Umsatz, Beschäftigung, Material und Kapital zur Verfügung. Allerdings ist darauf hinzuweisen, dass es sich um eine Proxyvariable handelt, die dementsprechend mit Messfehlern behaftet ist. Die deskriptive Statistik der Kapitalvariablen ist Tabelle 5.1 zu entnehmen. Es werden logarithmierte Werte ausgewiesen, da diese Maßeinheit in den emprischen Schätzungen verwendet wird. Die Tabelle gibt somit Auskunft über den logarithmierten Kapitalstock des Bezugsjahres sowie über die ersten Logdifferenzen dieser Niveaugröße (z. B. $\mathcal{G}96$). Letzterer Wert approximiert dabei die jährliche Wachstumsrate des Kapitalstocks, soweit diese nicht zu hoch ausfällt.

Tabelle 5.1: Inputfaktor Kapital (in DM, logarithmierte Größen)

Branche ↓	**1993**	**1994**	**1995**	**1996**	$\mathcal{G}94$	$\mathcal{G}95$	$\mathcal{G}96$
Gesamtstichprobe	*14.73*	*14.69*	*14.68*	*14.65*	*-0.043*	*-0.007*	*-0.004*
(Std.–Abw.)	(1.58)	(1.57)	(1.53)	(1.56)	(0.36)	(0.31)	(0.25)
Fallzahl	870	756	656	642	684	603	563
Steine & Erden	15.25	15.08	14.99	14.95	-0.019	0.073	0.019
(Std.–Abw.)	(1.23)	(1.22)	(1.53)	(1.56)	(0.43)	(0.21)	(0.16)
Fallzahl	67	66	60	53	56	54	49
Ernährungsgewerbe	14.99	15.07	15.08	15.02	0.042	0.003	0.051
(Std.–Abw.)	(1.85)	(1.87)	(1.88)	(1.97)	(0.29)	(0.36)	(0.19)
Fallzahl	92	82	69	69	67	65	57
Textilgewerbe	13.87	13.93	13.76	13.58	0.197	-0.226	0.017
(Std.–Abw.)	(1.51)	(1.56)	(1.35)	(1.28)	(0.99)	(0.92)	(0.15)
Fallzahl	31	26	24	22	26	23	20
Holzwaren	14.49	14.44	14.42	14.53	-0.014	-0.050	0.043
(Std.–Abw.)	(1.42)	(1.49)	(1.51)	(1.47)	(0.24)	(0.28)	(0.21)
Fallzahl	64	56	52	45	51	46	41
Druckereierzeugnisse	14.21	14.27	14.25	14.26	-0.009	0.029	-0.110
(Std.–Abw.)	(1.30)	(1.42)	(1.45)	(1.42)	(0.27)	(0.15)	(0.21)
Fallzahl	57	48	43	41	44	39	37
Chemische Industrie	15.33	15.40	15.32	15.45	-0.039	0.058	0.019
(Std.–Abw.)	(1.56)	(1.35)	(1.25)	(1.33)	(0.25)	(0.17)	(0.18)
Fallzahl	65	52	44	46	48	40	41
Kunststofferzeugnisse	14.69	14.71	14.67	14.65	-0.069	-0.027	0.005
(Std.–Abw.)	(1.40)	(1.27)	(1.43)	(1.33)	(0.32)	(0.28)	(0.16)
Fallzahl	59	54	53	53	48	49	50
Stahlbauerzeugnisse	14.35	14.11	14.30	14.32	-0.118	0.045	-0.031
(Std.–Abw.)	(1.45)	(1.26)	(1.28)	(1.34)	(0.46)	(0.31)	(0.15)
Fallzahl	41	40	30	33	36	29	27
EBM–Waren	14.84	14.71	15.12	15.04	-0.153	-0.076	-0.087
(Std.–Abw.)	(1.64)	(1.76)	(1.42)	(1.44)	(0.29)	(0.17)	(0.19)
Fallzahl	41	33	29	26	31	27	24
Maschinenbau	14.66	14.54	14.57	14.39	-0.081	-0.024	-0.047
(Std.–Abw.)	(1.47)	(1.46)	(1.47)	(1.44)	(0.38)	(0.27)	(0.19)
Fallzahl	113	99	82	77	92	73	67

Fortsetzung nächste Seite

... Inputfaktor Kapital (Fortsetzung)

Elektrotechnik	15.07	14.99	14.92	15.01	-0.004	-0.017	-0.005
(Std.-Abw.)	(1.68)	(1.60)	(1.72)	(1.59)	(0.24)	(0.21)	(0.26)
Fallzahl	46	44	34	37	41	33	29
≥ 10 MA, kein Familienbetrieb	14.98	14.96	14.91	14.88	-0.048	-0.007	-0.018
(Std.-Abw.)	(1.41)	(1.39)	(1.37)	(1.41)	(0.33)	(0.31)	(0.21)
Fallzahl	778	669	589	571	608	541	563
≥ 20 MA, kein Familienbetrieb	15.22	15.18	15.11	15.11	-0.057	0.001	-0.021
(Std.-Abw.)	(1.31)	(1.29)	(1.27)	(1.31)	(0.26)	(0.24)	(0.21)
Fallzahl	698	601	534	517	549	492	459

Berechnung: Der Kapitalbestand in Betrieb i im Jahr t entspricht dem Produkt der von der Bundesbank gemäß WZ 79 und WZ 93 ausgewiesenen Größe *Umsatzanteil der Sachanlagen* und der in der Datengrundlage gemessenen Höhe des *betrieblichen Umsatzes*. Genannt ist jeweils die mit der WZ 93 korrespondierende Gütergruppe gemäß GP 95. Aufgrund zu geringer Fallzahlen sind nicht ausgewiesen: Bekleidungsgewerbe, Ledergewerbe, Schnittholz/ Sperrholz, Holzstoff/ Zellstoff/ Papier und Pappe, Mineralölverarbeitung, Gummiwaren, Feinkeramik, Glas und Glaswaren, Eisen und Stahl, Ziehereien/ Kaltwalzwerke, NE-Metalle/ Metallhalbzeug, Gießereien, Büromaschinen/ DV-Geräte, feinmechanische/ optische Erzeugnisse, Straßenfahrzeugbau, sonstiger Fahrzeugbau, Herstellung von Möbeln/ Musikinstrumenten/ Spielwaren.

Quelle: Bundesbank (1999), *Hannoveraner Firmenpanel* Welle 1–4, eigene Berechnungen.

Die Berechnungen beziehen sich zunächst auf die Gesamtstichprobe und werden anschließend nach Branchen getrennt wiederholt. Die voneinander abweichenden jährlichen Fallzahlen sind zum einen durch Panelmortalität bedingt. Zum anderen werden die Abweichungen durch Antwortverweigerungen bei der Umsatz- oder Branchenvariablen verursacht (Item–non–response).

In die letzten beiden Zeilen werden darüber hinaus die durchschnittliche Höhe des Kapitalstocks und der approximierten jährlichen Wachstumraten für zwei Substichproben aufgenommen. Die beiden Substichproben sind nach jeweils unterschiedlichen Abschneidekriterien um Kleinstbetriebe bereinigt. Die Abschneidegrenze von 20 Arbeitnehmern erklärt sich aus der Spezifizität der zu Rate gezogenen Datenquellen. Diese externe Datenquelle deckt nicht die gesamte Grundgesamtheit des Verarbeitenden Gewerbes ab. Sie ist auf Betriebe mit mindestens 20 Beschäftigten beschränkt und umfasst dort rund 80% der Betriebe (Bundesbank (1999)).

Die entsprechenden Verhältniszahlen werden also nicht für Betriebe dokumentiert, die unter die Abschneidegrenze fallen. Ein Blick auf die Tabelle zeigt, dass sich die Fallzahl der für die empirischen Untersuchungen zur Verfügung stehenden Fälle rapide reduziert, wenn die Abschneidegrenze bei 20 gezogen wird. Mit Blick hierauf wird das pragmatische Vorgehen gewählt, eine zweite, niedrigere Abschneidegrenze zu definieren.

Die Praktikabilität dieser Grenze sei wie folgt untermauert: Es scheint äußerst plausibel, zu vermuten, das Investitionsverhalten in Kleinstbetrieben weiche systematisch vom Investitionsverhalten der übrigen Betriebe ab. Der für diese Kleinstbetriebe erschwerte Zugang zu Fremdkapital, so z. B. zu Bankkrediten ist nur ein unterstützendes Argument. Nun wäre die für den Sprung im Investitionskalkül relevante Betriebsgröße zu identifizieren. Der subjektive Eindruck aus Gespächen mit kleinen und mittelständischen Erfolgsbeteiligungsbetrieben, die ich in den Jahren 1992 bis 1996 geführt habe, verfestigt sich bei etwa 10 Beschäftigten.

Zur besseren Einschätzung dieses Eindrucks wurden charakteristische Größen wie Umsatz, Wertschöpfung und Arbeitsproduktivität genauer betrachtet, wobei besonderes Interesse den Randbereichen und Missings galt. Auch auf Basis dieser Überlegungen bietet sich die Grenze von 10 Beschäftigten an.

5.2.3 Eine Vorauswahl der Betriebe im Licht der unternehmerischen Verhaltensmaxime

Für bestimmte Betriebsgruppen in der Praxis erscheint die Behauptung stringenter Gewinnmaximierung nicht unbedingt angemessen. Beispielsweise mag sich die Betriebsleitung an patriarchischen Zielen orientieren. Denkbar ist auch, dass ein Teil der beobachteten Betriebe lediglich das Überschreiten bestimmter Gewinnschwellen anstrebt, d. h. lexikografischen Kriterien folgt.

Einiges spricht dafür, entsprechende Betriebe aus dem empirischen Arbeitsprogramm herauszuhalten, wenn ansonsten eine Verfälschung der erzielbaren Resultate zu befürchten wäre. Ähnlich sollte mit Betrieben verfahren werden, in denen die rechnerische Summe aus gewerblichen Mitarbeitern und Angestellten erheblich von der Gesamtzahl der Mitarbeiter abweicht, da für diese Betriebe keine verlässliche Zuordnung zwischen der Lohn- und Gehaltssumme und dem (physischen) Einsatzniveau des Inputfaktors Arbeit möglich ist. Letzteres ist mit Sicherheit der Fall in Betrieben mit einem außerordentlich hohen Anteil tätiger Inhaber und mithelfender Familienangehöriger.

Die weiteren Untersuchung der Produktivitätswirkungen personalpolitischer Systeme wird daher auf diesen Teil der befragten Betriebe verzichtet. Umgekehrt formuliert beschränkt sich die für Produktivitätsuntersuchungen gültige Teilstichprobe auf solche Betriebe, in denen (a) der Anteil der mithelfenden Familienangehörigen stets unter 20 Prozent liegt und (b) zu Befragungsbeginn mindestens 10 Personen beschäftigt waren. Die Verletzung eines dieser Kriterien führt zum Ausschluss.

Kriterium (a) operationalisiert die neoklassische Verhaltensmaxime, Kriterium (b) operationalisiert den Kreditzugang. Das erstgenannte Aufnahmekriterium ist für 83 Betriebe nicht erfüllt, wobei 43 dieser Betriebe weniger als 10 Beschäftigte hatten. Das unter (b) genannte Aufnahmekriterium wird insgesamt von 78 Betrieben nicht erreicht, wobei 35 dieser Betriebe das erstgenannte Kriterium erfüllt hätten. Insgesamt steht daher ein maximaler Stichprobenumfang von 907 Fällen für die Quantifizierung des Erfolgs personalpolitischer Systeme zur Verfügung (Teilstichprobe 0). Der Stichprobenumfang erhöht sich um 35 auf 942 (Teilstichprobe 1), wenn jene Betriebe in die Analysen aufgenommen werden, die lediglich das Größenkriterium nicht erreichen.

Die Verwendung zweier unterschiedlicher Stichproben fußt dabei auf folgendem Gedankengang: Während für 83 der ursprünglich 1025 Betriebe das neoklassische Gewinnmaximierungskalkül nicht unterstellt werden kann, ist das Kriterium zur Kapitalimputation in insgesamt 78 Betrieben nicht erfüllt. Während die Identifikation des personalpolitischen Systems auf der Lösung des behandelten Optimierungsproblems basiert, beruht die Überprüfung der mit der Systemhierarchie korrespondierenden Zielfunktionshierarchie (genauer: der aufsteigenden Menge der Maximierungslösungen) auf der Erfüllung beider Kriterien.

Die Typologisierung der Betriebe, die in Abschnitt 6.1 erfolgt, greift auf Teilstichprobe 1 zurück (942–er Substichprobe). Demgegenüber sollten die Untersuchungen der erweiterten Produktionsfunktionen, die die Überprüfung der Hypothesen zur ansteigenden Ordnung über die systemimmanente und faktorgebundene Effizienz (Hypothesen **H4** bis **H7**) anstreben, auf der reduzierten Teilstichprobe 0 beruhen. Diese umfasst 907 Betriebe.

Schließlich sind rein datentechnische Aspekte zu beachten: Trotz großer Sorgfalt bei den Konsistenzüberprüfungen konnten nicht sämtliche Ungereimtheiten bereinigt werden. Insofern müssen einige Fälle, die unplausible Werte für Variablen aufweisen, die integraler Bestandteil des empirischen Untersuchungsprogramms sind, aus der Berechnung ausgeschlossen werden. Dieses betrifft zunächst 4 Betriebe, deren Angabenvektor *Umsatz, Materialaufwand, Lohn– und Gehaltssumme* sich sowohl periodenbezogen als auch über die Zeit in keiner Weise interpretieren ließ und auch keiner systematischen Korrektur zugänglich war. Zudem mussten die völlig unrealistischen Weiterbildungsaufwendungen eines Beobachtungsträgers auf "fehlend" umkodiert werden.

Den theoretischen Überlegungen zur Bedeutung von Mehrfachqualifizierung und Wissenskapital bei der Bestimmung des gültigen personalpolitischen Systems folgend, ergibt sich ein weiteres Ausschlusskriterium: Betriebe, für die in keiner der vier Perioden die dichotome Frage zur Förderung von Weiterbildung beantwortet wurde, gehen ebenfalls nicht in die Analyse ein. Glücklicherweise betrifft dies keinen der Fälle aus der realisierten Nettostichprobe vom Herbst 1994, sondern lediglich diejenigen Betriebe, die während der Laufzeit des Firmenpanels aus bereits befragten Betrieben ausgegründet bzw. ausgegliedert wurden. Für solche Betriebe lässt sich keine plausible Zuordnungsvorschrift zu genau einem der genannten personalpolitischen Systeme formulieren. Abschließend ist zu bemerken, dass für 9 Betriebe der 907–Teilstichprobe die Umsatzinformation zu keinem der Befragungszeitpunkte vorlag. Faktisch basieren die ökonometrischen Untersuchungen in Kapitel 6 daher auf 898 Betrieben.

5.3 Variablen zur Messung des personalpolitischen Systems

Dieser Abschnitt zeigt zunächst die Konsequenzen für die empirische Untersuchung auf, die sich aus den spezifischen Eigenschaften der verwendeten Datenquelle ergeben. Diese Eigenschaften stecken die methodischen Möglichkeiten ab. Konstruktionsbedingt wurden wesentliche Informationen, die zur Ermittlung der empirischen Charakteristika personalpolitischer Systeme beitragen, lediglich einmalig erhoben.

In einem Satz zusammengefasst bedeutet dies für die Umsetzbarkeit des Hypothesengerüsts in das empirische Untersuchungsprogramm: Für jeden Beobachtungsträger lässt sich das realisierte personalpolitische System exakt einmal ermitteln. Der Übergang zwischen personalpolitischen Systemen wird nicht beobachtet, was impliziert, dass Anteilsverschiebungen — so z. B. zwischen tayloristischen und holistischen Betrieben — ebenfalls nicht erfasst werden.

Für die im Folgekapitel präsentierten Untersuchungen wird daher die Arbeitshypothese getroffen, nach der die Zuordnung zwischen Betrieb und personalpolitischem System über den Beobachtungsraum Bestand habe. Diese Hypothese fußt auf der Erfahrung, dass es sich bei der Entscheidung für ein personalpolitisches System um eine strategische Entscheidung handelt, die eher dauerhafter Natur ist. Zwar lässt sich nicht ausschließen, dass der Zeitpunkt dieser Entscheidung zufällig in den Befragungshorizont der Datenquelle fällt, allerdings sollten solche Fälle eher rar sein.

Auch könnten stilisierte Fakten wie Wirkungsverzögerungen oder Selektionsverzerrungen, die den Vollzug von Reorganisation betreffen, die empirischen Befunde verfälschen. Anders formuliert erfordert die empirische Fundierung von Komplementaritäten in personalpolitischen Systemen, von Reorganisationstendenzen sowie von wachsenden Reorganisationseffekten eine differenzierte Vorgehensweise.

Vor dem Hintergrund des durch die Datenquelle auferlegten Rahmens wird daher ein abgestuftes Vorgehen gewählt, über das der nächste Unterabschnitt genauer Auskunft gibt. Im Wesentlichen geht es darum, die einmalig vorhandene Information über die Zugehörigkeit zu einem bestimmten personalpolitischen System um Informationen über Subsysteme zu ergänzen. Mit Hilfe dieser Kombination werden dann die Hypothesen **H1** bis **H7** (Seite 149–150) angegangen.

Bevor hierauf näher eingegangen wird, seien die Grundanliegen der empirischen Analyse grob skizziert. Ganz allgemein wird im Zuge des empirischen Teils eine zweigeteilten Zielsetzung verfolgt:

1. Identifikation der personalpolitischen Systeme und der Zuordnung der Stichprobenbetriebe auf diese Systeme

1.1 Lassen sich voneinander abgrenzbare personalpolitische Systeme ausmachen?

1.2 Welche Eigenschaften besitzen diese Systeme, d. h. aus welchen Einzelinstrumenten setzt sich jedes einzelne System zusammen? Bauen die Systeme aufeinander auf?

1.3 Wie verteilen sich die Betriebe auf diese Systeme?

1.4 Wie verändert sich die Zuordnung *Betrieb* $\leftrightarrow$ *personalpolitisches System* im Zeitablauf?

2. Beleg der Effizienzeigenschaften personalpolitischer Systeme und der Reorganisationseffekte

2.1 Lassen sich die abgrenzbaren personalpolitischen Systeme in eine systematische Ordnung hinsichtlich der Produktivität bringen bzw. überträgt sich eine (etwaige) Hierarchie personalpolitischer Systeme in eine Hierarchie über das Produktivitätsmaß? Lassen sich Parellelen zwischen technischem Fortschritt und organisatorischem Fortschritt aufzeigen?

2.2 Lässt sich monotone komparative Statik bzw. parametrische Monotonie empirisch belegen, d. h. kann die Hypothese wachsender Reorganisationseffekte empirisch fundiert werden?

Die Punkte 1.1 bis 1.3 lassen sich auf Basis der einmalig erfassten Informationen angehen. Im Wesentlichen geht es dabei um eine Betriebstypisierung, die anhand des eingesetzten personalpolitischen Instrumentariums erfolgt. Das Ergebnis der hiermit in Verbindung stehenden Untersuchungsschritte ist die Generierung des Indikators *das personalpolitische System*.

Dieser Untersuchungsschritt wird zu Beginn des nächsten Kapitels in Abschnitt 6.1 geleistet. Dort wird die Variable *das personalpolitische System* (*ao_sys*) generiert. Inhaltlich geht es darum, möglichst ähnliche Beobachtungsträger zu Gruppen zusammenzufassen. Die Gruppen wiederum sollen sich dabei hinreichend voneinander abgrenzen. Methodisch lässt sich dieses Ziel mit Hilfe des multivariaten statistischen Verfahrens der Clusteranalyse erreichen (für eine ausführliche Diskussion des verwendeten Verfahrens sei auf Abschnitt 6.1 verwiesen). Die Eigenschaften der Cluster geben Auskunft über die Eigenschaften der Systeme, d. h. über die Zusammenstellung der personalpolitischen Maßnahmenkataloge im Sinne des oben genannten Punktes 1.2. Die Verteilung der Betriebe auf die personalpolitischen Systeme ergibt sich aus der Clusterzugehörigkeit. Rein technisch entspricht sie der Ausprägung der Variablen *ao_sys*, deren Beschreibung dem Variablenanhang C zu entnehmen ist.

Die Systemvariable *ao_sys* wird auf Grundlage einer Vielzahl von systemkonstituierenden Variablen bestimmt, die sich aus dem personalpolitischen Spektrum rekrutieren bzw. mit dem betrieblichen Restriktionsrahmen in Verbindung stehen.

Rein formal misst ihre Ausprägung die Zuordnung eines jeden Betriebes zu genau einer der vier charakteristischen Eigenschaftskombinationen der personalpolitischen Einzelinstrumente. Sie entspricht der Position in der Hierarchie der personalpolitischen Systeme.

Zur besseren Einschätzung der so gewonnenen Ergebnisse wird die Zuordnung im Rahmen eines Entscheidungsmodells mit geordneten Kategorien "überprüft". Hier fließen die in den beiden Theoriekapiteln diskutierten betrieblichen Determinanten und Rahmenfaktoren in die Modellbildung ein. Allerdings lässt sich eine spürbare Überschneidung mit dem clusterkonstituierenden Variablenraum nicht vermeiden, wenngleich die Verarbeitung der Variablen in veränderter Form erfolgt.

Der in 1.4 genannte Untersuchungsauftrag lässt sich mit Hilfe des genannten Indikators *ao_sys* nicht angehen, da dieser lediglich einmalig erfasst wird. Die Punkte 1 und 2.2 werden unter Verwendung des übergeordneten, umfassenden Indikators für das personalpolitische System vorgenommen. Demgegenüber gehen in die Untersuchung der unter 2.1 gefassten Punkte vorgelagerte Systemindikatoren ein.

Über diese vorgelagerten Systemindikatoren wird letztlich komparative Statik betrieben. Ein vorgelagerter Systemindikator operationalisiert ein Subsystem des umfassenden personalpolitischen Systems. Einige dieser Subsystemindikatoren wurden im *Hannoveraner Firmenpanel* mehrfach erfasst bzw. lassen sich aus den vorhandenen Einzelinformationen für mehrere Zeitpunkte konstruieren. Die Variation der auf diese Weise gewonnenen Indikatoren im Zeitablauf ist allerdings gering.

In das empirische Untersuchungsprogramm findet ein Subsystemindikator besonderen Eingang. Hierbei handelt es sich um eine Dummyvariable, deren Konstruktionsvorschrift der von Lindbeck und Snower (2000, 355) getroffenen Arbeitsdefinition für *Multitasking* folgt. Die Variable erhält die Bezeichnung *Mutask*. Ihre Konstruktionsvorschrift ist ebenfalls Anhang C zu entnehmen. Mit Hilfe dieses Subsystemindikators wird die empirische Fundierung des mit komplementären Systemen korrespondierenden Phänomens der parameterischen Monotonie vorangetrieben (Punkt 2.2). Aus der Vielzahl denkbarer Subsystemindikatoren fiel die Wahl dabei auf *Multitasking* aufgrund seiner integralen Rolle in der neueren Organisationstheorie.

Vor dem Hintergrund der insbesondere im Versicherungsmodell und im verbandstheoretischen Teil geführten Diskussion um das personalpolitische Startsystem *wechselseitige Versicherung in Arbeitszeitkonten* werden nachverhandlungsstabile Arbeitszeitkonten als ein weiteres Subsystem konstruiert. Zum Zweck der neuerlichen Ergebnisbeurteilung ließen sich hiermit sämtliche für das *Multitas-*

*king*system durchgeführten Untersuchungen replizieren. Im empirischen Teil wird aber ein anderes Vorgehen gewählt: Obige Arbeitszeitkonten fließen als vorgelagertes Instrumentenpaket in (die Entscheidung für) das *Multitasking*subsystem ein, so wie dies in der theoretischen Analyse abgeleitet wurde (vgl. den einordnenden Abschnitt 4.6).

Bei der Produktivitätsuntersuchung auf Basis der Subsysteminformation werden einerseits, getrennt nach Substichproben über die vier Systemtypen, potentielle Reorganisationseffekte durch die Beurteilung der Produktivitätseffekte des charakteristischen Subsystems *Multitasking* angegangen. Dabei wird für potentielle Selektionsverzerrungen kontrolliert und die Beurteilung der *Multitasking*effekte wird für jedes personalpolitische System gesondert vorgenommen. Die aus der Theorie heraus postulierte Hypothese lautet, dass mit aufsteigender Position in der Systemhierarchie auch der zu erwartende Produktivitätszuwachs eines spezifischen Subsystems zunimmt. Für die entsprechende Beurteilung der empirischen Evidenz werden die unterschiedlichen *Multitasking*koeffizienten herangezogen.

Andererseits und ergänzend werden alle Betriebe und somit sämtliche Systeme in einem gemeinsamen Ansatz untersucht, wobei der Gedanke der komparativen Statik auf das Aggregat übertragen wird, d. h. die koexistierenden Systeme werden einer vergleichenden Analyse unterzogen.[4] Im Rahmen eines erweiterten Produktionsfunktionsansatzes wird die Frage gestellt, inwieweit die Produktivitätswirkungen zwischen den vier personalpolitischen Systemen bzw. Betriebstypen systematisch divergieren.

Konkret wird der Hypothese nachgegangen, ob sich für die anderen personalpolitischen Systeme im Vergleich zum Basissystem Taylor_{base} positive gebundene und ungebundene Effizienzsteigerungen nachweisen lassen, deren quantitatives Ausmaß parallel zur Rangordnung über die personalpolitischen Systeme verläuft. Hier lässt sich eine Verbindung zur Untersuchung des technischen Fortschritts ziehen.

Für eine erste Beschreibung der Indikatoren personalpolitischer Systeme und Subsysteme soll dies genügen. Der Indikator *ao_sys* misst dabei den im nächsten Kapitel im Zuge der Betriebstypisierung gewonnenen Betriebstyp (*das personalpolitische System*). Am *Multitasking*subsystem *Mutask* wird der Nachweis wachsender Ertragszuwächse festgemacht.

Der folgende Abschnitt beschließt dieses Kapitel. Er fügt sich in den Reigen von Hypothesenbildung, Datensatzbeschreibung und Spezifikationsfragen ein. Insbesondere ist er auf die Gütermarktparallele zur Organisationsentwicklung[5] ausge-

4 Diese (Helikopter–)Perspektive zur komparativen Statik im Betriebsaggregat wurde im Theorieteil bei der Erläuterung des Verbundgedankens aufgezeigt (Abschnitt 3.1).

5 Dieser Term bezeichne die Entwicklung (multipler) personalpolitischer Systeme über die Zeit.

richtet. Bereits seit geraumer Zeit wird Heterogenität auf Gütermärkten beobachtet, die konsequenterweise Eingang in die Gütermarkttheorie gefunden hat.

Der zugehörige Theoriestrang diskutiert Phänomene wie heterogene Preisbildung und Preismacht auf unvollkommenen Gütermärkten, thematisiert somit eine Entwicklung, die dem hier diskutierten Auftreten betriebsspezifischer Gleichgewichte durchaus vergleichbar ist. Insgesamt lässt sich die Absatzmarktentwicklung unter den Stichworten Präferenzen für Gütervielfalt und idiosynkratische Preissetzung subsummieren.[6] Da unvollkommene Gütermärkte erhebliche Konsequenzen für die Preisbildung besitzen, wirkt sich dieses in der Folge auf die Spezifikation des Produktionsfunktionsansatzes aus. Kurz zusammengefasst existiert ein Preisbias immer dann, wenn die Annahme der homogenen Preissetzung bzw. der Konkurrenzpreisbildung verletzt ist. Im Folgenden wird ein Korrekturverfahren vorgestellt, das die entsprechende Verzerrung korrigiert.

5.4 Diskussion der endogenen Variablen: Implementierung der theoretischen Resultate und Berücksichtigung unvollkommener Gütermärkte

Als theoretisches Effizienzmaß werden wir — wie eingangs des Kapitels erläutert — den Output pro Kopf (OpK) verwenden. Dieses klassische Produktivitätsmaß ist beispielsweise aus der Wachstumstheorie wohlbekannt Mit der Gewinnvariablen aus dem Theorieteil steht es in einer direkten Verbindung, die sich auf die gleichgerichtete Rangordnung bezieht. Ein fester funktionaler Bezug zwischen beiden Variablen ist aber nicht gegeben. Auf die übereinstimmende Ordnung wurde bereits in den einleitenden Bemerkungen des Kapitels aufmerksam gemacht: Die durch die bedingten Lösungen des unternehmerischen Entscheidungsproblems vorgegebene Ordnung über die Gewinnmaxima verläuft parallel zur Ordnung über OpK.

Sowohl die Theorie der supermodularen Optimierung als auch die mikroökonomisch fundierte Begründung von Komplementaritäten in personalpolitischen Systemen implizieren, dass OpK mit steigendem Niveau der betrachteten (bedingten) Gewinnmaxima überproportional zunimmt.[7] Darüber hinaus folgt aus der ordnungserhaltenden Eigenschaft der Maximierungsoperation, dass die Ordnung über die personalpolitischen Systeme mit der Ordnung der bedingten Gewinnmaxima übereinstimmt. Insofern steigt das Niveau der Effizienzvariablen OpK eben-

---

6 Ganz analog wird beispielsweise von Lindbeck und Snower (2001) auch im Zusammenhang mit zu erwartenden Entwicklungen bei der Lohnfindung argumentiert. Diese prognostizieren einen Übergang von homogenen (zentralen) Tarifverhandlungen zu heterogener (betrieblicher) Lohnbildung.

7 Phänomene, die in der Realität ebenfalls beobachtet werden und dort etwa als firmengrößeninduzierte Differentiale interpretiert werden.

falls mit wachsendem Rang des personalpolitischen Systems. Auf diese Argumentationskette gründet sich die folgende, empirisch zu überprüfende Hypothese: Der Sprung in OpK nimmt mit steigender Position des personalpolitischen Systems zu.

In der Realität wird OpK allerdings nicht beobachtet. Ersatzweise wird auf die (deflationierte) Pro–Kopf–Wertschöpfung, d. h. auf die Arbeitsproduktivität zurückgegriffen. Die deflationierte Arbeitsproduktivität sei im Folgenden mit APROD bezeichnet. Schätzungen, die dieses Effizienzmaß als endogene Variable beinhalten, sind allerdings verzerrt. Dieser Omitted–Variable–Bias tritt immer dann auf, wenn auf Gütermärkten keine homogene Preisbildung herrscht. Da ein gewisses Maß an Preissetzungsspielraum als stilisiertes Fakt gelten darf, ist es wichtig, den korrespondierenden Preisbias zu bereinigen.[8] Auf den folgenden Seiten wird ein Korrekturverfahren entwickelt, das den entsprechenden Preisbias identifiziert und durch die Aufnahme zweier zusätzlicher — beobachtbarer — Variablen bereinigt.

Die Erforderlichkeit der Korrekturprozedur gründet sich dabei auf inhaltliche ökonomische Phänomene, die aus Marktunvollkommenheiten auf dem betrieblichen Absatzmarkt resultieren. Deshalb ist ein geeignetes mikroökonomisches Marktmodell zu integrieren. Basierend auf dem Anspruch an einen möglichst hohen Grad der Allgemeinheit wird auf ein breit akzeptiertes Standardmodell der monopolistischen Konkurrenz zurückgegriffen (Dixit und Stiglitz (1977)). Dieses Modell wird mit Blick auf die Realitätsnähe um Marktzutrittsbarrieren ergänzt. Diese Ergänzung erlaubt schließlich die dauerhafte Existenz von positiven Gewinnen. Anders formuliert begründet es die dauerhafte Existenz von Unternehmen mit hohen Marktanteilen, was wiederum mit der empirischen Evidenz im Einklang steht. Diese praxisbezogene Formulierung ist dadurch gekennzeichnet, dass Produktvielfalt modelliert wird, die de facto durch eine geringe Anzahl von Anbietern bereitgestellt werden kann.[9]

Wie wir gesehen haben, tritt die Preisbildungsverzerrung zu Tage, da einerseits Gütermärkte nicht vollkommen sind und wir andererseits nicht den Pro–Kopf–Output, sondern die Pro–Kopf–Wertschöpfung beobachten. Rein technisch wird die letztgenannte Größe in deflationierter Form in das Schätzprogramm aufgenommen. Glücklicherweise lässt sich die Höhe der Verzerrung unter Anwendung des angesprochenen mikroökonomischen Marktmodells exakt ableiten und kann

8 Es existiert ein Ausnahmefall, in dem sich ein solcher Bias stets eliminiert. Dieser Fall liegt dann vor, wenn alle Betriebe denselben Aufschlag auf die Grenzkosten wählen.

9 Der theoretische Idealtyp prognostiziert demgegenüber ein langfristiges Marktgleichgewicht mit einer Vielzahl von Anbietern. Jeder einzelne Anbieter operiert dann langfristig in der Nullgewinnsituation, während das kurzfristige Gleichgewicht positive Gewinne verspricht. Die Eigenschaften der kurzfristigen Lösung lassen sich einfrieren, wenn die Existenz von Marktzutrittsschranken postuliert wird, was letztlich den Eintritt neuer Unternehmen unterbindet und so die Etablierung der Nullgewinnsituation aus der langfristigen Lösung des Idealtyps verhindert.

darüber hinaus durch beobachtete Größen operationalisiert werden. Dieses ist Gegenstand der folgenden Ausführungen. Die konsequente Übertragung des Modells von Dixit und Stiglitz (1977) auf den hier diskutierten Untersuchungsrahmen erweiterter Produktionsfunktionen ist insgesamt als Integration und Erweiterung der vielbeachteten Arbeiten von Klette und Griliches (1996) und Crepon, Desplatz und Mairesse (1999) aufzufassen.

Ausgehend von einer Cobb–Douglas–Produktionsfunktion sei nun der Korrekturansatz präsentiert, wobei die Darstellung anhand des determininistischen Modells erfolge. Betrachtet werde der Betrieb i. Das Produktionsvolumen in Betrieb i zum Zeitpunkt t betrage Q_{it}. Q_{it} bezeichnet die erste wesentliche Größe in unserem Ansatz und misst den Output. Zum selben Zeitpunkt t beschäftigt dieser Betrieb L_{it} Mitarbeiter. Der Pro–Kopf–Output OpK lautet $\frac{Q_{it}}{L_{it}}$, so dass für den logarithmierten Pro–Kopf–Output gilt:

$$\ln Q_{it} - \ln L_{it} \quad . \tag{5.1}$$

Die Beschäftigung L_{it} wird beobachtet. Doch anstelle des Outputs messen wir den Umsatz R_{it}, der wiederum dem Produkt aus Produktpreis P_{it} und Output Q_{it} entspricht. Schließlich stehen Informationen über die Ausgaben für Vorleistungen zur Verfügung. Deren Höhe werde durch den Ausdruck MatKost_{it} gemessen.[10] Damit sind zwei unterschiedliche Größen vorhanden, die sich prinzipiell als Ersatzvariablen für den beschäftigungsgewichteten Output, und damit für das angestrebte Produktivitätsmaß aus der Wachstumstheorie, verwenden lassen.

Im vorliegenden Untersuchungsrahmen wird dabei auf die Pro–Kopf–Wertschöpfung zurückgegriffen, die bekanntlich der Arbeitsproduktivität entspricht. In logarithmierter Form lautet die gemessene Variable daher:

$$\begin{aligned} & \ln(P_{it} \cdot Q_{it} - \text{MatKost}_{it}) - \ln L_{it} && (5.2)\\ = \; & \ln\Big((1 - s_{\text{MatKost}_{it}}) \cdot P_{it} Q_{it}\Big) - \ln L_{it} \quad \equiv \quad \ln[\text{APROD}]_{it} \quad , && (5.3) \end{aligned}$$

wobei $s_{\text{MatKost}_{it}}$ die Vorleistungsquote misst. Es ist aus mehrfacher Hinsicht sinnvoll, die Arbeitsproduktivität in deflationierter Form zu berücksichtigen. Einerseits lassen sich durch die Preisgewichtung die Angaben aus den unterschiedlichen Befragungsjahren auf eine gemeinsame Vergleichsbasis stellen. Andererseits besteht hier ein erster Ansatz, heterogene Preisbildung zu modellieren. Üblicherweise entscheidet man sich für die Preiskorrektur auf Sektorebene. Das Sektorpreisniveau des Sektors I in Periode t werde mit P_{It} bezeichnet.[11]

10 Die kurzfristigen Kapitalkosten seien annahmegemäß konstant.

11 Im Rahmen der Arbeit wird P_{It} gemäß WZ 93 und damit im Wesentlichen nach der interna-

Die mit P_{It} deflationierte Arbeitsproduktivität geht als endogene Variable in die empirische Spezifikation ein (LNPROD_{it}). Sie lässt sich in drei charakteristische Teilterme trennen:

$$\begin{aligned} \mathsf{LNPROD}_{it} &\equiv ln\Big((1 - s_{\text{MatKost}_{it}}) \cdot P_{it} Q_{it}\Big) - \ln(P_{It} L_{it}) \\ &= \ln Q_{it} - \ln L_{it} \quad + \ln(1 - s_{\text{MatKost}_{it}}) \qquad (5.4) \\ &\quad + \ln P_{it} - \ln P_{It} \quad . \end{aligned}$$

Von besonderem Interesse für das angestrebte Korrekturverfahren sind die beiden grau hinterlegten Terme, während sich für den mittleren Term in Panelschätzungen leicht kontrollieren lässt, falls der firmenspezifische Erwartungswert des Vorleistungsanteils konstant ist. Diese Annahme sei hier getroffen, und aus Gründen der Schreibvereinfachung sei auf die Mitnahme dieser Konstanten verzichtet. $\ln Q_{it} - \ln L_{it}$ misst exakt den gewünschten Zusammenhang, so dass der Preisbias durch den Term $\ln P_{it} - \ln P_{It}$ isoliert ist. Er basiert wie zuvor beschrieben auf den Abweichungen der betrieblichen Preissetzung vom Sektordurchschnitt, sprich auf heterogener Preisbildung. Diesen Term gilt es nun zu operationalisieren. Hierzu dient das mikroökonomische Modell.

Dieses Modell lässt sich besonders anschaulich anwenden, wenn genannter Bias in der folgenden äquivalenten Form geschrieben wird, die explizit Bezug auf das relevante Marktsegment des betrachteten Betriebs nimmt:

$$\ln P_{it} - \ln P_{It} = \underbrace{\ln P_{it} - \ln P_{St}}_{\substack{\text{Marktsegment} \\ \text{des Betriebs}}} + \underbrace{\ln P_{St} - \ln P_{It}}_{\substack{\text{Wirtschafts-} \\ \text{zweig (WZ)}}} \quad . \qquad (5.5)$$

Hierbei misst P_S das (aggregierte) Preisniveau im Marktsegment, auf dem der Betrieb sein Produkt absetzt.[12] Die beiden Differenzen oberhalb der geschweiften Klammern messen das Phänomen der heterogenen Preisbildung, allerdings auf verschiedenen Aggregationsebenen.

Die Abweichung zwischen dem vom Betrieb gewählten Preis P_i und dem Durchschnittspreis P_S auf dem für den Betrieb relevanten Gütermarkt(segment) korrespondiert mit einer entsprechend engen Marktabgrenzung und wird durch den linken der beiden Klammerterme gemessen. Das gleiche Phänomen wird auf ei-

---

tionalen ISIC–Rev. 3–Klassifikation definiert (vgl. Bald-Herbel und Herbel (1995), Nowack und Weisbrod (1995), Statistisches Bundesamt (1998)).

12 Die im Theorieteil getroffene vereinfachende Annahme der Einproduktunternehmung bzw. des Spektrums enger Substitute besitze weiterhin Gültigkeit.

ner höheren Aggregationsebene durch die Abweichung zwischen Preisbildung auf Marktsegmentebene P_S und Sektorpreisbildung P_I gemessen. Diese Abweichung kommt im rechten Klammerterm zum Ausdruck. Aus externen Statistiken ist lediglich $\ln P_{It}$ bekannt, so dass die benötigten Informationen über die weiteren Komponenten auf anderem Wege gewonnen werden müssen. Dieses erfolgt unter Integration des Modells, in dem Konsumenten Präferenzen für Gütervielfalt besitzen.[13] Unter Zurhilfenahme dieses Modells lässt sich Gleichung (5.5) exakt berechnen. Die unkomplizierte Herangehensweise ist allerdings nicht der einzige Vorteil, den das Modell der monopolistischen Konkurrenz bietet. Darüber hinaus besteht ein formaler Reiz, der darin zum Ausdruck kommt, dass das Ausmaß der Verzerrung in konsistenter Weise quantifiziert werden kann. Konsistent bedeutet in diesem Zusammenhang, dass die Resultate konsequent aus der ökonomischen Theorie heraus abgeleitet werden. Sie basieren somit einerseits auf dem Verhalten von Konsumenten (Präferenzen) und andererseits auf den gütermarktspezifischen Nachfragebedingungen. Auf diese beiden Komponenten sei nun etwas genauer eingegangen. Nutzenmaximierendes Verhalten auf Konsumentenseite sowie gewinnmaximierendes Verhalten auf Produzentenseite implizieren die in der folgenden Gleichung (5.6) dargestellten Nachfragefunktionen. Die betriebliche Güternachfrage Q_{it} ist dabei in die Gegebenheiten des vom Betrieb belieferten Marktsegments S eingebettet. Das Nachfragevolumen auf Marktsegmentebene Q_{St} ist in analoger Weise eingebettet in die Gesamtnachfrage auf sektoraler Ebene (Q_{It}).

$$Q_{it} = Q_{St}\left(\frac{P_{it}}{P_{St}}\right)^{\eta_i} \quad , \quad Q_{St} = Q_{It}\left(\frac{P_{St}}{P_{It}}\right)^{\eta_s} \quad . \tag{5.6}$$

Die verschiedenen Preiskomponenten sind bereits bekannt (Gleichung (5.5)). Mit η_i wird die Preiselastizität der Nachfrage für die Güter gemessen, die vom Betrieb angeboten werden. In η_i kommt daher die proportionale Veränderung der betriebsindividuellen Güternachfrage zum Ausdruck, wenn dieser Betrieb eine entsprechende Veränderung des eigenen Preises vornimmt. Auf der höheren Aggregationsebene des Sektors, der sich aus unterschiedlichen Marktsegmenten zusammensetzt, korrespondiert die Nachfrageelastizität η_s mit einer Veränderung der Marktsegmentstruktur, die aus Preisbewegungen auf dem Marktsegment S resultiert (alle anderen Faktoren unverändert). Die exakte Höhe von η bestimmt sich aus den Präferenzen der Konsumenten. Nutzenmaximierendes Verhalten bei gegebener Einkommensrestriktion unterstellt, leitet sich die jeweilige Preiselastizität rein formal aus der Substitutionselastizität zwischen den Gütern, bezogen auf die betrachtete Marktabgrenzung, ab.

13 Vgl. auch die Eingangsbemerkungen über die vier zugrunde liegenden allgemeinen Faktoren, Seite 29.

Gewinnmaximierende Preiswahl der Unternehmen unterstellt (Grenzerlös = Grenzkosten), ergibt sich das übliche *Markup Pricing* und ferner die folgende Beziehung (Gleichung (5.7)). Diese Beziehung erteilt Auskunft über den gewinnmaximierenden Preisaufschlag μ im Vergleich zur Nachfrageelasitizität η. Die Höhe des Aufschlags wird dabei durch $\mu = \frac{\text{Güterpreis}}{\text{Grenzkosten}}$ gemessen, während η wie zuvor definiert ist:

$$\eta_i = \frac{\mu_i}{1-\mu_i} \quad , \quad \eta_s = \frac{\mu_s}{1-\mu_s} \quad . \tag{5.7}$$

Diese Information lässt sich unter Verwendung von Gleichung (5.6) in die Gleichung (5.5) einsetzen. Logarithmiert, nach dem Preisbias aufgelöst, um die sich wechselseitig aufhebenden Terme $+\ln Q_{St}$ bzw. $-\ln Q_{St}$ bereinigt sowie um die redundante Summe $[\mu_s^{-1} \ln Q_{it} - \mu_s^{-1} \ln Q_{it}] = 0$ ergänzt lautet der Bias wie folgt:

$$\begin{aligned} (\mu_i^{-1} - \mu_s^{-1}) \cdot \underbrace{[\ln Q_{it} - \ln Q_{St}]}_{\text{ln(Marktanteil)}} + (\mu_s^{-1} - 1) \cdot \ln Q_{it} - (\mu_s^{-1} - 1) \cdot \ln Q_{It} & \\ = \ln P_{it} - \ln P_{It} \quad . & \end{aligned} \tag{5.8}$$

Setzt man Gleichung (5.8) in die Ursprungsgleichung (5.4) ein, so lässt sich LNPROD_{it} schließlich schreiben als:

$$\begin{aligned} \text{LNPROD}_{it} &= \mu_s^{-1} \cdot \ln Q_{it} - \ln L_{it} \\ &\quad + (\mu_i^{-1} - \mu_s^{-1}) \cdot [\ln Q_{it} - \ln Q_{St}] \\ &\quad + (1 - \mu_s^{-1}) \cdot \ln Q_{It} + \Delta_{it} \quad , \end{aligned} \tag{5.9}$$

wobei $\Delta_{it} = \ln(1 - s_{\text{MatKost}_{it}})$ ist. Insgesamt lässt sich die durch die heterogene Preisbildung verursachte Verzerrung damit eliminieren, wenn die der Gleichung (5.9) zu entnehmenden Einzelkomponenten, aus denen sich die beobachtete endogene Variable LNPROD_{it} zusammensetzt, im empirischen Programm entsprechend berücksichtigt werden. Aus obiger Darstellung folgen dabei zwei Dinge: *Erstens* sollte der Marktanteil des Betriebs auf dem belieferten Gütermarktsegment $(\ln Q_{it} - \ln Q_{St})$ in die Spezifikation mit aufgenommen werden. *Zweitens* sollte das Produktionsniveau auf Wirtschaftszweigebene $\ln Q_{It}$ in die Schätzungen integriert werden.

Beide Variablen stehen auf Basis der in dieser Arbeit verwendeten Datenquellen prinzipiell zur Verfügung. Der Marktanteil ist Gegenstand des Erhebungsprogramms im *Hannoveraner Firmenpanel*. Das Produktionsvolumen auf Industrieebene kann aus externen Datenquellen zugeführt werden. Damit ist eine adäquate

Korrektur für den Preisbias im Zuge des empirischen Untersuchungsprogramms möglich.

5.5 Die Arbeitsangebotsseite: Eine alternative Datenbasis

Dieses Kapitel schließt mit der Vorstellung einer Datenbasis, die die bisherige Datenlage ergänzt. Während das *Hannoveraner Firmenpanel* arbeitsnachfrageseitige Informationen umfasst, bezieht sich die alternative Datenquelle explizit auf arbeitsangebotsseitige Angaben. Sie konstituiert sich aus den Angaben von Beschäftigten, die im Rahmen einer standardisierten Mitarbeiterbefragung erbeten wurden, und stellt damit den Bezug zu den eingangs des theoretischen Teils erörterten Mitarbeiterpräferenzen her (siehe Seite 29). Ingesamt wird dabei das Ziel verfolgt, einen ersten, mit quantitativen Verfahren untermauerten, Eindruck über Ausprägung und Determinanten der postulierten Präferenzen für Aufgabenvielfalt zu gewinnen.

Das Erhebungsprogramm wurde auf das Forschungsprogramm der komplementären personalpolitischen Systeme abgestimmt. Die durchgeführte Befragung verfolgt insgesamt das Ziel, das Informationsdefizit über mitarbeiterseitige Einstellungen, d. h. über die Arbeisangebotsseite, zu verringern. Arbeitsangebotsseitige Faktoren spielen beispielsweise in der Diskussion von Lindbeck und Snower (1996, 2000, 2001) und insbesondere auch in der Diskussion von Snower (1998) um die *organisationelle Revolution* eine wichtige Rolle. Hierauf basierend und ausgehend von der schwachen Datenlage im *Hannoveraner Firmenpanel* wurde versucht, diese Informationslücke durch eine systematisch angelegte Fallstudie zu füllen. Diese Fallstudie wurde in einem Betrieb durchgeführt, der zur Grundgesamtheit des *Hannoveraner Firmenpanels* gehört, d. h. Produkte herstellt und zum Zeitpunkt der Stichprobenziehung mindestens fünf Beschäftigte hatte. Das Unternehmen ist international tätig. Nach Auffassung der Unternehmensleitung markiert die Bereitschaft der Mitarbeiter zur Mobilität und zur Übernahme wechselnder (mehrdimensionaler) Arbeitsinhalte einen wesentlichen Erfolgsfaktor moderner Unternehmenstätigkeit. Die erhoffte Mobilitätsbereitschaft erstreckt sich einerseits auf Einsatzflexibilität zwischen Arbeitsplätzen innerhalb eines Fertigungsbereichs, aber auch über Fertigungsbereiche hinweg. Andererseits wird die grundsätzliche Bereitschaft zu einem Auslandseinsatz als günstig erachtet.

Im Rahmen der Fallstudie wurde ein Datensatz generiert, der sich aus den Angaben der sogenannten Frontline–Mitarbeiter zusammensetzt, die diese in standardisierten Interviews gegeben haben. In ihrer Gesamtheit stellen die Angaben eine vielversprechende Ausgangsbasis für Studien zur Verfügung, die sich mit der faktischen Rolle der Mitarbeiter im Umfeld der organisationellen Revolution befassen. Diese Ausgangsbasis baut wiederum auf der Proxyvariablen MA–Präferenzen für Aufgabenvielfalt auf, die aus den Angaben der Unternehmens– bzw. Personalleitung im *Hannoveraner Firmenpanel* konstruiert wurde (vgl. Variablenanhang C.1, Seite 278), um die Vorliebe der Mitarbeiter für abwechslungsreiche Tätigkeiten und Aufgabenvielfalt näherungsweise abzubilden. Der Proxy selbst geht dabei in das Schätzprogramm der Abschnitte 6.1 bis 6.2) ein.

Die auf Basis des Proxies gewonnenen Ergebnisse zu den Mitarbeiterpräferenzen sind insofern mit Vorsicht zu interpretieren und sollten möglichst mit Hilfe geeigneter Daten weiter fundiert werden. Für verlässlichere Aussagen über den Einfluss veränderter Mitarbeiterpräferenzen und –qualifikationen bei der Entwicklung personalpolitischer Systeme sollten ergänzende, arbeitsangebotsseitige, Daten einbezogen werden. So stellt sich beispielsweise die Frage, ob die Arbeitsangebotsseite tatsächlich variierende Aufgabeninhalte bevorzugt und welche Zusammenhänge zu Qualitätsempfinden oder Weiterbildungseinstellungen bestehen.

Wenngleich der Stellenwert dieser Datenbasis im Gesamtspektrum der Arbeit nicht überzubewerten ist, die Untersuchung arbeitsangebotsseitiger Faktoren also eher exemplarischen Charakter besitzt, so lassen sich dennoch erste Hinweise auf die (veränderte) Rolle der Arbeitnehmer im modernen Produktionsumfeld und in veränderten Formen der Arbeitsorganisation gewinnen. Der Untersuchungsschwerpunkt wurde dabei auf die Konfrontation der von Lindbeck und Snower (2000) diskutierten Mitarbeiterpräferenzen für Aufgabenvielfalt und für Mobilität zwischen Arbeitsplätzen mit den empirischen Fakten gelegt. Die Untersuchung wird in den Kontext der komplementären personalpolitischen Systeme gestellt, so dass sich tendenzielle Aussagen über die tatsächliche Rolle der Mitarbeiter im Zuge denkbarer Organisationsentwicklungen treffen lassen.[14]

Das Befragungsprogramm fußt auf ökonomisch–theoretischen Inhalten. Dabei wird schwerpunktmäßig auf die diskutierten Arbeiten von Lindbeck und Snower (2000) sowie auf Carstensen (2000) rekurriert, d. h. es werden die Einstellungen und Erwartungen der Mitarbeiter erfragt. Diese betreffen (a) moderne Formen der Arbeitsorganisation, Teamarbeit und Aufgabenvielfalt, (b) die Beurteilung der derzeitigen und künftigen Rolle von intertemporalen Zeittransfers sowie (c) dezentrale Entscheidungsfindung und Mitarbeiterpartizipation in den Bereichen Qualitätsoptimierung, Prozesssteuerung und Kundennähe. Schließlich wird (d) nach der grundsätzlichen Mobilitätsbereitschaft und den dafür ausschlaggebenden Faktoren gefragt. Demografische Größen (Alter, Geschlecht, Betriebszugehörigkeit) sind ebenfalls Gegenstand des Erhebungsprogramms.

14 Ähnlich wie z. B. bei Freeman et al. (2000) wird dabei die Verbindung zwischen dem arbeitsnachfrageseitigen Anliegen (effiziente Arbeitsorganisation) und den arbeitsangebotsseitigen Zielvorstellungen (Mehrfachqualifikationen, Mitarbeiterflexibilität oder Transparenzwünsche) im Auge behalten.

Erhebungsmethodisch handelt es sich um eine Querschnittsbefragung, die in einem vergleichsweise homogenen Bereich der Produktion eines Betriebs aus dem Verarbeitenden Gewerbe durchgeführt wurde. Es wurden nicht sämtliche Beschäftigte befragt. Vielmehr wurde eine repräsentative Stichprobe gezogen, die nach den beiden Merkmalen Alter und Arbeitsplatz (Job-Slot) geschichtet ist. In den Grundzügen basiert die Einordnung der Job-Slots auf bestehenden Tätigkeitsbeschreibungen. Im Detail erfolgt die Klassifizierung des Merkmals Job-Slot anhand der erforderlichen Berufsausbildung, anhand der benötigten weiteren Qualifikationscharakteristika sowie anhand des derzeitigen effizienten Tätigkeitsspektrums. Die Schichtungsmerkmale liegen in klassifizierter Form vor, die Stichprobe ist repräsentativ in Bezug auf die 5×9–Schichtungsmatrix (Alter × Job-Slot).

Die Erhebung wurde als freiwillige Befragung konzipiert, d. h. die Teilnahme der ausgewählten Mitarbeiter war nicht obligatorisch. Bei einer Felddauer von knapp sechs Wochen konnte eine Rücklaufquote von 58 Prozent erzielt werden. In Zahlen ausgedrückt konnte aus einem Stichprobenbrutto von $N_b = 555$ *zu Befragenden* eine Nettostichprobe des Umfangs $N_n = 321$ *Befragte* realisiert werden. Eine erste Inspektion der Nettostichprobe kann keine nennenswerten Abweichungen zwischen Sollschichtung und Istschichtung nachweisen, was insgesamt sehr vielversprechend ist.

Die auf dieser Datenquelle basierenden Untersuchungen werden in Abschnitt 6.3 diskutiert. Rein theoretisch wird die Arbeitsangebotsseite dort explizit als Entscheidungsträger aufgefasst, d. h. es werden beispielsweise die Determinanten der Mobilitätsentscheidung oder der Vorliebe für abwechslungsreiche Tätigkeiten explizit modelliert.

Kapitel 6

Resultate der empirischen Analyse

Dieses Kapitel widmet sich den Resultaten der empirischen Analyse. Zur Zusammensetzung der personalpolitischen Systeme äußert sich Abschnitt 6.1. Dort werden die vier personalpolitischen Systeme vorgestellt. Im idealtypischen Fall aus der Theorie würde jedes der vier Systeme ein spezifisches personalpolitisches Gleichgewicht beschreiben. Der Gleichgewichtsbegriff soll im empirischen Teil allerdings nicht überstrapaziert werden, so dass im weiteren Verlauf stets von dem personalpolitischen System bzw. — gleichbedeutend — vom (charakteristischen) Betriebstyp die Rede ist.

Neben beschreibenden Verfahren kommen in 6.1 ökonometrische Modelle zur Anwendung, die die betriebliche Entscheidung für eines der Systeme spezifizieren. Daran anschließend geht es in Abschnitt 6.2 um die postulierten Effizienzeigenschaften personalpolitischer Systeme. Es wird der Hypothese wachsender Ertragszuwächse nachgegangen. Diese Hypothese entsprach im Theorieteil der Hypothese wachsender Differenzen und war dort äquivalent zur Hypothese aufsteigender Gleichgewichte. Dieses Phänomen wird empirisch über die Untersuchung von Reorganisationseffekten angegangen. Ziel ist dabei der Nachweis von Effekten, die in Abhängigkeit des realisierten personalpolitischen Systems variieren.

Abschnitt 6.3 nutzt die in Abschnitt 5.5 vorgestellte Datenbasis. Die Befragungseinheit in dieser Datenbasis ist im Gegensatz zum Betrieb im vornehmlich genutzten *Hannoveraner Firmenpanel* der einzelne Mitarbeiter mit seinen persönlichen Merkmalen und Einschätzungen. Die präsentierten Untersuchungserkenntnisse beziehen sich auf die Mobilitätsbereitschaft der Mitarbeiter und ihre Präferenzen für Aufgabenvielfalt, letztere gemessen anhand der von Mitarbeiterseite angeregten Neuerungen im Ausbildungsspektrum. Der abschließende Abschnitt 6.4 ordnet die empirischen Ergebnisse ein.

Mit Ausnahme der beschreibenden Analyse in 6.1, die das Programmpaket SPSS 10.0 nutzt, wurden sämtliche Analysen mit Hilfe des Statistikprogrammes Stata 7.0 durchgeführt. Die Entscheidung zugunsten dieses Softwarepakets wurde auf Basis der verwendeten Algorithmen und vor dem Hintergrund seiner hohen internen Rechengenauigkeit getroffen. Dieses ist allerdings nicht ohne Konsequenzen auf das im Anschluss an die Schätzungen anwendbare Testrepertoire, da das Programm in diesem Bereich bei Weitem nicht so ausgereift ist wie beispielsweise Limdep 7.0 (Greene (1995)).

Hiervon sind insbesondere auch Standardtests betroffen, wie etwa auf unterdrückte Variablen und auf Heteroskedastie. Diese sind lediglich für die Kleinste–Quadrat–Prozedur im klassischen Regressionsmodell implementiert. Die in den folgenden Abschnitten verwendeten Tests auf Normalverteilung beziehen sich stets auf den optischen Eindruck, der sich aus Plots ergibt, in denen Kernel–Schätzungen der Residuen mit der entsprechenden Normalverteilung verglichen werden.

6.1 Die Entscheidung für ein personalpolitisches System und Reorganisation

In ihren Grundzügen wurde die Betriebstypenbildung bereits im vorangegangenen Kapitel (Seite 5.3) angesprochen. Aus der theoretischen Diskussion heraus werden vier Betriebstypen prognostiziert: 1. $\text{Holist}_{\text{lsy}}$, 2. $\text{Holist}_{\text{tec}}$, 3. $\text{Adapt}_{\text{htr}}$ sowie 4. $\text{Taylor}_{\text{base}}$. Die theoretische Argumentationsführung ging soweit, dass die vier Betriebstypen vier personalpolitischen Systeme repräsentieren und zudem — in absteigender Reihenfolge — eine Systemhierarchie beschreiben.

Die Diskussion der vier Betriebstypen gliedert sich in zwei Teile. Unterabschnitt 6.1.1 geht näher auf die Ergebnisse der Clusteranalyse ein, die zur Identifikation der divergenten Typen herangezogen wurde. Er befasst sich zudem mit einfaktoriellen Varianzanalysen, an die sich in einem zweiten Schritt multiple Mittelwertvergleiche zwischen den Betriebstypen anschließen. Demgegenüber wird in Unterabschnitt 6.1.2 die Entscheidung für genau eines der vier charakteristischen personalpolitischen Systeme modelliert. Es kommen Modelle diskreter Entscheidungen zur Anwendung, wobei die Umsetzung der durch die theoretische Analyse belegten aufsteigenden Gleichgewichte anhand geordneter Probitmodelle erfolgt.

6.1.1 Diskussion der vier Betriebstypen

Das inhaltliche Anliegen der Betriebstypisierung besteht darin, möglichst homogene Betriebe auf Basis ihres personalpolitischen Maßnahmenkatalogs zu Gruppen zusammenzufassen. Die auf diese Weise gebildeten Gruppen wiederum sollen sich möglichst deutlich voneinander abgrenzen. Jede der Gruppen ist dann als ein charakteristischer Betriebstyp aufzufassen. Da die Typenbildung schwerpunktmäßig anhand des personalpolitischen Systems erfolgt, korrespondiert jeder Betriebstyp wiederum mit einem charakteristischen personalpolitischen System.[1]

1 In der idealtypischen Welt der mikroökonomischen sowie der supermodularen Unternehmenstheorie definiert ein personalpolitisches System jeweils ein personalpolitisches Gleichgewicht,

Dieses Untersuchungsziel lässt sich mittels des multivariaten statistischen Verfahrens der Clusteranalyse angehen: Das Ziel der *Clusteranalyse* besteht darin, *ähnliche Beobachtungsträger* zu vergleichsweise homogenen Gruppen (*Clustern*) zusammenzufassen. Führt man sich die $n \times p$–Rohdatenmatrix (bzw. bei standardisierten Variablen: die Korrelationsmatrix) vor Augen, so setzen Clusterverfahren bei der Reduktion der Zeilen an, d. h. eine Verringerung von p Beobachtungsträgern auf k Gruppen ist angestrebt.[2]

Kann von einer bekannten Zahl von Gruppen ausgegangen werden, so wie dieses auf Basis des Hypothesengerüstes der Fall ist, so lässt sich der sogenannte k–Means–Algorithmus anwenden. Gemäß Hypothese **H1** gehen wir von vier Clustern aus, wobei Kontrollschätzungen mit drei bzw. fünf Gruppen durchgeführt werden.[3]

Das zur Clusterung der Betriebstypen, und damit zur Identifikation der personalpolitischen Systeme eingesetzte k–Means–Verfahren lässt sich wie folgt skizzieren: *Erstens* handelt es sich um ein iterativ partitionierendes Verfahren, d. h. die Einteilung der Fälle in Grupppen erfolgt in einem Schritt (simultan) und wird ggf. wiederholt. *Zweitens* ist die Zahl der abzugrenzenden Gruppen bekannt. Sie beträgt in unserem Fall vier. Schließlich erfolgt *drittens* nach jedem Clusterungsschritt eine Neuberechnung der Gruppenmittel mit anschließender Neugruppierung der Gruppenmitglieder, und zwar bis zum Erreichen des Abbruchkriteriums. Übliche Abbruchkriterien sind beispielsweise das Erreichen einer bestimmten Anzahl von Iterationen oder aber das Unterschreiten einer vorher definierten Schranke für die Änderung der Gruppenmittel.

Die im Weiteren vorgestellten Ergebnisse basieren auf einer Gruppenmitteländerung $\Delta GM = 0$. Die Berechnungen werden mit dem Programmpaket SPSS 10.0 vorgenommen. Da die im untersuchten Problem zugrunde gelegten Variablen aus dem personalpolitischen Handlungsspektrum unterschiedliche Messniveaus besit-

---

gegeben die betrieblichen Rahmenbedingungen, was letztlich multiple Gleichgewichte im Aggregat begründet. Im empirischen Teil sei ganz allgemein von der Koexistenz abgrenzbarer Betriebstypen gesprochen.

2 Die zur Clusterung herangezogenen Verfahren bzw. Algorithmen unterscheiden sich, je nachdem, ob (a) die Gesamtzahl oder eine Auswahl der Beobachtungsträger untersucht wird, ob (b) einmal vorgenommene Gruppierungen Bestand haben oder Umgruppierungen erfolgen und ob (c) sich die Zahl der Gruppen im Verlauf der Berechnungen verringert, erhöht oder konstant bleibt. Für eine ausführliche Diskussion der unterschiedlichen Verfahren vgl. Fahrmeir, Hamerle und Tutz (1996b, Kapitel 9) sowie Jobson (1992, Kapitel 10).

3 Die Ergebnisse dieser Schätzungen werden hier nicht gesondert ausgewiesen, sondern nur genannt. Im Anschluss an die Clusterung wurden innerhalb eines jeden der drei Regime einfaktoriellen Varianzanalysen und Mehrfachvergleiche durchgeführt (zur Methode vgl. Brachinger und Ost (1996)). Deren (Nicht–)Ergebnisse und die Eigenschaftskombinationen der Gruppen innerhalb des Drei–, Vier– bzw. Fünftypenregimes sprechen für die Verwendung des Viertypenmodells.

zen, wird die Berechnung anhand standardisierter Werte (*z-scores*) vorgenommen. Sonst würden Variablen mit hoher Varianz die Ergebnisse der Clusteranalyse dominieren.

Zu Beginn der Clusteranalyse ist zunächst die Anfangsgruppierung zu bestimmen: Der Startwert der vier Gruppenmittel wird gebildet, indem aus der Gesamtstichprobe vier Fälle gezogen werden, deren Ausprägungen möglichst weit voneinander entfernt sind. Als Distanzmaß dient die quadrierte Euklidische Distanz zwischen den beiden Beobachtungsträgern l und m ($d^2_{ml} = (\mathbf{x_m}\text{-}\mathbf{x_l})'(\mathbf{x_m}\text{-}\mathbf{x_l}) = ||\mathbf{x_m}\text{-}\mathbf{x_l}||^2$). Dabei beschreiben $\mathbf{x_m}$ und $\mathbf{x_l}$ die Koordinaten der Beobachtungsträger m und l im p–dimensionalen Raum, der im behandelten Untersuchungsgegenstand durch das personalpolitische Handlungsspektrum sowie wesentliche Rahmenbedingungen aufgespannt wird. Ganz allgemein wird diese Distanz zwischen dem durch den Gruppenmittelvektor in den p–dimensionalen Raum projizierten Punkt sowie dem durch die Koordinaten des Beobachtungsträgers beschriebenen Punkt gemessen.

Nach Festlegung der Startgruppen wird die Distanz eines jeden der übrigen $n-4$ Beobachtungsträger zu allen Gruppenmitteln[4] berechnet und jeder dieser verbleibenden $n-4$ Beobachtungsträger wird derjenigen Gruppe zugeordnet, der er am ähnlichsten ist, d. h. zu der die Euklidische Distanz am geringsten ist. Für die nunmehr vorliegende Einteilung aller Fälle werden die entsprechenden Gruppenmittel neu berechnet. Danach wird der Vorgang der Distanzbestimmung mit anschließender Zuordnung der Betriebe zum nächsten Gruppenmittel wiederholt. Diese Durchschnittsberechnungs–Distanzbestimmungs–Umgruppierungs–Schleife wird durchlaufen, bis Gruppenmittel und Einteilung der Betriebe stabil sind.

Zur groben Einschätzung der Abgrenzungsgüte zwischen den durch die Gruppen angezeigten personalpolitischen Systemen wurden einfaktorielle Varianzanalysen durchgeführt. Hier sind zwei Aspekte zu beachten, die verdeutlichen, dass Interpretationen nicht unbedingt angeraten sind: *Erstens* repräsentieren die vier Gruppen vier künstlich generierte Variablen, deren Konstruktionsvorschrift auf die Maximierung des Abstands zwischen den Gruppenmitteln zielt. *Zweitens* ist zu beachten, dass bei vier Gruppen de facto sechs Tests auf Gleichheit der Gruppenmittel durchgeführt werden, so dass das in den Teststatistiken ausgewiesene Signifikanzniveau zu korrigieren wäre (zu denkbaren Korrekturverfahren siehe Winer, Brown und Michels (1991, 158ff, 191ff). Das in Tabelle 6.1 ausgewiesene Signifikanzniveau entspricht dem Signifikanzniveau nach Anwendung der approximativen Korrektur nach Bonferroni (Miller (1981)), bei der mit der Zahl der Tests multipliziert wird.

4 In der Anfangsformation stimmen Gruppenmittel und (einer der k) Beobachtungsträger überein.

Die Ergebnisse der Clusteranalyse (zur Darstellung der Methodik vgl. Bortz (1999), Kaufmann und Pape (1996)) sind der Tabelle 6.1 (Seite 178) zu entnehmen. Die Beschreibung des einbezogenen personalpolitischen Instrumentariums und der Rahmenfaktoren findet sich in den beiden Variablenanhängen C.1 sowie C.3. Die Tabelle zeigt die Verteilung der 942 Betriebe auf die vier Cluster. Die vier Spalten werden in absteigender Reihenfolge der personalpolitischen Systemordnung aufgenommen. Der Spaltenkopf gibt jeweils Auskunft über die dem Cluster gemäß seiner Eigenschaftskombination zugeschlüsselte Systembezeichnung. Der Anteil der mit jedem Cluster in Verbindung stehenden Betriebsgruppe ist der letzten Zeile zu entnehmen. Auf Basis ihrer Eigenschaftkombinationen lassen sich die vier Gruppen inhaltlich den in Hypothese **H1** (Seite 149) diskutierten Systemen zuordnen. Knapp ein Drittel der Betriebe ist holistisch organisiert. Die Eigenschaften dieser Betriebe sind in den ersten beiden Spalten aufgenommen. Die Eigenschaften des personalpolitischen Startsystems, das eine Zwischenstufe in der durch die Polarformen *tayloristisch* und *holistisch* markierten Rangordnung einnimmt, folgen in Spalte 3. Gut 13 % der Betriebe gehören dieser Startgruppe an. Die vierte und letzte Spalte schließlich umfasst die Angaben zum Referenzsystem– oder auch Basissystem $\text{Taylor}_{\text{base}}$. Der Anteil dieser Gruppe beträgt noch deutlich mehr als die Hälfte.

Die Tabelle gliedert sich in drei Eigenschaftsblöcke, die jeweils Unterblöcke umfassen. Der Block I konstituiert sich aus den beiden Teilblöcken (a) Gütermarktstrategien und (b) Auftragslage. Salopp formuliert steht er mit den externen Rahmenfaktoren in Verbindung bzw. mit dem Umgang des Betriebs mit diesen Rahmenbedingungen. Der zweite Block umfasst die Elemente der betrieblichen Entlohnungs– und Qualifizierungspolitik. Im erten Unterblock *Kompensationspakete* geht es vornehmlich um solche Entlohnungselemente, die sich innerhalb der 2×2–Matrix (gruppen/individuenbezogen) $\times$ (Orientierung–an–subjektiven/objektiven–Leistungsmaßen) klassifizieren lassen. Der *Qualifizierungsblock* hingegen umfasst einerseits die finanziellen Kennzeichen der Weiterbildungsförderung im gewerblichen Bereich und andererseits Aspekte wie Einarbeitungsdauer oder jährliche Anzahl der Schulungen. In den dritten und letzten Block finden schließlich drei Teilblöcke Eingang, die mit vorgelagerten Subsystemen in Verbindung stehen könnten. Diese sind (a) Elemente der innerbetrieblichen Informations– und Kommunikationsbasis, (b) der Verbreitungsgrad von Arbeitszeitkonten sowie (c) die Variablen, die zur direkten Operationalisierung von *Multitasking* gemäß Lindbeck und Snower (2000) herangezogen werden.

Zunächst ist — basierend auf den hier nicht im einzelnen diskutierten und dokumentierten Voruntersuchungen, die k zwischen 3 und 5 variieren —, festzuhalten, dass **H1** nicht verworfen wird und sich die beiden holistischen Varianten $\text{Holist}_{\text{lsy}}$ und $\text{Holist}_{\text{tec}}$ voneinander abgrenzen.

Im Sinne von Hypothese **H1** lassen sich die vier Gruppen als personalpolitische Systeme voneinander trennen. In der vierten Spalte ist die zahlenmäßig größte Gruppe vertreten. Diese Gruppe besitzt einen Anteil von 54.6 % an der 942er–Betriebsstichprobe. Sie korrespondiert mit den Charakteristika, die im Theorieteil für das tayloristische personalpolitische System begründet wurden und erhält die Bezeichnung $\text{Taylor}_{\text{base}}$. Für die Weiterverarbeitung in Folgeuntersuchungen erhalten die in dieser Gruppe zusammengefassten Betriebe die Ausprägung von *ao_sys*=4.

Diese Betriebe vertrauen häufiger als Betriebe aus den anderen Systemen auf Niedrigpreispolitik im Massenfertigungssegment und deutlich weniger häufig auf Gütermarktstrategien, die eine hohe Produktqualität und/oder striktes Zeitmanagement beinhalten (Block: *Gütermarktstrategien*). Zwar sind die Unterschiede zwischen den Gruppen im Block *Auftragslage* insgesamt nicht erheblich, allerdings scheinen die anderen Gruppen aufgrund des im Schnitt größeren Spielraums in Zeitkonten eher in der Lage, (ohne Verzögerung) auf schwankende Auftragsvolumina zu reagieren.

Trennt man den Bereich der *Kompensationspakete* in die beiden Teilbereiche (a) Individualakkord sowie (b) gruppenbasierte Entlohnungskomponenten, individuelle Boni und institutionalisierte Erfolgsbeteiligungssysteme für Mitarbeiter und/oder Management, so zeigt sich auch hier das vermutete Bild: Tayloristisch geprägte Betriebe setzen deutlich häufiger Entlohnungskomponenten vom Typ (a) ein, während Komponenten vom Typ (b), die als Anreizinstrumente bei Umweltunsicherheit, Unbeobachtbarkeit der Leistungsintensität, Nichttrennbarkeiten bei Teamproduktion und asymmetrischen Informationen gelten, weniger häufig zum Einsatz kommen. Inhaltlich korrespondiert dies mit hohen Spezialisierungserträgen und mit Zuordbarkeit der Arbeitsleistung.

Die *Qualifizierungspolitik* erfolgt auf einem niedrigen Niveau, das das der drei anderen Gruppen in jedem Teilgebiet unterschreitet. Sowohl die Förderung von Weiterbildung an sich als auch der Betrag, der Mitarbeitern im Durchschnitt für Humankapitalinvestitionen zur Verfügung gestellt wird, sind um ein Vielfaches geringer als in den anderen Betrieben. Gleiches betrifft den Anteil der Betriebe innerhalb des tayloristischen personalpolitischen Systems, die in kontinuierliches Dazulernen investieren: Dieser fällt geringer aus (zur Variablendefinition siehe Anhang C.3). Fasst man die betriebliche Qualizierungspolitik als Ausprägung der gemischten Strategie auf, die die drei (ordinalskalierten) Komponenten (a) Ausbau der Fähigkeiten im eigenen Spezialgebiet (Zeile unterhalb der Teilüberschrift "Besondere Ausrichtung"), (b) Ausgleich komparativer Defizite (Aufbau von Fertigkeiten in den entsprechenden Bereichen) sowie (c) Ausbau der Helikopterfähigkeiten beinhaltet, so kristallisieren sich für das System $\text{Taylor}_{\text{base}}$ zwei Dinge heraus: *Erstens* liegt das Niveau aller ordinalskalierten Variablen unter dem der drei

Vergleichsgruppen ($Holist_{lsy}$, $Holist_{tec}$, $Adapt_{htr}$) und zweitens liegt die Betonung innerhalb dieses "kürzeren Weiterbildungsvektors" im Vergleich zu den anderen Gruppen deutlich mehr auf fortwährender Spezialisierung.

Geht man über zum Bereich der charakteristischen Subsysteme, dem auch die Operationalisierung der wechselseitigen Versicherungsvariante des intertemporalen Zeittransfers zugeordnet wird, so zeigt sich auch hier das gewohnte Bild: Institutionalisierte IuK–Kanäle und –systeme sind ebenso wie das Informations–, Evaluations–, Mitbestimmungs– und Sprachrohrmedium Betriebsrat weniger häufig anzutreffen (Block *IuK–Kanäle und –Kultur*). Gleiches trifft für die Inzidenz von Zeitkonten, von nachverhandlungsstabilen Zeitkonten (wechselseitige Versicherungslösung) sowie für die Kontinuität entsprechender Konten zu (Block: *Subsystem Zeitkonten*).

Auch die geringere Ausprägung im Block *Subsystem Multitasking* spricht für die im Theorieteil über das tayloristische System getroffenen Aussagen, die fehlendes *Multitasking* als konstituierendes Element benennen. Während Teamfertigung auf einem substantiellen Niveau erfolgt, sind die Mitarbeiter noch vergleichsweise wenig in Entscheidungen eingebunden (Partizipation). Im Bereich der mitarbeiterseitig durchgeführten Qualitätskontrolle und –steuerung erwiesen sich die ausgewiesenen Differenzen nicht als signifikant.

Die empirische Evidenz stützt die Hypothesen zur Systemrangordnung (**H2**, **H3**) auf dieser ersten Ebene insoweit, als dass das tayloristische System ganz offensichtlich den niedrigsten Rang einnimmt. $Taylor_{base}$ scheint demnach (im mengentheoretischen Sinn) Nullsystem zu sein.

Kommen wir nun zu den anderen personalpolitischen Systemen. Die dritte Spalte gibt Auskunft über die personalpolitischen Charaktersistika und Rahmenfaktoren des Systems, das sich gut mit der Eigenschaftskombination des Startsystems **Azk–IKS** aus dem Theorieteil, d. h. mit der wechselseitigen Versicherungslösung, in Einklang bringen lässt. Dieses System wird mit dem Symbol $Adapt_{htr}$ belegt. Diese Gruppe besitzt einen Anteil von 13.6 % an der 942er–Betriebsstichprobe. Die hier vertretenen Betriebe erhalten den Wert *ao_sys*=3.

Dieses personalpolitische System sticht durch seine Konzentration auf quantitative Flexibilität hervor, die vorwiegend durch den nachverhandlungsstabilen intertemporalen Zeittransfer geregelt wird (Block *Subsystem Zeitkonten* und Block *IuK–Kanäle und –Kultur*). Demgegenüber scheint das andere charakteristische Subsystem, nämlich *Multitasking*, noch eher gering ausgeprägt. Dieses betrifft sowohl die konstruierte Variable *Mutask* als auch die zugrunde liegenden Einzelkomponenten.

Tabelle 6.1: Identifikation personalpolitischer Systeme

Rahmenfaktoren/ Personalpolitisches Instrumentarium [a]	Betriebstypen:			
	$\text{Holist}_{\text{Isy}}$	$\text{Holist}_{\text{tec}}$	$\text{Adapt}_{\text{htr}}$	$\text{Taylor}_{\text{base}}$
Gütermarktstrategien				
– Hohe Produktqualität [**]	93	89	99	85
– Zeitmanagement [**]	63	50	68	40
– Enge Kundenbindung [1.00]	31	23	31	28
– Niedrigpreispolitik [0.87]	30	37	29	39
– Umweltimage [**]	26	14	28	14
Auftragslage				
– Kapazitätsauslastung [1.00]	89	88	88	88
– Überauslastung (Ü) [b] [**]	3.1	3.7	3.2	2.5
– Kurzarbeit (K) [b] [1.00]	0.5	0.5	0.4	0.6
– simultanes Auftreten (K, Ü) [1.00]	6.8	8.3	4.8	7.3
– Arbeitszeitkontenspielraum [c] [**]	12	14	18	7
Kompensationspakete				
– Individualakkord [*]	17	17	24	21
– Individualbonus [**]	24	22	22	15
– Gruppenakkord [**]	6	6	10	5
– Gruppenbonus [**]	5	7	10	4
– Gewinnbeteiligung Mitarbeiter [*]	23	23	14	14
– Gewinnbeteiligung Management [**]	58	56	52	40
Qualifizierungspolitik				
– finanzielle Förderung [d] [**]	3.5	3.7	3.3	1.7
– Pro–Kopf Ausgaben [e] [**]	111	266	643	20
– kontinuierliches Lernen [**]	34	44	28	17
Besondere Ausrichtung [f] →				
– (Weiter–)Spezialisierung [†]	3.0	3.4	2.9	2.4
– Ausgleich kompar. Defizite [**]	1.6	1.9	1.5	1.0
– Ausbau Helikopterfähigkeiten [**]	2.1	2.3	2.6	1.4
IuK–Kanäle und –Kultur				
– Betriebsrat [**]	79	66	76	55
– institutionalisierte IuK [**]	71	64	70	47
– themengesteuerte IuK [**]	51	53	52	47
Subsystem Zeitkonten				
– Arbeitszeitkonten [**]	59	61	72	35
– Versicherungsvariante **Azk** [**]	33	33	31	12
– kontinuierlicher Einsatz [**]	21	20	31	9
– stets kein Einsatz [**]	61	63	55	73
Subsystem Multitasking				
– Multitasking (M) [**]	47	54	31	24
– kontinuierliches M [**]	19	14	3	7
– stets kein Multitasking [**]	39	29	47	61
– Teamarbeit (T) [**]	80	85	56	59
– Anteil Gewerbliche in T [**]	23	47	5	15
– Partizipation (P) [*]	51	53	52	47
Qualitätskontrolle →				
– prozessbegleitend [1.00]	59	64	55	58
– Bestandteil [**] Teamkompetenz	44	55	9	20
Anteil des Betriebstyps [in %]	21.4	10.6	13.4	54.6

[a] Einsatzniveau des betrachteten personalpolitischen Instruments, gemessen als Anteil aller Betriebe des Betriebstyps, der dieses Instrument einsetzt. Einfaktorielle Varianzanalyse: **: 1 %–Signifikanzniveau, *: 5 %–Signifikanzniveau sowie †: 10 %–Signifikanzniveau. Für Variablen, bei denen die Hypothese auf Gleichheit der Gruppenmittel nicht abgelehnt wird, wird die Höhe des Signifikanzniveaus ausgewiesen. Die dokumentierten Signifikanzniveaus sind Bonferroni–korrigiert.

[b] Anzahl der Jahre, in denen das Instrument zum Einsatz kommt/ der Rahmenfaktor Bestand hat (Wertebereich: 0,...,4).

[c] Hochgerechneter Zeitpuffer vorhandener Konten, gemessen als Anteil an der Normalarbeitszeit.

[d] Anzahl der Jahre, in denen der Betrieb Weiterbildungsmaßnahmen finanziell unterstützt.

[e] Deflationierte Weiterbildungsausgaben pro Beschäftigtem in EUR.

[f] Index über die Intensität, mit der die jeweilige Ausrichtung gefördert wird. Zur Beschreibung der Wertebereiche vgl. Anhang C, ab Seite 275

Datenbasis: Das Hannoveraner Firmenpanel, Welle 1–4. Die Berechnungen wurden mit SPSS 10.0 durchgeführt. Methode: K–MEANS–Clusteranalyse.

Bei der allgemeinen Ausrichtung der Weiterbildungspolitik, d. h. bei der Kombination der unterschiedlichen und zum Teil aufeinander aufbauenden Weiterbildungsziele, nimmt dieses System Adapt_{htr} eine Zwischenposition ein, bekleidet somit einen Rang zwischen Taylor_{base} und den beiden holistischen Varianten. Eine Ausnahme bilden hier die durchschnittlichen Pro–Kopf Investitionen in Humankapital. Diese sind in Betrieben des Typs Adapt_{htr} am höchsten. Ein Phänomen, für das sich folgende plausible Erklärung findet: Die für den Übergang zu einer holistischen Arbeitsorganisation notwendigen Voraussetzungen im Bereich Humankapitalvielseitigkeit (*Multiskilling*, qualifikatorische Einsatzflexibilität) sind noch nicht abschließend gelegt. Insofern wird überproportional in die gewünschte Humankapitalbildung investiert.

Eine in übertragenem Sinne vergleichbare Interpretation lässt sich für die personalpolitischen Rahmenbedingungen anstellen. Hier liegt die Dominanz im System Adapt_{htr} ziemlich deutlich auf den Gütermarktstrategien Qualitäts– und Zeitmanagement. Interpretiert man die beobachteten Strategien als auferlegte Gütermarktrestriktionen, so erfordern die Rahmenbedingungen für Adapt_{htr}–Betriebe zwei Dinge: (i) betriebliches Adaptionsvermögen und (ii) das Erfüllen bestimmter Qualitätsstandards bei der Produktion. Rein theoretisch lässt sich auch dieses Phänomen mit Komplementaritäten in Verbindung bringen, wenn die hergestellten Produkte eine bestimmte Kombination von Eigenschaften aufweisen sollten, d. h. beispielsweise das Erreichen einer bestimmten Produktqualität gefordert ist (Baker et al. (1994)). Dann existieren Konstellationen, unter denen eine Kombination verschiedener monetärer Kompensationsbestandteile von Vorteil ist.

Gut zu dieser theoretischen Vermutung passen die Kennzeichen innerhalb des Blocks *Kompensationspakete*. Hier ließe sich argumentieren, dass Startsystembetriebe in Ermangelung typischer holistischer Elemente wie Teamarbeit und Entscheidungsbeteiligung auf eine vergleichsweise weit gefächerte Struktur monetärer Anreize zurückgreifen, um so möglichst viele der Anforderungen innerhalb des Tätigkeitsspektrums anzusprechen. Das durch die Clusterung gezeichnete Bild zeigt im Detail: Sowohl die individuenbasierten Stücklohn– und Bonusbestandteile als auch deren gruppenbasierte Pendants kommen in Adapt_{htr} relativ häufig zum Einsatz. Eine weitgreifende Interpretation würde hier von einer abgewogenen Mischung aus objektiven und subjektiven Elementen sprechen, die zudem auf unterschiedlichen Verteilungsebenen ansetzen.

Stellt man sich das im Adapt_{htr}–System realisierte Niveau dieser Mischung als Ursprungsstrahl vor, so übersteigt dessen Länge die Länge der Vergleichsstrahle in den übrigen personalpolitischen Systemen. Anders verhält es sich bei der Mitarbeitererfolgsbeteiligung, die sich in den Bereich "Präferenzen – Rollenverflechtung Mitarbeiter/Unternehmensleitung" einordnen ließe: Derartige Beteiligungssysteme sind hier kein großes Thema.

Eine Einordnung von Adapt_{htr} gemäß der Hypothesen **H2** und **H3** könnte insgesamt so vorgenommen werden: In der Hierarchie der personalpolitischen Systeme markiert Adapt_{htr} die im Vergleich zu Taylor_{base} nächsthöhere Stufe. Konkret lässt sich dies an folgenden Merkmalen festmachen: *Erstens* ist die betriebsübliche Dauer von Schulungsmaßnahmen höher als in Taylor_{base}–Betrieben. *Zweitens* versuchen knapp 40 % der Taylor_{base}–Betriebe im Vergleich zu zu knapp 30 % der Adapt_{htr}–Betriebe durch niedrige Preise von der Konkurrenz abzuheben. *Drittens* praktizieren 12 % der Betriebe aus dem Referenzsystem Arbeitszeitkonten in wechselseitigen Versicherungsmodellen im Vergleich zu 31 % der Startsystembetriebe. *Viertens* zeigt sich die gleiche Rangfolge bei *Multitasking*: Hier stehen 24 % dem Vergleichswert von 31 % gegenüber.

Die in der Systemhierarchie darüber angesiedelten Betriebstypen sind die beiden holistischen Systemvarianten Holist_{lsy} und Holist_{tec}. Im Bereich der holistisch geprägten Systeme kristallisieren sich zwei Varianten heraus, deren relative Position zueinander noch genauer bei der Untersuchung der Produktivitätseffekte (Abschnitt 6.2) herausgearbeitet wird. Die Abgrenzungskriterien dieser beiden Varianten orientieren sich an der Argumentation von Lindbeck und Snower (2000, 2001), die das Augenmerk auf die vier Rahmenfaktoren

- flexible Fertigungssysteme — technologische Komplementaritäten,
- Lernsynergien (Wissenstransfer) — informelle Aufgabenkomplementaritäten,
- Humankapitalvielseitigkeit *(Multiskilling)* — Bildungsstandards,
- Mitarbeiterpräferenzen für Aufgabenvielfalt

legt. In der betrieblichen Praxis grenzen sich die beiden holistischen Varianten offensichtlich dadurch ab, dass ein Rahmenfaktor besonders hervorsticht, d. h. den Schwerpunkt innerhalb der vier Faktoren bildet, nämlich der erste oder der vierte.

Die in der ersten Spalte beschriebene und als Holist_{lsy} bezeichnete Variante sattelt auf die soeben beschriebene Variante Adapt_{htr} auf. Dieses wird z. B. deutlich, wenn man sich die Inzidenz der Versicherungsvariante der Arbeitszeitkonten vor Augen führt oder den Verbreitungsgrad institutioneller Informations– und Kommunikationsmedien betrachtet. In den Rahmen fügt sich ebenfalls das Bild, dass die Kultivierung der beiden Gewinnbeteiligungssysteme für Mitarbeiter und auch für die Unternehmensleitung am weitesten fortgeschritten ist. Im Sinne der Argumentation, die der Hypothesengenerierung vorangestellt war (vgl. Seite 147), ließe sich bei Holist_{lsy} von einem holistischen System sprechen, welches Mitarbeiterpräferenzen sowie Wissenstransfer und soziale Netzwerke betont.

Auf den ersten Blick verblüffend erscheint dabei das moderate Niveau der Weiterbildungsförderung (gemessen durch die Pro–Kopf Ausgaben) in Betrieben der präferenzgesteuerten holistischen Variante $\text{Holist}_{\text{lsy}}$. Hier wäre *eine* denkbare Erklärung, dass sich solche Betriebe über die bereits genannten Eigenschaften hinaus dadurch auszeichnen, dass der Aufbau von Mehrfachqualifikationen insoweit vorangeschritten ist, als dass das erforderliche Basisniveau an *Multiskilling* aufgebaut werden konnte. Dann ist es hinreichend, dieses Niveau über (moderate) kontinuierliche (Re–)Investitionen in Humankapital zu pflegen.

Bei den Gütermarktstrategien berücksichtigen die $\text{Holist}_{\text{lsy}}$–Betriebe zusätzlich den knappen Produktionsfaktor Umwelt. Hier scheinen nicht zuletzt Imageaspekte bei der Positionierung der Produkte auf dem Absatzmarkt oder Mitarbeiterpräferenzen für eine umweltfreundliche Produktion eine wesentliche Rolle zu spielen. 21.4% der untersuchten Betriebe haben das holistische personalpolitische System $\text{Holist}_{\text{lsy}}$ realisiert; ihnen wird der Wert *ao_sys*=1 zugordnet. Das andere holistische System ($\text{Holist}_{\text{tec}}$) fußt vornehmlich auf *technologischen* Aufgabenkomplementaritäten, was nicht zuletzt aus der Betonung von Teamarbeit, Partizipation und Teamkompetenz ersichtlich ist (Block *Subsystem Multitasking*). Entsprechende Betriebe erhalten den Wert *ao_sys*=2. Ihr Anteil liegt bei 10.6%.

Die mehrdimensionalen Tätigkeitsfelder dieser technologischen Variante ergeben sich als produktionsprozessforcierte Anforderungen, d. h. sie sind zur Realisierung von Fertigungssynergien notwendig: Die *Multitasking*ausrichtung dieser Betriebe konzentriert sich offenkundig auf den flexiblen Einsatz des Humankapitals, auf den gezielten Einsatz von Fertigungssystemen und — damit verbunden — das Ausnutzen von Teameffekten. Hierfür sprechen der hohe Anteil der gewerblichen Mitarbeiter, die in die Teamproduktion eingebunden sind, und das hohe Maß an Autonomie, das den Teams zuteil wird. Nicht zuletzt sind letztere mit der Qualitätssteuerung betraut.

Auch ist das betriebliche IuK–System, welches in $\text{Holist}_{\text{tec}}$–Betrieben vorzufinden ist, deutlicher auf fertigungsnahe Belange ausgerichtet als in der zuvor beschriebenen präferenzgesteuerten Variante, was aus der veränderten Schwerpunktsetzung bei projektbezogenen Informationen geschlossen wird. Kontinuierliches Lernen — sogenanntes *Upskilling* — scheint ein grundlegender Erfolgsfaktor zu sein, was vor dem Hintergrund technologischer Komplementaritäten nicht verwundert (Block *Qualifizierungspolitik*). Anders ausgedrückt resultieren aus der fortschreitenden Weiterentwicklung der Produktionstechnologien entsprechende Anforderungen an die Weiterentwicklung des Humankapitals.

Auf der anderen Seite sattelt auch diese holistische Variante auf der intertemporalen Flexibilität im Rahmen der wechselseitigen Versicherungslösung auf, wenngleich sich die Gewichtung innerhalb der innerbetrieblichen Informations–

und Kommunikationspolitik wie beschrieben verschiebt. Die nachverhandlungsstabilitätsfördernden und bei den Mitarbeiterpräferenzen ansetzenden Einzelbestandteile (i) Betriebsrat und (ii) institutionalisierte IuK verlieren erheblich an Bedeutung. Last not least versetzt eine erfolgreiche Nutzung von Fertigungssynergien die Betriebe mit dem personalpolitischen System $\text{Holist}_{\text{tec}}$ allem Anschein nach in die Lage, mehr als die Vergleichsbetriebe aus dem System $\text{Holist}_{\text{lsy}}$ auf dem Gütermarkt mit einer Niedrigpreisstrategie aktiv zu werden.

Die Ergebnisse der Clusteranalyse sind leicht zusammengefasst: Der Präferenzvariante $\text{Holist}_{\text{lsy}}$ gehören 21.4 % der Betriebe an. In der Summe machen die holistisch organisierten Betriebe nahezu ein Drittel aller Betriebe aus. Insofern lässt sich nicht unbedingt von einem massiven Reorganisationsprozess *à* la Lindbeck und Snower sprechen bzw. dieser scheint bei weitem noch nicht abgeschlossen. Dem schwerpunktmäßig auf Fertigungssynergien und Kapitalflexibilität beruhenden Betriebstyp $\text{Holist}_{\text{tec}}$ gehören 10.6 % der Betriebe an. Der Betriebstyp $\text{Adapt}_{\text{htr}}$ aus Tabelle 6.1 korrespondiert gut mit dem Startsystem **Azk–IKS** (siehe Seite 94) und repräsentiert daher die erste Stufe oberhalb des Nullsystems $\text{Taylor}_{\text{base}}$. Diese erste Stufe in der diskreten Reorganisationshierarchie haben 13.4 % der Betriebe erklommen. Der Ausgang für die Umstrukturierung wird dabei bei der quantitativen Adaption genommen.

Das Nullsystem ist wie gesagt durch das tayloristisch geprägte personalpolitische System $\text{Taylor}_{\text{base}}$ gegeben. Der Basisbetriebstyp $\text{Taylor}_{\text{base}}$ besitzt mit 54.6 % nach wie vor den größten Anteil an der Gesamtheit aller personalpolitischen Systeme, was vom Grundsatz her ebenfalls nicht uneingeschränkt im Einklang mit der von Lindbeck und Snower (2000) postulierten Dramatik des Organisationsumschwungs steht.

Insgesamt kann festgehalten werden, dass die Clusteranalyse im Großen und Ganzen die Existenz abgrenzbarer personalpolitischer Systeme untermauert (Hypothese **H1**, Seite 149) und auch Argumente für die Systemhierarchie liefert (Hypothesen **H2** und **H3**, Seite 149).

Einige der systemtypischen Kennzeichen, die sich im Zuge der multiplen Mittelwertvergleiche herausgestellt haben, wurden bereits angesprochen, als es um die Abgrenzung der beiden holistischen Varianten ging. Aus Tabelle 6.2 lassen sich weitere interessante Einzelheiten entnehmen. Aufgenommen wurden ausgewählte (re–)organisationsrelevante Variablen, die einem jeweils paarweisen Vergleich zwischen den vier personalpolitischen Systemen unterzogen wurden.[5]

5 Auf eine detaillierte Besprechung der berechneten Gruppenmittel und der Ergebnisse der pro Variable durchgeführten sechs Tests auf Gleichheit der Gruppenmittel ($\text{Taylor}_{\text{base}}$– $\text{Holist}_{\text{lsy}}$, $\text{Taylor}_{\text{base}}$– $\text{Holist}_{\text{tec}}$, $\text{Taylor}_{\text{base}}$– $\text{Adapt}_{\text{htr}}$, $\text{Adapt}_{\text{htr}}$– $\text{Holist}_{\text{lsy}}$, $\text{Adapt}_{\text{htr}}$– $\text{Holist}_{\text{tec}}$, $\text{Holist}_{\text{tec}}$– $\text{Holist}_{\text{lsy}}$) wird hier verzichtet. Die entsprechenden Informationen werden in komprimierter Form durch Tabelle 6.2 zur Verfügung gestellt.

Der linke Tabellenteil gibt dabei jeweils Auskunft über den gruppenspezifischen Durchschnittt, die Standardabweichung und die Fallzahl der betrachteten personalpolitischen Variablen. Die rechte Seite der Tabelle enthält die Signifikanzniveaus der paarweisen Mittelwertvergleiche, die zwischen den Betriebstypen hinsichtlich derselben personalpolitischen Variablen vorgenommen wurden. Der optische Aufbau sei exemplarisch anhand des Marktanteils erläutert: Der Wert von (0.05) in der Taylor_{base}–Spalte zeigt an, dass die Hypothese, der (logarithmierte) Marktanteil der wichtigsten Produktgruppe unterscheide sich nicht zwischen Taylor_{base}– und Holist_{lsy}–Betrieben, auf dem 5%–Niveau verworfen wird. Der durchschnittliche Marktanteil ist dabei in Holist_{lsy}–Betrieben höher als in den Taylor_{base}–Betrieben.

Die prägnantesten Ergebnisse seien kurz skizziert: Nahezu durchgängig belegt sind die Differenzen zwischen dem Taylor_{base}–System und allen übrigen Systemen, was als ein erster Hinweis für die Angemessenheit des Hypothesengerüsts gewertet werden könnte. Auch die theoretisch belegte Behauptung des diskreten Systemwechsels ist hiermit vereinbar. Die bisherigen Ergebnissen lassen vermuten, der erste "Sprung" erfolge dabei von Taylor_{base} zu Adapt_{htr}.

Die statistische Signifikanz der Unterschiede zwischen Adapt_{htr} und den beiden übergeordneten Systemen Holist_{lsy} sowie Holist_{tec} variiert in Abhängigkeit der betrachteten Variablen. Im Vergleich zu Holist_{lsy} spricht einiges dafür, dass Adapt_{htr}–Betriebe in Wachstumssegmenten zu finden sind. Auch setzen sie im Rahmen der Absatzpolitik deutlich häufiger auf ein ausgeklügeltes Zeitmanagement und/oder eine hohe Produktqualität als holistische Betriebe.

Die Unterschiede zwischen Adapt_{htr} und Holist_{tec} machen sich einerseits an Faktoren fest, die mit Fertigungssynergien und technologischen Komplementaritäten in Verbindung stehen. Andererseits divergieren die Humankapitalvoraussetzungen zwischen den beiden Systemen. Dieses ließe sich als erstes Indiz für die Gültigkeit der Vermutung werten, die Wahl des personalpolitischen Systems sei an (ansteigende) Restriktionsniveaus geknüpft. In diesem Sinne werden die qualifikatorischen Voraussetzungen innerhalb der Belegschaft, die für eine *Multitasking*–Umgebung vonnöten sind, als Restriktionsniveau aufgefasst.

Der nächste Abschnitt 6.1.2 nimmt die clusteranalysegestützte Betriebstypisierung bzw. deren Ergebnisse auf und formuliert ein Entscheidungsmodell über die vier personalpolitischen Systeme. Hierbei wird einerseits die Schwellenwertdiskussion von Lindbeck und Snower (2000) (vgl. auch Abschnitt 3.2.3, inbesondere Seite 37) aufgenommen.

Tabelle 6.2: Weiterführende Abgrenzung der Betriebstypen

Indikator	Betriebstypen: Holist$_{lsy}$	Holist$_{tec}$	Adapt$_{htr}$	Taylor$_{base}$	Paarweise Mittelwertvergleiche [a] H_0 : identische Gruppenmittel (Signifikanzniveau, auf dem H_0 abgelehnt wird): Taylor$_{base}$	Adapt$_{htr}$	Holist$_{tec}$
Variablenname	Mittelwert (Standardabweichung) Fallzahl				... im Vergleich zu ... Holist$_{lsy}$ Adapt$_{htr}$ Holist$_{tec}$	Holist$_{lsy}$ Holist$_{tec}$	Holist$_{lsy}$
Betriebsgröße	323.80 (1250.36) 617	301.77 (880.64) 282	338.19 (1053.60) 267	121.58 (180.48) 1426	(0.00) (0.99) (0.98)	(0.56) (0.96)	(0.00)
Beschäftigungswachstum	−0.02 (0.12) 430	−0.01 (0.16) 189	0.01 (0.12) 152	−0.02 (0.10) 969	(0.97) (0.41) (0.03)	(0.10) (0.72)	(0.68)
Marktanteil (log.)	2.49 (1.23) 478	2.45 (1.21) 227	2.47 (1.25) 212	2.29 (1.30) 1011	(0.05) (0.46) (0.35)	(0.99) (0.99)	(0.97)
Hohe Produktqualität	0.93 (0.24) 591	0.89 (0.32) 282	0.99 (0.11) 242	0.85 (0.35) 1390	(0.00) (0.53) (0.00)	(0.23) (0.03)	(0.13)
Zeitmanagement	0.61 (0.49) 623	0.53 (0.49) 297	0.63 (0.48) 289	0.44 (0.49) 1473	(0.00) (0.03) (0.00)	(0.96) (0.10)	(0.13)
Innovationsintensität	2.46 (1.47) 549	2.42 (1.49) 291	2.46 (1.60) 289	1.92 (1.52) 1199	(0.00) (0.00) (0.00)	(0.00) (0.11)	(0.11)

[a] Im Anschluss an einfaktorielle Varianzanalysen wurden multiple Mittelwertvergleiche durchgeführt. Die ausgewiesenen Signifikanzniveaus sind nach der Methode von Scheffé korrigiert (siehe auch Fahrmeir, Hamerle und Nagl) (1996a, 178–181). Die Berechnungen wurden mit dem Programmpaket Stata 7.0 durchgeführt.

... Tabelle 6.2 fortgesetzt

Indikator	Betriebstypen: $Holist_{lsy}$	$Holist_{tec}$	$Adapt_{htr}$	$Taylor_{base}$	Paarweise Mittelwertvergleiche H_0 : identische Gruppenmittel (Signifikanzniveau, auf dem H_0 abgelehnt wird) $Taylor_{base}$	$Adapt_{htr}$	$Holist_{tec}$
Variablenname	Mittelwert (Standardabweichung) Fallzahl				... *im Vergleich zu* ... $Holist_{lsy}$ $Adapt_{htr}$ $Holist_{tec}$	$Holist_{lsy}$ $Holist_{tec}$	$Holist_{lsy}$
Bewährte Technologien	0.32 (0.49) 619	0.23 (0.49) 291	0.33 (0.49) 273	0.38 (0.49) 1446	(0.06) (0.00) (0.48)	(0.99) (0.10)	(0.09)
Innovationsziel Produktionsflexibilität	0.13 (0.34) 589	0.23 (0.42) 274	0.15 (0.36) 227	0.09 (0.29) 1380	(0.10) (0.00) (0.13)	(0.95) (0.08)	(0.02)
Hochqualifizierte Mitarbeiter	0.05 (0.05) 615	0.06 (0.07) 288	0.04 (0.05) 276	0.03 (0.04) 1447	(0.00) (0.00) (0.00)	(0.74) (0.00)	(0.00)
Anteil Gewerbliche Mitarbeiter	0.61 (0.16) 621	0.58 (0.18) 285	0.61 (0.20) 260	0.67 (0.16) 1456	(0.00) (0.00) (0.00)	(0.98) (0.05)	(0.04)
Teamautonomiegrad	1.49 (1.87) 551	2.63 (2.19) 243	0.36 (1.09) 201	0.71 (1.48) 1228	(0.00) (0.00) (0.06)	(0.00) (0.00)	(0.00)
Gewinnbeteiligung für Mitarbeiter und Management	0.21 (0.40) 613	0.22 (0.41) 288	0.13 (0.33) 278	0.10 (0.30) 1437	(0.00) (0.00) (0.81)	(0.02) (0.02)	(0.99)
Reorganisationsdruck	0.26 (0.44) 429	0.34 (0.48) 289	0.30 (0.46) 158	0.22 (0.41) 977	(0.26) (0.00) (0.15)	(0.85) (0.86)	(0.25)
MA–Präferenzen für Aufgabenvielfalt (Proxy)	0.51 (0.49) 599	0.42 (0.49) 289	0.45 (0.49) 261	0.27 (0.45) 1354	(0.00) (0.00) (0.00)	(0.13) (0.59)	(0.88)

Datenbasis: Das Hannoveraner Firmenpanel, Welle 1–4.

Andererseits fließen die Ausführungen zur Rangordnung der (gleichgewichtigen) personalpolitischen Systeme (Abschnitt 4.5.1, insbesondere Seite 134) ein. Integriert werden die beiden Theoriestränge in der gemeinsamen Hypothesenbildung, wobei im nächsten Abschnitt die Hypothesen **H2** und **H3** unter Anwendung ökonometrischer Verfahren angegangen werden.

6.1.2 Diskrete Entscheidung für einen Betriebstyp

Ziel dieses Abschnitts ist es, die Entscheidung für ein personalpolitisches System, die auf Basis des Untersuchungsgegenstands mit der Entscheidung für einen Betriebstyp gleichgesetzt werden kann, im Rahmen eines Modells mit geordneten Kategorien zu untersuchen.[6] Hiermit wird versucht, die Rangordnungshypothesen **H2** und **H3** (Seite 149) anzugehen. Der den einzelnen Beobachtungsträgern durch die *k*–Means–Clusteranalyse im vorangegangenen Abschnitt zugewiesene Cluster wird dabei als Maß für das realisierte personalpolitische System verwendet.

Durch diese Vorgehensweise werden die zuvor erzielten Ergebnisse somit zunächst als Untermauerung der Abgrenzungs– und Eigenschaftshypothese **H1** (Seite 149) gewertet und entsprechend verwendet. Sie werden dabei insofern implizit überprüft, als dass die Eigenschaften der Schwellenwerte des empirischen Modells Auskunft über die Abgrenzbarkeit der Systeme geben. Das vorrangige Ziel dieses Abschnitt besteht dabei in der Überprüfung der Komplementaritätsbehauptung, die an der Zusammenstellung des personalpolitischen Maßnahmenkatalogs festgemacht wird.

Es werden Probitmodelle mit geordneten Kategorien geschätzt. Zugehörige Methodik und Schätzresultate werden ab Seite 197 erörtert. Die ökonometrischen Untersuchungen zur Betriebstypenbildung gliedern sich in zwei Schritte: Dem ordinalen Probitansatz ist die Schätzung eines faktoranalytischen Modells vorgelagert, dessen Ergebnisse in die Probitschätzungen einfließen. Die dem zweistufigen Vorgehen zugrunde liegende Idee lässt sich verdeutlichen, indem man die Rohdatenmatrix gedanklich in einen korrelierten Teil und einen vorbestimmten Teil trennt. Das empirische Modell greift auf zwei unterschiedliche Variablengruppen zurück.

Die *erste* Gruppe umfasst beobachtete Variablen, d. h. einen Teil der vorliegenden Rohdaten. Im Wesentlichen handelt es sich dabei um Informationen aus den Bereichen (i) Gütermarktstrategien und Gütermarktposition, (ii) Auftragslage und Auftragskoordination sowie (iii) Mitarbeiterpräferenzen für abwechslungsrei-

6 Befände man sich in der idealtypischen Welt der Theoriediskussion, die außer der Produktnachfrage keine weiteren Zufallsvariablen enthielte, so entspräche jede der geordneten Kategorien einem bestimmten Niveau der aufsteigenden Gleichgewichte. Die Existenz aufsteigenender Gleichgewichte resultiert dabei auf den Komplementaritäten im personalpolitischen Handlungsspektrum.

che Tätigkeiten und Aufgabenvielfalt (Proxyvariable). Anders formuliert gehen die von den Betrieben erteilten Auskünfte in die entsprechenden Schätzansätze ein.

Die Variablen der *zweiten* Gruppe sind hypothetischer Natur. Sie werden nicht beobachtet, sondern im Rahmen vorgelagerter datenreduzierender Verfahren generiert. Diese vorgelagerten Untersuchungen dienen dazu, aus der Vielzahl der beobachteten organisationsrelevanten Daten, von denen anzunehmen ist, dass sie untereinander korreliert sind, einige wenige (hypothetische) Variablen zu gewinnen. Diese hypothetischen Variablen sind unkorreliert[7] und werden statt der Originalvariablen in weiterführende Untersuchungen aufgenommen. Führt man sich erneut die $n \times p$–Rohdatenmatrix bzw. die zugehörige Korrelationsmatrix vor Augen, so setzt das bei dieser Voruntersuchung eingesetzte Verfahren zur Datenreduktion bei der Reduktion von p an, und zwar unter der Maßgabe, die Struktur der Kovarianzmatrix bzw. der Korrelationsmatrix möglichst gut abzubilden, oder anders formuliert, die zugehörige Information einzufangen. Ganz allgemein fußen derartige Verfahren auf dem faktoranalytischen Modell (z. B. Jobson (1992), Kapitel 9). Im Rahmen dieser Arbeit wird eine Faktorenanalyse nach der Hauptkomponentenmethode durchgeführt. Diese beinhaltet neben der eigentlichen Faktorextraktion die Rotation der Faktoren, die aus Gründen der Eindeutigkeit und ökonomisch sinnvollen Interpretierbarkeit der Lösung erfolgt, sowie eine Schätzung der Faktorwerte (*scores*). In einem regressionsanalytischen Modell wird hierbei für jeden einzelnen Beobachtungsträger dessen Ausstattung hinsichtlich der Faktoren bestimmt.

Diese Ausstattungswerte gehen schließlich in die ökonometrischen Spezifikationen zur Betriebstypenwahl ein. Der Präsentation der Ergebnisse der Faktorenanalyse und der anschließenden Weiterverarbeitung in ökonometrischen Untersuchungen wird im nächsten Unterabschnitt ein kurzer Methodenüberblick vorangestellt. Dieser geht auf die Zielsetzung der Hauptkomponentenanalyse und das ihr zugrunde liegende Annahmengerüst ein. Danach wird das faktoranalytische Modell skizziert und die Verbindung beider Ansätze im Rahmen der Voruntersuchung aufgezeigt. Schließlich werden die Ergebnisse vorgestellt, die sich aus der Anwendung dieser Methode auf die Rohdaten des *Hannoveraner Firmenpanels* ergeben. Die Faktorextraktion erfolgt dabei im Rahmen zweier Spezifikationsalternativen, die sich anhand der einbezogenen Ursprungsvariablen unterscheiden, d. h. es wird zwischen einer sparsamen Rohdatenmatrix und einer umfangreichen Rohdatenmatrix getrennt.

Die theoretischen Grundlagen dieses Verfahrens werden im nächsten Unterabschnitt skizziert, und es werden die Ergebnisse der durchgeführten Faktorenanaly-

7 Für die praktische Durchführung von Faktorenanalysen stehen dabei sogenannte schiefwinklige Verfahren zur Verfügung, die eine gewisse Restkorrelation zulassen (Jolliffe (1986, 124–127)).

sen vorgestellt. Die ökonometrische Untersuchung der Entscheidung für einen der vier Betriebstypen erfolgt in Unterabschnitt 6.1.2.2.

6.1.2.1 Voruntersuchung: Faktorenanalyse nach der Hauptkomponentenmethode zur Extraktion personalpolitischer Determinanten

Formal gesehen weicht die der Hauptkomponentenmethode zugrunde liegende Modellvorstellung vom faktoranalytischen Modell ab, welches in gemeinsame Faktoren und in (variablen)spezifische Faktoren trennt. So werden bereits auf der Modellierungsebene sogenannte Einzelrestvarianzen berücksichtigt (vgl. Brachinger und Ost (1996b, 641–643)), über deren Eigenschaften bestimmte Annahmen getroffen werden. In der Hauptkomponentenanalyse errechnet sich das Pendant zu den Einzelrestvarianzen des faktoranalytischen Modells faktisch als unerfasster Rest (`Uniq`), entspricht daher dem Komplement zur erfassten Varianz, und zwar ohne zusätzliche Annahmen über die Kovarianzstruktur. Für Modelle, in denen das faktoranalytische Modell mit Hilfe der Hauptkomponentenmethode geschätzt wird, beinhaltet dieses die Konsequenz, dass eine zusätzliche Annahme in das faktoranalytische Modell einfließt. Diese Annahme betrifft den Vektor, der den unerfassten Rest umfasst, und besagt, diese unerfassten Varianzanteile seien unkorreliert.

Ganz allgemein geht es darum, den Informationsgehalt der beobachteten (korrelierten) Rohdaten durch eine deulich geringere Zahl hypothetischer (unkorrelierter) Faktoren möglichst gut abzubilden. Die Hauptkomponentenanalyse zielt auf die Varianz der Ursprungsdaten ab, so dass das Ziel des Verfahrens darin besteht, "mit möglichst wenigen solcher Faktoren möglichst viel der totalen Varianz der ursprünglichen Variablen" (Brachinger und Ost (1996b, 640)) zu erfassen. Die Hauptkomponenten selbst entsprechen einer Linearkombination der ursprünglichen Variablen, werden somit nicht beobachtet, sondern als hypothetische Variablen mittels der Hauptkomponentenanalyse generiert. Sie werden in absteigender Folge des durch sie erfassten Teils der Varianz ausgewiesen.

Das stilisierte Modell lautet wie folgt, wobei angenommen wird, für n Betriebe seien jeweils p Variablen beobachtet worden. Die entsprechenden Beobachtungsvektoren seien mit $X_1, \ldots, X_p$ bezeichnet. Modellgemäß existieren (maximal) p Hauptkomponenten (PCs), die mit $Z_1, \ldots, Z_p$ bezeichnet seien, wobei p PCs trivialerweise die gesamte Varianz "erklären". Konzentriert man sich zunächst auf die erste Hauptkomponente Z_1, welche einen größeren Anteil der Varianz erfasst als jede andere Hauptkomponente $Z_2, \ldots, Z_p$, so gilt aufgrund der Linearkombinationskonstruktion:

$$Z_1 = \upsilon_{11} X_1 + \ldots + \upsilon_{p1} X_p \quad . \tag{6.1}$$

Dabei ist die Skalierung von v_{j1} beliebig, $j = 1,\ldots,p$. Nun werde Z_1 zur Schätzung der Ursprungsvariablen herangezogen ($\widehat{X}_1 = a_{11}Z_1,\ldots,\widehat{X}_p = a_{p1}Z_1$), und zwar unter der Maßgabe der Minimierung der quadratischen Abweichung, die durch $\sum_{j=1}^{p}\sum_{i=1}^{n}(\hat{x}_{ij} - x_{ij})^2$ gegeben ist. Bestimmt werden die beiden p–dimensionalen Vektoren $\mathbf{v}$ und $\mathbf{a}$, so dass die Summe der Diagonalelemente

$$tr\left(\mathbf{X}-\widehat{\mathbf{X}}\right)'\left(\mathbf{X}-\widehat{\mathbf{X}}\right) \tag{6.2}$$

minimiert wird, gegeben die beiden Beziehungen $\mathbf{z}_1 = \mathbf{X}\mathbf{v}_1$ sowie $\mathbf{X} = \mathbf{z}_1\,\mathbf{a}_1'$. Die Lösung dieses bedingten Minimierungsproblems erfolgt über die Lösung des folgenden Eigenwert–Eigenvektorproblems, wobei die Matrix $\mathbf{X}'\mathbf{X}$ vom Rang s sei:

$$(\mathbf{X}'\mathbf{X}-\lambda\mathbf{I})\,\mathbf{v} = 0 \quad . \tag{6.3}$$

Aufgrund der Beliebigkeit der Skalierung lässt sich ohne Einschränkung die Annahme $\mathbf{v}'\mathbf{v} = 1$ treffen, so dass Gleichung (6.3) über die Bestimmung der s Eigenwerte (λ_j) und Eigenvektoren ($\mathbf{v}_j$), mit $j = 1,\ldots,s$ gelöst wird. Die Eigenwerte seien der Größe nach geordnet, wobei λ_1 den größten Eigenwert markiere und λ_s den kleinsten. Obige Minimierungslösung selbst entspricht der um den ersten Eigenwert reduzierten Summe der Eigenwerte, d. h. $\sum_{j=2}^{s}\lambda_j$.

Das für die erste Hauptkomponente dargestellte Lösungsschema lässt sich auf r Hauptkomponenten verallgemeinern, wobei Eigenwerte und Eigenvektoren der Matrix $\mathbf{X}'\mathbf{X}$ bestimmt seien. Es gilt $\mathbf{z}_k = \mathbf{X}\mathbf{v}_k$, wobei $k = 1,\ldots,r \leq s$ ist, bzw. in $(n \times r)$–Matrixnotation: $\mathbf{Z} = \mathbf{X}\mathbf{V}$. Weiterhin gilt $\widehat{\mathbf{X}} = \mathbf{Z}\mathbf{V}'$. Aufgrund der Orthogonalität der Eigenvektoren $\mathbf{v}_k$ sind die Hauptkomponenten ebenfalls orthogonal, so dass $\mathbf{Z}'\mathbf{Z}$ Diagonalmatrix ist, mit den r (absteigenden) Eigenwerten $\lambda_1,\ldots,\lambda_r$ auf der Hauptdiagonalen. Daraus wird deutlich, dass im Extremfall, bei dem die Zahl der bestimmten Hauptkomponenten dem Rang von $\mathbf{X}'\mathbf{X}$ entspricht ($r = s$), die Varianz stets vollständig erfasst wird. Der Anteil der durch die l ersten Komponenten erfassten Varianz beträgt $\sum_{k=1}^{l}\lambda_k / \sum_{k=1}^{s}\lambda_k$, mit $l \leq s$.

Diese Methode wird auf das faktoranalytische Modell angewendet, welches im Folgenden vorgestellt wird. Das faktoranalytische Modell umfasst drei Variablengruppen:

- p beobachtete Zufallsvariablen $X_1,\ldots,X_p$, mit dem Erwartungswertvektor $\boldsymbol{\mu}$ und der Varianz–Kovarianzmatrix Σ,
- r unbeobachtete Variablen $F_1,\ldots,F_r$ (gemeinsame Faktoren), wobei $r << p$ sowie
- p ebenfalls unbeobachtete Einzelrestfaktoren $U_1,\ldots,U_p$.

In standardisierter Form und Matrixdarstellung lautet das Modell:

$$(\mathbf{x}-\boldsymbol{\mu}) = \mathbf{A}\mathbf{f}+\mathbf{u}, \tag{6.4}$$

mit dem $(p \times 1)$–Vektor $(\mathbf{x}-\boldsymbol{\mu})$ der Elemente $X_i - \mu_i, i = 1,\ldots,p$; mit dem $(r \times 1)$–Vektor der gemeinsamen Faktoren **f**; mit der zu schätzenden $(p \times r)$–Matrix der unbeobachteten Faktorladungen $a_{ij}, i = 1,\ldots,p,\ j = 1,\ldots,r$ sowie mit dem $(p \times 1)$–Vektor der Einzelrestfaktoren $U_i, i = 1\ldots,p$.

Die folgenden Standardannahmen sowie faktormodellspezifischen Annahmen werden getroffen:

$$\begin{aligned} &\mathrm{E}[\mathbf{u}] = \mathbf{0}\,, &&\mathrm{E}[\mathbf{f}] = \mathbf{0}\,, &&\mathrm{E}[(\mathbf{x}\text{-}\boldsymbol{\mu})] = \mathbf{0}\,,\\ &\mathrm{E}[\mathbf{uu'}] = \boldsymbol{\Psi} &&\mathrm{E}[\mathbf{fu'}] = \mathbf{0}\,, &&\mathrm{E}[\mathbf{ff'}] = \mathbf{I}_r\,. \end{aligned} \tag{6.5}$$

Es wird also von unkorrelierten Fehlertermen ausgegangen ($\mathrm{E}[\mathbf{uu'}] = \boldsymbol{\Psi}$, $(p \times p)$–Diagonalmatrix). Darüber hinaus seien gemeinsame Faktoren und Einzelrestfaktoren unkorreliert ($\mathrm{E}[\mathbf{fu'}] = \mathbf{0}$). Die Annahme der Unkorreliertheit der gemeinsamen Faktoren ($\mathrm{E}[\mathbf{ff'}] = \mathbf{I}_r$) lässt sich gegebenenfalls lockern.[8]

Der methodisch interessante Aspekt des Faktorenmodells besteht darin, dass **A** *und* **f** unbekannt sind, mithin keiner der Terme rechts des Gleichheitszeichens in Beziehung (6.4) beobachtet wird. Unter Gültigkeit obiger Annahmen ist die Varianz–Kovarianzmatrix $\mathrm{E}[(\mathbf{x}-\boldsymbol{\mu})(\mathbf{x}-\boldsymbol{\mu})'] = \Sigma$ darstellbar als:

$$\sum = \mathbf{A}\mathbf{A}' + \Psi, \tag{6.6}$$

so dass eine Darstellung ohne **f** zur Verfügung steht, wobei in der Praxis auf die Korrelationsmatrix $\boldsymbol{\rho}$ zurückgegriffen wird. Das Faktorenmodell lässt sich daher mittels der Hauptkomponenten und Eigenvektoren schätzen. Für n Beobachtungsträger lautet das Faktorenmodell entsprechend:

$$\mathbf{X} = \mathbf{F}\mathbf{A'} + \mathbf{U} \tag{6.7}$$

$$\boldsymbol{\rho} = \mathbf{A}\mathbf{A}' + \Psi, \tag{6.8}$$

8 In empirischen Anwendungen macht sich dieses bei den zu verwendenden Rotationsverfahren bemerkbar.

F ist die unbeobachtete ($n \times r$)–Matrix der Werte der r gemeinsamen Faktoren für die n Beobachtungsträger,

A' ist die unbeobachtete ($n \times p$)–Ladungsmatrix,

U ist die ($n \times p$)–Matrix der unbeobachteten Fehlerterme (Werte der Einzelrestfaktoren) für die n Beobachtungsträger.

Bei gegebener Anzahl der beibehaltenen Faktoren r lassen sich $\mathbf{A}$ und $\mathbf{\Psi}$ aus der Beziehung in Gleichung (6.8) schätzen. Das Modell aus Gleichung (6.7) lässt sich mit Hilfe der Hauptkomponenten und Eigenvektoren ausdrücken:[9]

$$\begin{aligned} \mathbf{X} &= \mathbf{ZV'} \\ &= (\mathbf{Z\Lambda}^{-1/2})(\mathbf{\Lambda}^{1/2} V') \quad , \end{aligned} \tag{6.9}$$

wobei die Komponenten eine Varianz von 1 aufweisen. Somit lassen sich die Faktorwerte und die Faktorladungen schätzen:

$$\widehat{\mathbf{F}} = \mathbf{Z\Lambda}^{-1/2} \tag{6.10}$$

$$\widehat{\mathbf{A'}} = \mathbf{\Lambda}^{1/2}\mathbf{V'} \quad . \tag{6.11}$$

Es werden lediglich die ersten $r > p$ Faktoren in das Schätzmodell aufgenommen, was die Partition der obigen Matrizen nach dem Muster $[r \,\vdots\, p-r]$ implementiert:

$$\mathbf{Z} = (\mathbf{Z}_1, \mathbf{Z}_2), \quad \mathbf{V'} = \begin{bmatrix} \mathbf{V}_1 \\ \mathbf{V}_2 \end{bmatrix}, \quad \mathbf{\Lambda} = \begin{bmatrix} \mathbf{\Lambda}_1 & 0 \\ 0 & \mathbf{\Lambda}_2 \end{bmatrix} \quad . \tag{6.12}$$

Die letzten $(p-r)$ Hauptkomponenten werden bei der Hauptkomponentenmethode zur Schätzung des Faktorenmodells unterdrückt und durch den Fehlerterm ersetzt:

$$\mathbf{X} = \underbrace{\mathbf{Z}_1\mathbf{V'}_1}_{\widehat{\mathbf{F}}\cdot\widehat{\mathbf{A'}}} + \underbrace{\mathbf{Z}_2\mathbf{V'}_2}_{\widehat{\mathbf{U}}} \quad . \tag{6.13}$$

Aus dieser Darstellung ist ersichtlich, dass die Anwendung der Hauptkomponentenmethode zur Schätzung des Faktorenmodells stillschweigend die Annahme einführt, $\mathbf{Z}_2\mathbf{V'}_2{}'\mathbf{Z}_2\mathbf{V'}_2$ sei Diagonalmatrix.[10] Für die Anwendung der Hauptkom-

9 In standardisierter Form lautet X_i in Hauptkomponentenform: $X_i = \upsilon_{i1}\sqrt{\lambda_1} \cdot \frac{Z_1}{\sqrt{\lambda_1}} + \ldots + \upsilon_{ip}\sqrt{\lambda_p} \cdot \frac{Z_p}{\sqrt{\lambda_p}}$.

10 Dieses folgt aus: $\mathrm{E}(\mathbf{u}\,\mathbf{u}') = \mathbf{\Psi}$ sei Diagonalmatrix mit den Hauptdiagonalelementen $\sigma^2_{u_i}$.

ponentenmethode spricht vor allem, dass sich die Matrix der Faktorwerte $\widehat{\mathbf{F}}$ direkt aus $\mathbf{Z}_1$ und $\mathbf{\Lambda}_1$ gewinnen lässt.

Da unendlich viele Lösungen für $\widehat{\mathbf{F}}$ die Korrelationsmatrix $\boldsymbol{\rho}$ implementieren, wird die orthogonale Transformationsmatrix $\mathbf{T}$ eingeführt: $\mathbf{T}\mathbf{T}' = \mathbf{I}$. Auf Basis dieser orthogonalen Rotation lassen sich eindeutige Lösungen für die Faktorwerte $\mathbf{G} = \mathbf{F}\mathbf{T}$ gewinnen. Diese Werte können in weiterführende Untersuchungen eingehen. Die zugehörige Ladungsmatrix $\mathbf{B}'$ lautet dabei $\mathbf{T}'\mathbf{A}'$. Plastisch gesehen werden die r Achsen im p–dimensionalen Raum so rotiert, dass die Beobachtungswerte möglichst gut auf die durch den ersten Faktor markierte Achse projiziert werden, die danach verbleibende Varianz möglichst gut auf die durch die zweite Hauptkomponente markierte Achse projiziert wird etc.[11]

Bislang wurde von einem bekannten r ausgegangen. Dieses wird in der Praxis nicht der Fall sein. Es liegen aber verschiedene Kriterien vor, nach denen die Wahl der beizubehaltenden Faktoren erfolgt. Ein gängiges Kriterium ist beispielsweise, jene Eigenwerte weiterzuverfolgen, die größer als Eins sind, d. h. die mindestens so viel zur Erklärung der Varianz beitragen wie eine Variable selbst (*Kaiser–Kriterium*). Ein anderes Kriterium, das bei den hier durchgeführten Analysen zum Einsatz kommt, wird durch den *Scree–Test* (auch Ellenbogentest) bereitgestellt. Hier werden die Eigenwerte in absteigender Reihenfolge geplottet und verbunden. Die vorliegende Grafik wird dann in einen steil abfallenden Ellenbogenteil und einen flachen Geröllteil unterteilt. An der Übergangsstelle kommt es optisch zu einem Knick. Der Ellenbogenteil korrespondiert mit den mit 1 indizierten Teilmatrizen, der Geröllteil mit den mit 2 indizierten Teilmatrizen.

Die in der vorliegenden Arbeit in die Analyse einbezogenen Ursprungsvariablen entstammen einer Reihe von Themenblöcken. Im Einzelnen sind dies: (a) Produktionsanlagen und Fertigungstechnologien, (b) Auftragskoordination und Friktion, (c) Qualifikationsstruktur und technologiebasierte Entwicklung von Anforderungsprofilen, (d) Attraktivität von Arbeitsplätzen und Fertigungsflexibilität, (e) Dimensionalität des Tätigkeitsspektrums und Entwicklung von Kernkompetenzen (f) Qualifizierungsstrategien und aufgabenübergreifendes Lernen, (g) innerbetriebliche IuK–Kanäle und IuK–Kultur sowie (h) intertemporale Adaption.

Die auf die beschriebene Weise gewonnenen Faktoren werden in die ökonometrischen Spezifikationen aufgenommen. Sie dienen damit als Determinanten der Organisationsentscheidung. Insgesamt werden drei unterschiedliche Fassungen weiter verfolgt. Diese drei Spezifikationsalternativen gehen in die drei Modelle (Modell 1, Modell 2 und Modell 3) der Tabelle 6.3 ein. Die Ergebnisse der zuge-

11 In der Praxis stehen dabei unterschiedliche Rotationsverfahren zur Verfügung, die sich dahingehend unterscheiden, ob tatsächlich eine orthogonale Rotation vorgenommen wird, oder ob die Annahme $E[\mathbf{ff}'] = \mathbf{I}_r$ gelockert wird. In letzterem Fall ist die Rotation oblique. In dieser Arbeit kommt speziell das schiefwinklige `Promax`–Rotationsverfahren zum Einsatz.

hörigen Faktorenanalysen werden nun vorgestellt (für die Definition der Variablen und eine inhaltliche Interpretation der Faktoren siehe Anhang C.3 und C.4).

Im ersten der im Folgenden dokumentierten faktorenanalytischen Modelle werden zwei Faktoren beibehalten (Zweifaktorenmodell): Die zugrunde gelegte Rohdatenmatrix beschränkt sich auf solche personalpolitischen Variablen, die aus dem Umfeld von Information und Kommunikation, von lerninduzierten Aufgabenkomplementaritäten, der Adaption des Faktors Arbeit, der betrieblichen Qualifizierungspolitik sowie von Präferenzen und Arbeitsplatzattraktivität stammen.

Der deutliche Abfall in den Eigenwerten erfolgt in diesem Modell zwischen Nummer 2 und 3. Die entsprechenden Faktorwerte aus dem Zweifaktorenmodell werden in eine Spezifikationsalternative des Ordered Probit Modells aufgenommen (Tabelle 6.3, Modell 3, Seite 200). Die nach der Hauptkomponentenmethode durchgeführte Faktorenanalyse liefert die folgenden rotierten Faktorladungen, wobei die Spalte `Uniqueness` den unerfassten Rest einer Variable quantifiziert:

/* Rotated Factor Loadings (promax rotation) */

Variablen (MODELL 3)	_2sVers	_Anford	Uniqueness
ARBEITZEITKONTO (AZK)	0.82	-0.12	0.24
AZK_NVSTAB (nachverhandlgsstabil)	0.84	-0.07	0.26
INF_INSTITUTIONELL	0.53	0.10	0.47
MA_PRÄFERENZ (Proxy)	-0.08	0.63	0.57
LEARN_lebenslang (Proxy)	-0.01	0.38	0.77
FLEX_Entkoppelung	0.36	0.43	0.58
INF_PROJEKT	-0.25	0.63	0.41
FLEX_Prozesssteuerung	0.08	0.35	0.80
QUAL_Evaluation	0.14	0.33	0.49
Anteil der erfassten Varianz:	0.23	0.14	(0.63)

Beurteilt man die Faktorenanalyse anhand der Höhe des unerklärten Rests, so sind die Ergebnisse weder vielversprechend noch besonders enttäuschend. Im Stata Manual werden `Uniqueness`–Werte über 0.6 als zu hoch angesehen (Stata (2001a, 516)). Ausgehend hiervon sind die beiden Faktoren F_2sVersicherung und F_Anforderungsdynamik — unter geboten vorsichtiger Interpretation — durchaus in Erwägung zu ziehen. Für zwei beobachtete Variabeln wird der Wert 0.6 überschritten: `LEARN_lebenslang` und `FLEX_Prozesssteuerung`.

Zur inhaltlichen Interpretation der Faktoren: F_2sVersicherung misst als hypothetische Variable solche betrieblichen Arbeitszeitkontenlösungen, die als zweiseitige Versicherungslösung praktiziert werden. Durch diesen Faktor werden die Variablen Konteninzidenz (`ARBEITZEITKONTO`), (Proxy für) nachverhandlungsstabile Kontenmodelle (`AZK_NVSTAB`), institutionell verankerte und regelmäßige Information(sweitergabe) an die Beschäftigten sowie Kommunikation gemeinsam bestimmt. Information und Kommunikation betreffen dabei durchaus auch übergeordnete Bereiche und Unternehmensziele(`INF_INSTITUTIONELL`).

Unter den Oberbegriff der abwechslungsreichen Tätigkeiten und Mitarbeiterpräferenzen ließe sich der zweite Faktor F_Anforderungsdynamik fassen. Er korrespondiert mit dem Phänomen, das im Theorieteil unter dem Stichwort *dynamisches Multitasking* diskutiert wurde (vgl. Seite 96).

Dieser Faktor steht mit dem Aufgabenvielfaltsproxy `MA_PRÄFERENZ` in Verbindung, mit lebenslangem und aufgabenübergreifendem Lernen sowie dem daraus resultierenden Wissenstransfer in andere Tätigkeitsfelder (operationalisiert durch `WB_Multiskilling`), mit der Entkoppelung von Arbeits- und Betriebszeiten (`FLEX_Entkoppelung`), mit Informations- bzw. Rückkoppelungssystemen, die projekt- und themenspezifischer Natur sind (`INF_PROJEKT`), sowie mit einer zweigleisigen Qualitätssteuerung. Einerseits werden die erforderlichen Qualitätsstandards mit Hilfe von Innovationen angestrebt, die den Flexibilitätsspielraum bei der Herstellung ausweiten (`FLEX_Prozesssteuerung`). Andererseits wird Qualitätssteuerung von einer zentralen Stelle begleitet, welche sich als firmeninterne Kontrollinstitution auffassen ließe (`QUAL_Evaluation`).

Folgt man der Argumentationskette, die Teiltätigkeiten gingen als Bestandteile eines Gesamttätigkeitsspektrums ineinander über, so ließe sich die künstlich generierte Variable F_Anforderungsdynamik als zeitvariable Aufgabenzuordnung interpretieren (Baron und Kreps (1999, 334f)). Die betrachteten Teiltätigkeiten sind (a) (direkt) produktive Tätigkeiten, (b) Maßnahmen zur Qualitätsoptimierung, (c) Anstöße zu Prozessverbesserungen sowie (d) fach- und projektspezifischer Erfahrungsausstausch. Aus der Tatsache, dass (offenbar freiwillig) realisiertes Mitarbeiterverhalten aus verschiedenen Aufgabenfeldern beobachtet wird, wird zudem die Verbindung zur Vereinbarkeit mit Mitarbeiterinteressen hergestellt, und es wird auf die Präferenzen für Aufgabenvielfalt rückgeschlossen.

Im Vergleich zum Zweifaktorenmodell nimmt das Vierfaktorenmodell eine wesentlich umfassendere Datenmatrix auf. Auf Basis der Schätzung des faktoranalytischen Modells und der Beurteilung der Eigenwerte werden vier Faktoren beibehaltenen: F_2sVersicherung (wechselseitige Versicherung durch Zeittransfers in Arbeitszeitkonten), F_Rollenverflechtung (Ablösung traditioneller Rollenverständnisse sowie Aufweichung der klassischen Trennung zwischen Leitungsbefugnis und Mitarbeiteraufgaben), F_WB-Bündel (gezielter Aufbau und das Nutzen von Lernspillovern) sowie F_*Upskilling* (lebenslanges Lernen und Erweiterung der Berufsausbildung nach eigenen — aus betrieblicher Sicht angeratenen — Maßstäben).

Das Vierfaktorenmodell geht in die Modellspezifikation 2 (Tabelle 6.3) ein. Die ökonomisch interpretierbaren rotierten Faktorladungen lauten:

```
/* Rotated Factor Loadings (promax rotation) */
-----------------------------+--------------------------------------
 Variablen (MODELL 1)        |_2sVers  _Rolle  _WBvec _UpSkil Uniqueness
-----------------------------+--------------------------------------
ARBEITZEITKONTO (AZK)        |  0.68   -0.03   -0.02    0.04     0.28
```

AZK_NVSTAB	0.77	0.19	-0.07	-0.06	0.29
AZK_Transferpuffer	0.65	0.02	-0.05	0.06	0.42
BETRIEBSRAT	0.58	-0.09	0.13	-0.18	0.37
INF_INSTITUTIONELL	0.49	-0.11	0.33	-0.03	0.35
INF_PROJEKT	0.03	0.19	0.06	-0.01	0.34
GBSYS_Mitarbeiter	0.02	0.89	-0.04	0.04	0.15
GBSYS_Unternehmensleitung	0.46	0.53	-0.07	-0.06	0.46
GBSYS_Beide	0.08	0.92	-0.06	0.05	0.09
WB_Finanzierung	0.34	0.09	0.44	0.15	0.38
WB_AusgabenProKopf	0.14	0.16	0.26	0.19	0.55
LEARN_Spezialgebiet (Proxy)	0.08	-0.06	0.62	0.07	0.56
LEARN_übergreifend (Proxy)	0.05	-0.05	0.82	0.03	0.18
LEARN_lebenslang (Proxy)	-0.15	-0.04	0.72	0.09	0.24
MASTRUKTUR_Azubiquote	-0.07	0.04	0.11	0.61	0.31
MASTRUKTUR_Gewerblichenquote	0.02	-0.22	-0.10	-0.59	0.28
MASTRUKTUR_Facharbeiterquote	-0.06	-0.14	0.11	0.50	0.26
MASTRUKTUR_Meisterquote	0.03	-0.09	0.03	0.54	0.40
KURZARBEIT	0.28	-0.19	-0.13	0.14	0.46
PROZESS_Reibung	0.19	-0.13	-0.11	-0.02	0.58
LAG(1)_Beschäftigungswachstum	-0.24	0.17	0.22	-0.18	0.59
FLEX_Entkoppelung	0.39	-0.12	0.25	-0.39	0.44
FLEX_Prozesssteuerung	0.11	0.00	0.06	-0.19	0.79
PROZESS_Auslastung	-0.17	0.12	0.32	-0.23	0.44
PROZESS_neuesteTechnologie	-0.09	-0.03	0.30	-0.08	0.60
Anteil der erfassten Varianz:	0.15	0.08	0.07	0.07	(0.63)

Der Faktor der wechselseitigen Versicherung trägt dieselben Kennzeichen wie im Zweifaktorenmodell. Er rekrutiert sich wie gehabt aus den Variablen, die die Kombination aus intertemporalem Zeittransfer und den nachverhandlungsstabilitätsbewahrenden Informationsmechanismen operationalisieren. Die entsprechend institutionalisierten Informationskanäle ermöglichen es den Mitarbeitern, die Seriösität des Betriebs zu überprüfen, die dieser bei der Kreditnahme im Zeitkontenmodell walten lässt (siehe auch Abschnitt 3.4.5 und 3.4.7, Kapitel 3).

Der zweite Faktor F_Rollenverflechtung lädt hoch auf jene Variablen, die die Abkehr von althergebrachten Vertragsbeziehungen bzw. von der starren Rollentrennung zwischen Mitarbeiter und Unternehmen anzeigen. In diesem Sinne wird die starke positive Ladung dieses Faktors auf die Variablenkonstellation "Mitarbeitererfolgsbeteiligung — Erfolgsbeteiligungssystem für die Geschäftsleitung" verstanden. In diesem Zusammenhang wird aus dem simultanen Auftreten der beiden Beteiligungssysteme darauf rückgeschlossen, dass sich zumindest in ausgewählten Teilbereichen eine allmähliche Durchmischung von Mitarbeiter– und Unternehmensinteressen abzeichnet, was letztlich ebenfalls die ursprünglichen Aufgabengebiete betrifft.

F_WB–Bündel steht in Verbindung mit den in der jüngeren Literatur diskutierten Weiterbildungssystemen, die zur Unterstützung der mit dem angelsächsischen Begriff *high performance, high involvement* bzw. *high commitment* belegten personalpolitischen Systemen dienen (für einen Überblick vgl. MacDuffie (1995), Ichniowski et al. (1996), Baron und Kreps (1999)). Konkret lädt F_WB–Bündel auf drei Elemente. Zunächst ist der Ausbau der Qualifikation im eigenen derzeitigen Spezialgebiet zu nennen (Operationalisierung: (`LEARN_Spezialgebiet`).

Auf- und Ausbau von Fertigkeiten in anderen, verwandten Aufgabenbereichen, aus denen man sich positive Rückkoppelungseffekte verspricht (LEARN_übergreifend), sowie ein Proxy für die gezielte Unterstützung des lebenslangen Dazulernens (LEARN_lebenslang) sind die beiden anderen konstituierenden Elemente dieses Faktors.

Der vierte Faktor F_*Upskilling* schließlich zeichnet Phänomene wie das Aufsatteln auf Qualifikationen und Fertigkeiten nach, beispielsweise weil technische Neuerungen und allgemeine Entwicklungstendenzen dies erfordern. Dieser Faktor lädt u. a. hoch auf die Auszubildendenquote. Ein hoher Anteil der Auszubildenden an der Belegschaft wird hier als Indiz dafür gewertet, auf Seiten der Betriebe bestehe starkes Interesse daran, künftige Fachkräfte frühzeitig mit firmenspezifischen Qualifikationskritierien und Lernerfordernissen vertraut zu machen, die über das Maß hinausgehen, das die Berufsausbildungskataloge der Industrie- und Handelskammern festschreiben.

Im Vergleich zum Vierfaktorenmodell nimmt das im Folgenden beschriebene Fünffaktorenmodell zusätzlich den fünften Faktor F_Reibung auf. Dieser Faktor zielt auf Reibungsverluste und Reaktionsverzögerungen im Tagesgeschäft ab. Dieses Modell geht in die Modellspezifikation 1 (Tabelle 6.3) ein. Die rotierten Faktorladungen lauten:

/* Rotated Factor Loadings (promax rotation) */

Variablen (MODELL 2)	_2sVers	_Rolle	_WBvec	_UpSkil	_Reibg	Uniqueness
ARBEITZEITKONTO (AZK)	0.84	-0.17	-0.13	0.12	-0.08	0.28
AZK_NVSTAB	0.79	0.13	-0.09	-0.03	0.08	0.29
AZK_Transferpuffer	0.75	-0.08	-0.12	0.11	0.01	0.42
BETRIEBSRAT	0.37	0.01	0.24	-0.27	0.36	0.37
INF_INSTITUTIONELL	0.31	-0.03	0.40	-0.09	0.26	0.35
INF_PROJEKT	0.04	0.18	0.05	0.01	-0.06	0.34
GBSYS_Mitarbeiter	-0.08	0.93	0.03	0.03	-0.02	0.15
GBSYS_Unternehmensleitung	0.40	0.52	-0.04	-0.05	0.05	0.46
GBSYS_Beide	-0.03	0.96	0.01	0.04	0.01	0.09
WB_Finanzierung	0.37	0.04	0.39	0.18	-0.06	0.38
WB_AusgabenProKopf	0.23	0.08	0.19	0.25	-0.16	0.55
LEARN_Spezialgebiet (Proxy)	-0.02	-0.02	0.65	0.04	0.03	0.56
LEARN_übergreifend (Proxy	-0.08	0.01	0.87	-0.01	0.01	0.18
LEARN_lebenslang (Proxy)	-0.25	0.02	0.76	0.06	-0.04	0.24
MASTRUKTUR_Azubiquote	0.04	-0.01	0.06	0.63	0.01	0.32
MASTRUKTUR_Gewerblichenquote	-0.19	-0.08	0.01	-0.67	0.19	0.28
MASTRUKTUR_Facharbeiterquote	-0.13	-0.06	0.17	0.42	0.29	0.26
MASTRUKTUR_Meisterquote	-0.01	-0.05	0.07	0.47	0.29	0.40
KURZARBEIT	0.01	0.01	0.05	-0.03	0.64	0.46
PROZESS_Reibung	-0.04	0.03	0.04	-0.15	0.47	0.58
LAG(1)_Beschäftigungswachstum	-0.10	0.06	0.12	-0.08	-0.45	0.59
FLEX_Entkoppelung	0.33	-0.11	0.26	-0.39	-0.02	0.44
FLEX_Prozesssteuerung	0.21	-0.08	-0.01	-0.12	-0.22	0.79
PROZESS_Auslastung	-0.09	0.05	0.26	-0.16	-0.36	0.44
PROZESS_neuesteTechnologie	0.04	-0.13	0.20	0.01	-0.34	0.61
Anteil der erfassten Varianz:	0.15	0.08	0.07	0.07	0.06	(0.57)

F_Reibung steht daher mit dem kurzfristigen Auseinanderfallen von (Zwischen)-produktangebot und -nachfrage in Verbindung. Hier sind das simultane Auftreten von Kurzarbeit und Überstunden[12] und ein Beschäftigungsabbau in der Vergangenheit ebenso von großer Bedeutung wie ein zunehmenend veraltender Maschinenpark und ein hoher Anteil von Überwachungspositionen im gewerblichen Bereich.

Mit den drei Varianten stehen Variablen für personalpolitische Instrumentengruppen zur Verfügung, die in unterschiedliche Spezifikationsalternativen der ökonometrisch geleiteten Untersuchung der Determinanten und Wirkungen personalpolitischer Systeme umgesetzt werden können. Die Ergebnisse der ökonometrischen Modellierung der Entscheidung für ein bestimmtes personalpolitisches System werden im nächsten Unterabschnitt diskutiert.

6.1.2.2 Die Entscheidung für ein personalpolitisches System im Rahmen eines Probit–Ansatzes für geordnete Kategorien

Technisch gesehen erfolgt die Wahl des personalpolitischen Systems, oder gleichbedeutend, die Entscheidung für einen der vier Betriebstypen in Abhängigkeit davon, ob bestimmte Schwellenwerte bei den Determinanten überschritten werden. Die aufsteigende Rangordnung der personalpolitischen Systeme (vgl. **H2** und **H3** sowie die Ergebnisse der Clusteranalyse (Tabelle 6.1)) impliziert dabei ansteigende Schwellenwerte.

Anders formuliert korrespondiert *ao_sys*=1 mit dem höchsten Schwellenwert, *ao_sys*=2 mit dem zweithöchsten, *ao_sys*=3 mit dem dritthöchsten und *ao_sys*=4 mit dem niedrigsten Schwellenwert. Das mit der Realisation von 1 korrespondierende personalpolitische System grenzt sich dabei erheblich von dem System ab, welches beispielsweise mit der Realisation *ao_sys*=3 korrespondiert.

In Modellen mit ansteigenden Schwellenwerten wird die endogene Variable als ordinalskalierte Variable beobachtet. Derartige Modelle lassen sich erwartungstreu und effizient mit Hilfe eines Probitmodells für geordnete Kategorien nach dem Maximum–Likelihood–Prinzip schätzen (Ronning (1991), Davidson und MacKinnon 1993, Kapitel 15)). Voraussetzung ist allerdings die Erfüllung der Normalverteilungsannahme.

Die Darstellung des Modells mit geordneten Kategorien wird hier auf die Diskussion der Grundzüge beschränkt. Für Betrieb i besitze das folgende latente Modell Gültigkeit:

$$y_i^* = \mathbf{X}_i \boldsymbol{\beta} + u_i \quad , \qquad (6.14)$$

12 Die zugrunde liegenden Dummyvariablen beziehen sich auf den Betrieb als Ganzes. Insofern handelt es sich hierbei um einen kruden Indikator, der zudem stark mit der Betriebsgröße korrelieren dürfte.

mit der unbeobachteten Variablen y_i^* aus dem personalpolitischen Handlungsspektrum, dem Koeffizientenvektor $\boldsymbol{\beta}$ und dem beobachteten Zeilenvektor $\mathbf{X}_i$, der die Variablen beinhaltet, welche die Entscheidung für das personalpolitische System tragen. Der Fehlerterm u_i sei standardnormalverteilt $u_i \sim N(0,1)$.

Es liegt ein Modell mit geordneten Variablen vor, d. h. die beobachtete Variable folgt einer natürlichen (Rang–)Ordnung. Im Fall der personalpolitischen Systeme ist sie durch $\text{Holist}_{\text{lsy}} \succ \text{Holist}_{\text{tec}} \succ \text{Adapt}_{\text{htr}} \succ \text{Taylor}_{\text{base}}$ gegeben. Statt y_i^* wird beobachtet, welchem der vier Betriebstypen der betrachtete Betrieb zugehörig ist. Folgendes Schwellenwertmodell findet Anwendung (z. B. Maddala (1983, 46–49), siehe auch Davidson und MacKinnon 1993, 529ff)):

$$
\begin{array}{llrcl}
\text{Taylor}_{\text{base}} & \text{wird beobachtet, wenn} & -\infty < & y_i^* & \leq \alpha_1 \\
\text{Adapt}_{\text{htr}} & \text{wird beobachtet, wenn} & \alpha_1 < & y_i^* & \leq \alpha_2 \\
\text{Holist}_{\text{tec}} & \text{wird beobachtet, wenn} & \alpha_2 < & y_i^* & \leq \alpha_3 \\
\text{Holist}_{\text{lsy}} & \text{wird beobachtet, wenn} & \alpha_3 < & y_i^* & < \infty.
\end{array}
\tag{6.15}
$$

Die Wahrscheinlichkeiten, sich für eine bestimmte der vier geordneten Kategorien zu entscheiden, sind auf Basis der Standardnormalverteilungsannahme durch folgende Beziehung gegeben, wobei zwingend $\alpha_j > \alpha_{j+1}, j = 1, \ldots, J-1$ gilt; denn eine Verletzung dieser Voraussetzung hätte eine negative Eintrittswahrscheinlichkeit für diejenige Kategorie zur Folge, die mit dem Intervall korrespondiert, das durch die entsprechenden Schwellenwerte begrenzt wird.

Φ ist Verteilungsfunktion der Standardnormalverteilung. Die zu schätzenden Parameter sind einerseits die Schwellenwerte $(\alpha_1, \alpha_2, \alpha_3)$ und andererseits der Koeffizientenvektor $\boldsymbol{\beta}$:

$$
\begin{array}{lcl}
\text{Prob}\left(1(\text{Taylor}_{\text{base}} = 1)\right) & = & \text{Prob}(u_i < \alpha_1 - \mathbf{X}_i\boldsymbol{\beta}) \quad = \quad \Phi(\alpha_1 - \mathbf{X}_i\boldsymbol{\beta}) \\
\text{Prob}\left(1(\text{Adapt}_{\text{htr}} = 1)\right) & = & \text{Prob}(u_i \leq \alpha_2 - \mathbf{X}_i\boldsymbol{\beta}) - \text{Prob}(u_i < \alpha_1 - \mathbf{X}_i\boldsymbol{\beta}) \\
 & = & \Phi(\alpha_2 - \mathbf{X}_i\boldsymbol{\beta}) - \Phi(\alpha_1 - \mathbf{X}_i\boldsymbol{\beta}) \\
\text{Prob}\left(1(\text{Holist}_{\text{tec}} = 1)\right) & = & \text{Prob}(u_i \leq \alpha_3 - \mathbf{X}_i\boldsymbol{\beta}) - \text{Prob}(u_i < \alpha_2 - \mathbf{X}_i\boldsymbol{\beta}) \\
 & = & \Phi(\alpha_3 - \mathbf{X}_i\boldsymbol{\beta}) - \Phi(\alpha_2 - \mathbf{X}_i\boldsymbol{\beta}) \\
\text{Prob}\left(1(\text{Holist}_{\text{lsy}} = 1)\right) & = & \text{Prob}(u_i > \alpha_3 - \mathbf{X}_i\boldsymbol{\beta}) \quad = \quad \Phi(\mathbf{X}_i\boldsymbol{\beta} - \alpha_3).
\end{array}
\tag{6.16}
$$

Aus dem Ausdruck in (6.16) lässt sich die Log–Likelihoodfunktion bestimmen, die dann bezüglich der Schwellenwerte und Koeffizienten zu maximieren ist. Da dieses Optimierungsproblem analytisch nicht lösbar ist, kommen numerische Verfahren zum Einsatz. Die hier präsentierten Schätzungen verwenden die iterative Newton–Raphson–Methode (Stata (2001b), vgl. auch McKelvey und Zavoina (1975)), zur Beschreibung siehe Ronning (1991, 19–23)).

Der Erläuterung der Ergebnisse im Einzelnen seien einige Bemerkungen zum grundsätzlichen Aufbau der tabellarischen Ergebnispräsentation vorangestellt. Dieser grundsätzliche Aufbau betrifft sämtliche Tabellen, die sich auf Schätzungen beziehen, deren Resultate sich nicht in einer einzigen Tabelle dokumentieren lassen. Statt dessen erfolgt die Darstellung stets in zwei Tabellen, wobei die erste Tabelle Auskunft über den gewählten Schätzansatz, die Spezifikationsalternativen, die geschätzten Parameter sowie deren Standardabweichungen gibt. Die zweite Tabelle beinhaltet demgegenüber Angaben zu Fallzahl, zu allgemeinen Gütebeurteilung und – soweit in Stata 7.0 implementiert – zu weiteren Spezifikationstests.[13]

Tabelle 6.3 präsentiert die Determinanten der Entscheidung für eines der vier personalpolitischen Systeme. Die geschätzten drei Modelle integrieren die im vorigen Abschnitt vorgestellten Resultate aus den Faktorenanalysen. Die dort mit Hilfe der Hauptkomponentenmethode geschätzten Faktoren gehen in den Zeilenvektor $\mathbf{X}_i$ der erklärenden Variablen ein. Für sie werden auf die gleiche Weise Koeffizienten geschätzt wie dies für die übrigen Determinanten der Entscheidung für das personalpolitische System erfolgt. Die Schätzwerte für die drei Schwellenwerte werden im unteren Teil der Tabelle 6.3 ausgewiesen. Sie sind aufgrund der für *ao_sys* getroffenen Kodierung negativ (Kategorie 1 ($\text{Taylor}_{\text{base}}$) erhält den höchsten Wert *ao_sys=4*, Kategorie 2 ($\text{Adapt}_{\text{htr}}$) erhält den Wert *ao_sys=3*, Kategorie 3 ($\text{Holist}_{\text{tec}}$) korrespondiert mit *ao_sys=2* und für Kategorie 4 ($\text{Holist}_{\text{lsy}}$) wurde der geringste Wert *ao_sys=1* vergeben).

Bei einer Interpretation der Schätzergebnisse ist zu beachten, dass — genau genommen und datentechnisch bedingt — nicht die tatsächliche Entscheidung

13 Den in diesem Kapitel präsentierten Schätzungen wurden Tests auf unterdrückte Variablen vorangestellt, wobei der Ramsey RESET Test zum Zuge kommt.

Null– und Alternativhypothese lauten dabei $\begin{array}{l} H_0: \mathbf{u} \sim N(\mathbf{0}, \sigma^2 \mathbf{I}) \\ H_1: \mathbf{u} \sim N(\boldsymbol{\mu}, \sigma^2 \mathbf{I}), \boldsymbol{\mu} \neq \mathbf{0} \end{array}$.

Die Überprüfung erfolgt anhand der Schätzung der folgenden Hilfsregregression mit anschließendem Signifikanztest von $\boldsymbol{\alpha}$. Das ursprüngliche Modell $\mathbf{y} = \mathbf{X}\boldsymbol{\beta} + \mathbf{u}$ wird dabei um $\mathbf{Z} = [\widehat{\mathbf{y}}^2\ \widehat{\mathbf{y}}^3\ \widehat{\mathbf{y}}^4]$ ergänzt: $\mathbf{y} = \mathbf{X}\boldsymbol{\beta} + \mathbf{Z}\boldsymbol{\alpha} + \mathbf{u}$, wobei $\widehat{\mathbf{y}} = \mathbf{X}\widehat{\boldsymbol{\beta}}$ ist. Die nachfolgend diskutierte Anwendung der Instrumentalvariablenschätzer gründet sich dabei auf den Nachweis unterdrückter Variablen.

Darüber hinaus wurde auf Heteroskedastie mit Hilfe des Breusch–Pagan–LM–Tests getestet (Breusch und Pagan (1979)): Die Nullhypothese (Homoskedastie) lautet $H_0: \alpha_j = 0, j = 2, \ldots, p$. Dabei wird basierend auf der üblichen Beziehung $y_i = \mathbf{X}_i\boldsymbol{\beta} + u_i$ von folgender Heteroskedastieform ausgegangen: $\mathrm{E}(u_i) = 0$, $\sigma_i^2 = \mathrm{E}(u_i^2) = h(\mathbf{Z}_i\boldsymbol{\alpha})$, mit dem bekannten Zeilenvektor $\mathbf{Z}_i$ und dem unbekannten Koeffizientenvektor $\boldsymbol{\alpha}$. Wird die Nullhypothese der Homoskedastie verworfen, so wird die Varianz–Kovarianzmatrix nach der robusten Methode von White (White (1980)) in der Modifikation von Rogers (Rogers (1993)) geschätzt.

Der Normalverteilungstest erfolgt nicht formal. Er wird anhand der optischen Einschätzung des Residuenplots vorgenommen. Dabei wird die Kernelschätzung der Residuen der entsprechenden Normalverteilung gegenübergestellt.

Tabelle 6.3: Entscheidung für das personalpolitische System
Abhängige Variable: ao_sys ($1 = \text{Holist}_{lsy} \ldots 4 = \text{Taylor}_{base}$),
Methode: Ordered Probit, robuste Varianzen nach White

	Modell 1 (M1)		Modell 2 (M2)		Modell 3 (M3)	
Erklärende Variable	$\widehat{\beta}$	Standard–abweichung	$\widehat{\beta}$	Standard–abweichung	$\widehat{\beta}$	Standard–abweichung
Beschäftigungswachstum	0.6400	(0.7004)	0.8919	(0.6926)	0.0380	(0.7267)
Niedrigpreispolitik	0.1467	(0.1524)	0.1167	(0.1541)	0.1693	(0.1492)
Zeitmanagement	−0.3070*	(0.1393)	−0.2946*	(0.1394)	−0.4116**	(0.1364)
Hohe Produktqualität	−0.6996**	(0.2567)	−0.7092**	(0.2541)	−0.4598†	(0.2697)
Enge Kundenbindung	−0.0992	(0.1571)	−0.1061	(0.1574)	−0.0335	(0.1493)
Umweltimage	0.0165	(0.1738)	0.0422	(0.1769)	−0.1401	(0.1619)
Modernste Fertigungssysteme					0.0837	(0.1328)
Bewährte Technologien					0.0869	(0.1358)
Innovationsintensität					−0.0975*	(0.0487)
Qualitätssteuerung (EI)	−0.2944†	(0.1733)	−0.2786	(0.1724)		
Qualitätskontrolle (QS)	−0.3722*	(0.1695)	−0.3908*	(0.1704)		
F_2sVersicherung	−0.2965**	(0.0675)	−0.3343**	(0.0713)	−0.2648**	(0.0640)
F_Anforderungsdynamik					−0.1791*	(0.0749)
F_Rollenverflechtung	−0.2218**	(0.0659)	−0.1744**	(0.0655)		
F_WB–Bündel	−0.3903**	(0.0756)	−0.3625**	(0.0761)		
F_*Upskilling*	−0.3588**	(0.0755)	−0.3849**	(0.0759)		
F_Reibung			0.0393	(0.0670)		
MA–Präferenzen (Vielfalt)	−0.2177	(0.1429)	−0.2258	(0.1437)		
Marktanteil	0.0004	(0.0543)	0.0008	(0.0548)	−0.0037	(0.0528)
Überauslastung	−0.5708**	(0.1499)	−0.5621**	(0.1513)	−0.5102**	(0.1387)
Schwellenwert 1	−1.8229*	(0.8338)	−1.7918*	(0.8265)	−1.6896*	(0.6748)
Schwellenwert 2	−1.4012†	(0.8322)	−1.3701†	(0.8247)	−1.3231*	(0.6739)
Schwellenwert 3	−1.1726	(0.8325)	−1.1394	(0.8249)	−1.0940	(0.6719)

†: 10%–, *: 5%–, **:1%-Signifikanzniveau / Software: Stata 7.0.
Jahresdummies und Sektordummies berücksichtigt.

für den Betriebstyp empirisch modelliert wird, sondern vielmehr die augenblickliche Inzidenz aufgenommen wird. Der hierdurch abgebildete Zusammenhang ließe sich am ehesten als Zuordnungsfunktion spezifizieren, die nicht für den Einführungszeitpunkt kontrolliert.

Die drei Varianten Modell 1 (M1), Modell 2 (M2) und Modell 3 (M3) werden nun genauer betrachtet. Tabelle 6.3 gibt Auskunft über die geschätzten Koeffizienten. Die jeweiligen Fallzahlen und verschiedene Kriterien zur Gütebeurteilung können der Tabelle 6.4 entnommen werden. Als ein erster wesentlicher Punkt ließe sich festhalten, dass sich die Kernaussagen zwischen den drei Spezifikationen durchaus decken. Darüber hinaus scheinen die Schwellenwerte im Einklang mit der ökonomischen Theorie zu stehen: Sie steigen mit wachsender Position des Betriebs in der Systemhierarchie, wobei sich der höchste Schwellenwert α_3 statistisch nicht belegen lässt und α_2 im Vier– und Fünffaktorenmodell lediglich auf dem 10%–Niveau signifikant ist.

Zu den Größen, die die Entscheidung für ein höherwertiges (komplementäres) personalpolitisches System treiben, könnte man aus Tabelle 6.3 den folgenden Gesamteindruck gewinnen: Wird (i) im Zuge der Gütermarktstrategie striktes Zeitmanagement betrieben, so steigt die Position innerhalb der personalpolitischen Systemhierarchie (Variable: Zeitmanagement). Anders ausgedrückt: Betriebe, die beispielsweise Just–in–Time–Produktion betreiben oder die Verkürzung von Durchlaufzeiten anstreben, sind mit einer geringeren Wahrscheinlichkeit im tayloristischen Betriebssegment zu finden als im adaptiven bzw. im holistischen Segment. Vergleichbares gilt (ii) für die Gütermarktstrategie, auf hohe Standards bei der Produktqualität zu setzen (Variable: Hohe Produktqualität). Auch für diese Betriebe sinkt c. p. die Wahrscheinlichkeit, personalpolitischen Systemen mit einem niedrigen Rang anzugehören.

Werden (c. p.) (iii) Arbeitszeitkonten als Versicherungsmodell betrieben (Variable: F_2sVersicherung), versuchen Betriebe zunehmend (iv) das traditionelle Rollenverständnis aufzuweichen (Variable: F_Rollenverflechtung), wird (v) eine eigene Stelle zur Überwachung und Steuerung von Produkt– und Prozessqualität eingesetzt (Variable: Qualitätskontrolle (QS)), sind (vi) die in den Herstellungsprozess eingebundenen Mitarbeiter mit der Qualitätssteuerung betraut und nehmen im Bedarfsfall eine Anpassung des Prozessablaufs vor, so steigt die Position in der Rangordnung ebenfalls (Variable: Qualitätssteuerung (QI)).

Die beiden Punkte (v) und (vi) beziehen sich auf das Vier– und Fünffaktorenmodell und sind nicht durchgängig belegt. Im Zweifaktorenmodell gilt: Mit sinkendem Investitionsdruck, d. h. (vii) mit wachsender Länge der betrieblichen Produktzyklen, fällt auch die Position in der Rangordnung personalpolitischer Systeme (Umkehrung der Variable: Innovationsintensität). Die institutionelle Absicherung und finanzielle Förderung von (viii) lebenslangem und aufgabenübergreifendem Lernen im Rahmen ausgewogener Weiterbildungsprogramme, die zur Ausbildung von Mehrfachqualifikationen dienen (Variable: F_WB-Bündel), repräsentieren eine weitere Kraft, die die (Re–)Organisation in Richtung höherwertiger personalpolitischer Systeme forciert.

Die Variable F_*Upskilling*, die mit einer hohen Facharbeiter- und Meisterquote, mit einer hohen Auszubildendenquote sowie mit einem geringeren Anteil gewerblicher Mitarbeiter korrespondiert, wirkt sich ebenfalls förderlich auf die Wahrscheinlichkeit höherrangigier Systeme aus (ix).

Schließlich sind (x) Betriebe mit Überstunden (Variable: Überauslastung) eher höher positionierten Betriebstypen zugehörig.

Tabelle 6.4 dokumentiert die gemeinsame Signifikanz der in Anlehnung an die theoretische Analyse zusammengestellten Variablengruppen. Hierfür werden die einbezogenen Determinanten zu den drei Gruppen (a) informelle Aufgabenkomplementaritäten (ITC, z. B. Lernsynergien, vgl. Fußnote *d*), (b) technologische Komplementaritäten (TTC, z. B. intelligente Fertigungssysteme und flexible Plattformen, vgl. Fußnote *f*) sowie (c) Gütermarktstrategie und Auftragslage (vgl. Fußnote *g*) zusammengefasst und jeweils auf gemeinsame Signifikanz untersucht.

Die Determinanten aus dem für positive *Multitasking*effekte relevanten Bereich ITC sind durchgängig statistisch gesichert (1%–Niveau). Die Signifikanz des Bereichs TTC, der insbesondere zu technologiebasierten Teameffekten führt, beschränkt sich auf die faktoranalytisch aufbereiteten Spezifikationen. Im Gegensatz hierzu ist in M3, in das die Technologievariablen direkt aufgenommen wurden, der Einfluss der mit technologischen Komplementaritäten in Verbindung gebrachten Variablen nicht gesichert, was für Multikollinearität in diesem Bereich sprechen könnte.

Die organisationsrelevanten Variablen Marktverhalten, Auftragsvolumen und Auftragskoordination sind ebenso wie die Standardkontrollvariablen für Sektoren durchgängig signifikant. Nicht verbessern lassen sich die Spezifikationen M1 und M2 durch die Aufnahme von Jahresdummies.

In ihrer Gesamtheit lassen sich diese Ergebnisse als Indiz für das Vorhandensein von Komplementaritäten in personalpolitischen Systemen werten. Der übergeordnete Systemzusammenhang scheint die folgenden Komponenten zu beinhalten (zur Generierung der Lern- und Weiterbildungsvariablen vgl. die Blöcke `WB_` und `LEARN_` im Variablenanhang C.2):

- nachverhandlungsstabile Arbeitszeitkonten,
- verändertes Rollenverständnis,
- Entscheidungskompetenz der Mitarbeiter bei der Prozesssteuerung zum Zweck der Qualitätsverbesserung (10 %–Niveau),
- institutionalisierte Qualitätskontrolle im Sinne von Evaluation,

Tabelle 6.4: Spezifikationstests zu Tabelle 6.3

	M1 [a]	M2 [b]	M3 [c]
Gemeinsame Signifikanz	Signifikanzniveau	Signifikanzniveau	Signifikanzniveau
– *informelle Komplementaritäten (ITC)* [d]	0.00	0.00	0.00
– *ITC unter Engpasskontrolle* [e]	0.00	0.00	0.00
– *technologische Komplementaritäten (TTC)* [f]	0.00	0.00	0.20
– *TTC unter Engpasskontrolle* [e]	0.00	0.00	0.01
– *Gütermarktstrategien* [g]	0.01	0.01	0.01
– *Auftragslage* [h]	0.65	0.43	0.99
– *Auftragslage mit Überauslastung* [e]	0.01	0.01	0.01
– *Sektordummies*	0.01	0.01	0.01
– *Zeitdummies*	0.07	0.07	0.01
N	640	640	659
Log–Likelihood	–568.87	–567.08	–639.80
Pseudo R^2	19.01	19.26	12.63
Normalverteilungsabgleich [i]	Approximation zufriedenstellend	Approximation zufriedenstellend	Approximation zufriedenstellend

[a] Vierfaktorenmodell: F_2sVersicherung, F_Rollenverflechtung, F_WB–Bündel, F_*Upskilling*.
[b] Fünffaktorenmodell: F_2sVersicherung, F_Rollenverflechtung, F_WB–Bündel, F_*Upskilling*, F_Reibung.
[c] Zweifaktorenmodell: F_2sVersicherung, F_Anforderungsdynamik.
[d] Variablenbündel: F_2sVersicherung, F_Anforderungsprofil (2–Faktorenmodell) F_WB–Bündel, MA–Präferenzen, Qualitätssteuerung (EI, nur 4/5–Faktorenmodell).
[e] Engasskontrolle: zusätzlich Überauslastung.
[f] Variablenbündel: F_Rollenverflechtung, F_*Upskilling*, Qualitätskontrolle (QS, nur 4/5–Faktorenmodell), Fertigungssysteme, Bewährte Technologie, Innovationsintensität (jeweils nur 2–Faktorenmodell).
[g] Variablenbündel: Niedrigpreispolitik, Zeitmanagement, Hohe Produktqualität, Enge Kundenbindung, Umweltimage.
[h] Beschäftigungswachstum, Marktanteil.
[i] Optischer Eindruck aus dem Residuenplot (Kernel–Schätzung), dem die Normalverteilung gegenübergestellt wird.

- gezielte Mischung vom Spezialisierungszielen und aufgabenübergreifenden Lernzielen in Weiterbildungsprogrammen,
- Motivierung lebenslangen Lernens.

Ergänzt wird dieses System durch strategische Unternehmensziele und charakteristische Rahmenfaktoren:

- hohe Bedeutung der Qualitätsdimension im Eigenschaftsvektor des Produkts,

- möglichst friktionsarmes Zeitmanagement,
- schnelllebige Produktzyklen (gemessen durch die Innovationsintensität).

Insofern könnte man der Meinung sein, die Existenz eines übergeordneten komplementären Zusammenhangs nachgewiesen zu haben, welcher die Entscheidung der betrieblichen Personalpolitik bestimme und die aufsteigende Rangfolge personalpolitischer Systeme belegt. Der letztgenannte Eindruck verfestigt sich darüber hinaus, wenn — nach Systemen getrennt — die marginalen Effekte der betrachteten Einflussgrößen geschätzt werden (die Einzelergebnisse sollen hier nicht dokumentiert werden): Der reorganisationsfördernde Effekt, der letztlich den abrupten Übergang induziert, fällt mit wachsendem Rang des Betriebstyps höher aus.

Allerdings vernachlässigen die präsentierten Spezifikationen den möglichen Einfluss unbeobachteter betriebsspezifischer Größen. Insofern lässt sich nicht ausschließen, dass die obigen Tabellen Scheinkausalitäten dokumentieren. Eine ganz übliche Umgangsweise mit diesem Problem besteht darin, die zu untersuchenden Betriebe im Zeitablauf zu verfolgen. Die Anwendung sogenannter Panelschätzverfahren lässt sich in groben Zügen so beschreiben, dass man versucht, den unbeobachteten Effekt herauszudifferenzieren. Dabei richtet die letztlich verwendete Schätzmethode danach, ob der unbeobachtete Effekt als mit den Regressoren unkorreliert angenommen werden darf oder nicht (zur Erörterung der zugrunde liegenden Annahmen über den Fehlerterm vgl. Abschnitt 6.2.3). Da die Variable *ao_sys* für jeden Betrieb exakt einmal erfasst ist, lässt sich einer solchen Vorgehensweise hier leider nicht folgen.

Ein grober Eindruck über die Bedeutung unbeobachteter betriebsspezifischer Faktoren bei der Entscheidung über das personalpolitische System ließe sich dennoch gewinnen. Hierfür müsste man sich allerdings der Argumentation anschließen, die behauptet, die grundsätzlichen Entscheidungsmechanismen differierten nicht zwischen vorgelagerten Entscheidungen über Subsysteme und der übergeordneten Entscheidung für das personalpolitische Gesamtsystem. Dahinter steht die Auffassung, dass sich lediglich die Stärke des Einflusses unterscheide.

Unter Gültigkeit der Komplementaritätshypothese (der Verbundeffekt im System übersteigt die Addition der Einzeleffekte) wäre durchaus denkbar, dass sich die Signifikanz einer Reihe der Determinanten verliert, wenn der Subsystemansatz zum Zuge kommt, die Vorzeichen sollten allerdings übereinstimmen. Wenngleich also aus den Schätzergebnissen in der *Mutask*-Umgebung keine weitergehenden Schlussfolgerungen gezogen werden sollten, so wird doch vorsichtig von den Ergebnissen für *Mutask* auf die Haltbarkeit der Ergebnisse für *ao_sys* rückgeschlossen. Diese Übertragbarkeitsüberlegung fußt ebenfalls auf der Komplementaritätsdiskussion, die besagt, dass die Richtung des Effekts für beliebige Subsysteme und das übergeordnete System übereinstimmt, im Gesamtsystem allerdings an Stärke gewinnt (vgl. auch die Propositionen 4 und 1 sowie die Erläuterung auf Seite 21). Der Effekt von Null ist stets eingeschlossen, d. h. er repräsentiert — betragsmäßig gesprochen — in einem komplementären Umfeld den am geringsten ausgeprägten Effekt. Empirisch ist der Rückschluss jedoch wie gesagt problematisch, da de facto unterstellt wird, zwei unterschiediche Zufallsveriablen seien austauschbar.

Unter Berücksichtigung dieser Einschränkungen könnte man im untersuchten Zusammenhang anhand der mehrfach beobachteten Entscheidung für das *Multitasking*subsystem (die Variable *Mutask* liegt zu mehreren Beobachtungszeitpunkten vor) für unbeobachtete betriebsspezifische Effekte kontrollieren. Hier ist allerdings eine weitere Einschränkung zu beachten: ein Großteil der Determinanten ist lediglich einmal erfasst.[14] Insofern scheidet der Schätzansatz, der eine Korrelation zwischen dem unbeobachteten Effekt und den übrigen Regressoren zulässt, aus mehreren Gründen aus.

Vor diesem Hintergrund wird im Rahmen eines Random Effects Modells für die Panelstruktur der Daten kontrolliert.[15] Die Ergebnisse aus diesen Schätzungen befinden sich in den Tabellen 6.5 und 6.6. Sie wurden für die drei Modelle M1, M2 sowie M3 durchgeführt und werden für Tendenzaussagen zur Tragfähigkeit der Resultate aus den Ordered Probit Modellen für das personalpolitische System herangezogen.

Das Prozedere ist wie folgt: An Stelle des personalpolitischen Gesamtsystems wird das *Multitasking*subsystem einer entsprechenden Panelprozedur unterzogen. Technisch gesprochen wird die gewünschte Panelanalyse für ein besonders wichtiges charakteristisches personalpolitisches Subsystem durchgeführt. Die auf diese Weise gewonnenen Resultate werden mit denjenigen verglichen, die sich erzielen lassen, wenn die Entscheidung für *Multitasking* unter Vernachlässigung betriebsspezifischer Effekte untersucht wird. Die hierbei gewonnenen Eindrücke werden für eine Einordnung der bislang für das personalpolitische (Gesamt-)System erzielten Resulte herangezogen, die jedoch nicht überbewertet werden sollte. Nicht überzubewerten ist der Vergleich aus dem Grunde, dass sich die endogenen Variablen zwischen den Ansätzen unterscheiden (*ao_sys* vs. *Mutask*).

Trotz aller Einschränkungen wird insgesamt wie folgt vorgegangen: Die im Anschluss vorgestellten Panelschätzungen zeigen die Determinanten der Entscheidung für das personalpolitische Subsystem *Multitasking* auf. Auch wird angezeigt,

14 Dass dieses Phänomen nicht ausschließlich erhebungstechnisch bedingt ist, lässt sich daran erkennen, dass beispielsweise die Variablen zur Gütermarktstrategie auch in der Realität persistent sein dürften.

15 Über den betriebsspezifischen Effekt μ_i wird dabei die Annahme $\mu_i \sim N(0, \sigma^2_{\mu_i})$ getroffen. Zur Berechnung der entsprechend angepassten Likelihoodfunktion vgl. beispielsweise Stata (2001c, 426f).

wie hoch der Anteil an der erklärten Varianz ist, der auf die betriebsspezifische Komponente entfällt (Zeile Panelvarianz, vgl. auch Baltagi (2001)). Die Modellspezifikation orientiert sich wie erwähnt an den drei bislang verwendeten Spezifikationen. Die entsprechenden Schätzresultate sind Tabelle 6.5 zu entnehmen.

Diese Ergebnisse werden dann mit den Ergebnissen verglichen, die erzielt werden, wenn dieselbe Spezifikation für ein Probitmodell geschätzt wird, ohne dass für unbeobachtete Heterogenität kontrolliert wird (vgl. Tabelle 6.6). Aus der Gegenüberstellung der Schätzresultate und aus der Interpretation des Likelihood–Ratio–Tests zwischen dem Panelmodell und dem Modell, das die Panelinformation unterdrückt, werden erste Rückschlüsse auf die in den Tabellen 6.3 und 6.4 dokumentierten Resultate gezogen. In den Grundzügen wird dabei folgender Argumentation gefolgt: Unterscheidet sich der Grundtenor nicht zwischen den beiden Schätzansätzen, so wird dies als Indiz dafür gewertet, dass das präsentierte Ordered–Probit–Modell durchaus zur Untersuchung der Entscheidung über das personalpolitische System *ao_sys* beitragen kann.

Der Vergleich des Modells, welches für unbeobachtete Heterogenität kontrolliert, mit dem Modell, welches diese Kontrolle vernachlässigt, zeigt zunächst eine bemerkenswerte Übereinstimmung bei der geschätzten Wirkungsrichtung auf die Entscheidung bzw. Inzidenz für *Multitasking*, und zwar für jede der untersuchten vorbestimmten Variablen. Bis auf zwei Ausnahmen werden die jeweiligen Schwellen für das 10%–, 5%– bzw. 1%–Signifikanzniveau im Modell ohne Kontrolle für unbeobachtete Heterogenität von denselben Variablen unterschritten wie im Modell, das für unbeobachtete Effekte kontrolliert. Die Ausnahmen betreffen die Variable WB–Bündel in M2 und die Variable Umweltimage in M3. Beide fallen vom 5%–Signifikanzniveau in der Probit Spezifikation ohne Kontrolle für betriebsspezifische Heterogenität auf das 10%—Signifikanzniveau im Vergleichsmodell.

Sicherlich sollte die (möglicherweise nur zufällige) Übereinstimmung zwischen den Ergebnissen des Schätzansatzes, der unbeobachtete Heterogenitäten vernachlässigt, und dem Schätzansatz, der hierfür kontrolliert, generell nicht überinterpretiert werden. Darüber hinaus ist Voraussetzung für die Anwendbarkeit des Random Effects Ansatzes, dass der unbeobachtete Effekt, anders als im Fixed Effects Ansatz, unkorreliert mit den weiteren erklärenden Variablen ist.[16] Behält man diese beiden Einschränkungen im Blick, so lässt sich der Vergleich der Schätzansätze dahingehend zusammenfassen, dass beide Ansätze die gleichen Variablen aus dem Vektor der personalpolitischen Faktoren, der Gütermarktkontrollvariablen, der Beschäftigungsentwicklung und der Auftragskoordination als Determinanten identifizieren, dass allerdings auch unbeobachtete betriebsspezifische Effekte vorliegen.

16 Das Fixed Effects Modell selbst ist im vorliegenden Zusammenhang nicht anwendbar.

Tabelle 6.5: Die Entscheidung für das Subsystem Multitasking
Abhängige Variable: Mutask – Methode: Random
Effects Panel Probit, robuste Varianzen nach White

	Modell 1		Modell 2		Modell 3	
Erklärende Variable	$\widehat{\beta}$	Standard–abweichung	$\widehat{\beta}$	Standard–abweichung	$\widehat{\beta}$	Standard–abweichung
Beschäftigungswachstum	0.326	(1.054)	0.566	(1.09)	0.258	(0.924)
Niedrigpreispolitik	−0.122	(0.244)	−0.137	(0.246)	−0.103	(0.230)
Zeitmanagement	−0.249	(0.228)	−0.238	(0.229)	−0.132	(0.213)
Hohe Produktqualität	0.032	(0.402)	0.034	(0.404)	−0.098	(0.383)
Enge Kundenbindung	−0.125	(0.251)	−0.139	(0.252)	−0.203	(0.239)
Umweltimage	0.270	(0.276)	0.289	(0.278)	$0.518^{\dagger}$	(0.264)
Fertigungssysteme					0.147	(0.228)
Bewährte Technologie					0.094	(0.230)
Innovationsintensität					0.314^{**}	(0.083)
Qualitätssteuerung (EI)	−0.119	(0.270)	−0.121	(0.271)		
Qualitätskontrolle (QS)	0.189	(0.290)	0.165	(0.292)		
F_2sVersicherung	$0.206^{\dagger}$	(0.119)	0.142	(0.123)	0.037	(0.108)
F_Anforderungsdynamik					0.478^{**}	(0.122)
F_Rollenverflechtung	0.549^{**}	(0.124)	0.55^{**}	(0.125)		
F_WB–Bündel	$0.231^{\dagger}$	(0.127)	$0.256^{\dagger}$	(0.131)		
F_*Upskilling*	0.087	(0.117)	0.083	(0.119)		
F_Reibung			−0.015	(0.112)		
MA–Präferenzen	0.550^{*}	(0.238)	0.548^{*}	(0.239)		
Marktanteil	0.067	(0.089)	0.067	(0.089)	0.041	(0.084)
Überauslastung	$0.407^{\dagger}$	(0.242)	$0.413^{\dagger}$	(0.243)	$0.450^{\dagger}$	(0.234)
Konstante	-1.375^{*}	(0.598)	-1.356^{*}	(0.601)	-1.783^{**}	(0.573)
$\ln(\sigma_u^2)$	0.792^{*}	(0.353)	0.802^{*}	(0.358)	0.708^{*}	(0.343)
N	629		629		645	
LRT	43.59**		43.66**		41.90**	
Panelvarianz	0.68		0.69		0.67	
Normalverteilungsabgleich [i]	Approximation zufriedenstellend		Approximation zufriedenstellend		Approximation zufriedenstellend	

†: 10%–, ∗: 5%–, ∗∗:1%-Signifikanzniveau / Software: Stata 7.0.
Jahresdummies berücksichtigt.
[i] Optischer Eindruck aus dem Residuenplot (Kernel–Schätzung), dem die Normalverteilung gegenübergestellt wird.

Tabelle 6.6: Die Entscheidung für das Subsystem Multitasking
Abhängige Variable: Mutask –
Methode: Probit, robuste Varianzen nach White

	Modell 1		Modell 2		Modell 3	
Erklärende Variable	$\widehat{\beta}$	Standard–abweichung	$\widehat{\beta}$	Standard–abweichung	$\widehat{\beta}$	Standard–abweichung
Beschäftigungswachstum	0.151	(0.686)	0.286	(0.741)	0.292	(0.633)
Niedrigpreispolitik	−0.091	(0.136)	−0.097	(0.137)	−0.069	(0.134)
Zeitmanagement	−0.153	(0.129)	−0.146	(0.13)	−0.102	(0.124)
Hohe Produktqualität	0.013	(0.216)	0.016	(0.215)	−0.067	(0.228)
Enge Kundenbindung	−0.059	(0.145)	−0.064	(0.145)	−0.131	(0.141)
Umweltimage	0.171	(0.152)	0.181	(0.153)	0.336*	(0.149)
Fertigungssysteme					0.035	(0.137)
Bewährte Technologie					0.007	(0.145)
Innovationsintensität					0.178**	(0.043)
Qualitätssteuerung (EI)	−0.052	(0.154)	−0.052	(0.154)		
Qualitätskontrolle (QS)	0.095	(0.163)	0.084	(0.163)		
F_2sVersicherung	0.11†	(0.063)	0.078	(0.067)	0.006	(0.063)
F_Anforderungsdynamik					0.298**	(0.066)
F_Rollenverflechtung	0.295**	(0.061)	0.293**	(0.059)		
F_WB–Bündel	0.151*	(0.073)	0.161*	(0.074)		
F_*Upskilling*	0.075	(0.066)	0.076	(0.066)		
F_Reibung			−0.007	(0.07)		
MA–Präferenzen	0.332*	(0.132)	0.329*	(0.133)		
Marktanteil	0.033	(0.050)	0.033	(0.051)	0.013	(0.048)
Überauslastung	0.247†	(0.142)	0.251†	(0.142)	0.249†	(0.141)
Konstante	−0.748*	(0.326)	−0.739*	(0.324)	−0.913**	(0.311)
N	629		629		645	
Log–Likelihood	−357.08		−312.28		−369.05	
Wald ($\chi^2_{(n)}$)	64.43 (16)		64.89 (17)		67.05 (14)	
Pseudo R^2	11.17		11.27 (17)		10.60	
Normalverteilungsabgleich [i]	Approximation zufriedenstellend		Approximation zufriedenstellend		Approximation zufriedenstellend	

†: 10%–, *: 5%–, **:1%-Signifikanzniveau / Software: Stata 7.0.
Jahresdummies berücksichtigt.
[i] Optischer Eindruck aus dem Residuenplot (Kernel–Schätzung), dem die Normalverteilung gegenübergestellt wird.

Dieser Unterabschnitt soll schließen mit einem zweiten Vergleich, der zwischen dem Subsystemansatz (abhängige Variable: *Mutask*) und dem Betriebstypenansatz (abhängige Variable: *ao_sys*) angestellt wird. Dieser Vergleich zielt auf Differenzen im zugrunde liegenden Determinantenvektor ab. Diese Differenzen wurden bereits unter dem Stichwort *bei Gültigkeit der Komplementaritätshypothese* andeutet. Die

Determinanten der Entscheidung über das personalpolitische System lassen sich dabei in die beiden Gruppen (a) der betrieblich vorbestimmten Variablen sowie (b) der zeitvariablen Rahmenfaktoren trennen.

Es stellt sich die Frage, ob der arbeitsorganisationsbestimmende Einfluss dieser beiden Gruppen zwischen der *Multitasking*–Umgebung und der Umgebung der *personalpolitisches System* differiert. Inhaltlich korrespondiert dieser Untersuchungsaspekt mit dem Argument aufsteigender Restriktionsniveaus. Diese markieren in einer komplementären Umgebung — verkürzt ausgedrückt — bestimmte Schwellenwerte, bei deren Überschreiten das nächsthöhere Systemniveau erreichbar ist. Je höher das derzeit erreichte Restriktionsniveau ist, umso stärker ist ein etwaiger Reorganisationsdruck. Die theoretische Diskussion dieses Punktes wurde in den Abschnitten 3.2.3 (siehe Seite 37), 3.4.3 und 3.4.6 (für eine Zusammenfassung vgl. auch Seite 64) auf marginalanalytische Weise geführt. Ihr verbandstheoretisches Pendant findet sich in den Abschnitten 4.3.1 sowie 4.5.1 (für eine Interpretation: Seite 134). Insofern wird ein mit dem bereits erreichten personalpolitischen Systemniveau stärker werdender Einfluss der erklärenden Variablen postuliert. Wird diese Argumentation um die — plausible — Behauptung ergänzt, das reine *Multitasking*subsystem markiere ein geringeres Systemniveau als die beiden ranghöchsten personalpolitischen Systeme, so dürften die Koeffizienten im *ao_sys*–Modell tendenziell höher ausfallen als im *Mutask*–Modell, wobei der Term "tendenziell höher" beispielsweise auch den Übergang von 0 (bzw. insignifikant) zu positiv (statistisch belegt) beschreibt.

Grob skizziert wird überlegt, ob die empirische Evidenz für die ansteigenden Restriktionsniveaus spricht, die theoriegemäß erwartet werden. Im Bereich der Rahmenfaktoren ist im Untersuchungszusammenhang schwerpunktmäßig an die Rolle des Gütermarktes gedacht. Eine denkbare Hypothese würde lauten, ein hohes Gütermarktrestriktionsniveau, z. B. operationalisiert durch eine abgestimmte Mischung aus Zeitmanagement, Qualitätspolitik und Kundenbindung, treibe zwar die Entscheidung für das $\text{Holist}_{\text{lsy}}$–System voran, komme in der Subsystemumgebung jedoch nicht zum Tragen.

Der Vergleich der beiden Tabellen 6.3 und 6.6 lässt sich dahingehend deuten, dass das isolierte *Multitasking*subsystem offenkundig noch deutlicher durch die Mitarbeiterpräferenzen bestimmt ist, während der Einfluss der Gütermarktbedingungen und –strategien erst auf höheren Stufen zunehmend an Bedeutung gewinnt. Implizit darf dies als Untermauerung von Lindbeck und Snower (1996, 2000) gelten, die Mitarbeiterpräferenzen als eigenständigen Faktor für die Etablierung von *Multitasking* sehen. Demgegenüber lassen sich Gütermarktstrategien (Zeitmanagement, Produktqualität und "Preismacht"), Kapazitätsauslastung und Auftragskoordination in den übergeordneten komplementären Zusammenhang stellen. Hier liegen offenbar — systembezogen — ansteigende Basisniveaus vor, die im Ergebnis implizieren, dass der entsprechende Variablenteil erst ab Erreichen einer gewissen Stufe organisationsrelevant wird. Anders ausgedrückt korrespondiert dies mit wachsenden Differenzen, also mit Verbundeffekten. Ganz analog gilt diese Argumentation für die Qualitätssteuerungsvariablen und für den Faktor, der die wechselseitge Versicherung operationalisiert.

Die bis zu diesem Zeitpunkt geführte empirische Diskussion bezieht sich auf die Entscheidung für ein bestimmtes komplementäres personalpolitisches System. Die Verbindung zu den Komplementaritäten besteht dabei im Herausfinden sogenannter typischer Eigenschaftskombinationen aus dem personalpolitischen Handlungsspektrum, aus denen sich die aufsteigenden Betriebstypen zusammensetzen. Die Eigenschaftskombinationen lassen sich inhaltlich als charakteristische personalpolitische Systeme auffassen. In einem zweiten Schritt wurde in einem gemeinsamen Entscheidungsmodell untersucht, welche Faktoren für die Wahl des durch die aktuelle Zusammenstellung gebildeten Betriebstypen ursächlich sind.

Die Kennzeichen der Betriebstypen lassen sich mit dem aus der theoretische Diskussion heraus gewonnenen Hypothesengerüst vereinbaren. Es lässt sich *erstens* die Koexistenz der Systeme ausmachen (**H1**, Seite 149). Zweitens lässt sich aus den Ergebnissen für die Modelle mit geordneten Kategorien auf eine ansteigende Rangordnung hinsichtlich Umfang und Ausgefeiltheit des eingesetzten Instrumentariums sowie hinsichtlich der Aufweichung des ursprünglichen Interessensgegensatzes zwischen Unternehmen und Mitarbeitern schließen (**H2**).

Dabei existiert ein Nullsystem mit traditioneller Rollenteilung und weiteren tayloristischen Elementen, die von Gütermarktbedingungen begleitet werden, die sich dem Bereich Massenfertigung und Preisdruck zuordnen lassen. Das Einssystem am oberen Ende der Rangordnung beruht auf Humankapitalflexibilität, *Multitasking* und Zeitmanagement, verändertem Rollenverständnis, Qualitäts- und Innovationsaspekten (**H3**, zu den Hypothesen im Ganzen vgl. die Seiten 149–150).

Obwohl die empirische Untersuchung implizit stets unter der Annahme der Gewinnmaximierung erfolgte, wurde hierauf noch kein expliziter Bezug genommen. Dieses soll im nächsten Unterabschnitt erfolgen. Es wird wiederum ein zweigleisiges Herangehen gewählt, um die allgemeine Einordnung der Resultate zu erleichtern.

6.2 Effizienz alternativer personalpolitischer Systeme: Empirische Evidenz zur postulierten Gleichgewichtshierarchie

Die komplementaritätserhaltende Eigenschaft der Maximierungsoperation[17] ermöglicht es, die Diskussion des Teilbereichs der empirischen Komplementaritäts-

17 Für den Beweis vgl. Abschnitt 4.3.4, insbesondere Seite 122f

betrachtung, der auf die Untersuchung des Gewinns zielt, gleichwertig für die Firmeneffizienz (OpK, *Output pro Kopf*) zu führen (vgl. auch die Eingangsbemerkungen zur Generierung des Hypothesengerüsts, Seite 143ff). Hierauf basierend wird im Folgenden den mit dem bereits erreichten Systemniveau korrespondierenden Reorganisationseffekten nachgegangen. Die entsprechenden Differenzen in der Variable OpK werden dabei operationalisiert durch Differenzen in der Arbeitsproduktivität, was die Anwendung des auf den Seiten 162–167 besprochenen Korrekturverfahrens zur Bereinigung des Preisbias erforderlich macht.

Das Ziel der zugehörigen empirischen Analyse besteht im Nachweis eines mit dem Systemniveau c. p. zunehmenden Reorganisationseffekts. Hiermit korrespondieren wachsende Ertragszuwächse, wobei der Ertragszuwachs selbst aus einer Variablenänderung resultiert. Von einem wachsenden Ertragszuwachs ist zu sprechen, wenn dar Ertragseffekt nicht unabhängig von der Umgebung ist, in der sich die Variablenänderung vollzieht, und zudem zunimmt.[18] Wenn beispielsweise dieselbe Änderung — vorgenommen in einem höher eingestuften personalpolitischen System — mit größeren Produktivitätseffekten verbunden ist als in einem geringer eingestuften System, so spricht dies für wachsende Reorganisationseffekte. Konkret sollte der produktivitätsfördernde Effekt in $\text{Holist}_{\text{tec}}$–Betrieben höher ausfallen als in $\text{Adapt}_{\text{htr}}$–Betrieben. In $\text{Adapt}_{\text{htr}}$–Betrieben sollter er wiederum größer sein als in $\text{Taylor}_{\text{base}}$–Betrieben. Gemäß unserer Ausgangshypothese erwarten wir zwar für $\text{Holist}_{\text{lsy}}$–Betriebe die durchschnittlich höchste Arbeitsproduktivität. Aufgrund der Dominanz von Mitarbeiterpräferenzen in $\text{Holist}_{\text{lsy}}$–Betrieben ist a priori aber nicht eindeutig, ob hinsichtlich *Multitasking* der produktivitätsfördernde Effekt überwiegt oder aber der Effekt, der aus der Vorliebe der Mitarbeiter für diese Form der Arbeitsorganisation resultiert. Ist letzteres der Fall, so würde die Selektionsverzerrung dominieren. In den präsentierten Schätzungen wird hierauf Rücksicht genommen.

Die in den folgenden Unterabschnitten vorgestellten empirischen Analysen nehmen diesen Gedanken auf unterschiedliche Weise auf. Sämtliche Untersuchungsansätze folgen dem übergeordneten Ziel, den Komplementaritätszusammenhang über die Analyse der Arbeitsproduktivität zu erbringen. Der direkt folgende Unterabschnitt 6.2.1 zielt auf die Überprüfung von Hypothese **H4** (Seite 149), die mit Hilfe einer einfaktoriellen Varianzanalyse durchgeführt wird, an die sich der paarweise Vergleich der Produktivitätskennzahlen zwischen den personalpolitischen Systemen anschließt. Demgegenüber gehen 6.2.2 und 6.2.3 die Überprüfung der Hypothesen **H5** und **H6** unter Verwendung ökonometrischer Verfahren an. Dabei nimmt Abschnitt 6.2.2 das Argument wachsender Ertragszuwächse auf, indem — für jedes einzelne personalpolitische System — ein sogenannter *Multitaskingeffekt*

18 Vgl. hierzu auch den Beweis wachsender Differenzen auf Seite 267 des Anhang A

geschätzt wird. In das marginalanalytische Vokabular gesetzt, kommt dies einer empirischen Überprüfung der positiven Kreuzableitungen gleich.

Da allerdings nicht von einer zufälligen Zuordnung der Betriebe auf die beiden Alternativen (a) *Multitasking* und (b) *Kein Multitasking* ausgegangen werden kann, wird den entsprechenden Effekten im Rahmen eines Treatment–Effects–Ansatzes nachgegangen (z. B. Maddala (1983, 117–122, 257–267)), denn dieser berücksichtigt die vorgelagerte Selektionsentscheidung. Hier wird zunächst die Selektion des Betriebes in das *Multitasking*subsystem modelliert, um anschließend den (geschätzten) Selektionsterm als ergänzenden Regressor in die eigentliche Produktivitätsgleichung aufzunehmen. Dieses Vorgehen wird für jeden der vier Betriebstypen wiederholt, d. h. nach personalpolitischen Systemen getrennt durchgeführt. Die vier *Multitasking*koeffizienten werden dann — einer komparativ–statischen Analyse vergleichbar — miteinander verglichen. Ziel ist dabei, im Sinne von Hypothese **H5** Indizien für die Existenz betriebstypenspezifischer Reorganisationseffekte zu erbringen, die mit der Position des Betriebstyps in der personalpolitischen Systemhierarchie zunehmen.

Abschnitt 6.2.3 zielt auf die Überprüfung von Hypothese **H6**. Dort werden in einem erweiterten Produktionsfunktionsansatz, der ebenfalls auf der Produktivitätsgleichung fußt, faktorgebundene und ungebundene Effekte der Betriebstypenwahl untersucht (vgl. auch Coelli (1998, Kapitel 2)). Dieser zweite Teil der ökonometrisch geleiteten Produktivitätsanalyse geht gleichgewichtsverlagernden Wirkungen der unterschiedlichen personalpolitischen Systeme nach, die im Vergleich zum Basissystem $\text{Taylor}_{\text{base}}$ ausgewiesen werden.

Dabei werden einerseits unterschiedliche funktionale Formen der Produktionsfunktion betrachtet. Andererseits werden Spezifikationen in das Schätzprogramm aufgenommen, die von unterschiedlichen Varianzkomponenten ausgehen und für unbeobachtete Heterogenität kontrollieren (Baltagi (2001)). Sämtliche Ansätze korrigieren für heterogene Preisbildung am Gütermarkt nach der in Abschnit 5.4 (Seite 167) entwickelten Vorschrift.

6.2.1 Systemzugehörigkeit und Arbeitsproduktivität

Tabelle 6.7 gibt Auskunft über die systemspezifische Arbeitsproduktivität. Diese Größe wurde in einfaktoriellen Varianzanalysen über die vier Systeme genauer untersucht. Dabei wurde nicht allein die Hypothese überprüft, ob sich überhaupt irgendeine der Gruppen abhebt, d. h. ob die Nullhypothese identischer Gruppenmittel abzulehnen ist, sondern es wurde darüber hinaus überprüft, welche Systeme sich gegebenenfalls voneinander abgrenzen.

Diese Vorgehensweise wird durch die Rangordnungshypothese **H4** (Seite 149) auferlegt und mittels multipler Mittelwertvergleich umgesetzt. Die jeweiligen Signifikanzniveaus sind gemäß der von Fahrmeir, Hamerle und Nagl (1996a, 178–181)) vorgeschlagenen Korrekturprozedur nach Scheffé korrigiert. Zunächst wird ausschließlich nach personalpolitischen Systemen getrennt. Somit kommen keine weiteren Kontrollvariablen zum Zuge. Die Resultate dieser Teiluntersuchung sind dem ersten abgesetzten Zeilenblock der Tabelle zu entnehmen. Die hiermit korrespondierenden Signifikanzniveaus der sechs Tests auf Differenzen in den Gruppenmitteln finden sich zu Beginn des zweiten Teils der Tabelle 6.7, der auf der Seite 214 zu finden ist.

Tabelle 6.7: Personalpolitische Systeme und Arbeitsproduktivität

Ausgangssystem →	Holist_{lsy}	Holist_{tec}	Adapt_{htr}	Taylor_{base}
	Höhe der Arbeitsproduktivität (1000 EUR)			
Mittelwert	63.008	62.145	60.551	55.492
Std.abw.	23.730	27.135	25.187	21.768
Fallzahl	456	489	212	1036
1993				
Mittelwert	62.683	57.380	58.187	54.015
Std.abw.	23.589	25.576	24.816	21.548
Fallzahl	142	60	71	303
1994				
Mittelwert	63.327	60.869	61.080	55.423
Std.abw.	25.324	27.499	27.123	22.375
Fallzahl	121	61	49	276
1995				
Mittelwert	63.433	65.527	59.796	56.340
Std.abw.	23.487	27.934	22.393	21.574
Fallzahl	116	50	36	237
1996				
Mittelwert	62.629	66.896	67.056	56.681
Std.abw.	22.641	27.288	26.325	21.534
Fallzahl	110	41	26	220

Aus dieser ersten Deskription, die die direkte Umsetzung von Hypothese **H4** repräsentiert, lässt sich ablesen, dass *erstens* die Rangordnung $\text{Holist}_{lsy} \succ \text{Holist}_{tec} \succ \text{Adapt}_{htr} \succ \text{Taylor}_{base}$ existiert, aber statistisch mit Ausnahme der Nullsystemposition von Taylor_{base} nicht belegt werden kann.

Zweitens kippt dieses Bild, wenn dieselbe Untersuchung nach Jahren getrennt vorgenommen wird, d. h. die Jahresinformation zu Kontrollzwecken einbezogen wird: Die Reihenfolge zwischen den drei höherwertigen Systemem lautet 1994 $\text{Holist}_{lsy} \succ \text{Adapt}_{htr} \succeq \text{Holist}_{tec}$. Für das Jahr 1995 wird $\text{Holist}_{tec} \succ \text{Holist}_{lsy} \succ \text{Adapt}_{htr}$ ausgewiesen und für das Jahr 1996 entspricht sie $\text{Adapt}_{htr} \succ \text{Holist}_{tec} \succ \text{Holist}_{lsy}$. Die Differenzen zwischen diesen drei Gruppen sind allerdings in keinem Fall signifikant, so dass sich auf Basis der bivariaten Statistiken nicht auf eine Rangordnung bei der Arbeitsproduktivität im Sinne von **H4** schließen lässt.

... *Tabelle 6.7 fortgesetzt*				
Ausgangssystem →	Holist$_{lsy}$	Holist$_{tec}$	Adapt$_{htr}$	Taylor$_{base}$
Differenz zu ↓	*Signifikanzniveau (in Klammern)*			
Holist$_{lsy}$		(0.98)	(0.69)	(0.00)**
Holist$_{tec}$			(0.93)	(0.00)**
Adapt$_{htr}$				(0.06)†
... in 1993 ↓				
Holist$_{lsy}$		(0.52)	(0.61)	(0.00)**
Holist$_{tec}$			(0.99)	(0.78)
Adapt$_{htr}$				(0.59)†
... in 1994 ↓				
Holist$_{lsy}$		(0.94)	(0.96)	(0.03)*
Holist$_{tec}$			(1.00)	(0.47)
Adapt$_{htr}$				(0.52)
... in 1995 ↓				
Holist$_{lsy}$		(0.96)	(0.88)	(0.06)†
Holist$_{tec}$			(0.73)	(0.09)†
Adapt$_{htr}$				(0.87)
... in 1996 ↓				
Holist$_{lsy}$		(0.79)	(0.85)	(0.18)
Holist$_{tec}$			(1.00)	(0.08)†
Adapt$_{htr}$				(0.19)

Zur Interpretation: Die Arbeitsproduktivität entspricht der deflationierten Pro–Kopf Wertschöpfung (WZ93–Abgrenzung, Angaben in 1000 EUR). Ergebnisse einfaktorieller Varianzanalysen, zum Teil nach Jahren getrennt. Die dokumentierten Signifikantzniveaus beziehen sich auf den paarweisen Vergleich der personalpolitischen Systeme. F–Statistiken: korrigiert nach der Methode von Scheffé. Verwendete Software: Stata 7.0.

Insofern bedarf es einer genaueren Inspektion der Produktivitätseffekte, die sich den einzelnen Systemen zuschreiben lassen. Dieses erfolgt in den nächsten beiden Abschnitten. Dort werden eine Reihe weiterer Kontrollvariablen in die Untersuchung der Firmeneffizienz integriert.

Die weiterführenden Untersuchungen sind ökonometrischer Natur. Direkt im Anschluss wird den wachsenden Reorganisationseffekten nachgegangen. Der Unterabschnitt 6.2.3 befasst sich abschließend mit dem *Hannoveraner Firmenpanel.* Er spezifiziert faktorgebundene und faktorungebundene Produktivitätseffekte, die unter Berücksichtigung unbeobachteter Heterogenität geschätzt werden.

6.2.2 Wachsende Produktivitätseffekte von Multitasking?

Die Verbundeffekte in personalpolitischen Systemen werden aus verschiedenen Perspektiven heraus angegangen. In diesem Abschnitt wird die Perspektive eingenommen, aus der heraus sich Komplementaritäten anhand von wachsenden Ertragszuwächsen vorstellen lassen. In das Vokabular der personalpolitischen Systeme und Subsysteme gesetzt, nimmt der mit einem komplementären personalpolitischen Instrument bzw. mit einem komplementären personalpolitischen Subsystem verknüpfte produktivitätssteigernde Effekt mit dem Rang desjenigen personalpolitischen Systems zu, in das das Instrument/Subsystem eingebunden ist. Zu denken ist hier beispielsweise an die Einführung von Gewinnbeteiligung oder von organisatorischen Veränderungen wie Gruppenarbeit. Im Beispiel ist zu erwarten, dass Multitasking in holistischen Betrieben größere Produktivitätswirkungen entfaltet als in Startsystembetrieben, wobei letztere wiederum höhere Produktivitätseffekte aufweisen als tayloristische Betriebe.

Diese Hypothese wird im Weiteren für das *Multitasking*subsystem überprüft. *Multitasking* selbst wird dabei gemäß der prägnanten Definition von Lindbeck und Snower (2000, 355) aufgenommen (siehe auch Seite 30). Die Argumentation der Autoren baut auf der integralen Rolle mehrdimensionaler und verantwortungsvoller Tätigkeiten für moderne personalpolitische Systeme auf. Dieses Tätigkeitscharakteristikum wird durch die Variable *Mutask* operationalisiert (zur Generierung vgl. Seite 278).

Es lassen sich durchaus weiterführende Aussagen aus der im Folgenden für das *Multitasking*subsystem aufgezeigten empirischen Evidenz gewinnen, die zu neuen Erkenntnissen für die übergeordnete Komplementaritätsdiskussion führen.[19] Aufgrund der für komplementäre Umgebungen theoretisch belegten Eigenschaften (a) parameterische Monotonie und (b) aufsteigende Lösungen (vgl. die Beweise auf den Seiten 123 bzw. 266) darf aus den Ergebnissen über ein beliebiges Subsystem auf die allgemeinen (umfassenden) Gleichgewichtseffekte gefolgert werden, d. h. es lassen sich darauf basierend Aussagen für die Rangfolge der personalpolitischen (Gesamt–)Systeme treffen.[20] Die entsprechenden Aussagen gründen sich in den Tabellen, die im hinteren Teil dieses Unterabschnitts vorgestellt werden, auf die Interpretation der Zeile *Mutask*.

Die dargestellte Herangehensweise repräsentiert *eine* Möglichkeit, sich dem Systemeffekt (z. B. der Veränderung der Arbeitsproduktivität) zu nähern, der aus dem Wechsel des personalpolitischen Systems hervorgeht. Rein technisch wird komparative Statik simuliert, indem für das betrachtete *Multitasking*subsystem der

19 Bei der Interpretation der Ergebnisse sollte allerdings die gleiche Vorsicht walten wie im Abschnitt zuvor, da zwar die Selektionsentscheidung zugunsten von Vorhandensein oder Nichtvorhandensein modelliert wird, nicht jedoch der Wechsel zwischen beiden Alternativen.

20 Rein formal zeigen die geschätzten Subsystemeffekte die untere Schranke für den gesamten Systemeffekt auf. Logisch gründet sich dieses Resultat auf das wohlbekannte LeChatelier–Prinzip (vgl. auch Milgrom und Roberts (1996)). Dieses Prinzip besagt für komplementäre Strukturen nichts anderes, als dass die optimale Variablenvariation, die sich auf der Grundlage eines Teilspektrums aus dem Handlungsspektrum errechnet, stets diejenige Variation unterschreitet, die optimal wäre, wenn das gesamte Handlungsspektrum zur Verfügung stünde. Das Subsystem des obigen Argumentationsrahmens korrespondiert mit dem Teilspektrum, während das personalpolitische System dem Gesamtspektrum entspricht.

Nachweis der parameterischen Monotonie erbracht wird. Zum Ausdruck kommt die parameterische Monotonie durch einen mit dem Systemniveau zunehmenden Produktivitätseffekt, der vermutetermaßen in $\mathsf{Taylor}_{\mathsf{base}}$–Betrieben am geringsten ist.

Hiermit korrespondiert die empirische Hypothese, der Betrag des Koeffizienten für *Multitasking* unterscheide sich zwischen personalpolitischen Systemen bzw. präziser: Höherwertige Systeme sollten einen höheren *Multitasking*effekt ausweisen als Systeme, die untere Positionen in der Betriebstypenhierarchie einnehmen. Damit wird postuliert, der *Multitasking*effekt, gemessen im Nullsystem $\mathsf{Taylor}_{\mathsf{base}}$, unterschreite den *Multitasking*effekt, gemessen im $\mathsf{Adapt}_{\mathsf{htr}}$–Sytem. Dabei unterschreite letzterer wiederum den *Multitasking*effekt, der in den beiden holistischen Systemen $\mathsf{Holist}_{\mathsf{tec}}$ und $\mathsf{Holist}_{\mathsf{lsy}}$ zum Tragen kommt.

Eine Möglichkeit, diese Behauptung empirisch zu überprüfen, bestünde darin, für jedes der vier personalpolitischen Systeme eine Produktivitätsgleichung zu schätzen, in die die Information aufzunehmen wäre, ob ein Betrieb *Multitasking* praktiziert. Diese erweiterte Spezifikation würde für jedes System geschätzt und der jeweilige Koeffizient der Dummyvariablen *Multitasking* würde als systemspezifischer Reorganisationseffekt interpretiert. Eine nach diesem Muster durchgeführte Untersuchung führt allerdings immer dann zu einer verzerrten Schätzung des Reorganisationseffektes, wenn die Aufteilung der Betriebe auf die beiden Gruppen *Multitasking*betriebe vs. andere Betriebe nicht zufällig erfolgt. Dieses ist im betrachteten Untersuchungsgegenstand der Fall.

Aus diesem Grunde wird bei den im Folgenden vorgestellten Schätzungen auf ein Verfahren zurückgegriffen, das für den Selektionseffekt korrigiert, der aus der "willentlichen" Zuordnung auf die beiden Alternativen resultiert. Die Zuordnung ist dabei einer Entscheidung zwischen zwei Berufsalternativen vergleichbar, die zu unterschiedlichen Lohnprofilen führt, so wie sie beispielsweise von Maddala ((1983), Kapitel 9) diskutiert wird. Die Herausbildung des Reorganisationseffektes lässt sich in diesem Sinne als zweistufiger Prozess auffassen.

Entsprechend kommt ein zweistufiges Verfahren zur Anwendung, dessen formale Grundlagen hier kurz vorgestellt seien. Das eigentliche Interesse gilt der folgenden Produktivitätsgleichung:

$$y_i = \mathbf{X}_i \boldsymbol{\beta} + \delta Mutask_i + u_i \quad , \qquad (6.17)$$

mit der Dummyvariablen *Mutask*, dem Zeilenvektor $\mathbf{X}_i$ der produktivitätsrelevanten Einflussgrößen, dem zu schätzenden Koeffizientenvektor $\boldsymbol{\beta}$ sowie dem ebenfalls zu schätzenden Reorganisationseffekt δ. Auf die Verteilung des Fehlerterms u_i wird weiter unten eingegangen.

Der Ausprägung von *Mutask* liege das folgende latente Entscheidungsmodell zugrunde:

$$Mutask_i^* = \mathbf{W}_i\boldsymbol{\gamma} + \varepsilon_i \quad , \tag{6.18}$$

mit dem Zeilenvektor $\mathbf{W}_i$ der Determinanten der *Multitasking*entscheidung, dem zugehörigen Koeffizientenvektor $\boldsymbol{\gamma}$ und dem Fehlerterm ε_i. Die beobachtete Ausprägung von $Mutask_i^*$ folgt der Entscheidungsregel

$$Mutask_i = \begin{cases} 1, & \text{wenn } Mutask_i^* > 0; \\ 0, & \text{sonst.} \end{cases} \quad . \tag{6.19}$$

Die Fehlerterme seien bivariat normalverteilt:

$$\begin{bmatrix} u_i \\ \varepsilon_i \end{bmatrix} \sim N\left(\mathbf{0}, \begin{bmatrix} \sigma^2 & \rho\sigma \\ \rho\sigma & 1 \end{bmatrix}\right) \quad . \tag{6.20}$$

Dabei misst ρ die Korrelation der Fehlerterme u_i und ε_i. Die Standardabweichung von u_i wird durch σ gemessen. Aufgrund der Tatsache, dass von $Mutask_i^*$ lediglich das Vorzeichen beobachtet wird, wird die Restriktion $Var(\varepsilon_i) = 1$ auferlegt. Der zugehörige Reorganisationseffekt wird mit Hilfe eines zweistufigen Schätzers (Maddala (1983, 122)) gewonnen.

Zunächst wird auf der ersten Stufe die Wahrscheinlichkeit geschätzt, sich für das personalpolitische Subsystem *Mutask* entschieden zu haben:

$$\text{Prob}(Mutask_i = 1 \mid \mathbf{W}_i) = \Phi(\mathbf{W}_i\boldsymbol{\gamma}) \quad . \tag{6.21}$$

Φ misst wiederum die Verteilungsfunktion der Standardnormalverteilung. Die im Zeilenvektor $\mathbf{W}_i$ enthaltenen Variablen gehen als Determinanten in die vorgelagerte Entscheidung über *Multitasking* ein.[21]

Auf Basis dieser Schätzung, d. h. unter Verwendung von $\widehat{\boldsymbol{\gamma}}$, wird der Selektionsterm λ_i berechnet:

$$\lambda_i = \begin{cases} \frac{\phi(\mathbf{W}_i\widehat{\boldsymbol{\gamma}})}{\Phi(\mathbf{W}_i\widehat{\boldsymbol{\gamma}})}, & Mutask_i = 1 \\ -\frac{\phi(\mathbf{W}_i\widehat{\boldsymbol{\gamma}})}{1-\Phi(\mathbf{W}_i\widehat{\boldsymbol{\gamma}})}, & Mutask_i = 0 \end{cases} \tag{6.22}$$

Der gemäß Gleichung (6.19) ermittelte Selektionsterm wird als zusätzlicher Regressor (vgl. Gleichung (6.17)) in die Produktivitätsbeziehung aufgenommen.

21 In den Tabellen 6.8 bis 6.12 entspricht $\mathbf{W}_i$ dem "Variablenvektor" in der *Mutask*-Gleichung.

So gilt insgesamt:

$$E(y_i \mid Mutask_i) = \mathbf{X}_i\boldsymbol{\beta} + \delta Mutask_i + \underbrace{\rho\sigma}_{\equiv \widehat{\beta}_{\bar{\lambda}}} \cdot \lambda_i \quad . \tag{6.23}$$

Die Varianz lautet entsprechend:

$$Var(y_i \mid Mutask_i) = \sigma^2(1 - \rho^2 d_i) \quad , \tag{6.24}$$

wobei $d_i = \lambda_i(\lambda_i + \widehat{\boldsymbol{\gamma}}\mathbf{W}_i)$ ist. Zu beachten ist, dass die Konsistenz des zweistufigen Schätzers auf der Gültigkeit der Normalverteilungsannahme beruht (Davidson und MacKinnon (1993)).[22]

Für diese Form zweistufiger Verfahren, die für Selektionsverzerrungen kontrollieren, hat sich der Begriff Treatment–Effects–Modelle eingebürgert (Greene (1997, 981ff)). Die Resultate aus den Treatment–Effects–Schätzungen sind den Tabellen 6.8 bis 6.12 (Seite 221, 222, 226–228) zu entnehmen. Spalte 1 korrespondiert jeweils mit dem personalpolitischen System $\mathrm{Holist}_{\mathrm{lsy}}$, Spalte 2 gibt Auskunft über $\mathrm{Holist}_{\mathrm{tec}}$, Spalte 3 steht in Verbindung mit $\mathrm{Adapt}_{\mathrm{htr}}$ und Spalte 4 umfasst die Resultate für das personalpolitische Basissystem. Die fünfte und letzte Spalte schließlich weist das Vergleichsergebnis für das Aggregat aller Betriebe aus, d. h. es wird nicht zwischen den Betriebstypen getrennt. Dieses Vergleichsmodell nimmt an, die Selektion(sentscheidung) in eine der beiden Gruppen (*Mutask*=1 vs. *Mutask*=0) erfolge unabhängig vom personalpolitischen System. Die Vergleichsschätzung negiert daher wachsende Reorganisationseffekte.

Die Schätzungen werden in zwei Stufen vorgenommen, wobei die Produktivitätsgleichung auf der zweiten Stufe geschätzt wird. Die dort verwendete Spezifikation baut auf der auf breiter Basis verwendeten Cobb–Douglas–Produktionsfunktion auf. Es werden zusätzliche Variablen aufgenommen, die beim Effizienzterm ansetzen, d. h. etwa dem ungebundenen Produktivitätseffekt technischen Fortschritts vergleichbar wären. Nach diesem Muster werden die Kapazitätsauslastung und die Dummyvariable *Mutask* integriert. Der Effizienzterm lautet dann $e^{\lambda_t + \mathrm{Auslastungsgrad} + 1(Mutask)}$.[23]

Was die vorgeschaltete Selektionsanalyse anbelangt (Stufe 1), so werden zwei der bereits bekannten und in Abschnitt 6.1.2 vorgestellten Ansätze weiterverfolgt: das Vierfaktorenmodell und das Zweifaktorenmodell. Die in diesem Zusam-

22 Die Überprüfung dieser Annahme findet vornehmlich auf optischem Wege statt. Vgl. hierzu die Zeile Normalverteilungsabgleich in den nach demselben Muster aufgebauten Tabellen 6.8 bis 6.12.

23 $1(Mutask)$ ist Indikatorvariable, die den Wert 1 annimmt, wenn der betrachtete Betrieb *Multitasking* praktiziert.

menhang durchgeführten Analysen haben grundsätzlich mit geringen Fallzahlen zu kämpfen, was darin begründet liegt, dass nunmehr für jedes personalpolitische System eine eigene Gleichung geschätzt wird. Insbesondere für das Adapt_{htr}–Regime lässt sich eine hinreichende Fallzahl nicht immer sicherstellen. Unter den gegebenen Umständen kommen daher — obwohl methodisch zweifelhaft und unelegant — verminderte Spezifikationsalternativen zum Einsatz. Die Variablen, auf die in diesen Alternativen im Vergleich zum Ordered Probit Ansatz verzichtet wird, sind dort zwar durchgängig nicht signifikant. Ob es sich allerdings tatsächlich um nicht relevante Variablen handelt, ist eher zweifelhaft.

Trotzdem verfolgen die in Tabelle 6.8 und 6.9 aufgenommenen Varianten der Selektionsgleichung des Vierfaktorenmodells im Vergleich zu Modell M1 die Gütermarktstrategievariablen *Enge Kundenbindung* und *Niedrigpreispolitik* nicht weiter und verzichten auf die Marktanteilsvariable. Darüber hinaus fällt in der Gruppe der Adapt_{htr}–Betriebe die Variable *Hohe Produktqualität* heraus, da diese Variable in dieser Gruppe keine Variation aufweist. Die Paralleluntersuchung zu M3 hat bei der Beschäftigungswachstumsvariable hohe Ausfälle. Hier wird in die Selektionsgleichung ein Ersatzvariablenbündel aufgenommen (siehe die Tabellen 6.10 bis 6.12, Seite 226–228), dessen Beschreibung später folgt (Seite 224).

An dieser Stelle sei zunächst auf die Resultate für das Vierfaktorenmodell Bezug genommen: Die zugehörigen Tabellen sind nach einem gemeinsamen Muster aufgebaut, das die Gleichungen (6.17) bis (6.24) umsetzt. Der obere Teil enthält die Produktivitätsgleichung (vgl. Gleichung (6.23)) mit der abhängigen Variablen ln(Arbeitsproduktivität). Die Selektionsgleichung (abhängige Variable: *Mutask*) findet sich darunter. Der gemäß Gleichung (6.22) geschätzte Selektionsterm $\widehat{\lambda}$ geht als zusätzlicher Regressor in die Produktivitätsgleichung ein. Der dort geschätzte Koeffizient $\widehat{\beta_{\widehat{\lambda}}}$ entspricht $\widehat{\rho\sigma}$ aus Gleichung (6.23). Wie üblich wird das 1%–Signifikanzniveau mit ** angezeigt, das 5%–Signifikanzniveau mit * und das 10%–Signifikanzniveau mit †. Die Standardabweichung der geschätzten Koeffizienten ist in Klammern aufgenommen.

Für die beiden holistischen personalpolitischen Systeme lässt sich eine Selektionsverzerrung dabei in keiner der beiden Tabellen belegen (Insignifikanz von $\widehat{\beta_{\lambda}}$). Für die Gruppe der Startsystembetriebe ist der Selektionsterm in der Beschäftigungswachstumsspezifikation signifikant (Tabelle 6.8). Für die Gruppe der tayloristischen Betriebe ist die Selektionsverzerrung durchgängig belegt (1%–Signifikanzniveau, Tabelle 6.8 und 6.9). Die optische Prüfung der Normalverteilungsannahme für die Probitgleichung zeigt in den Grundzügen den gewünschten Verlauf, allerdings mit einem flach auslaufenden rechten Randbereich.

Die Resultate aus den Selektionsgleichungen sind nicht überzeugend. Zunächst ist festzustellen, dass die nach den personalpolitischen Systemen getrennt geschätzten Probitgleichungen eine Reihe insignifikanter Variablen beinhalten. Während Zeitmanagement und die Produktqualitätsstrategie bei der Entscheidung für ein höherwertiges personalpolitisches System noch tragend waren (vgl. Tabelle 6.3), verliert sich ihr Einfluss in der *Mutask*–Entscheidung der vier Einzelsysteme. Dies Ergebnis steht mit den bereits aus den Tabellen 6.5 und 6.6 (siehe Seite 207 und 208) bekannten Resultaten im Einklang. Die folgende Interpretation steht durchaus mit der Komplementaritätshypothese im Einklang: In ihrer Gesamtheit sind die betrachteten Einflussgrößen erst ab der Wahl des personalpolitischen (Gesamt–)Systems relevant, was sich als ein Indiz für die Existenz von Komplementaritäten werten ließe.

Als durchgängig relevant für die *Multitasking*entscheidung zeigt sich lediglich der Rollenverflechtungsfaktor, der hauptsächlich durch Mitarbeitererfolgsbeteiligung und Gewinnbeteiligung der Geschäftsleitung getragen wird (zur Identifikation der Faktoren vgl. Abschnitt 6.1.2.1). Ein Resultat, das sich mit Arbeiten deckt, die die Informations–und Partizipationsfunktion einer Erfolgsbeteiligung herausheben (z. B. MacDuffie (1995)).

Darüber hinaus scheint Qualitätssicherung durch eine dritte Stelle (QS) eine Rolle bei der Subsystementscheidung für *Mutask* in $\text{Holist}_{\text{tec}}$–Betrieben zu spielen. Mit dem in der Clusteranalyse gewonnenen Eindruck, dass sich die beiden holistischen Varianten anhand der Schwerpunktsetzung innerhalb des Vierpunktemodells von Lindbeck und Snower (2000) (siehe auch Seite 29) voneinander abgrenzen, deckt sich das positive Vorzeichen der Variable MA–Präferenzen. An diesem für die Selektionsgleichung in Tabelle 6.8 gewonnenen Bild ändert sich nichts, wenn anstelle des Beschäftigungswachstums die Beschäftigungshöhe verwendet wird (Tabelle 6.9), außer dass sich die Fallzahl jeweils um rund die Hälfte erhöht.

Geht man zur Betrachtung der Produktivitätsgleichungen über und dort insbesondere zur Interpretation der *Multitasking*effekte, so scheint ein solcher Effekt in $\text{Holist}_{\text{lsy}}$–System durchgängig nicht vorhanden. Demgegenüber ist er im $\text{Taylor}_{\text{base}}$–System durchgängig positiv und auf dem 5%–Niveau belegt. Auch ist der produktivitätsfördernde Einfluss von *Mutask* im Basissystem stets größer als im $\text{Adapt}_{\text{htr}}$–System, was der eingangs getroffenen Hypothese **H5** (Seite 149) entgegensteht. Diese hätte einen von $\text{Taylor}_{\text{base}}$ über $\text{Adapt}_{\text{htr}}$ und $\text{Holist}_{\text{tec}}$ zu $\text{Holist}_{\text{lsy}}$ zunehmenden Effekt erwarten lassen. Die Nullhypothese des fehlenden Einflusses von Multitasking auf die Arbeitsproduktivität lässt sich für das $\text{Holist}_{\text{tec}}$–System in keiner der beiden Spezifikationen verwerfen, wenngleich die Höhe des Koeffizienten stets über dem Vergleichswert der $\text{Adapt}_{\text{htr}}$–Betriebe liegt. Die Untersuchung der wachsenden Reorganisationseffekte im Rahmen des Vierfaktorenmodells lässt sich dahingehend zusammenfassen, dass sich ein derartiger Effekt nicht belegen lässt.

Tabelle 6.8: Systemspezifische Reorganisationseffekte (Modell 1), Abhängige Variable: ln(Arbeitsproduktivität), Probit: Vierfaktorenmodell, Beschäftigungswachstum

	$Holist_{Isy}$		$Holist_{tec}$		$Adapt_{htr}$		$Taylor_{base}$		Alle Betriebe	
Erklärende Variable	$\widehat{\beta}$	$\widehat{\sigma}$	$\widehat{\beta}$	$\widehat{\sigma}$	$\widehat{\beta}$	$\widehat{\sigma}$	$\widehat{\beta}$	$\widehat{\sigma}$	$\widehat{\beta}$	$\widehat{\sigma}$
ln(Arbeitsproduktivität)										
Kapazitätsauslastung	0.435	(0.377)	−0.635	(0.472)	−2.103**	(0.63)	0.142	(0.213)	0.192	(0.176)
Kapitalintensität	0.613**	(0.053)	0.508**	(0.065)	0.866**	(0.066)	0.714**	(0.027)	0.668**	(0.024)
Beschäftigung	−0.006	(0.026)	0.162**	(0.037)	−0.075	(0.059)	−0.003	(0.016)	0.021	(0.013)
Heterogene Preise ($\ln Q_{it}$)	0.016	(0.152)	0.124	(0.208)	0.707**	(0.211)	0.081	(0.093)	0.146†	(0.079)
Marktanteil	0.009	(0.023)	0.007	(0.03)	0.065	(0.041)	0.012	(0.012)	0.011	(0.011)
Mutask	0.031	(0.161)	0.165	(0.13)	0.137†	(0.083)	0.174*	(0.084)	0.132†	(0.071)
Selektionsterm $\widehat{\lambda}$	−0.013	(0.102)	0.113	(0.079)	0.128	(0.116)	−0.139**	(0.052)	−0.078†	(0.045)
Konstante	4.672**	(0.707)	6.477**	(0.846)	3.052**	(1.092)	4.152**	(0.425)	4.271**	(0.416)
Mutask (Probitmodell) [a]										
Beschäftigungswachstum	−0.413	(1.037)	8.49*	(3.531)	9.333	(7.803)	−1.55†	(0.919)	−0.08	(0.619)
Zeitmanagement	−0.225	(0.237)	0.187	(0.454)	−1.868	(1.365)	−0.274	(0.174)	−0.193	(0.122)
Hohe Produktqualität	0.112	(0.578)	1.642	(1.067)			0.182	(0.253)	0.166	(0.209)
Qualitätssteuerung (EI)	−0.016	(0.27)	−0.266	(0.475)	−1.852	(1.52)	0.197	(0.221)	−0.004	(0.146)
Qualitätskontrolle (QS)	−0.197	(0.308)	1.385*	(0.605)	−1.94	(1.615)	0.305	(0.24)	0.141	(0.158)
F_2sVersicherung	0.111	(0.135)	0.029	(0.212)	0.807	(0.671)	0.184*	(0.093)	0.119†	(0.064)
F_Rollenverflechtung	0.226*	(0.096)	0.736**	(0.283)	1.326*	(0.638)	0.479**	(0.089)	0.345**	(0.055)
F_WB–Bündel	−0.018	(0.134)	0.295	(0.299)	1.056	(0.753)	0.267**	(0.096)	0.169*	(0.067)
F_*Upskilling*	−0.004	(0.129)	0.387	(0.252)	−0.043	(0.541)	0.108	(0.1)	0.121†	(0.066)
MA–Präferenzen (Vielfalt)	0.383†	(0.221)	0.049	(0.455)	0.671	(0.945)	0.493**	(0.17)	0.351**	(0.12)
Überauslastung	−0.221	(0.328)	0.436	(0.790)	1.226	(1.373)	0.257	(0.188)	0.235	(0.148)
Konstante	0.009	(0.727)	−3.556*	(1.706)	−0.594	(2.004)	−1.248**	(0.378)	−0.956**	(0.281)
N	148		62		36		316		539	
$\chi^2_{(n)}$	347.92 (27)		247.53 (23)		441.21 (19)		922.54 (30)		1178.71 (32)	
Normalverteilungsabgleich [c]	*linkssteil*		*linkssteil*		*linkssteil*		*linkssteil*		*linkssteil*	
Strukturkoeffizienten [b]										
μ_s [b]	1.02		1.14		2.78		1.09		1.17	
μ_i [b]	1.01		1.13		2.41		1.07		1.16	
ε [b]	1.01		1.32		2.96		1.09		1.20	
Signifikanz Preiskorrektur	(0.93)		(0.83)		(0.00)		(0.41)		(0.11)	

†: 10%–, *: 5%–, **:1%-Signifikanzniveau / Software: Stata 7.0. Jahres–und Sektordummies berücksichtigt.

[a] Die Variable Hohe Produktqualität weist in den $Adapt_{htr}$–Betrieben keine Varianz auf, fällt daher aus der Spezifikation heraus.

[b] Heterogene Preissetzung, mit μ_s: Preis–Grenzkosten–Verhältnis (Marktsegment), μ_i: Preis–Grenzkosten–Verhältnis (betriebliche Ebene), ε: $(d\ln Q/d\ln K + d\ln Q/d\ln L)$.

[c] Optischer Eindruck aus dem Residuenplot (Kernel–Schätzung), dem die Normalverteilung gegenübergestellt wird.

Tabelle 6.9: Systemspezifische Reorganisationseffekte (Modell 2)
Abhängige Variable: ln(Arbeitsproduktivität),
Probit: Vierfaktorenmodell, Beschäftigung

	$Holist_{lsy}$		$Holist_{tec}$		$Adapt_{htr}$		$Taylor_{base}$		Alle Betriebe	
Erklärende Variable	$\widehat{\beta}$	$\widehat{\sigma}$	$\widehat{\beta}$	$\widehat{\sigma}$	$\widehat{\beta}$	$\widehat{\sigma}$	$\widehat{\beta}$	$\widehat{\sigma}$	$\widehat{\beta}$	$\widehat{\sigma}$
				ln(Arbeitsproduktivität)						
Kapazitätsauslastung	0.271	(0.288)	0.153	(0.404)	−1.829**	(0.539)	0.068	(0.171)	0.081	(0.138)
Kapitalintensität	0.653**	(0.04)	0.616**	(0.063)	0.873**	(0.062)	0.714**	(0.022)	0.684**	(0.019)
Beschäftigung	0.034	(0.028)	0.079*	(0.036)	−0.028	(0.055)	0.002	(0.014)	0.018	(0.012)
Heterogene Preise ($\ln Q_{it}$)	0.023	(0.124)	0.081	(0.216)	0.519**	(0.199)	0.04	(0.081)	0.124†	(0.068)
Marktanteil	−0.008	(0.018)	0.010	(0.027)	0.098**	(0.037)	0.006	(0.01)	0.008	(0.009)
Mutask	−0.16	(0.124)	0.264	(0.162)	0.108	(0.107)	0.191*	(0.074)	0.145**	(0.056)
Selektionsterm $\widehat{\lambda}$	0.104	(0.078)	−0.140	(0.102)	0.04	(0.069)	−0.154**	(0.046)	−0.096**	(0.036)
Konstante	4.456**	(0.586)	4.793**	(0.84)	2.977**	(1.09)	4.247**	(0.333)	3.818**	(0.321)
				Mutask (Probitmodell) [a]						
Beschäftigung	0.336**	(0.115)	0.171	(0.175)	−0.278	(0.352)	0.144	(0.09)	0.139*	(0.064)
Zeitmanagement	0.144	(0.194)	−0.157	(0.295)	−0.156	(0.602)	−0.273†	(0.14)	−0.097	(0.099)
Hohe Produktqualität	0.483	(0.517)	0.625	(0.618)			0.09	(0.202)	0.143	(0.174)
Qualitätssteuerung (EI)	−0.093	(0.226)	−0.360	(0.349)	−0.823	(0.697)	0.115	(0.181)	0.044	(0.119)
Qualitätskontrolle (QS)	0.002	(0.262)	0.680*	(0.341)	−0.730	(0.826)	0.213	(0.200)	0.178	(0.130)
F_2sVersicherung	0.148	(0.117)	−0.089	(0.174)	0.988**	(0.381)	0.158†	(0.085)	0.157**	(0.057)
F_Rollenverflechtung	0.272**	(0.084)	0.413**	(0.153)	0.652*	(0.273)	0.465**	(0.07	0.374**	(0.046)
F_WB–Bündel	0.011	(0.114)	0.135	(0.191)	1.083*	(0.44)	0.113	(0.076)	0.122*	(0.053)
F_*Upskilling*	0.120	(0.109)	−0.051	(0.156)	−0.031	(0.406)	0.051	(0.075)	0.082	(0.053)
MA–Präferenzen (Vielfalt)	0.33†	(0.191)	0.203	(0.312)	0.552	(0.601)	0.436**	(0.139)	0.304**	(0.098)
Überauslastung	−0.192	(0.237)	−0.311	(0.428)	0.553	(0.775)	0.049	(0.15)	0.055	(0.115)
Konstante	−2.273**	(0.813)	−1.443	(1.016)	−0.348	(2.374)	−1.54**	(0.435)	−1.475**	(0.335)
N	224		99		53		438		821	
$\chi^2_{(n)}$	584.44 (28)		276.48 (24)		503.38 (22)		1459.45 (39)		1890.44 (34)	
Normalverteilungsabgleich [c]	*linkssteil*		*linkssteil*		*linkssteil*		*linkssteil*		*linkssteil*	
				Strukturkoeffizienten [b]						
μ_s [b]	1.02		1.09		2.08		1.03		1.14	
μ_i [b]	1.05		1.09		1.73		1.06		1.13	
ε [b]	1.06		1.17		2.02		1.04		1.16	
Signifikanz Preiskorrektur	(0.89)		(0.88)		(0.00)		(0.71)		0.12	

†: 10%–, *: 5%–, **:1%-Signifikanzniveau / Software: Stata 7.0. Jahres–und Sektordummies berücksichtigt.

[a] Die Variable Hohe Produktqualität weist in den $Adapt_{htr}$–Betrieben keine Varianz auf, fällt daher aus der Spezifikation heraus.

[b] Heterogene Preissetzung, mit μ_s: Preis–Grenzkosten–Verhältnis (Marktsegment), μ_i: Preis–Grenzkosten–Verhältnis (betriebliche Ebene), ε: $(d\ln Q/d\ln K + d\ln Q/d\ln L)$.

[c] Optischer Eindruck aus dem Residuenplot (Kernel–Schätzung), dem die Normalverteilung gegenübergestellt wird.

Zum Abschluss der Diskussion des Vierfaktorenmodells sei auf zwei Punkte hingewiesen: auf die Bereinigung des Preisbias und auf die ermittelten Strukturkoeffizienten (Preisaufschläge μ_s und μ_i sowie Skalenertrag ε). Unter dem Preisaufschlag wird dabei stets der Quotient aus Preis und Grenzkosten verstanden. Außer für die Adapt_{htr}–Betriebe, die bei den Gütermarktstrategien im Vergleich zu den anderen Betriebstypen verstärkt auf die Kombination Zeitmanagement und Produktqualität setzen, lässt sich die gemeinsame Signifikanz der zur Preisbiaskorrektur herangezogenen Variablen (zum Verfahren siehe Seite 167) nicht belegen.

Dieses Ergebnis deckt sich auf den ersten Blick gut mit dem im Theorieteil gewonnenen Eindruck über die Adapt_{htr}–Betriebe, die bekanntlich die wechselseitige Versicherung zwischen Mitarbeitern und Unternehmen installiert haben. Dort gründet sich die Ableitung der Versicherungslösung auf das Vorhandensein eines substantiellen Preissetzungsspielraums, wobei negative Nachfrageschocks gerade nicht durch Preisnachlässe kompensiert werden. Vielmehr übernehmen die intertemporalen Zeittransfers bei gleichzeitiger Sicherung des Humankapitalbestands eine solche Rolle. In diesem Sinne lassen sich die Variablen Zeitmanagement, Hohe Produktqualität und die gemeinsame Signifikanz der "Preismacht"–Variablen interpretieren. Diese Interpretation ist allerdings nicht überzubewerten, da sie sich auf eine geringe Fallzahl stützt. Hier wären weiterführende Analysen hilfreich, die auf einer breiteren Datenbasis beruhen.

Wegen der nicht–signifikanten Preisbiaskorrekturprozedur und auf Basis des insignifikanten Vorzeichens des Beschäftigungskoeffizienten sollte eine weitergehende Interpretation der *Markup*–Parameter μ_i und μ_s sowie des Skalenertragsparameters ε nicht vorgenommen werden. Anders formuliert: Die Hypothese homogener Preisbildung kann für drei der Betriebstypen nicht abgelehnt werden (Holist_{lsy}, Holist_{tec} und Taylor_{base}). Die Hypothese der konstanten Skalenerträge lässt sich für Holist_{lsy}–, Adapt_{htr}– und Taylor_{base}–Betriebe nicht verwerfen.

Auf Basis der gewonnenen Resultate lässt sich das Vierfaktorenmodell weder zur Untermauerung der Hypothese wachsender Reorganisationseffekte heranziehen noch zu deren abschließender Verwerfung. Insofern wird zur Analyse des Zweifaktorenmodells übergegangen. Wenn man zur Interpretation der Resultate der Treatment–Effects–Modelle übergeht, die aus dem Zweifaktorenmodell hervorgehen (Tabellen 6.10 bis 6.12), gestaltet sich das Bild etwas freundlicher. Bei der Interpretation ist allerdings zu beachten, dass die Beschäftigungswachstumsvariable aus Fallzahlgründen durch Ersatzvariablen substituiert wurde.[24]

Dabei wird die folgende "betriebsdemografische" Variablengruppe einbezogen: *Betriebsalter – (logarithmierte) Zahl der Beschäftigten – Wachstum des Wissenskapi-*

24 Die Problematik kleiner Substichproben besteht hier dadurch, dass die vier personalpolitischen Systeme getrennt untersucht werden.

tals. Drei Spezifikationsvarianten werden verfolgt, wobei allerdings kein Instrumentalvariablenansatz modelliert wird, der die Alternativen **V1** bis **V3** als Instrumente für das Beschäftigungswachstum formuliert:

V1 Betriebsalter, Beschäftigungsniveau (Tabelle 6.10),

V2 Betriebsalter, Beschäftigungsniveau,
Wissenskapitalwachstum (Tabelle 6.11),

V3 Betriebsalter, Wissenskapitalwachstum (Tabelle 6.12).

Die zugehörigen Tabellen sind nach genau dem gleichen Schema aufgebaut wie die beiden vorangegangenen Tabellen. Auch hier zeigt der optische Normalverteilungsabgleich den flach auslaufenden rechten Randbereich. Die Selektionsgleichungen (unterer Teil der Tabellen) zeigen sehr schön den zwischen den personalpolitischen Systemen divergierenden Entscheidungsprozess für *Multitasking*. Während im Allgemeinen — und im Einklang mit Lindbeck und Snower (2000) — Veränderungen im Anforderungsprofil der Tätigkeiten und der vorgelagerte Aufbau von Wissenskapital (vgl. auch die Beschreibung im Variablenanhang auf Seite 280) die Entscheidung zugunsten von *Multitasking* beeinflussen, kristallisiert sich im Adapt_{htr}–System zusätzlich das wechselseitige Versicherungsmoment deutlich heraus (Variable: F_2sVersicherung).

Hinsichtlich der Produktivitätseffekte sind die Resultate der Modelle **V1** bis **V3** schnell zusammengefasst. Zunächst einmal sind sämtliche Modelle der Vergleichsspezifikation vorzuziehen, die auf die Konstante regressiert wird. Für die Gesamtstichprobe wird durchgängig ein positiver Produktivitätseffekt von *Multitasking* ausgewiesen, der sich allerdings nur für **V3** statistisch belegen lässt. In **V1** ist das entsprechende Vorzeichen zwar positiv, die Nullhypothese des fehlenden Einflusses kann jedoch nicht abgelehnt werden.

Werden die unterschiedlichen personalpolitischen Systeme, d. h. die vier Betriebstypen Holist_{lsy}, Holist_{tec}, Adapt_{htr} sowie Taylor_{base}, getrennt untersucht, was in den Spalten (1) bis (4) erfolgt, so zeigt sich das gewünschte differenzierte Bild, wenn man von dem überhaupt fehlenden Effekt in der Holist_{lsy}–Gruppe einmal absieht. Konzentriert man sich bei der Interpretation auf die drei Systeme Holist_{tec}, Adapt_{htr} sowie Taylor_{base}, so wird durchgängig, d. h. in allen drei Spezifikationsalternativen der wachsende Reorganisationseffekt ausgewiesen. In **V1** lautet die zugehörige "Koeffizientenhierarchie" $0.337^{*} > 0.189 > 0.092$, in **V2** lautet sie $0.515^{**} > 0.167^{*} > 0.019$ und in **V3** wird sie mit $0.519^{**} > 0.167^{*} > 0.019$ angegeben. Ein ** (*) zeigt an, dass der Effekt auf dem 1%–Niveau (5%–Niveau) belegt ist. [25]

25 Die Selektionsverzerrung ist insbesondere für die beiden System Holist_{tec} und Adapt_{htr}relevant,

Da der durch den *Multitasking*effekt operationalisierte Reorganisationseffekt auf den Effizienzterm in der Produktivitätsgleichung zielt und insofern einen faktorungebundenen Effekt repräsentiert, sind diese Koeffizientenhierarchien dahingehend zu interpretieren, dass die logarithmierte Arbeitsproduktivität an sich durch Multitasking angehoben wird, und dass der (Niveau–)Sprung umso höher ist, je weiter man sich in der personalpolitischen Systemhierarchie nach oben bewegt, von der präferenzgesteuerten holistischen Variante einmal abgesehen.[26]

Das Ergebnis, dass sich für das präferenzgesteuerte Modell $\text{Holist}_{\text{lsy}}$ kein Effekt belegen lässt, steht durchaus im Einklang mit jüngeren empirischen Arbeiten, die sich mit Mitarbeiterentscheidungsbeteiligung, Mitarbeiterzufriedenheit und Firmeneffizienz beschäftigen (z. B. Freeman et al. (2000)). Diese legen den Schluss nahe, entsprechende Maßnahmen(kataloge), die sich unter dem Stichwort *Employee Involvement Practices* eingebürgert haben, kämen in erster Linie den eingebundenen Mitarbeitern zugute: Es lassen sich kaum bzw. keine Effekte auf die Arbeitsproduktivität nachweisen. Allerdings ist die dokumentierte Arbeitszufriedenheit der Beteiligten deutlich höher als in der Vergleichsgruppe ohne Mitarbeiterpartizipation und abwechslungsreiche Tätigkeitsprofile.

Das negative Vorzeichen der Kapazitätsauslastung, welches für Betriebe im $\text{Adapt}_{\text{htr}}$–System ausgewiesen wird, ist zwar statistisch nicht belegt. Es ließe sich gegebenenfalls aber dahingehend interpretieren, dass die Lagerhaltungsbeschränkung für diese Betriebe tatsächlich eine große Bedeutung besitzt. Beide Varianten, die für die vorgelagerten Nettoinvestitionen in Humankapital und FuE kontrollieren (Variable: Wissenskapitalwachstum), lassen auf steigende Skalenerträge (Beschäftigungskoeffizient in der Produktivitätsgleichung) im Taylor–Regime schließen, was auf die typische Massenfertigung hindeutet. Dieses untermauert indirekt die Hypothesen von Lindbeck und Snower (2000), die von reduzierten Skalenerträgen in holistischen Arbeitsorganisationen ausgehen.

Der Einfluss der Variablenkombination, die zur Korrektur der durch heterogene Preissetzung verursachten Verzerrung aufgenommen wurde, ist wiederum lediglich für das Startsystem $\text{Adapt}_{\text{htr}}$ statistisch belegt. Demgegenüber lässt sich die Hypothese konstanter Skalenerträge lediglich für $\text{Holist}_{\text{tec}}$–Betriebe in Spezifikation **V1** sowie für $\text{Adapt}_{\text{htr}}$–Betriebe in Spezifikation **V2** und **V3** verwerfen.

---

wobei sich das Vorzeichen dahingehend interpretieren ließe, dass sich zuvor unterdurchschnittlich produktive Betriebe für *Multitasking* entschließen. Dieses Ergebnis deckt sich mit dem bereits im Vierfaktorenmodell für die Koeffizienten des Selektionsterms in der $\text{Taylor}_{\text{base}}$–Gleichung gewonnenen Eindruck.

26 In diesem Zusammenhang lässt sich theoretisch zeigen, dass die holistische Arbeitsorganisation bei Mitarbeiterpräferenzen für Aufgabenvielfalt stets gewählt wird, sobald die Aufgaben Edgeworth–Komplemente sind (Carstensen (2002)).

Tabelle 6.10: Systemspezifische Reorganisationseffekte (Modell 3)
Abhängige Variable: ln(Arbeitsproduktivität),
Probit: Zweifaktorenmodell (V1)

	Holist$_{lsy}$		Holist$_{tec}$		Adapt$_{htr}$		Taylor$_{base}$		Alle Betriebe	
Erklärende Variable	$\widehat{\beta}$	$\widehat{\sigma}$	$\widehat{\beta}$	$\widehat{\sigma}$	$\widehat{\beta}$	$\widehat{\sigma}$	$\widehat{\beta}$	$\widehat{\sigma}$	$\widehat{\beta}$	$\widehat{\sigma}$
ln(Arbeitsproduktivität)										
Kapazitätsauslastung	0.202	(0.276)	0.134	(0.402)	−0.684	(0.482)	0.191	(0.166)	0.104	(0.138)
Kapitalintensität	0.665**	(0.039)	0.615**	(0.066)	0.921**	(0.064)	0.718**	(0.022)	0.685**	(0.019)
Beschäftigung	0.016	(0.026)	0.074*	(0.035)	−0.029	(0.06)	0.008	(0.014)	0.026*	(0.012)
Heterogene Preise ($\ln Q_{lt}$)	0.023	(0.12)	0.089	(0.209)	0.352†	(0.194)	0.05	(0.082)	0.104	(0.068)
Marktanteil	0.01	(0.017)	0.014	(0.028)	0.062†	(0.033)	0.006	(0.01)	0.008	(0.009)
Mutask	−0.075	(0.114)	0.337*	(0.154)	0.189	(0.159)	0.092	(0.074)	0.043	(0.064)
Selektionsterm $\widehat{\lambda}$	0.035	(0.071)	−0.232*	(0.095)	−0.166	(0.107)	−0.083†	(0.046)	−0.026	(0.04)
Konstante	4.193**	(0.568)	4.707**	(0.885)	1.784	(1.1)	4.027**	(0.338)	3.798**	(0.322)
Mutask (Probitmodell) [a]										
Beschäftigung	0.292**	(0.109)	0.124	(0.169)	−0.234	(0.283)	0.155†	(0.088)	0.12*	(0.061)
F_Anforderungsdynamik	0.277**	(0.099)	0.205	(0.217)	0.599*	(0.283)	0.348**	(0.081)	0.304**	(0.055)
F_2sVersicherung	−0.037	(0.098)	−0.002	(0.173)	0.711**	(0.258)	0.005	(0.082)	0.050	(0.052)
Fertigungssysteme	0.367†	(0.217)	0.853*	(0.424)	0.770	(0.587)	−0.208	(0.172)	0.069	(0.118)
Bewährte Technologie	0.6**	(0.232)	0.045	(0.471)	1.635**	(0.612)	−0.063	(0.169)	0.127	(0.121)
Betriebsalter	−0.310	(0.192)	0.227	(0.307)	−0.519	(1.284)	−0.011	(0.127)	−0.081	(0.095)
Innovationsintensität	0.059	(0.067)	0.474**	(0.117)	−0.245	(0.267)	0.235**	(0.048)	0.203**	(0.034)
Niedrigpreispolitik	−0.292	(0.208)	0.892*	(0.398)	0.492	(0.500)	0.205	(0.144)	0.008	(0.103)
Zeitmanagement	0.151	(0.18)	−0.107	(0.302)	0.973†	(0.532)	−0.265†	(0.139)	−0.042	(0.096)
Hohe Produktqualität	0.375	(0.477)	0.234	(0.778)			0.069	(0.214)	0.026	(0.177)
Umweltimage	0.321	(0.209)	−0.495	(0.436)	0.265	(0.531)	0.230	(0.177)	0.217†	(0.116)
Überauslastung	−0.166	(0.231)	0.412	(0.407)	1.145	(0.714)	0.074	(0.151)	0.131	(0.113)
Konstante	−1.171	(0.924)	−3.77*	(1.642)	−0.076	(4.337)	−1.816**	(0.592)	−1.365**	(0.435)
N	235		99		41		481		820	
$\chi^2_{(n)}$	603.69 (29)		284.62 (24)		434.98 (22)		1488.16 (32)		1876.67 (33)	
Normalverteilungsabgleich [c]	*linkssteil*		*linkssteil*		*linkssteil*		*linkssteil*		*linkssteil*	
Strukturkoeffizienten [b]										
μ_s [b]	1.02		1.09		1.54		1.05		1.12	
μ_i [b]	1.01		1.08		1.40		1.04		1.11	
ε [b]	1.03		1.18		1.49		1.06		1.14	
Signifikanz Preiskorrektur	(0.83)		(0.81)		0.04		(0.68)		(0.20)	

†: 10%–, *: 5%–, **:1%-Signifikanzniveau / Software: Stata 7.0. Jahres–und Sektordummies berücksichtigt.

[a] Die Variable Hohe Produktqualität weist in den Adapt$_{htr}$–Betrieben keine Varianz auf, fällt daher aus der Spezifikation heraus.

[b] Heterogene Preissetzung, mit μ_s: Preis–Grenzkosten–Verhältnis (Marktsegment), μ_i: Preis–Grenzkosten–Verhältnis (betriebliche Ebene), ε: $(d\ln Q/d\ln K + d\ln Q/d\ln L)$.

[c] Optischer Eindruck aus dem Residuenplot (Kernel–Schätzung), dem die Normalverteilung gegenübergestellt wird.

Tabelle 6.11: Systemspezifische Reorganisationseffekte (Modell 4) Abhängige Variable: ln(Arbeitsproduktivität), Probit: Zweifaktorenmodell (V2)

	Holist_{lsy}		Holist_{tec}		Adapt_{htr}		Taylor_{base}		Alle Betriebe	
Erklärende Variable	$\widehat{\beta}$	$\widehat{\sigma}$	$\widehat{\beta}$	$\widehat{\sigma}$	$\widehat{\beta}$	$\widehat{\sigma}$	$\widehat{\beta}$	$\widehat{\sigma}$	$\widehat{\beta}$	$\widehat{\sigma}$
	ln(Arbeitsproduktivität)									
Kapazitätsauslastung	0.057	(0.286)	0.117	(0.471)	−0.665	(0.48)	0.275	(0.179)	0.229	(0.145)
Kapitalintensität	0.607**	(0.045)	0.627**	(0.076)	0.84**	(0.075)	0.702**	(0.024)	0.664**	(0.021)
Beschäftigung	0.009	(0.025)	0.05	(0.045)	−0.057	(0.041)	0.027†	(0.014)	0.036**	(0.012)
Heterogene Preise ($\ln Q_{ft}$)	0.09	(0.123)	0.12	(0.215)	0.544**	(0.15)	0.064	(0.09)	0.135†	(0.073)
Marktanteil	0.001	(0.018)	0.023	(0.033)	0.022	(0.026)	0.002	(0.011)	0.004	(0.009)
Mutask	0.046	(0.094)	0.515**	(0.193)	0.167*	(0.073)	0.019	(0.063)	0.083	(0.051)
Selektionsterm $\widehat{\lambda}$	−0.064	(0.058)	−0.372**	(0.116)	−0.13*	(0.057)	−0.034	(0.041)	−0.058†	(0.033)
Konstante	4.954**	(0.601)	4.251**	(1.096)	2.397**	(0.811)	4.020**	(0.363)	4.402**	(0.295)
	Mutask (Probitmodell) [a]									
Beschäftigung	0.114	(0.13)	−0.015	(0.202)	−0.223	(1.139)	0.124	(0.101)	0.07	(0.069)
Wissenskapitalwachstum	0.174**	(0.047)	0.162*	(0.073)	0.997*	(0.391)	0.16**	(0.031)	0.167**	(0.022)
F_Anforderungsdynamik	0.391**	(0.115)	0.323	(0.245)	1.245	(1.123)	0.369**	(0.092)	0.365**	(0.063)
F_2sVersicherung	−0.060	(0.111)	0.039	(0.181)	2.639**	(1.014)	−0.123	(0.093)	−0.021	(0.06)
Fertigungssysteme	0.327	(0.239)	0.868†	(0.482)	−2.876	(2.498)	−0.254	(0.192)	0.022	(0.131)
Bewährte Technologie	0.59*	(0.260)	0.324	(0.506)	3.071	(1.97)	0.01	(0.195)	0.164	(0.138)
Betriebsalter	−0.526*	(0.206)	0.240	(0.347)	−4.478	(5.75)	0.124	(0.139)	−0.034	(0.101)
Innovationsintensität	0.095	(0.085)	0.292*	(0.134)	−1.177	(1.51)	0.153**	(0.058)	0.131**	(0.041)
Niedrigpreispolitik	−0.235	(0.244)	0.821†	(0.441)	1.15	(2.599)	0.297†	(0.161)	0.072	(0.116)
Zeitmanagement	0.050	(0.200)	−0.185	(0.328)	2.793	(2.453)	−0.32*	(0.157)	−0.154	(0.109)
Hohe Produktqualität	−0.237	(0.599)	0.688	(0.918)			−0.022	(0.236)	−0.033	(0.203)
Umweltimage	0.132	(0.235)	−0.526	(0.472)	1.083	(2.236)	0.093	(0.194)	0.049	(0.129)
Überauslastung	−0.148	(0.266)	0.518	(0.476)	7.522*	(3.392)	0.065	(0.167)	0.096	(0.126)
Konstante	−0.802	(1.105)	−4.909**	(1.865)	−0.704	(20.424)	−3.227**	(0.726)	−2.501**	(0.506)
N	205		90		44		409		708	
$\chi^2_{(n)}$	547.28 (29)		253.79 (23)		636.18 (21)		1231.01 (32)		1631.38 (33)	
Normalverteilungsabgleich [c]	linkssteil		linkssteil		linkssteil		linkssteil		linkssteil	
	Strukturkoeffizienten [a]									
μ_s	1.09		1.14		2.53		1.07		1.16	
μ_i	1.09		1.11		1.78		1.07		1.15	
ε	1.11		1.19		2.61		1.09		1.19	
Signifikanz Preiskorrektur	(0.76)		0.68		0.00		0.76		(0.16)	

†: 10%–, *: 5%–, **:1%-Signifikanzniveau / Software: Stata 7.0. | Jahres–und Sektordummies berücksichtigt.

[a] Die Variable Hohe Produktqualität weist in den Adapt_{htr}–Betrieben keine Varianz auf, fällt daher aus der Spezifikation heraus.

[b] Heterogene Preissetzung, mit μ_s: Preis–Grenzkosten–Verhältnis (Marktsegment), μ_i: Preis–Grenzkosten–Verhältnis (betriebliche Ebene), ε: $(d\ln Q/d\ln K + d\ln Q/d\ln L)$.

[c] Optischer Eindruck aus dem Residuenplot (Kernel–Schätzung), dem die Normalverteilung gegenübergestellt wird.

Tabelle 6.12: Systemspezifische Reorganisationseffekte (Modell 5)
Abhängige Variable: ln(Arbeitsproduktivität),
Probit: Zweifaktorenmodell (V3)

	Holist$_{lsy}$		Holist$_{tec}$		Adapt$_{htr}$		Taylor$_{base}$		Alle Betriebe	
Erklärende Variable	$\widehat{\beta}$	$\widehat{\sigma}$	$\widehat{\beta}$	$\widehat{\sigma}$	$\widehat{\beta}$	$\widehat{\sigma}$	$\widehat{\beta}$	$\widehat{\sigma}$	$\widehat{\beta}$	$\widehat{\sigma}$
					ln(Arbeitsproduktivität)					
Kapazitätsauslastung	0.052	(0.286)	0.122	(0.470)	−0.658	(0.478)	0.276	(0.179)	0.228	(0.145)
Kapitalintensität	0.607**	(0.044)	0.628**	(0.076)	0.841**	(0.075)	0.701**	(0.024)	0.663**	(0.021)
Beschäftigung	0.012	(0.023)	0.049	(0.041)	−0.059	(0.04)	0.028*	(0.014)	0.038**	(0.012)
Heterogene Preise ($\ln Q_{lt}$)	0.089	(0.123)	0.119	(0.215)	0.54**	(0.148)	0.065	(0.09)	0.136†	(0.073)
Marktanteil	0.001	(0.018)	0.023	(0.033)	0.022	(0.026)	0.002	(0.011)	0.004	(0.009)
Mutask	0.046	(0.091)	0.519**	(0.188)	0.167*	(0.073)	0.019	(0.061)	0.082†	(0.049)
Selektionsterm $\widehat{\lambda}$	−0.065	(0.056)	−0.374**	(0.114)	−0.131*	(0.058)	−0.034	(0.04)	−0.059†	(0.032)
Konstante	4.948**	(0.597)	4.243**	(1.096)	2.402**	(0.811)	4.017**	(0.363)	4.399**	(0.295)
					Mutask (Probitmodell) [a]					
Wissenskapitalwachstum	0.185**	(0.045)	0.16*	(0.071)	1.003**	(0.387)	0.162**	(0.03)	0.169**	(0.022)
F_Anforderungsdynamik	0.419**	(0.111)	0.321	(0.243)	1.353	(0.959)	0.415**	(0.084	0.385**	(0.060)
F_2sVersicherung	−0.043	(0.109)	0.033	(0.163)	2.608*	(1.015)	−0.071	(0.083)	0.002	(0.055)
Fertigungssysteme	0.313	(0.237)	0.853†	(0.439)	−2.889	(2.406)	−0.230	(0.19)	0.030	(0.131)
Bewährte Technologie	0.571*	(0.259)	0.319	(0.500)	3.243†	(1.827)	0.039	(0.193)	0.170	(0.138)
Betriebsalter	−0.528**	(0.205)	0.240	(0.346)	−4.118	(4.943)	0.145	(0.136	−0.026	(0.100)
Innovationsintensität	0.103	(0.084)	0.293*	(0.134)	−1.378	(0.907)	0.153**	(0.057)	0.132**	(0.041)
Niedrigpreispolitik	−0.185	(0.237)	0.814†	(0.433)	1.378	(1.946)	0.284†	(0.161)	0.071	(0.116)
Zeitmanagement	0.054	(0.200)	−0.190	(0.321)	2.815	(2.442)	−0.299†	(0.156)	−0.146	(0.108)
Hohe Produktqualität	−0.299	(0.595)	0.670	(0.885)			−0.005	(0.235)	−0.019	(0.202)
Umweltimage	0.118	(0.234)	−0.533	(0.462)	1.351	(1.519)	0.063	(0.193)	0.045	(0.129)
Überauslastung	−0.132	(0.265)	0.511	(0.465)	7.705*	(3.351)	0.106	(0.164)	0.113	(0.125)
Konstante	−0.348	(0.971)	−4.922**	(1.855)	−2.941	(14.985)	−2.822**	(0.637)	−2.268**	(0.449)
N	205		90		44		409		708	
$\chi^2_{(n)}$	547.79 (29)		255.73 (23)		636.04 (21)		1231.58 (32)		1632.06 (33)	
Normalverteilungsabgleich [c]	linkssteil		linkssteil		linkssteil		linkssteil		linkssteil	
					Strukturkoeffizienten[a]					
μ_s	1.09		1.14		2.18		1.07		1.16	
μ_i	1.09		1.10		2.08		1.07		1.15	
Skalenertrag	1.11		1.18		2.05		1.09		1.20	
Signifikanz Preiskorrektur	(0.77)		(0.68)		(0.00)		(0.76)		(0.16)	

†: 10%–, *: 5%–, **:1%-Signifikanzniveau / Software: Stata 7.0. — Jahres–und Sektordummies berücksichtigt.

[a] Die Variable Hohe Produktqualität weist in den Adapt$_{htr}$–Betrieben keine Varianz auf, fällt daher aus der Spezifikation heraus.

[b] Heterogene Preissetzung, mit μ_s: Preis–Grenzkosten–Verhältnis (Marktsegment), μ_i: Preis–Grenzkosten–Verhältnis (betriebliche Ebene), ε: $(d\ln Q/d\ln K + d\ln Q/d\ln L)$.

[c] Optischer Eindruck aus dem Residuenplot (Kernel–Schätzung), dem die Normalverteilung gegenübergestellt wird.

In den Adaptionsbetrieben fallen der Kapitalkoeffizient und die Koeffizienten solcher Variablen ungewöhnlich hoch aus, die zur Korrektur für den Preisbias aufgenommen wurden. Hier wäre in weiterführenden Analysen, die allerdings nicht mehr Gegenstand dieser Arbeit sind, zu prüfen, inwieweit das Aggregationsniveau der Sektorvariablen hinreichend fein ist und ob die Beschränkung der Marktanteilsvariablen auf das umsatzstärkste Produkt angemessen ist.

Zumindest für das Zweifaktorenmodell ließen sich die Resultate als ein Indiz für die Gültigkeit der Hypothes **H5** deuten, wenn man die Sonderrolle des präferenzorientierten holistischen personalpolischen Systems $\text{Holist}_{\text{lsy}}$ berücksichtigt. Dem Resultat, dass sich für diesen Betriebstyp weder ein Produktivitätseffekt des *Multitasking*subsystems noch eine systematische Selektion in dieses Subsystem belegen lassen, sollte in künftigen Untersuchungen noch genauer nachgegangen werden. Die entsprechende Selektionsgleichung in Tabelle 6.12 deutet darauf hin, dass sich insbesondere junge Unternehmen für Multitasking entscheiden.

Die bislang eingenommene Perspektive der empirischen Fundierung der Komplementaritätenhypothese lässt sich als empirische Parallele zur komparativen Statik über das personalpolitische Handlungsspektrum auffassen, bei der der "Parameter" *Mutask* variiert wird. Demgegenüber nimmt der nächste Unterabschnitt die Argumentation der *aufsteigenden Gleichgewichte* auf, die insbesondere im verbandstheoretischen Teil der Arbeit diskutiert wurde.

6.2.3 Erweiterte Produktionsfunktionen

In diesem Unterabschnitt geht es um die Überprüfung von Hypothese **H6**. Diese Hypothese besagt, dass die mit höherwertigen, d. h. weiter ausgereiften personalpolitischen Systemen einhergehenden Produktivitätseffekte sowohl isolierter Natur sind als auch im Verbund mit den klassischen Produktionsfaktoren auftreten, wobei Wissenskapital (*knowledge capital*, siehe auch Hall und Mairesse (1995)) als ein Produktionsfaktor klassischer Prägung aufgefasst werden soll. Zur Operationalisierung dieser Variablen vergleiche Anhang C.1, Seite 280.

Die Untersuchung der faktorungebundenen und faktorgebundenen Effekte personalpolitischer Systeme ist ein weiterer Baustein in der Komplementaritätsdiskussion. Bildlich gesprochen wird die bereits mehrfach angesprochene Helikopterperspektive eingenommen, aus der heraus das Betriebsaggregat betrachtet wird. Dabei wird eine Untersuchungsmethodik gewählt, die stets auf den Unterschied zu den Referenzbetrieben in der $\text{Taylor}_{\text{base}}$–Gruppe fokussiert.[27]

27 Bevor wir uns der Diskussion der erweiterten Produktionsfunktionen im Einzelnen widmen, sei allerdings eine einschränkende Bemerkung gemacht: Tendenziell legen die zweistufigen Ansätze des vorangegangenen Abschnitts den Schluss nahe, dass es sinnvoll wäre, die Wahl des personalpolitischen Gesamtsystems explizit zu formulieren, d. h. sich nicht mit der Integration

Hinsichtlich der ökonomischen Bedeutung der gewählten Analysevariante lassen sich Parallelen zur Diskussion des technischen Fortschritts ziehen. Technischer Fortschritt teilt sich in eine faktorneutrale und eine faktorgebundene Komponente. Ganz analog kann man den Gesamteffekt eines jeden personalpolitischen Systems als Kombination aus faktorgebundenen und faktorungebundenen Effizienzwirkungen auffassen. Oder anders formuliert: Der Übergang zwischen zwei personalpolitischen Systemen kann als organisatorische Innovation interpretiert werden. Faktorgebundene Effekte werden über entsprechende Interaktionsterme der Betriebstypenzugehörigkeit mit den Inputfaktoren spezifiziert. Demgegenüber korrespondiert die (isolierte) Dummyvariable der Systemzugehörigkeit mit dem ungebundenen Effekt und entsprechend mit einer Parallelverschiebung des Produktivitätsniveaus.

In der Literatur nehmen Untersuchungen erweiterter Produktionsfunktionen ihren Ausgang mehrheitlich bei der herkömmlichen Cobb–Douglas–Produktionsfunktion (z. B. Olley und Pakes (1996), Mairesse, Hall und Mulkay (1999)). Das gleiche Vorgehen wird die vorliegende Arbeit wählen. Dabei kommen ergänzend zum Cobb–Douglas–Zusammenhang (CD), der homogene Funktionen spezifiziert, Produktionsvarianten vom Translogtyp zur Anwendung. Die Translogfunktion modelliert eine heterogene Produktionsfunktion.[28]

Die Verbindung zwischen der Produktionsfunktion und dem personalpolitischen System, aus der letztlich die Produktivitätseffekte abgelesen werden sollen, erfolgt über die Aufnahme von Indikatorvariablen. Die zugrunde liegende Modellierungstechnik sei hier anhand der CD–Variante veranschaulicht: Es existieren $L + 1 = 4$ unterschiedliche Betriebstypen, mithin Ausprägungen von *ao_sys*. Das $\text{Taylor}_{\text{base}}$–System ist als Basissystem definiert. Technisch gesprochen beinhaltet die Berücksichtigung faktorgebundener und faktorungebundener *ao_sys*–Effekte die Prämultiplikation der ursprünglichen Funktion und des Konstantenvektors mit der 4 × 4–Dummy–Matrix $\begin{pmatrix} 1 & 0 & 0 & 0 \\ 0 & 1 & 0 & 0 \\ 0 & 0 & 1 & 0 \\ 0 & 0 & 0 & 1 \end{pmatrix}$.

Am Beispiel einer erweiterten Produktionsfunktion mit den beiden klassischen Produktionsfaktoren Arbeit L und Kapital K sowie dem zusätzlichen Inputfaktor Wissenskapital WiK (vgl. auch Hall und Mairesse (1995)) sei dies kurz dargestellt. Das Basis– oder auch Nullsystem $\text{Taylor}_{\text{base}}$ korrespondiert entsprechend mit den

von Dummyvariablen bzw. Interaktionstermen zu begnügen (vgl. die signifikanten Selektionsterme in den Tabellen 6.10, 6.11 sowie 6.12). Die entsprechende formale Modellierung und Programmierung des vorgeschalteten (unbeobachteten) und hierarchischen Entscheidungsprozesses, der sich entlang der vier *ao_sys*–Kategorien erstreckt, ist allerdings außerhalb des derzeit Erreichbaren. Insofern wird aus Praktikabilitätsgründen hierauf verzichtet, und der realisierte Betriebstyp wird in die Matrix der vorbestimmten Variablen integriert.

28 Diese zweite Funktionsform ist in Untersuchungen verbreitet, die sich explizit betrieblichen Ineffizienzen widmen (z. B. Coelli (1998), Schmidt (1986)). Dieser Aspekt der Produktivitätsuntersuchung wird hier aber nicht weiter vertieft.

Koeffizienten β_0 (ungebundener Effizienzeffekt) bis β_3. Die Darstellung bezieht sich weiterhin auf die zufallsverteilte Arbeitsproduktivität, wobei das Beispiel der kürzeren Schreibweise halber vom Fortschritt abstrahiert und homogene Preisbildung annimmt:

$$\begin{aligned} \mathsf{LNPROD}_{it} &= \beta_0 + \beta_1 \ln L_{it} + \beta_2 (\ln K_{it} - \ln L_{it}) + \beta_3 (\ln \mathsf{WiK}_{it} - \ln L_{it}) \\ &+ \sum_{l=1}^{3} \beta_{4+l} \cdot 1(ao\_sys_l) + \sum_{l=1}^{3} \beta_{7+l} \cdot 1(ao\_sys_l) \cdot \ln L_{it} \\ &+ \sum_{l=1}^{3} \beta_{10+l} \cdot 1(ao\_sys_l) \cdot (\ln K_{it} - \ln L_{it}) \\ &+ \sum_{l=1}^{3} \beta_{13+l} \cdot 1(ao\_sys_l) \cdot (\ln \mathsf{WiK}_{it} - \ln L_{it}) + u_{it} \quad . \end{aligned} \tag{6.25}$$

Über den Fehlerterm u_{it} lassen sich unterschiedliche Annahmen treffen. Zu Referenzzwecken sei mit der Darstellung des klassischen Regressionsmodells begonnen. Dieses postuliert für u_{it} die Eigenschaft des normalverteilten weißen Rauschens:

$$y^*_{it} = \mathbf{X}_{it}\boldsymbol{\beta} + u_{it} \quad \text{mit } i = 1,\ldots,N \quad \text{und} \quad t = 1,\ldots,T \tag{6.26}$$

$$\text{bzw.} \quad \mathbf{y} = \mathbf{X}\boldsymbol{\beta} + \mathbf{u} \tag{6.27}$$

$$\text{mit} \quad u_{it} \sim iidN(0,\sigma^2) \quad \text{bzw.} \quad \mathrm{E}(\mathbf{u}\mathbf{u}') = diag[\sigma_1^2,\ldots,\sigma_n^2] \quad , \tag{6.28}$$

$$\text{so dass} \quad \mathrm{E}(\mathbf{X}_{it}\,\mathbf{u}) = \mathbf{0} \tag{6.29}$$

ist, wobei $\mathbf{X}_{it}$ weiterhin Zeilenvektor der beobachteten Charakteristika ist. Die in Gleichung (6.28) getroffene Annahme ist in der Praxis oftmals nicht erfüllt.[29] In diesem Abschnitt wird dabei eine spezielle Variante berücksichtigt: Es geht um die Kontrolle für unbeobachtete betriebsspezifische Heterogenität. Diese gilt es bei der empirischen Modellierung der erweiterten Produktionsfunktionen zu beachten.[30]

Das grundsätzliche Problem lässt sich verdeutlichen, wenn man obigen Fehlerterm u_{it} in seine Komponenten zerlegt, nämlich in einen firmenspezifischen Teil und in einen Teil, der den klassischen Annahmen genügt:

---

29 Auf die häufig anzutreffende Annahmeverletzung in Form von Heteroskedastie wurde bei den zuvor vorgestellen Schätzungen bereits eingegangen. Sie lässt sich über die Integration einer geeigneten Gewichtungsmatrix in die Schätzung der Varianz–Kovarianz–Matrix bereinigen (White (1980)).

30 Denkbare Konsequenzen wurden bereits in Abschnitt 6.1.2 angesprochen, als es um die Kontrolle unbeobachteter Heterogenität bei der *Multitasking*entscheidung ging.

$$u_{it} = \mu_i + \nu_{it} \quad .^{31} \tag{6.30}$$

Um eine weiteres Beispiel zu nennen, ließe sich der datenerzeugende Prozess als AR(1)–Prozess auffassen:

$$\widetilde{u_{it}} = \widetilde{\mu_i} + \widetilde{\nu_{it}} \quad , \tag{6.31}$$

$$\text{mit} \qquad \widetilde{\nu}_{it} = \rho\widetilde{\nu}_{it} + \widetilde{\upsilon}_{it} \quad . \tag{6.32}$$

Der unbeobachtete betriebsspezifische Effekt wird durch μ_i bzw. $\widetilde{\mu_i}$ gemessen. ν_{it} und υ_{it} genügen jeweils den klassischen Annahmen. Methodisch lässt sich das korrespondierende Schätzproblem, das auf die Bereinigung des unbeobachteten betriebsspezifischen Effekts zielt, mit Hilfe von Panelschätzverfahren angehen. Das bevorzugte Verfahren (Fixed vs. Random Effects, Berücksichtigung der zeitlichen Struktur — vgl. auch den Überblicksartikel von Griliches und Mairesse (1998) sowie Baltagi (2001)) ist abhängig davon, ob (i) μ_i zeitkonstant ist (Within Schätzer (FE)), (ii) zufallsverteilt ist, mit $\mu_i \sim N(0, \sigma^2_{\mu_i})$ (gewichteter GLS–Schätzer (RE)), oder aber (iii) mit bestimmten Regressoren korreliert bzw. autokorreliert ist (Verwendung von Instrumenten, Berücksichtigung autokorrelierter Störgrößen).[32]

Die weitere Diskussion der erweiterten Produktionsfunktionen erfolgt u. a. unter Kontrolle für betriebliche Heterogenität, wobei wie gehabt für heterogene Preisbildung am Gütermarkt kontrolliert wird, Zeitdummies zur Kontrolle für (allgemeinen) technischen Fortschritt aufgenommen werden, und — soweit möglich — sektorspezifische Effekte berücksichtigt werden.

---

32 Bei der Within–Transformation wird für jeden Beobachtungsträger dessen Mittel über die Zeit gebildet (z. B. $(1/T)\sum_{t=1}^{T} y_{it}, i = 1, \ldots, N$) und vom jeweils aktuellen Wert subtrahiert, wobei sich der firmenspezifische Effekt μ_i herausdifferenziert, da er annahmegemäß zu jedem Zeitpunkt dem individuellen Mittel entspricht ($\overline{\mu_i}$):

$$y_{it} - \overline{y_i} = (\mathbf{X}_{it} - \overline{\mathbf{X_i}}) + (\mu_i - \overline{\mu_i}) + (\nu_{it} - \overline{\nu_i}) \qquad \text{FE–Schätzer, OLS.}$$

Definiert sei folgende Hilfsregression, die sämtliche Informationen aus der zeitlichen Struktur der Daten vernachlässigt:

$$\overline{y_i} = \overline{\mathbf{X_i}} + \overline{\nu_i} \qquad \text{Between, OLS.}$$

Der Random Effects Schätzer entspricht einem gewichteten Schätzer aus diesen beiden Gleichungen:

$$y_{it} - \xi\overline{y_i} = \mathbf{X}_{it} - \xi\overline{\mathbf{X_i}} + (1-\xi)\mu_i + (\nu_{it} - \xi\overline{\nu_i}) \qquad \text{RE–Schätzer, GLS,}$$

wobei der Gewichtungsparameter ξ eine Funktion der beiden Momente σ^2_μ und σ^2_ν ist und im Verlauf der Analyse selbst geschätzt wird. Voraussetzung für die Konsistenz des RE–Schätzers ist die Erfüllung der Annahme $E(\mathbf{X}_{it}\mu_i) = 0$. Ist dies der Fall, so ist dieser Schätzer effizient.

Tabelle 6.13 (Seite 234) präsentiert die Ergebnisse für Einstiegsschätzungen. Diese Basisschätzungen wurden mittels der Kleinste–Quadrate–Methode durchgeführt. Aufgrund der Teststatistik des Breusch–Pagan–LM–Heteroskedastietests (ausgewiesen in Tabelle 6.14) kommen robuste Schätzer für die Varianz–Kovarianz–Matrix zur Anwendung (Breusch und Pagan (1979), White (1980)). Der gemeinsame Inhalt der beiden Tabellen umfasst die folgenden Elemente:

Für jede der beiden funktionalen Varianten (Cobb–Douglas bzw. Translog) werden zwei Modelle geschätzt: Die beiden linken Spalten beziehen sich jeweils auf das Modell ohne Berücksichtigung potentieller Produktivitätseffekte der komplementären personalpolitischen Systeme. Die in Spalte 3 und 4 dokumentierten Spezifikationen nehmen Variablen zur Messung der faktorgebundenen und faktorungebundenen Effekte des personalpolitischen Systems auf. Diese Effekte seien auch als Betriebstypeneffekte bezeichnet. Für unbeobachtete betriebsspezifische Heterogenität ist in Tabelle 6.13 nicht kontrolliert.

Die durchgeführten Spezifikationstests (vgl. auch Tabelle 6.14) sprechen für die Verwendung der Translog–Version im Vergleich zum CD–Modell, da sich die Translogterme als gemeinsam signifikant erweisen. Allerdings sind sämtliche Spezifikationen verbesserungsbedürftig, wie dem RESET–Test auf unterdrückte Variablen zu entnehmen ist (vgl. auch Seite 199). Im allgemeinen Produktionsteil zeigt Tabelle 6.13 ganz geläufige Koeffizientenwerte: Kapital– und Arbeitskoeffizient sind im erwarteten Rahmen. Dieses trifft auch für das Translog–Modell zu: So beträgt die errechnete Elastizität des Faktors Kapital beispielsweise 0.66, oder anders formuliert: mit einem einprozentigen Kapitalwachstum geht eine 0.66prozentige Erhöhung der Arbeitsproduktivität einher. Im Translog–Modell ist zudem der Einfluss derjenigen Variablen, die Wissenskapital messen, statistisch gesichert. Die Korrektur für heterogene Preisbildung am Gütermarkt scheint zu Recht aufgenommen (gemeinsame Signifikanz der entsprechenden Variablen auf dem 5%–Niveau).

Die postulierten Betriebstypeneffekte lassen sich aber kaum nachweisen. Auf eine Untermauerung der Theorie gebundener und ungebundener Effekte, welche aus der Wahl des personalpolitischen Systems resultieren und sich darüber hinaus zwischen den Systemen unterscheiden, kann aus den Ergebnissen wahrlich nicht geschlossen werden. Allein in der Translog–Spezifikation lässt sich die Nullhypothese für den Gesamteffekt des personalpolitischen Systems Holist_{tec} auf dem 5%–Niveau verwerfen. Auch scheint für dieses System ein positiver faktorgebundener Effekt mit dem Produktionsfaktor Arbeit zu bestehen, was sich in den Interpretationszusammenhang mit Firmengrößeneffekten und Fixkostendegression stellen ließe. Dennoch bleibt als Zwischenergebnis festzuhalten, dass sich die Systemabfolge im Rahmen des Ansatzes, der Parallelen zur Erforschung des technischen Fortschritts aufweist, zumindest auf Basis der gewählten Spezifikationsalternativen nicht belegen lässt, wobei die durchgeführten Tests Fehlspezifikation belegen. Insofern werden diese Spezifikationen im Folgenden modifiziert.

Tabelle 6.13: Faktorgebundene und faktorungebundene Effekte: Basismodelle, Abh. Variable: ln(Arbeitsproduktivität), Methode: OLS (robuste Varianzen nach White)

Modell ⇨	Cobb-Douglas -Basis-		Translog -Basis-		Cobb-Douglas mit ao_sys		Translog mit ao_sys	
Erklärende Variable	$\hat{\beta}$	$\hat{\sigma}$	$\hat{\beta}$	$\hat{\sigma}$	$\hat{\beta}$	$\hat{\sigma}$	$\hat{\beta}$	$\hat{\sigma}$
	ln(Arbeitsproduktivität)							
Kapazitätsauslastung	0.237	(0.161)	0.246	(0.158)	0.296†	(0.158)	0.316*	(0.156)
Kapitalintensität	0.663**	(0.034)	1.194†	(0.714)	0.649**	(0.037)	1.377*	(0.638)
Beschäftigung	0.034**	(0.012)	−0.133	(0.251)	0.020	(0.017)	−0.172	(0.242)
Wissenskapitalintensität	0.005	(0.005)	−0.200*	(0.079)	0.002	(0.007)	−0.177*	(0.077)
Heterogene Preise	0.131*	(0.058)	0.128*	(0.060)	0.138*	(0.059)	0.137*	(0.061)
Marktanteil	0.015	(0.011)	0.016	(0.010)	0.013	(0.010)	0.014	(0.010)
Konstante	3.637**	(0.354)	1.904	(3.690)	3.618**	(0.389)	0.828	(3.319)
– Inputfaktoren: Quadratterme								
$0.5(\ln K - \ln L)^2$			−0.058	(0.071)			−0.079	(0.063)
$0.5(\ln L)^2$			0.029	(0.026)			0.021	(0.025)
$0.5(\ln WiK - \ln L)^2$			0.017**	(0.005)			0.017**	(0.005)
– Inputfaktoren: gemischte Terme								
Arbeit, Kapital			0.005	(0.024)			0.013	(0.021)
Arbeit, Wissenskapital			−0.002	(0.005)			−0.004	(0.005)
Wissenskapital, Kapital			0.006	(0.008)			0.005	(0.008)
	Personalpolitisches System – Niveaueffekt							
Holist_{lsy}					0.198	(0.458)	0.218	(0.441)
Holist_{tec}					−0.185	(0.818)	−0.367	(0.617)
Adapt_{htr}					−0.364	(1.053)	−0.300	(1.103)
	Personalpolitisches System – faktorgebundener Effekt in ... :							
Kapital * Holist_{lsy}					−0.019	(0.045)	−0.015	(0.044)
... * Holist_{tec}					−0.009	(0.087)	0.020	(0.062)
... * Adapt_{htr}					0.048	(0.085)	0.060	(0.095)
Arbeit * Holist_{lsy}					0.013	(0.031)	0.009	(0.034)
... * Holist_{tec}					0.077*	(0.035)	0.065*	(0.031)
... * Adapt_{htr}					−0.036	(0.054)	−0.060	(0.057)
Wissenskapital * Holist_{lsy}					−0.001	(0.011)	−0.008	(0.011)
... * Holist_{tec}					0.003	(0.012)	−0.006	(0.011)
... * Adapt_{htr}					0.008	(0.019)	−0.002	(0.020)
N	861		861		861		861	
R^2	0.693		0.704		0.702		0.712	

†: 10%–, *: 5%–, **:1%-Signifikanzniveau / Software: Stata 7.0. | Jahres–und Sektordummies berücksichtigt.

Von Tabelle 6.13 ausgehend werden für die Translog–Funktion alternative Spezifikationsvarianten geschätzt, die für unbeobachtete betriebsspezifische Heterogenität kontrollieren. Einerseits kommt ein Fixed Effects Ansatz zum Zuge, der

Tabelle 6.14: Spezifikationstests zu Tabelle 6.13
(Signifikanzniveau in Klammern)

Modell ⇨	Cobb-Douglas -Basis-	Translog -Basis-	Cobb-Douglas mit ao_sys	Translog mit ao_sys
	ln(Arbeitsproduktivität)			
Heterogene Preisbildung [a]	(0.04)	(0.03)	(0.04)	(0.04)
Inputfaktor WiK [b]	(0.24)	(0.01)	(0.17)	(0.01)
Translog–Terme [c]	–	(0.02)	–	(0.02)
	Signifikanz des faktorungebundenen Effekts [d]			
Vektor ungebundener Effekte	–	–	(0.92)	(0.80)
	Signifikanz des faktorgebundenen Effekts in Inputfaktor … [e]			
Kapital	–	–	(0.88)	(0.84)
Arbeit	–	–	(0.13)	(0.09)
Wissenskapital	–	–	(0.95)	(0.89)
	Gesamtsystemsignifikanz … [f]			
Holist_{lsy}	–	–	(0.58)	(0.67)
Holist_{tec}	–	–	(0.02)	(0.05)
Adapt_{htr}	–	–	(0.70)	(0.72)
Test auf unterdrückte Variablen	(0.00)	(0.00)	(0.00)	(0.00)
Test auf Heteroskedastie	(0.00)	(0.00)	(0.00)	(0.00)

[a] Test auf gemeinsame Signifikanz von: $\ln Q_{It}$, Marktanteil.
[b] Test auf gemeinsame Signifikanz von: Wissenskapitalintensität, $0.5(\ln WiK - \ln L)^2$, gemischter Term "Wissenskapital, Kapital", Auslastungsgrad.
[c] Test auf gemeinsame Signifikanz sämtlicher Terme, die unter den Punkten (a) Inputfaktoren: Quadratterme, (b) Inputfaktoren: gemischte Terme genannt sind.
[d] Test auf gemeinsame Signifikanz der drei Indikatorvariablen für Holist_{lsy}, Holist_{tec} und Adapt_{htr}.
[e] Test auf gemeinsame Signifikanz der Interaktionseffekte des betrachteten Systems in Inputfaktor ….
[f] Test auf gemeinsame Signifikanz aller gebundenen und ungebundenen Effekte des personalpolitischen Systems ….

die Annahme zeitkonstanter betriebsspezifischer Effekte beinhaltet (Tabelle 6.15, Spalte 1–2). Dabei ist es unerheblich, ob der fixe Effekt mit den Regressoren korreliert ist. Andererseits wird ein Random Effects Modell formuliert. Der Random Effects Ansatz geht von zufallsverteilten firmenspezifischen Effekten aus: $\mu_i \sim N(0, \sigma_i^2)$. Dabei ist Unkorreliertheit mit den Kovariaten Voraussetzung. Dieses ist auch der Nachteil des Random Effects Ansatzes im Vergleich zum Fixed

Effects Ansatz. Der letztgenannte Ansatz wiederum besitzt den Nachteil, dass aufgrund der Zeitkonstanzannahme weitere Regressoren ausgeschlossen sind, wenn sie im Zeitablauf nicht variieren.

Die CD–Variante aus Tabelle 6.13 wird in deutlich modifizierter Form weiterverfolgt (dritte und vierte Spalte in Tabelle 6.15), die ebenfalls für unbeobachtete firmenspezifische Effekte kontrolliert. Statt der bislang berücksichtigten zeitsynchronen Niveaugrößen werden die ersten (Log–)Differenzen als vorbestimmte Variablen in das Modell aufgenommen. Diese Herangehensweise gründet sich auf einen nicht unbedeutenden Teil der ökonometrischen Literatur zu Produktionsfunktionen. Dieser diskutiert die Vorteile der Verwendung jährlicher Wachstumsraten anstelle der Originalvariablen (z. B. Crepon et al. (1999), Griliches und Mairesse (1998)) bei Verletzung der Annahme $E(\mathbf{X}_{it} u_{it})$. Die Wachstumsraten werden dabei durch die ersten Logdifferenzen approximiert.

Auch für die Schätzungen in Tabelle 6.15 wurden verschiedene Spezifikationstests durchgeführt. Die Tests belegen zunächst die Existenz unbeobachteter firmenspezifischer Effekte. Ganz offensichtlich ist dieser Effekt nicht unkorreliert mit den Kovariaten (Hausman–Test, Spalte 1–2). Hier ließe sich überlegen, ob sich Instrumente finden lassen, die den unbeobachteten Effekt hinreichend operationalisieren, ohne selbst mit den Regressoren in Verbindung zu stehen. Die in Spalte 3–4 verwendeten ersten Differenzen sind eine denkbare Möglichkeit, mit der Korrelation zwischen unbeobachteten Teilen des Fehlerterms und den Regressoren umzugehen, die im vorliegenden Fall allerdings keine eindeutigen Ergebnisse liefert. So ist die Hypothese unkorrelierter individuenspezifischer Effekte auf dem 10%–Niveau zu verwerfen (Hausman–Spezifikationstest in Tabelle 6.15, Spalte (3–4)). Im diskutierten Zusammenhang haben sich Lag(2)–Operatoren als geeignete Instrumente erwiesen.[33] Diese Möglichkeit scheidet im vorliegenden Untersuchungsrahmen aus Datengründen aus: Die zur Verfügung stehende Paneldauer ist zu gering.

Im Fixed Effects Ansatz, der bei den Differenzen ansetzt, deuten die Ergebnisse der Spezifikationstests für die gebundenen Effekte darauf hin, dass sich solche Effekte vornehmlich im Verbund mit Kapital antreffen lassen (Tabelle 6.16). Ein Blick zurück auf die zugehörige Koeffiziententabelle 6.15 zeigt wiederum, dass die beiden Systeme $\text{Holist}_{\text{lsy}}$ und $\text{Adapt}_{\text{htr}}$ hier negative Verbundeffekte mit Kapital aufweisen, wohingegen sich der Produktionsfaktor Kapital und das personalpolitische System $\text{Holist}_{\text{tec}}$ wechselseitig zu verstärken scheinen, was insgesamt nicht unplausibel klingt (Teilüberschrift ... – faktorgebundener Effekt in ...).

33 Entsprechende Schätzverfahren sind GMM–Schätzer (Verallgemeinerte Momenten Methode Schätzer) bzw. GIVE–Schätzer (Verallgemeinerte Instrumentalvariablen Schätzer), vgl. Arellano und Bond (1999), Blundell und Bond (1999, 1998), Blundell, Bond und Windmeijer (2000), Henry und Doornik (1999, 2000).

Tabelle 6.15: Faktorgebundene und faktorungebundene Effekte: Kontrolle für unbeobachtete Heterogenität, Abhängige Variable: ln(Arbeitsproduktivität), Methode: FE– und RE–Panel mit Betriebstypeneffekten

Modell ⇨	Translog - FE-Panel -		Translog - RE-Panel -		Differenzen - FE-Panel -		Differenzen - RE-Panel -	
Erklärende Variable	$\hat{\beta}$	$\hat{\sigma}$	$\hat{\beta}$	$\hat{\sigma}$	$\hat{\beta}$	$\hat{\sigma}$	$\hat{\beta}$	$\hat{\sigma}$
ln(Arbeitsproduktivität)								
Kapazitätsauslastung	−0.055	(0.179)	0.228†	(0.135)	−0.155	(0.404)	−0.128	(0.224)
Kapitalintensität	0.499	(1.207)	1.483**	(0.456)	−0.369†	(0.202)	0.441**	(0.114)
Beschäftigung	0.623	(0.900)	−0.154	(0.256)	0.404	(0.595)	−0.323	(0.329)
Wissenskapitalintensität	0.166	(0.180)	−0.151*	(0.073)	−0.013	(0.09)	−0.024	(0.067)
Heterogene Preise	0.102†	(0.053)	0.111*	(0.051)	0.015	(0.081)	0.029	(0.044)
Marktanteil	0.005	(0.013)	0.016†	(0.009)	−0.014	(0.03)	−0.028	(0.018)
Konstante	0.583	(7.306)	0.329	(2.617)				
— Inputfaktoren: Quadratterme								
$0.5(\ln K - \ln L)^2$	0.094	(0.113)	−0.031	(0.045)				
$0.5(\ln L)^2$	−0.028	(0.127)	−0.025	(0.056)				
$0.5(\ln WiK - \ln L)^2$	0.044**	(0.017)	0.024	(0.080)				
— Inputfaktoren: gemischte Terme								
Arbeit, Kapital	−0.052	(0.066)	0.016	(0.033)				
Arbeit, Wissenskapital	−0.009	(0.015)	0.071†	(0.039)				
Wissenskapital, Kapital	−0.040*	(0.016)	−0.042	(0.049)				
Personalpolitisches System – Niveaueffekt								
Holist_{lsy}			0.300	(0.497)				
Holist_{tec}			−0.033	(0.584)				
Adapt_{htr}			−0.011	(0.933)				
Personalpolitisches System – faktorgebundener Effekt in ...:								
Kapital * Holist_{lsy}	0.022	(0.140)	−0.031	(0.045)	−0.438	(0.427)	−0.259	(0.233)
... * Holist_{tec}	−0.330	(0.215)	−0.025	(0.056)	0.213	(0.523)	0.340	(0.286)
... * Adapt_{htr}	−0.368	(0.339)	0.024	(0.080)	−0.243	(4.098)	1.478	(1.406)
Arbeit * Holist_{lsy}	0.152	(0.252)	0.016	(0.033)	−0.576	(1.558)	0.823	(0.757)
... * Holist_{tec}	0.272	(0.272)	0.071†	(0.039)	−0.337	(1.043)	−0.136	(0.570)
... * Adapt_{htr}	1.371	(1.259)	−0.042	(0.049)	6.195	(2.528)	−4.829	(7.885)
Wissenskapital * Holist_{lsy}	0.005	(0.035)	−0.001	(0.011)	0.073	(0.189)	0.074	(0.102)
... * Holist_{tec}	0.035	(0.040)	0.004	(0.014)	−0.042	(0.203)	−0.005	(0.106)
... * Adapt_{htr}	1.381	(1.311)	−0.002	(0.017)	7.014	(0.081)	−10.751	(8.955)
N	861		861		413		413	
R^2	0.44		0.71		0.35		0.12	
F	$13.95_{(452,408)}$		13377.03_{51}		$12.77_{15)}$		20113.26_{17}	

†: 10%–, *: 5%–, **:1%-Signifikanzniveau / Software: Stata 7.0.
Jahresdummies und Sektordummies berücksichtigt.

Tabelle 6.16: Spezifikationstests zu Tabelle 6.15
(Signifikanzniveau in Klammern)

Modell ⇨	Translog - FE-Panel -	Translog - RE-Panel -	Differenzen - FE-Panel -	Differenzen - RE-Panel -
	ln(Arbeitsproduktivität)			
Heterogene Preisbildung [a]	(0.15)	(0.02)	(0.33)	(0.23)
Inputfaktor WiK [b]	(0.63)	(0.03)	(0.44)	(0.79)
Translog–Terme [c]	(0.03)	(0.02)	-	-
	Signifikanz des faktorungebundenen Effekts [d]			
Vektor ungebundener Effekte	-	(0.93)	-	-
	Signifikanz des faktorgebundenen Effekts in Inputfaktor ... [e]			
Kapital	(0.85)	(0.31)	(0.03)	(0.22)
Arbeit	(0.20)	(0.56)	(0.58)	(0.61)
Wissenskapital	(0.97)	(0.59)	(0.60)	(0.57)
	Gesamtsystemsignifikanz ... [f]			
$Holist_{lsy}$	(0.87)	(0.94)	(0.02)	(0.32)
$Holist_{tec}$	(0.18)	(0.17)	(0.48)	(0.68)
$Adapt_{htr}$	(0.76)	(0.51)	(0.18)	(0.26)
	Unbeobachtete firmenspezifische Effekte			
LM–Test auf $Var(\mu_i) = 0$		(0.00)		(0.00)
Hausman–Spezifikationstest [g]		(0.00)		(0.09)
Durch μ_i erfassterTeil der Varianz	0.88	0.51	0.87	0.84

[a] Test auf gemeinsame Signifikanz von: $\ln Q_{it}$, Marktanteil.
[b] Test auf gemeinsame Signifikanz von: Wissenskapitalintensität, $0.5(\ln WiK - \ln L)^2$, gemischter Term "Wissenskapital, Kapital", Auslastungsgrad.
[c] Test auf gemeinsame Signifikanz sämtlicher Terme, die unter den Punkten (a) Inputfaktoren: Quadratterme, (b) Inputfaktoren: gemischte Terme genannt sind.
[d] Test auf gemeinsame Signifikanz der drei Indikatorvariablen für $Holist_{lsy}$, $Holist_{tec}$ und $Adapt_{htr}$.
[e] Test auf gemeinsame Signifikanz der Interaktionseffekte des betrachteten Systems in Inputfaktor ...
[f] Test auf gemeinsame Signifikanz aller gebundenen und ungebundenen Effekte des personalpolitischen Systems ...
[g] Dieser Test lässt sich interpretieren als Test auf Unkorreliertheit des firmenspezifischen Effekts μ_i mit den Regressoren X_{it} und ist insofern als Test des RE-Modells gegen das FE-Modell einzusetzen.

Als Gesamtkomplex sind die gebundenen Effekte der einzelnen personalpolitischen Systeme in Arbeit, Kapital und Wissenskapital statistisch nicht belegt (Tabelle 6.16). Wenngleich sich die ungebundenen Effekte statistisch ebenfalls nicht belegen lassen, so deutet ihr Größenverhältnis doch in die gewünschte Richtung wachsender Effekte, die von $Adapt_{htr}$ über $Holist_{tec}$ zu $Holist_{lsy}$ zunehmen ($-0.01 \rightarrow -0.03 \rightarrow 0.30$), wobei zu beachten ist, dass sich allein das $Holist_{lsy}$–System positiv vom $Taylor_{base}$–System abhebt.

Die abschließende Tabelle 6.17, deren Spezifikationstests der Tabelle 6.18 zu entnehmen sind, verfolgt nur den Translog–Ansatz weiter. Das der Spezifikation zugrunde liegende Modell setzt bei der seriellen Korrelation der Fehlerterme an, die eine potentielle Ursache für fehlende Unabhängigkeit zwischen den Regressoren und dem Fehlerterm beschreibt. Im Prinzip kommt Gleichung 6.31 zur Anwendung, d. h. es wird ein autokorrelierter Prozess erster Ordnung unterstellt.[34] Das Verfahren kontrolliert weiterhin für unbeobachtete betriebsspezifische Heterogenität.[35] Was die Grundvariablen anbelangt (Arbeit, Kapital, Wissenskapital, Preiskorrektur, funktionale Form), so scheint die Random Effects Variante auf den ersten Blick vielversprechend zu sein. Die dem Modell zugrunde liegende Annahme $\mu_i = 0$ ist jedoch auf dem 1%–Niveau zu verwerfen, so dass die Ergebnisse nicht weiter interpretiert werden.

Für die Interpretation der personalpolitischen Systeme hinsichtlich der Vergleichbarkeit von organisatorischem und technischem Fortschritt lassen sich somit aus diesem abschließenden Modell insofern keine neuen Erkenntnisse gewinnen. Hier wäre es schön, über eine Datenquelle zu verfügen, die die (übergeordnete) organisatorische Entwicklung im Zeitablauf nachzeichnen kann. Die insgesamt nicht überzeugenden Ergebnisse im Bereich der erweiterten Produktionsfunktionen verwundern nicht so sehr, wenn man sich die Fülle der einbezogenen Interaktionseffekte vor Augen führt.

Aus der empirischen Untersuchung auf Basis des *Hannoveraner Firmenpanels* ließe sich vielleicht folgendes Zwischenfazit ziehen, das in Beziehung zum Hypothesengerüst gesetzt wird. Zunächst untermalen die zur Betriebstypisierung eingesetzten Clusterverfahren die Existenz abgrenzbarer Gruppen (**H1**). Aus dem Vergleich der mit diesen Gruppen jeweils verknüpften personalpolitischen Kataloge lassen sich Tendenzen für eine Rangfolge ablesen.

34 Eine der Durbin–Watson Teststatistik (Savin und White (1977)) vergleichbare Teststatistik wurde von Baltagi und Wu (1999) für *unbalanced panels* entwickelt. Die Nullhypothese lautet $\rho = 0$. Die zugrunde liegende Verteilung ist allerdings extrem kompliziert. Insofern wird auf den Ausweis dieser Statistik hier verzichtet.

35 Für das betrachtete Modell mit autokorrelierten Störgrößen stellt Stata 7.0 keine Teststatistik für den Test der RE–Spezifikation gegen die FE–Spezifikation zur Verfügung.

Tabelle 6.17: Faktorgebundene und faktorungebundene Effekte: Betriebsspezifische Trends, Abh. Variable: ln(Arbeitsproduktivität), Methode: FE– und RE–Panel mit autokorrelierten Fehlertermen

Modell ⇨	Translog AR-FE-Panel		Translog AR-RE-Panel	
Erklärende Variable	$\widehat{\beta}$	$\widehat{\sigma}$	$\widehat{\beta}$	$\widehat{\sigma}$
ln(Arbeitsproduktivität)				
Kapazitätsauslastung	0.144	(0.264)	0.251†	(0.134)
Kapitalintensität	4.42†	(2.341)	1.494**	(0.441)
Beschäftigung	3.462	(2.433)	−0.162	(0.247)
Wissenskapitalintensität	0.402	(1.344)	−0.170*	(0.071)
Heterogene Preise	0.062	(0.069)	0.111*	(0.050)
Marktanteil	0.009	(0.021)	0.016†	(0.009)
Konstante	−25.723*	(12.14)	0.411	(2.527)
— Inputfaktoren: Quadratterme				
$0.5(\ln K - \ln L)^2$	−0.298	(0.228)	−0.089*	(0.041)
$0.5(\ln L)^2$	−0.175	(0.37)	0.016	(0.022)
$0.5(\ln WiK - \ln L)^2$	0.028	(0.063)	0.014**	(0.005)
— Inputfaktoren: gemischte Terme				
Arbeit, Kapital	−0.136	(0.152)	0.014	(0.020)
Arbeit, Wissenskapital	−0.141	(0.135)	−0.006	(0.005)
Wissenskapital, Kapital	0.014	(0.053)	0.007	(0.007)
Personalpolitisches System – Niveaueffekt				
Holist$_{lsy}$			0.217	(0.475)
Holist$_{tec}$			−0.132	(0.559)
Adapt$_{htr}$			−0.087	(0.899)
Personalpolitisches System – faktorgebundener Effekt in ...:				
Kapital * Holist$_{lsy}$	0.339	(0.339)	−0.022	(0.043)
... * Holist$_{tec}$	−0.235	(0.35)	−0.013	(0.053)
... * Adapt$_{htr}$	−1.577	(1.237)	0.034	(0.077)
Arbeit * Holist$_{lsy}$	−0.349	(1.192)	0.014	(0.031)
... * Holist$_{tec}$	−0.378	(1.606)	0.071†	(0.038)
... * Adapt$_{htr}$	1.663	(6.851)	−0.047	(0.047)
Wissenskapital * Holist$_{lsy}$	−0.314	(0.963)	−0.002	(0.011)
... * Holist$_{tec}$	−1.312	(1.229)	0.001	(0.013)
... * Adapt$_{htr}$	4.585	(7.177)	−0.002	(0.016)
N	431		431	
R^2	0.44		0.39	
F	4.92$_{(294,136)}$		1470.13$_{52}$	

†: 10%–, ∗: 5%–, ∗∗:1%-Signifikanzniveau / Software: Stata 7.0.
Jahresdummies und Sektordummies berücksichtigt.

Diese Rangfolge lautet: Taylor$_{base}$ ≺ Adapt$_{htr}$ ≺ Holist$_{tec}$ ⪯ Holist$_{lsy}$ (**H3**, Seite 149). Der Eindruck über die Rangordnung verfestigt sich, wenn die Wahl des personalpolitischen Systems in einem Modell mit geordneten Kategorien formuliert wird (**H3**). Auf deskriptiver Ebene lassen sich Produktivitätsunterschiede nur zwischen dem Taylorsystem und allen anderen Systemen ausmachen.

Tabelle 6.18: Spezifikationstests zu Tabelle 6.17 (Signifikanzniveau in Klammern)

Modell ⇒	Translog AR-FE-Panel	Translog AR-RE-Panel
	ln(Arbeitsproduktivität)	
Heterogene Preisbildung [a]	(0.82)	(0.02)
Inputfaktor WiK [b]	(0.67)	(0.01)
Translog–Terme [c]	(0.62)	(0.00)
	Signifikanz des faktorungebundenen Effekts [d]	
Vektor ungebundener Effekte	–	(0.94)
	Signifikanz des faktorgebundenen Effekts in Inputfaktor ... [e]	
Kapital	(0.29)	(0.89)
Arbeit	(0.98)	(0.15)
Wissenskapital	(0.66)	(0.99)
	Gesamtsystemsignifikanz ... [f]	
$\text{Holist}_{\text{isy}}$	(0.76)	(0.79)
$\text{Holist}_{\text{tec}}$	(0.46)	(0.15)
$\text{Adapt}_{\text{htr}}$	(0.38)	(0.62)
	Unbeobachtete firmenspezifische Effekte	
F–Test auf $\mu_i = 0$	(0.00)	(0.00)
R^2	0.44	0.71
Durch μ_i erfasster Teil der Varianz	0.80	0.32
ρ – Korrelation zwischen t und $(t-1)$	0.27	0.27

[a] bis [f] siehe Erläuterung in Tabelle 6.14.

Werden Komplementaritäten in personalpolitischen Systemen anhand ansteigender Produktivitätseffekte operationalisiert und erfolgt dies über die Umsetzung des mathematisch–verbandstheoretischen Arguments parameterischer Monotonie im Rahmen eines Treatment–Effects–Ansatzes, so lassen sich Indizien für diese ansteigende Folge gewinnen (**H5**). Im Rahmen erweiterter Produktionsfunktionen ließ sich ein vergleichbar gelagerter Nachweis nicht erbringen (**H6**).

Obwohl zu Untersuchungszwecken eine Proxyvariable für Mitarbeiterpräferenzen gegenüber vielfältigen Tätigkeiten und Aufgabenvielfalt konstruiert wurde und diese auch Eingang in das Untersuchungsprogramm fand, so ist es dennoch sinnvoll, die Mitarbeiter selbst zu ihren Einstellungen zu befragen. In diesem Sinne ist es erforderlich, zusätzlich arbeitsangebotsseitige Informationen zu gewinnen.

Dieses Ziel verfolgt die in Abschnitt 5.5 beschriebene Datenbasis, mit deren Auswertung im nächsten Abschnitt begonnen wird.

6.3 Mobilitätsbereitschaft und Aufgabenvielfalt: Determinanten der Mitarbeiterpräferenzen

Die Verbindung zwischen der im Folgenden durchgeführten Auswertung und der bislang aus Unternehmenssicht diskutierten Wahl des personalpolitischen Systems besteht darin, dass ein Teil der als holistisch eingestuften Systeme auf Mitarbeitereinstellungen fußt, die bislang unter dem Schlagwort Mitarbeiterpräferenzen für Aufgabenvielfalt gefasst wurden. In diesem Abschnitt geht es daher um eine durchaus spezifische Operationalisierung dieses breiten Begriffs.

Diese Operationalisierung wird auf zwei Ebenen erfolgen. Zum einen wird die Bereitschaft zu nationaler und internationaler Mobilität in den Zusammenhang mit Präferenzen für Aufgabenvielfalt gebracht. Zum anderen werden die von den Beschäftigten erteilten Vorschläge für eine Ausrichtung der Berufsausbildung an derzeitigen und künftigen Tätigkeitsfeldern genauer untersucht.

Die Betrachtungen konzentrieren sich somit auf zwei wesentliche Detailbereiche des unternehmerischen Interessenspektrums: Ein gewisses Maß an (unternehmens–)bedarfsgerechter räumlicher Flexibilität und ein hohes, zeitgemäßes Ausbildungsniveau gelten als Schlüsselfaktoren erfolgreicher Personalarbeit. Jüngere Ansätze sprechen hier von Fertigkeitsmatrizen bzw. von *families of jobs* (vgl. Baron und Kreps (1999, insb. Kapitel 13), Hartz (2001), Carstensen (2001b)).

Mit Hilfe der in Abschnitt 5.5 skizzierten standardisierten Mitarbeiterbefragung, die als Querschnittsdatensatz konzipiert ist, werden insbesondere zwei Fragestellungen thematisiert:

- Welche Determinanten liegen der Bereitschaft für nationale und internationale Mobilität zugrunde? Unterscheiden sich diese Determinanten zwischen Fertigungsbereichen?
- Bestehen tatsächlich Präferenzen für abwechslungsreiche Tätigkeiten und welche Faktoren sind ursächlich für den Wunsch nach vielfältigen Tätigkeitsfeldern?

Da dieser Teil des empirischen Programms insgesamt exemplarischen Charakter besitzt, konzentriert sich die Diskussion auf die Grundzüge der Untersuchungsergebnisse. Ergänzend und zu Veranschaulichungszwecken wird der erste Fragenkomplex grafisch aufbereitet, anstatt vier unterschiedliche Spezifikationen zu präsentieren. Die für den zweiten Fragenkomplex erzielten Resultate werden in tabellarischer Form zusammengefasst. Dort kommt das bereits bekannte (Entscheidungs–)Modell mit geordneten Kategorien zum Einsatz.

Zunächst sei überlegt, wie sich Präferenzen für Aufgabenvielfalt und abwechslungsreiche Tätigkeiten auf eine möglichst geschickte Weise operationalisieren lassen. In einen übergeordneten Zusammenhang gesetzt, gehen abwechslungsreiche Tätigkeiten sowie mehrdimensionale Tätigkeitsspektren mit einer zeitvariablen Zuordnung von Aufgaben und Arbeitsplätzen einher. In diesem Sinne wird — aus umgekehrter Richtung betrachtet — die mitarbeiterseitige Bereitschaft zur Mobilität zwischen Arbeitsplätzen und Standorten als ein Indiz für mitarbeiterseitige Präferenzen für Aufgabenvielfalt gedeutet.

Anders formuliert wird Mobilitätsbereitschaft als eine denkbare Ausprägung von Präferenzen für Aufgabenvielfalt betrachtet und als solche im Folgenden weiterbearbeitet. Rein technisch wird für jede der im Folgenden definierten vier Mobilitätsdimensionen eine Bestimmungsgleichung geschätzt. Die zur Erklärung der jeweiligen Mobilitätsbereitschaft herangezogenen Determinanten werden dabei im Sinne von Determinanten für Aufgabenvielfalt interpretiert. Für die jeweils auf üblichem Signifikanzniveau abgesicherten Einflussgrößen setzt Abbildung 6.1 den geschätzten Zusammenhang grafisch um. Soweit nicht anders dargestellt, fördern die einzelnen Punkte die zugehörige Mobilitätsvariante.[36]

Die vier aufgenommenen Mobilitätsvarianten sind die Folgenden: 1. Mobilität im eigenen Spezialgebiet innerhalb Deutschlands, 2. Mobilität im eigenen Spezialgebiet weltweit, 3. Mobilität in Fertigungsbereiche, die im Produktionsprozess vor- bzw. nachgelagert sind (innerhalb Deutschlands), 4. Mobilität in Fertigungsbereiche, die im Produktionsprozess vor- bzw. nachgelagert sind (international).

Da sich die vier Mobilitätsdimensionen nicht wechselseitig ausschließen, sind Mehrfachnennungen zulässig, was bei der Einordnung der folgenden deskriptiven Ergebnisse zu beachten ist: Insgesamt sind gut 32 % der Befragten mobil gemäß 1. (Spezialgebiet/Deutschland), rund 26 % sind mobil gemäß 3. (fertigungsbereichsübergreifend/Deutschland), knapp 39 % könnten sich einen internationalen Einsatz im Spezialgebiet vorstellen (Dimension 2.) und knapp 26 % der befragten Mitarbeiter zeigen eine internationale Mobilitätsbereitschaft, die über die Grenzen des eigenen Fertigungsbereichs hinweg besteht (Dimension 4.). Umgekehrt sind 46.5 % der Mitarbeiter zu keinerlei Mobilität bereit, hätten gemäß unserer ersten Arbeitsdefinition somit Präferenzen für Spezialisierung und *Singletasking*.

Faktoren, die genau eine der Kategorien 1. bis 4. beeinflussen, wurden in die vier Ellipsen in Abbildung 6.1 aufgenommen. Zusätzlich zu diesen — auf eine spezielle Mobilitätsdimension ausgerichteten — Determinanten sind weitere Einflussfaktoren von Belang.

Diese Faktoren besitzen ein breiteres Einflussspektrum und werden hier nach ihrem Grad der "Allgemeingültigkeit" genannt: In die senkrecht gestellte Box wird

36 Die in die Grafik aufgenommenen Determinanten sind sämtlich auf dem 5%-Niveau signifikant. Die Ergebnisse beziehen sich auf Probit Schätzungen, die als abhängige Variable jeweils eine der folgenden, unter 1. bis 4. genannten Mobilitätskategorien modellieren.

Abbildung 6.1: Mitarbeiterpräferenzen und Mobilitätsbereitschaft

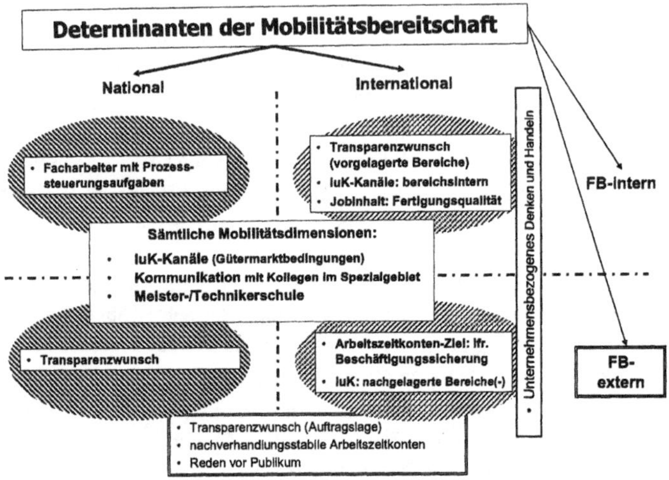

mit unternehmerischem Denken und Handeln derjenige Faktor aufgenommen, der sich als generell förderlich für eine internationale Mobilitätsbereitschaft erwiesen haben. Vom Allgemeinheitsgrad her gleichrangig sind die Einflussgrößen, die in der doppelt umrandeten Box auftauchen: Diese drei Elemente machen sich positiv bemerkbar für die fachbereichsübergreifende Mobilitätsbereitschaft (hier finden sich Parallelen zum Wissenstransfer). Schließlich gibt es Mobilitätsdeterminanten, die sich stets — d. h. in allen vier Bereichen — erhöhend auf die Bereitschaft zu einem zeitlich begrenztem Arbeitsplatzwechsel auswirken (weiße Box).

Kommen wir nun zu den Einflussfaktoren im Einzelnen: Ein ausgeprägtes Kosten–Nutzen–Bewusstsein ("unternehmensbezogenes Denken und Handeln") beeinflusst die internationale Mobilitätsbereitschaft positiv, und zwar unabhängig davon, ob der Blick auf das eigene Spezialgebiet gerichtet wird oder aber auf einen internationalen Einsatz in einem zur Zeit fremden Bereich der Produktion. Das Kosten–Nutzen–Bewusstsein der Befragten wird durch deren Erwartungshaltung operationalisiert, für die eigene Tätigkeit künftig noch mehr kaufmännische Fähigkeiten zu benötigen. Auch bei der Mobilitätsbereitschaft, die über den derzeitigen Einsatz-/Fertigungsbereich hinausreicht, lassen sich gemeinsame Faktoren identifizieren. Diese Faktoren rekurrieren nicht auf eine bestimmte geografische Dimension. Fertigungsbereichübergreifende Mobilität wird *erstens* durch den *Transparenzwunsch nach der Auftragslage* des Betriebs, *zweitens* durch das Bewusstsein, es handele sich bei Arbeitszeitkonten um eine *wechselseitige Versicherung*,[37] und *drittens* durch regelmäßige *Auftritte vor Publikum* gefördert. Alle drei Einflussgrößen machen sich positiv bemerkbar. Insbesondere der dritte Aspekt ließe sich beispielsweise durch unternehmensgeförderte Begleitprogramme untersützen.

Übergeordnete Determinanten, welche sich auf sämtliche Dimensionen fördernd auswirken, zielen in allererster Linie auf die kultivierten Informationskanäle sowie auf die Eigeninitiative bei der Weiterbildung. Sprechen die Befragten regelmäßig mit ihren Kollegen des eigenen Bereichs über die allgemeine Unternehmenslage am Gütermarkt und sind sie in diesem Sinne in ein internes Informationsnetzwerk eingebunden, das sich mit externen Faktoren befasst, so steigt die Mobilitätsbereitschaft generell. Gleiches gilt für den erfolgreich absolvierten Besuch einer Meister- oder Technikerschule, der für die Untersuchung dahingehend interpretiert wird, dass er im Endeffekt die Helikopterfähigkeit und den Blick für die Marktzusammenhänge schule.

Aus dieser ersten Betrachtung wird deutlich, dass der regelmäßige und ggf. institutionalisierte Austausch von Informationen und die vieldiskutierte Aufweichung des althergebrachten Rollenverständnisses (Ablösung der traditionellen Aufgabentrennung zwischen Mitarbeitern und Unternehmensleitung durch moderne, auf Mitarbeiterpartizipation ausgerichtete Arbeitsorganisationen) die Mobilitätsdimension der Präferenzen für Aufgabenvielfalt unterstützen. Auch sollte die Nutzbarkeit sozialer Netzwerke für einen Ausbau der Mobilitätsbereitschaft nicht unterschätzt werden (einen guten Überblick liefert Gant et al. (2002)).

Der nächste Punkt, der im Rahmen dieses Unterabschnitts angegangen wird, thematisiert eine zweite Operationalisierungsmöglichkeit der Mitarbeiterpräferenzen für Vielfalt. Hier wird aus den Anregungen der Mitarbeiter, die diese zur Gestaltung bzw. Neuausrichtung einer zeitgemäßen Berufsausbildung gegeben haben, auf die Präferenzen für abwechlungsreiche Tätigkeitsfelder rückgeschlossen. Die Vorschläge zur Umgestaltung bzw. zur Beibehaltung der bisherigen Ausbildungsschwerpunkte wurden dabei unter der Eingangsprämisse gegeben, bereits in der Berufsausbildung den wesentlichen Grundstein für eine erfolgreiche Mitarbeit in späteren Produktionsteams zu legen.

Anders ausgedrückt wurde danach gefragt, was derzeitige Teammitglieder raten, um Auszubildende möglichst frühzeitig an fachliche und überfachliche Anforderungen heranzuführen. Das schrittweise Heranführen an *Multitasking* und

37 Gemäß Variablengenerierung wird angenommen, das entsprechende Bewusstsein sei immer dann vorhanden, wenn der betreffende Mitarbeiter sowohl der Meinung ist, Arbeitszeitkonten sollten der langfristigen Beschäftigungssicherung dienen als auch der Anpassung der Arbeitszeit an Kundenwünsche und Auftragslage.

Entscheidungskompetenz im Team, ggf. durch gezielte Patenschaftsprogramme, waren beispielsweise mögliche Aspekte.

Diese zweite Präferenzvariable und ihre Einflussfaktoren wurden ebenfalls untersucht, wobei zwei Alternativen verfolgt wurden, deren Kürzel wie folgt lauten: (a) MA-P_{itc} sowie (b) MA-P_{ttc}. Die im Weiteren vorgestellten Untersuchungsergebnisse beziehen sich auf diese beiden unterschiedlichen Präferenzmaße, die jeweils als Ordinalvariable vorliegen. Konstruktionsgemäß ergeben sich die beiden unter (a) und (b) genannten Variablen als Summe der im Rahmen der Anregungen genannten Themenblöcke, die es laut Mitarbeitersicht in der Berufsausbildung zu berücksichtigen gilt. Zum einen wurde für Punkt (a) ein Maß für die entsprechenden Mitarbeiterpräferenzen generiert, das mit informellen Aufgabenkomplementaritäten, Lernspillovers und Sozialkompetenz in Teams in Verbindung steht (MA-P_{itc}, Modell (1)). Zum anderen wurde für Punkt (b) ein Maß generiert, das die Vorliebe für eine Form der Aufgabenvielfalt misst, welche in erster Linie auf technologischen Aufgabenkomplementaritäten fußt (MA-P_{ttc}, Modell (2)). Im zweiten Fall basieren die abwechslungsreichen Tätigkeiten schwerpunktmäßig auf Fertigungssynergien. Beide Variablen lassen sich als Treppenfunktion bzw. (diskrete) Intensität interpretieren. Die Ordinalvariablen ergeben sich als Summe der Nennungen zur zeitgemäßen Berufsausbildung und damit technisch als Addition von Dummyvariablen über neue Ausbildungschwerpunkte.

Auf der deskriptiven Ebene ist das folgende Bild erkennbar: Im Bereich der Präferenzen für IT- und lernsynergiebasierte Aufgabenvielfalt werden Werte zwischen 0 und 4 dokumentiert. Dabei sind 26.6 % der Mitarbeiter der Meinung, alles solle beim Alten bleiben und die Ausbildungsanforderungen bräuchten nicht an sich ändernde Prozess- und Kompetenzanforderungen angepasst zu werden. Demgegenüber nennen 23.6 % ein neues Kompetenzfeld, 26.2 % nennen zwei neue Kompetenzfelder, 16.2 % nennen drei Felder und 7.4 % geben Anregungen zur Aufnahme von vier weiteren Kompetenzen in das Mitarbeiterprofil. Es wurden die vier neuen Schwerpunkte (i) Konstruktion, (ii) EDV/Informatik, (iii) Materialverhalten/Verfahrensspezifika sowie (iv) neue Formen der Arbeitsorganisation (selbstregelnde Einheiten) aufgenommen.

Geht man zur technisch orientierten Ebene über, die sich als inhaltliche Parallele zu den an anderer Stelle angesprochenen Rahmenfaktoren des personalpolitischen Systems Holist_{tec} auffassen ließe, so zeigt sich für die entsprechenden Variable MA-P_{ttc} ein Wertebereich zwischen 0 und 5. In diesem Präferenzregime sind 10.3 % der Befragten der Meinung, man möge die Dinge unverändert lassen.[38] 29.4 % regen einen zusätzlichen Schwerpunkt an, 21.8 % (22.1 %) halten zwei

38 Die *Null*-Gruppe geht jeweils als Basisgruppe mit Präferenzen für Spezialisierung in die Folgeuntersuchungen ein.

(drei) neue Schwerpunkte für angemessen, 10 % schlagen vier weitere Schwerpunkte vor und 6.4 % sind der Meinung, die Integration fünf neuer Aufgabenfelder sei wünschenswert. In diesen Bereich wurden die Einzelfaktoren (i) Qualitätssteuerung, (ii) EDV/Informatik, (iii) Materialverhalten/Verfahrensspezifika, (iv) Elektronik, (v) kaufmännisches Denken sowie (vi) Statistik aufgenommen.

Tabelle 6.19: Präferenzen für Aufgabenvielfalt: Vorschläge zur Modernisierung der Ausbildungsschwerpunkte
Abhängige Variable: Aufgabenvielfalt (Ordinalvariable)
Methode: Ordered Probit, robuste Varianzen nach White

Erklärende Variable	Modell 1 MA-P_{itc} $\hat{\beta}$	Standard-abweichung	Modell 2 MA-P_{itc} $\hat{\beta}$	Standard-abweichung
Arbeitsplatzkategorien mit Aufgaben zur Sicherung von ... (Kontrollgruppe: Angelernte)				
– Prozessablauf (kurzfristiger Zeithorizont)	−0.8976	(0.5901)	−0.6092	(0.7597)
– Anlagenverfügbarkeit (kurzfr.)	−0.0075	(0.5711)	−0.8076	(0.5837)
– Anlagenlebensdauer (langfr.)	−0.9094	(0.7234)	−1.1782†	(0.7019)
– Produkt-/Prozessevaluation	−0.4158	(0.5707)	−0.3861	(0.5636)
– hoher Produktqualität	1.7454	(1.1207)	1.5788	(1.0946)
Zählvariablen:				
Betriebszugehörigkeitsdauer	0.0621*	(0.0285)	0.0332	(0.0266)
Familienangehörige im Unternehmen	0.1699*	(0.0285)	−0.0394	(0.2369)
Kulturelle Veranstaltungen (Theater ...)	0.0332	(0.0682)	0.1094	(0.1052)
Kritik an Weiterbildungsprogrammen	−0.3832**	(0.1608)	−0.3487*	(0.1579)
Sportliche Aktivitäten	0.3765*	(0.1886)	0.2272	(0.1579)
Ehrenämter und Trainerpositionen	−0.5001	(0.2583)	−0.6842**	(0.3323)
Freizeitaktivitäten der Kinder	0.0567	(0.1724)	0.0115	(0.1743)
Aktive Regeneration	0.2512†	(0.1454)	0.2226	(0.0975)
Unternehmenssituation: genutzte IuK-Kanäle	0.3299**	(0.1260)	0.3354**	(0.1348)
Transparenzwunsch (bereichsinterne Erfolgsfaktoren)	0.7739**	(0.2097)	0.9312**	(0.2224)
Transparenzwunsch (benachbarte Fertigungsbereiche)	−0.0833	(0.1892)	−0.0266	(0.2048)
Einsatzmöglichkeiten neue Medien im Spezialgebiet	−0.0309	(0.3334)	0.0944	(0.3250)
Reorganisation und Prognose Teamkompetenz	0.0873	(0.1454)	−0.1078	(0.1476)
Dummyvariablen:				
Zeitkonten als Versicherungsmodell	−0.1571	(0.2318)	−0.0808	(0.2301)
Hinreichende IuK mit Vorgesetzten	−0.4040†	(0.2237)	−0.4805*	(0.2231)
Interesse an Befragungsergebnissen	−0.1661	(0.2970)	−0.2366	(0.2894)
Schwellenwert 1	0.5247	(0.9330)	−0.8705*	(0.9352)
Schwellenwert 2	1.5499	(0.9398)	0.5733	(0.9230)
Schwellenwert 3	3.1525*	(1.0208)	1.7124†	(0.9417)
Schwellenwert 4	4.3278**	(1.0643)	3.2791**	(1.0017)
Schwellenwert 5			4.0746**	(1.0450)
N	90		90	
$PseudoR^2$	0.32		0.33	

†: 10%–, *: 5%–, **:1%-Signifikanzniveau / Software: Stata 7.0.

Nimmt man dieses als ersten Anhaltspunkt für Verschiebungen in den Mitarbeiterpräferenzen, so sind die Behauptungen und Schlüsse von Lindbeck und Snower (2000) und Snower (1998) hinsichtlich des zugrunde liegenden Rahmenfaktors Präferenzen für vielfältige Tätigkeiten durchaus nachvollziehbar. Da sich aus deskriptiven Untersuchungen jedoch keine kausalen Zusammenhänge ableiten lassen, wurden die bekundeten Präferenzen zusätzlich im Rahmen eines Entscheidungsmodells untersucht.

Die Ergebnisse dieser multivariaten Analyse finden sich in der Tabelle 6.19. Sie wurden im Rahmen eines Probit Modells mit geordneten Kategorien gewonnen, dessen methodischer Ansatz Abschnitt 6.1.2.2 (Seite 197f) zu entnehmen ist. Dieser Ansatz schätzt die Determinanten zunehmender Präferenzen für Aufgabenvielfalt. Bei der Betrachtung der Ergebnisse fällt zunächst der negative — und statistisch belegte — Schwellenwert 1 in Modell 2 auf. Dieses widerspricht dem Ansatz des Modells mit geordneten Kategorien. Vor dem Hintergrund der für den Präferenzindikator MA-P_{ttc} gewählten Kodierung hätten sämtliche Schwellenwerte ein positives Vorzeichen aufweisen sollen. Unter Umständen ließe sich das im Zuge der obigen Schätzung gewonnene Ergebnis in einen Interpretationszusammenhang bringen, der im Bereich der industriellen Beziehungen unter dem Stichwort *Lernkurveneffekte* diskutiert wird (z. B. Pil und MacDuffie (1996)). Dort kommt es nach Organisationsänderungen zunächst zu einem Abfall der Produktivität, bevor sich die erwünschten Produktivitätsgewinne einstellen.

Auf den untersuchten Zusammenhang übertragen hieße dies, dass Verhaltensänderungen, die auf längere Frist zur Herausbildung von Präferenzen für Aufgabenvielfalt führen, sich in ihrer ersten Stufe noch hemmend auswirken.

Hiervon einmal abgesehen ließen sich die Ergebnisse vorsichtig wie folgt zusammenfassen: Es scheinen sich zwei allgemeingültige Determinanten herauszukristallisieren, die die Mitarbeiterpräferenz für Aufgabenvielfalt (Arbeitsdefinition 2: technologiebasierte und wissenstransferbasierte Variante) positiv beeinflussen. Dieses ist zum einen die Zahl der von den Befragten genutzten Informationskanäle, wenn es um die Beschaffung und um die Evaluation von Informationen zur allgemeinen Unternehmenssituation geht. Zum anderen ist es die Vielfalt der fertigungsbereichsinternen Abläufe, und zwar sowohl in der Stückzahl- als auch in der Qualitätsdimension, über die die Beschäftigten Kenntnis besitzen möchten. Präferenzen für eine möglichst enge Spezialisierung scheinen hingegen eher mit einer kritischen Beurteilung der bislang absolvierten Weiterbildungsmaßnahmen einherzugehen. Ebenfalls negativ zum Tragen kommen Verantwortlichkeiten, die Befragte außerhalb des Unternehmens übernommen haben, so z. B. in Vereinen.

Weitere unterstützende Faktoren finden sich lediglich für die lernbasierte Alternative MA-P_{itc}: Die Erfahrung am Arbeitsplatz (gemessen als Zugehörigkeitsdauer zum Fertigungsbereich), das Ausmaß von einer sportlichen Aktivität (gemessen als wöchentlicher Zeitaufwand) sowie die Intensität aktiver Regeneration (z. B. Malerei) machen sich positiv bemerkbar.

Aus der Analyse der arbeitsangebotsbasierten Datenbasis lässt sich insgesamt der Schluss ziehen, dass Mitarbeiter durchaus Präferenzen für abwechslungsreiche Tätigkeiten haben, die zum heutigen Zeitpunkt allerdings noch deutlich an fertigungstechnologischen Restriktionen ausgerichtet sind. Die theoretischen Vermutungen von Lindbeck und Snower (2000) lassen sich damit um den empirischen Befund anreichern, im Bereich der Mitarbeiterpräferenzen für Aufgabenvielfalt sei zwar eine Tendenz in die postulierte Richtung erkennbar. Allerdings scheint die Geschwindigkeit, mit der sich diese Entwicklung vollzieht, erheblich unter dem von den Autoren postulierten Maß zu liegen.

6.4 Einordnung der empirischen Resultate

Die im Zuge des empirischen Untersuchungsprogramms gewonnenen Einsichten sind durchaus gemischt. Sie stehen zwar, was die Hypothesen **H1** bis **H5** (Seite 149–149) anbelangt, recht gut im Einklang mit dem Hypothesengerüst. So ließen sich beispielsweise Indizien für die aufsteigende Rangordnung der personalpolitischen Systeme finden. Auch deuten die Ergebnisse der Treatment–Effects–Modelle auf die Existenz von Komplementaritäten und wachsenden Differenzen hin.

Allerdings wendet sich das Blatt, wenn man zur Betrachtung der beiden letzten Hypothesen übergeht. Dort wurde einerseits ein massiver Reorganisationsprozess in Richtung holistisch organisierter Betriebe, so wie er insbesondere von Lindbeck und Snower (1996, 2000, 2001) als stilisiertes Fakt ausgemacht wird, behauptet. Dieser Aspekt ließ sich mit Hilfe der verwendeten Daten nicht fundieren. Wenn man den über 50–prozentigen Anteil, den die tayloristisch organisierten Betriebe an allen untersuchten Betrieben haben, als Indiz für das Unterbleiben der holistischen Reorganisation wertet, so lässt sich zumindest für das Verarbeitende Gewerbe in Niedersachsen nicht von einem flächendeckenden Wechsel der personalpolitischen Systeme sprechen. Hier besteht weiterer Forschungsbedarf, der sich auf die allgemeine Entwicklung der Arbeitsorganisation bezieht.

Forschungsbedarf besteht auch bei der Untersuchung der mit den vier personalpolitischen Systemen korrespondierenden aufsteigenden Folge der Zielfunktionsmaxima, die in unserem Fall durch die aufsteigende Folge der Arbeitsproduktivität operationalisiert wurden. Dabei steht vor allem auch die Erforschung der Parallelen von organisatorischem und technischem Fortschritt. Denn dieser letzte Punkt ließ sich im Rahmen der empirischen Untersuchungen ebenfalls nicht fundieren. Die durchgeführten Analysen, die sich mit faktorgebundenen und faktorungebundenen Produktivitätseffekten der unterschiedlichen (komplementären) personalpolitischen Systeme befassten, konnten hier im Wesentlichen keine Differenzen zum Basissystem der tayloristischen Arbeitsorganisation aufzeigen. Insofern sind die Ergebnisse, die in erweiterten Produktionsfunktionen erzielt wurden, noch nicht befriedigend.

Die vorliegende empirische Untersuchung unterlag insbesondere datentechnischen Einschränkungen. Hiervon betroffen war vor allem die Untersuchung der Entscheidung des Betriebs für ein personalpolitisches System. Aufgrund der Datenlage musste diese als strategisch angenommen werden und zudem über die gesamte Paneldauer Bestand haben. Damit war das methodische Repertoire bereits a priori deutlich eingeschränkt. Eine empirische Untersuchung der theoretisch abgeleiteten wachsenden Produktivitätseffekte wurde aber trotzdem vorgenommen.

Hierfür wurde zunächst von der Möglichkeit des Betriebstypenwechsels abstrahiert und die einzelnen Betriebstypen wurden getrennt untersucht, wobei sämtliche Einzeluntersuchungen demselben Muster folgen. Auf Basis dieses Herangehens ließ sich die Existenz der postulierten Produktivitätsfolge in der betrieblichen Praxis durchaus zeigen. In diesem Zusammenhang wird beispielsweise der mit dem aktuellen Systemniveau ansteigende positive Produktivitätseffekt von *Multitasking* belegt. Die zuvor genannten Ergebnisse der erweiterten Produktionsfunktionen schränken die Interpretierbarkeit dieses Resultates aber ein.

Was die Untersuchung mit Hilfe der Mitarbeiterbefragung anbelangt, die zur indirekten Überprüfung bzw. zur besseren Einordnung der Hypothese veränderter Mitarbeiterpräferenzen aufgenommen wurde, so zeigt sich durchgängig, dass Mitarbeitern bewusst ist, dass künftig neue Aufgaben und erweiterte Tätigkeitsbereiche auf sie zukommen. Wenn man die verwendeten Proxies für Mitarbeiterpräferenzen als Zustimmungsmaß zu solchen Neuerungen wertet, so scheint sich ein Sockel von 30–40 % der Belegschaft durchaus mit dieser veränderten Rolle angefreundet zu haben. Insbesondere eine Einflussgröße hebt sich aus dem Spektrum der vielseitigkeitspräferenzfördernden Faktoren heraus: Als die wesentliche treibende Kraft für die hiermit korrespondierende Mobilitätsbereitschaft auf Seiten der Mitarbeiter zeigte sich stets eine gezielte und institutionell verankerte Informations- und Kommunikationspolitik. Hier scheint es durchaus ratsam, die auf den ersten Blick divergierenden Informationskanäle (arbeitnehmer- bzw. unternehmensleitungsinitiierte Informationweiterleitung) parallel zu verfolgen.

Vergleichbares trifft für die Operationalisierungsvariante zu, bei der es um Vorschläge für eine zeitgemäße Berufsausbildung ging. Dort stellten sich die Zahl der für unternehmensweite Informationen genutzten Informationskanäle und die Vielfältigkeit der fertigungsbereichsinternen Transparenzwünsche als treibende Einflussgrößen heraus. Demgegenüber macht sich eine unreflektierte Kritik an Weiterbildungsprogrammen negativ bemerkbar. Pauschalkritik und Präferenzen für abwechslungsreiche Tätigkeiten scheinen daher nicht vereinbar zu sein.

Teil IV

Schlussbemerkungen

Kapitel 7

Resümee und Ausblick

Die vorangegangenen Kapitel waren der Untersuchung von Komplementaritäten im personalpolitischen Handlungsspektrum gewidmet, d. h. der Untersuchung sogenannter personalpolitischer Systeme, aus denen letztlich personalpolitische Gleichgewichte resultieren. Die Zielsetzung war insgesamt zweigeteilt. Zum einen sollte der theoretische Komplementaritätsnachweis erbracht werden. Zum anderen war die Konfrontation der theoretisch postulierten Zusammenhänge mit der empirischen Evidenz Gegenstand des Forschungsprogramms. Beides erfolgte im Rahmen dieser Arbeit, wobei aus der Literatur vorhandene und eigene Ansätze sowohl im theoretischen als auch im empirischen Teil integriert wurden.

Zunächst konnte der theoretische Nachweis der Komplementarität zwischen wohldefinierten Instrumenten gelingen, und zwar sowohl mit Hilfe des — der diskreten Natur komplementärer Umgebungen eigentlich nicht angemessenen — marginalanalytischen Instrumentariums als auch mit Hilfe des verbandstheoretischen Instrumentariums. Das letztgenannte Analyseverfahren ist dabei allgemeiner Natur, es enthält den marginalanalytischen Rahmen als Spezialfall, was impliziert, dass sich sämtliche Ergebnisse, die auf Basis des verbandstheoretischen Verfahrens gewonnen wurden, auf die wohlvertraute und mehrfach stetig differenzierbare Welt der mikroökonomischen Theorie übertragen lassen.

Vom Ergebnis her unterscheiden sich die beiden Analysemethoden kaum.[1] Insofern gehen die in der jeweiligen Umgebung erzielten theoretischen Resultate und postulierten Zusammenhänge in eine gemeinsame Hypothesengenerierung ein, welche im empirischen Teil der Arbeit mit der Realität konfrontiert wird.

Die theoretischen Ergebnisse können wie folgt zusammengefasst werden: Es lässt sich ausgehend vom tayloristisch organisierten Nullsystem, das den Referenzpunkt markiert, eine Kombination aus zwei personalpolitischen Instrumenten als vorteilhaft belegen, sobald temporäre Schwankungen am Gütermarkt vorhanden sind. Dann ist ein wechselseitiges Versicherungsmodell zwischen Unterneh-

1 Vor dem Hintergrund der relativ schwachen Voraussetzungen, unter denen sich die Approximation diskreter Funktionszusammenhänge durch marginale Zusammenhänge durchführen lässt, verwundert dies nicht unbedingt.

men und Mitarbeitern optimal, das aus den beiden Instrumenten (a) intertemporaler Zeittransfer in Arbeitszeitkonten und (b) innerbetriebliches Informations– und Kommunikationssystem mit Gütermarktinformationen besteht.

Im Ergebnis konstituiert dieses Versicherungsmodell ein erstes komplementäres personalpolitisches System. In Abhängigkeit der über die Gütermarktschwankungen hinaus gültigen Rahmenfaktoren wird entweder dieses personalpolitischen Gleichgewicht realisiert oder aber ein höherrangiges. Die höherrangigen Gleichgewichte beruhen dabei auf zusätzlichen Faktoren wie etwa dem Vorhandensein technologischer bzw. informeller Aufgabenkomplementaritäten. Sie basieren somit auf Bedingungen, die im Allgemeinen mit moderner Produktion und mit Wissenstransfer und Lernsynergien in Verbindung gebracht werden. Lernsynergien und Wissenstransfer korrespondieren dabei mit Mitarbeiterpräferenzen für Aufgabenvielfalt, so dass sich die beiden höherrangigen personalpolitischen Gleichgewichte anhand des Begriffspaares *Fertigungssynergien vs. Mitarbeiterpräferenzen* trennen lassen.

Aus den theoretischen Überlegungen konnte insgesamt die aufsteigende Ordnung über gleichgewichtige personalpolitische Systeme

- $\text{Taylor}_{\text{base}}$: tayloristische Arbeitsorganisation,
- $\text{Adapt}_{\text{htr}}$: auf Adaption durch intertemporalen Zeittransfer basierendes personalpolitisches Startsystem,
- $\text{Holist}_{\text{tec}}$: auf Fertigungssynergien basierendes übergeordnetes komplementäres personalpolitisches System,
- $\text{Holist}_{\text{lsy}}$: auf Mitarbeiterpräferenzen und Wissenstransfer beruhendes übergeordnetes personalpolitisches System

identifiziert werden. Die beiden letztgenannten Varianten grenzen sich dadurch voneinander ab, welcher der oben genannten und von Lindbeck und Snower (2000) diskutierten Rahmenfaktoren schwerpunktmäßig zugrunde liegt. Stehen Verbundeffekte im Fertigungsprozess im Vordergrund, so dominieren technologische (Aufgaben–)Komplementaritäten und es wird $\text{Holist}_{\text{tec}}$ installiert. Sind demgegenüber die informellen Komplementaritäten und Lernsynergien, eine Aufweichung des traditionellen Interessensgegensatzes zwischen Arbeitgebern und Arbeitnehmern sowie mitarbeiterseitige Präferenzen für abwechslungsreiche Tätigkeiten ausschlaggebend für die Vorteilhaftigkeit des personalpolitischen Maßnahmenkatalogs, so weist dieser Katalog die im System $\text{Holist}_{\text{lsy}}$ zusammengefassten Kennzeichen und personalpolitischen Einzelinstrumente auf.

Auf Basis der theoretischen Überlegungen ließ sich zudem auf eine aufsteigende Produktivitätshierarchie folgern. Diese Hierarchie besteht, weil die Maximierungsoperation ordnungserhaltende Operation ist und sich infolgedessen die Komplementaritätseigenschaft auf die — bedingten — Zielfunktionsmaxima überträgt. Anders formuliert übersetzt sich die Hierarchie der personalpolitischen Gleichgewichte in eine Hierarchie der zugehörigen Produktivitäten. Letztere Hierarchie äußert sich einerseits in — mit dem Rang des realisierten personalpolitischen Gleichgewichts — überproportional wachsenden Werten der Zielfunktion. Andererseits kommt sie in produktivitätsfördernden Reorganisationseffekten zum Ausdruck, deren Ausmaß mit steigender Position in der Gleichgewichtshierarchie zunimmt. Der Reorganisationseffekt kann sich dabei insbesondere auch auf Teilkataloge des in Holist_{lsy} vertretenen Gesamtkatalogs beziehen.

Den Fragen nach Existenz und Auswirkungen von Komplementaritäten in personalpolitischen Systemen wurde aber nicht nur theoretisch nachgegangen, sondern sie wurden darüber hinaus in einem empirischen Untersuchungsprogramm angegangen. Die in der empirischen Analyse erzielten Ergebnisse sind insgesamt sehr interessant. Für den Großteil dieser Analysen wurde das *Hannoveraner Firmenpanel* verwendet. Im Rahmen dieser Erhebung wurde eine Ausgangsnettostichprobe von 1025 Betrieben über einen Zeitraum von vier Jahren jährlich befragt, wobei ein Teil der Fragen zu jeden Erhebungszeitpunkt gestellt wurde. Über die vierjährige Paneldauer konnten immerhin deutlich über 600 Fälle mit einer kontinuierlichen Teilnahme an den Befragungen realisiert werden. Die von den Befragten eingenommene Position ist die der Unternehmensleitung und wurde im Zuge der Arbeit als Arbeitsnachfrageseite aufgefasst.

Auf der Ebene der Systemexistenz konnte im Detail Folgendes gezeigt werden: Bei der Anwendung multivariater statistischer Verfahren kristallisieren sich die vier zuvor belegten personalpolitischen Gleichgewichte erstaunlich gut heraus. Die dokumentierten systemspezifischen Charakteristika korrespondieren mit den im Theorieteil diskutierten Rahmenfaktoren und betrieblichen Strategien. Die zur Kontrolle durchgeführten ökonometrischen Untersuchungen, die den zugrunde liegenden Entscheidungsprozess für eines der vier aufgezeigten personalpolitischen Systeme explizit modellieren, verstärken diesen Eindruck noch.

Insbesondere das Versicherungsargument scheint sich gut mit der empirischen Evidenz zu decken, d. h. eine wesentliche treibende Kraft bei der Wahl höherwertiger personalpolitischer Systeme darzustellen. Anzumerken ist in diesem Zusammenhang allerdings die insgesamt eher geringe Anzahl reiner Startsystembetriebe (Adapt_{htr}). Die Versicherungskomponente geht allerdings als ein grundlegender Faktor in die Entscheidung für ein übergeordnetes personalpolitisches System (Holist_{tec}, Holist_{lsy}) ein, was letztlich die Hypothese des Startsystems unterstützt, auf dem — wenn möglich — weiter aufgesattelt wird. Als weitere treibende Kraft stellen sich moderne Anforderungs- bzw. Kompetenzprofile heraus. Diese zielen auf mehrdimensionale Tätigkeitsspektren und auf eine zeitvariable Aufteilung des

Arbeitszeitbudgets, wobei letztere mit Blick auf die Dimensionen Stückzahl, Qualität, Prozessverbesserungen, Information und Rückkoppelung sowie Lernen und Fertigkeitsweitergabe besteht. Die dem Versicherungsfaktor und dem Kompetenzfaktor vergleichbaren Determinanten des personalpolitischen Gleichgewichts aus dem Bereich der Gütermarktstrategien scheinen stringentes Zeitmanagement bzw. das Erfüllen hoher Produktqualitätstandards zu sein.

Bei der Untersuchung der — unter der Komplementaritätshypothese — ansteigenden Reorganisationseffekte führen die nach den vier personalpolitischen Gleichgewichten getrennt durchgeführten Schätzungen zu Ergebnissen, auf denen sich in künftigen Studien aufbauen ließe. Es wird der mit dem steigenden Gleichgewichtsniveau wachsende "marginale" Effekt ermittelt,[2] wobei gepoolte mehrstufige Modelle zum Zuge kommen, die für das jeweilige Betrachtungsjahr kontrollieren. Bei der Interpretation ist aber etwas Vorsicht angeraten, da der Zeitpunkt der Reorganisation selbst keine Berücksichtigung findet: Der auf diese Weise ermittelte Effekt darf zwar theoretisch als Reorganisationseffekt bezeichnet werden, für die betriebliche Praxis ist dies allerdings nicht bzw. nur unter Vorbehalt angebracht.

Als ein Indiz für die Gültigkeit der ermittelten ansteigenden Reorganisationseffekte lässt sich das Ergebnis werten, dass die dokumentierten Determinanten für Multitasking im Querschnitts–Zustandsmodell und im Panel–Wechselmodell übereinstimmen und insofern vieles für die schätztechnisch postulierte Kausalitätsrichtung spricht.

Zusätzlich wurden erweiterte Produktionsfunktionen geschätzt, welche faktorgebundene sowie faktorungebundene Produktivitätseffekte der personalpolitischen Gleichgewichtsposition berücksichtigen (zur Verbindung zwischen organisatorischen Veränderungen und technischem Fortschritt vgl. auch Carstensen (2001a)). Die empirische Evidenz der erweiterten Produktionsfunktionen lässt sich weder als Beweis noch als Ablehnung der theoretischen Erwartungen werten. Auch hier wäre die Ausdehnung der bislang vorhandenen Panelinformationen auf die personalpolitische Systemvariable wünschenswert. Dieses ist mit der verwendeten Datenquelle nicht machbar.

Schließlich wurde der Bereich der Mitarbeiterpräferenzen detaillierter unter die Lupe genommen. Dieses erfolgte mit Hilfe einer alternativen Datenbasis. Diese Datenbasis basiert auf einer standardisierten Befragung der gewerblichen Mitarbeiter eines Betriebs, der selbst zur Grundgesamtheit der zuvor verwendeten Datenquelle zählt. So konnten zusätzlich zu den vorhandenen arbeitsnachfrageseitigen Angaben auch arbeitsangebotsseitige Informationen in das empirische Programm aufgenommen werden.

---

2 Ganz speziell wurden *Multitasking*effekte geschätzt.

Die entsprechenden Untersuchungen zielen zum einen auf die Mobilitätsbereitschaft ab und zum anderen auf die Vorliebe für abwechslungsreiche Tätigkeiten. Sie führen zu ersten wichtigen Erkenntnissen, auf denen sich in Folgeuntersuchungen aufbauen ließe: Wie aus der Gesamtschau der theoretischen Analyse heraus zu vermuten, spielen Gütermarktinformationen, fertigungsbereichinterne Transparenzwünsche sowie die zurzeit von den Beschäftigten gepflegten Informations– und Kommunikationskanäle eine wichtige Rolle bei der Herausbildung von Mobilitätsbereitschaft. IuK–Kanäle und Transparenzwünsche wurden zudem als Determinanten der Präferenzen für Tätigkeitsvielfalt belegt. Die Vorliebe für abwechslungsreiche Tätigkeiten wird darüber hinaus durch die Existenz sozialer Netzwerke gefördert, die offenbar in den betrieblichen Bereich hineinreichen. Demgegenüber wirken sich Pauschalkritik an Weiterbildungsveranstaltungen und eine Konsumhaltung bei der Information durch Vorgesetzte hemmend auf die Vielfältigkeitspräferenzen aus. Für die methodische Beurteilung der zur Verfügung stehenden arbeitsangebotsorientierten Datenbasis gilt Vergleichbares wie für die arbeitsnachfrageorientierte Datenbasis des *Hannoveraner Firmenpanels*: Eine Ausdehnung des Datenbestands auf Panelinformationen wäre sehr wünschenswert.

Die im Rahmen dieser Arbeit durchgeführten theoretischen und empirischen Untersuchungen legen insgesamt der Schluss nahe, dass vieles für die Existenz von Komplementaritäten in personalpolitischen Systemen spricht, dass sich die entsprechenden Systeme somit deutlich voneinander abgrenzen, und dass diese Systeme hinsichtlich Ausgefeiltheit und Effizienzmaß tendenziell eine aufsteigende Gleichgewichtsrangordnung beschreiben.

Teil V

Anhang

Anhang A

Verbandstheoretische Grundlagen

Dieser Anhang umfasst die grundlegenden Definitionen und Propositionen aus der verbandstheoretischen Fundierung. Auf diese verbandstheoretischen Grundlagen wird bei der Anwendung der supermodularen Optimierung zurückgegriffen. Dieses Instrumentarium ist vom Untersuchungsansatz dem marginalanalytischen Instrumentarium vergleichbar. Es bezieht sich allerdings explizit auf verallgemeinerte Umgebungen. In dieser Arbeit wird durchgängig die Verallgemeinerung auf nicht–stetige (und damit nicht–differenzierbare) Funktionen betrachtet, deren Gestalt beispielsweise aus diskreter Variablenvariation resultiert.

Zum Abschluss dieses Anhangs sind zusätzlich einige Erläuterungen aufgenommen, die grob gesprochen eine Übersetzung des verbandstheoretischen Vokabulars in das vertraute Vokabular der Neuen Institutionenökonomik bzw. der Arbeitsökonomie zur Verfügung stellt.

A.1 Halbgeordnete Menge – Verband – Teilverband – Kette

Definition 2 (Halbordnung) *Die Ordnungsrelation $\leq$ auf der halbgeordneten Menge $(PO, \leq)$ heißt Halbordnung. Sie ist*

- reflexiv: *für jedes Element $x \in PO$ gilt $x \leq x$,*
- antisymmetrisch: *$x \leq y$, $y \leq x$ impliziert $x = y$. Demgegenüber impliziert $x \neq y$, $x \leq y$, dass $y \nleq x$ für alle $x, y \in PO$,*
- transitiv: *aus $x \leq y$, $y \leq z$ folgt $x \leq z$.*

Definition 3 (join und meet) *Die größte untere (kleinste obere) Schranke eines jeden Elementenpaares x, y aus einer Menge M heißt* meet (join)*. Das Zeichen für die Operation* meet (join) *lautet $\wedge$ ($\vee$) Für alle $x, y \in M$ gilt:*

- $\sup\{x,y\} = \text{join}(x,y) = x \vee y$,
- $\inf\{x,y\} = \text{meet}(x,y) = x \wedge y$.

Wenn nun jedes Elementenpaar $x,y \in PO$ auf PO eine größte untere Schranke sowie eine kleinste obere Schranke besitzt, so heißt die halbgeordnete Menge *Verband*. Anders formuliert, existiert zu je zwei Elementen x,y aus PO genau ein kleinstes gemeinsames Oberelement (join) und genau ein größtes gemeinsames Unterelement (meet), so ist PO ein Verband. Die folgende Definition fasst dies zusammen.

Definition 4 (Verband) *Der Verband* $L \equiv (L, \leq)$

- *ist eine halbgeordnete Menge und*
- join *sowie* meet *eines jeden Elementenpaares* $x,y \in L$ *sind Element des* L.

Proposition 3 *Ein Verband L besitzt genau eine größte untere Schranke sowie genau eine kleinste obere Schranke auf L.*

Beweis Der Beweis beruht auf der Eigenschaft der Antisymmetrie. Mit $\{s_i : i = 1, \ldots, n_{\text{Grenzen}}\}$ sei die Menge aller oberen Schranken eines Elementenpaares aus L bezeichnet. Seien s_1 und s_2 nun jeweils kleinste obere Schranke. Dann gilt für alle i: $s_1 \leq s_i$ und darüber hinaus: $s_2 \leq s_i$. Zusammengefasst gilt somit $s_1 \leq s_2$, $s_2 \leq s_1$. Hieraus folgt wegen der Antisymmetrie unmittelbar: $s_1 = s_2$, was die Existenz genau einer kleinsten oberen Schranke belegt. Die Beweisführung für die größte untere Schranke erfolgt analog. □

Aus Proposition 3 wird deutlich, dass die Maximierung einer (ggf. supermodularen) Funktion auf einem Verband zu eindeutigen Lösungen führt. Die topologische Eigenschaft des Verbandes ist daher grundlegend für die Lösung des unternehmerischen Entscheidungsproblems und für die Generierung der personalpolitischen Gleichgewichte. Die komparative Statik setzt bei der Veränderung des Gleichgewichts(niveaus) im Zuge von Parametervariationen an.

Definition 5 (Teilverband) *Eine Teilmenge* $S \subseteq L$, *die für jedes ihrer Elementenpaare* $x,y \in S$ join *und* meet *besitzt, ist Teilverband des L. Dabei erfolgt die Auswahl der beiden Schranken gemäß der auf L definierten Ordnungsrelation.*
Jeder Teilverband ist Verband.

Inhaltlich korrespondiert Definition 5 mit der Eigenschaft, dass die Rücknahme einer personalpolitischen Maßnahme nicht die simultane Rücknahme einer anderen personalpolitischen Maßnahme ausschließen darf. Ganz analog gilt dieses für die gleichgerichtete Variation nach oben: Beschreibt der Instrumentenkatalog mengentheoretisch einen Verband, so ist der paarweise Ausbau je zweier Instrumente stets zulässig. Umgekehrt wäre die Teilverbandseigenschaft verletzt, wenn der Ausbau des personalpolitischen Instruments A (z. B. Job Rotation) den Abbau des Instruments B verlangt (z. B. innerbetriebliches *cross training*).

Definition 6 (Kette) *Der Verband L heißt Kette, wenn sich sämtliche Elemente eindeutig ordnen lassen.*

Ein Beispiel für eine Kette ist der $\mathbb{R}^1$. Die folgende Definition wird der Vollständigkeit halber aufgenommen:

Definition 7 (Vollständiger Verband) *Die Potenzmenge $\mathcal{P}(L)$ umfasst sämtliche nichtleeren Teilmengen des Verbands L. Ein Verband heißt vollständig, wenn* jede *nichtleere Teilmenge* join *und* meet *besitzt, d. h. die Teilverbandseigenschaft besitzt. Jeder vollständige Verband ist Teilverband.*

A.2 Die grundlegenden Gesetze für Mengen

Die folgenden Gesetze besitzen Allgemeingültigkeit für alle Mengen und somit auch für die zuvor erläuterten speziellen Mengen *Halbordnung, Verband* sowie *Teilverband.*

Jede Menge ist idempotent (id), kommutativ (ko), assoziativ (as) und absorbierend (ab). Die Kombination aus Assoziativität und Kommutativität kommt in (ka) zum Ausdruck, wobei $a, b, c \in L$:[1]

(id) $a \wedge a = a, \quad a \vee a = a$

(ko) $a \wedge b = b \wedge a, \quad a \vee b = b \vee a$

(as) $a \wedge b \wedge c = (a \wedge b) \wedge c = a \wedge (b \wedge c), \quad a \vee b \vee c = (a \vee b) \vee c = a \vee (b \vee c)$

(ka) $a \wedge b \wedge c = (b \wedge a) \wedge c = b \wedge (c \wedge a), \quad a \vee b \vee c = (b \vee a) \vee c = b \vee (a \vee c)$

(ab) $a \wedge (a \vee b) = a, \quad a \vee (a \wedge b) = a.$

Die im nächsten Abschnitt aufgestellte Proposition über das Verbandsprodukt greift auf diese Gesetze zurück.

A.3 Das direkte Produkt von Verbänden

Ziel dieses Abschnitts ist es, mit möglichst unkomplizierter Beweisführung nachzuweisen, dass das direkte Produkt abzählbar vieler Verbände ebenfalls ein Verband ist. Der Eingangsbeweis wird für genau zwei Verbände geleistet. Die Erweiterung auf k Verbände erfolgt über das karthesische Produkt aus dem zuvor betrachteten $(k-1)$–dimensionierten Verband und dem k–ten Verband.

Wichtig für das Verständis des Argumentationsrahmens der verbandstheoretisch fundierten Unternehmenstheorie ist die folgende Proposition.

---

1 Vgl. auch Rade/ Westergren (1997).

Proposition 4 *Das direkte Produkt zweier Verbände $L_1 \times L_2$ ist ein Verband (L). Damit gilt für jedes Elementenpaar x', x'', mit $x' = (x_1', x_2')$, $x'' = (x_1'', x_2'')$*

- $(x_1' \wedge x_1'', x_2' \wedge x_2'') = (x_1', x_2') \wedge (x_1'', x_2'')$,
- $(x_1' \vee x_1'', x_2' \vee x_2'') = (x_1', x_2') \vee (x_1'', x_2'')$,

wobei $x_1', x_1'' \in L_1$ und $x_2', x_2'' \in L_2$. Beispiele für L_1, L_2 sind $\mathbb{R}^1$. In diesem Fall gilt $L_1 \times L_2 = \mathbb{R} \times \mathbb{R} = \mathbb{R}^2 = L$. Das direkte Produkt aus k Verbänden $\times_{i=1}^{k} L_i$ ist ein Verband (L), wobei k abzählbar endlich ist.

Beweis Der Nachweis beruht auf der Antisymmetrie von Halbordnungen und Verbänden. Der Bequemlichkeit halber beschränkt sich die folgende Darstellung auf den Nachweis für den mengentheoretischen Durchschnitt meet, sie gestaltet sich aber ganz analog für den join.

Zunächst sei folgende Notationsregel vereinbart: Man schreibt $x' \leq x'' \Leftrightarrow x_1' \leq x_1'', x_2' \leq x_2''$. Weiterhin sei definiert:[2] $d = (d_1, d_2) \equiv (x_1' \wedge x_1'', x_2' \wedge x_2'')$ sowie $c = (c_1, c_2) \equiv (x_1', x_2') \wedge (x_1'', x_2'')$, wobei $d_1 \in L_1, d_2 \in L_2$ sowie $c_1, c_2 \in L$.
Vor dem Hintergrund dieser Definitionen ist dann

$$d \leq (x_1', x_2'),\ d \leq (x_1'', x_2''), \quad \text{somit} \quad d \leq (x_1', x_2') \wedge (x_1'', x_2'') = c$$

sowie

$$c_1 \leq x_1' \text{ und } c_1 \leq x_1'', \quad \text{somit} \quad c_1 \leq x_1' \wedge x_1'' = d_1,$$
$$c_2 \leq x_2' \text{ und } c_2 \leq x_2'', \quad \text{somit} \quad c_2 \leq x_2' \wedge x_2'' = d_2.$$

Insgesamt gilt daher $d \leq c, c \leq d$. Antisymmetrie impliziert dann, dass $d = c$, d.h. $(x_1', x_2') \wedge (x_1'', x_2'') = (x_1' \wedge x_1'', x_2' \wedge x_2'')$. Dieselbe Beweisführung ist für $(x_1', x_2') \vee (x_1'', x_2'') = (x_1' \vee x_1'', x_2' \vee x_2'')$ zu leisten. Damit ist gezeigt, dass $V = V_1 \times V_2$ ein Verband ist. Wenn nun $V = V_1 \times V_2$ ein Verband ist, dann ist auch $V_1 \times V_2 \times V_3$ ein Verband. Diese Argumentation lässt sich entsprechend bis zu $\times_{i=1}^{k} V_i$ fortführen, solang k finite ist. □

Proposition 4 lässt sich als eine auf nicht–stetige Umgebungen verallgemeinerte Fassung des Satzes von Schwart auffassen ($f_{x_1 x_2} = f_{x_2 x_1}$). Im Untersuchungsrahmen der verbandstheoretischen Fundierung der personalpolitischen Systeme besitzt Proposition 4 wichtige Implikationen, die die faktische Analyse erheblich vereinfachen.

Diese Vereinfachung betrifft einerseits das methodische Programm: Der Nachweis von Komplementaritäten in personalpolitischen Systemen vereinfacht sich, da er aufgrund von Proposition 4 nicht auf der derzeitigen Zuordnung der systemgenerierenden Variablen auf eine der beiden Teilmengen L_1 bzw. L_2 beruht. Man stelle sich beispielsweise L_1 als Menge der Entscheidungsvariablen vor und L_2 als

2 Vgl. auch Gericke (1967).

Menge der Umweltbedingungen. Dann ist es für den Nachweis von Synergieeffekten ohne Belang, ob eine beliebige Variable vom Unternehmen derzeit aus freien Stücken variiert werden kann (in L_1 enthalten ist) oder aber ob diese Variable als Parameter in die Untersuchung eingeht (in L_2 enthalten ist).

Andererseits folgt aus Proposition 4 unmittelbar, dass jede supermodulare Zielfunktion wachsende Differenzen (*increasing differences*) besitzt.[3] Folgende Beweisführung verdeutlicht dies:

Beweis Man stelle sich eine Funktion f vor, die supermodular in den vier Variablen x_1, x_2, x_3, x_4 auf dem Teilverband X ist, wobei $X = \times_{i=1}^{4} X_i, x_i \in X_i$ gilt. Nun sei angenommen, x_4 werde künstlich fixiert, so z. B. auf den Wert Null. Gemäß obiger Proposition besteht nun über x_1, x_2, x_3 ein komplementäres Subsystem. Die gleichgerichtete Variation der drei verbleibenden Entscheidungsvariablen ist also sinnvoll. Diese möge nun vom Niveau $\mathbf{x} = (x_1, x_2, x_3)$ auf das Niveau $\mathbf{x}' = (x'_1, x'_2, x'_3)$ erfolgen, und zwar bei gegebenem Parameterniveau $\mathbf{r} = x_4$. Der entprechende Effekt auf f, der aus der Aufstockung von $\mathbf{x}$ resultiert lautet dann $f[\mathbf{x}'; \mathbf{r}] - f[\mathbf{x}; \mathbf{r}]$. Man nehme nun eine als Paramertervariation vorgegebene Aufstockung von x_4 auf x'_4 an und stelle sich dieselbe Variation des Vektors der derzeitigen Entscheidungsvariablen von $\mathbf{x}$ auf $\mathbf{x}'$ vor. Der mit diesem zweiten Upgrading–Szenario korrespondierende Zielfunktionseffekt lautet exakt $f[\mathbf{x}'; \mathbf{r}'] - f[\mathbf{x}; \mathbf{r}']$. Dieser zweite Effekt übersteigt den erstgenannten aufgrund der Supermodularität der vier Variablen x_1, x_2, x_3, x_4. Die Funktion besitzt also wachsenden Differenzen, die mit dem Parameterniveau $\mathbf{r}$ steigen. □

In Abschnitt 4.3.3 (Kapitel 3) werden die hieraus resultierenden inhaltlichen Konsequenzen für die Aufteilung des Variablensets auf die beiden disjunkten Teilmengen der Entscheidungsvariablen sowie der Nicht–Entscheidungsvariablen näher beleuchtet. Ergänzt man die bisherige Beweisführung um den Beweis der Ordnungstreue der Maximierungsoperation auf einer supermodularen Funktion (4.3.4), so wird eine weitere wichtige Eigenschaft belegt: aufsteigende Gleichgewichte. Hieraus ergeben sich wiederum wichtige Implikationen für die Gestaltung der Arbeitsorganisation, d. h. der personalpolitischen Systeme (vgl. Abschnitt 4.4). De facto werden damit der diskrete Wechsel zwischen personalpolitischen Systemen sowie die Systemhierarchie belegt.

3 Die Definition der beiden Eigenschaften *Supermodularität* sowie *wachsende Differenzen* erfolgt im laufenden Text. Diese Positionierung der Definition wurde aufgrund der konstituierenden Bedeutung der Begriffe für die Arbeit gewählt. Sie ist Abschnitt 4.3.2, Kapitel 3 (Seite 118) zu entnehmen.

A.4 Zur Übertragung des verbandstheoretischen Vokabulars

Man stelle sich das Verbandskriterium beispielhaft an personalpolitischen Maßnahmenkatalogen vor. Ein jeder Maßnahmenkatalog setzt sich aus verschiedenen personalpolitischen Einzelinstrumenten zusammen. Da es sinnvoll ist, für Maßnahmenkataloge die Vektorschreibweise zu wählen, wird das Einsatzniveau nicht vorhandener Maßnahmen durch die Zahl Null gemessen. Jede Einzelmaßnahme markiert somit eine Dimension im Raum potentieller Maßnahmenkombinationen.

Wird über die Maßnahmenvariation die einschränkende Annahme der infinitesimalen Variierbarkeit getroffen, so lässt sich jede Dimension bildlich als Strahl vorstellen. Der mit dem Maßnahmenraum korrespondierende Mengenbegriff wäre dann beispielsweise der $\mathbb{R}^k$. Wird auf diese einschränkende Annahme verzichtet, so reduzieren sich diese Strahlen auf diskrete Punktmengen und die Variation einer Einzelmaßnahme entlang des "zerlöcherten" Strahls erfolgt diskret. Der Vergleich von Maßnahmenkombinationen zielt dementsprechend auf den Sprung wischen zwei Lokationen im Maßnahmenraum. Der diesem Maßnahmenraum zugehörige Mengenbegriff ist der Verbandsbegriff.

Die Maßnahmenkombinationen unterscheiden sich anhand des derzeitigen Niveaus der enthaltenen Maßnahmen. Dieses Niveau wird einerseits durch die jeweilige Einsatzhöhe gemessen, kann andererseits aber als Restriktion von außen vorgegeben sein. Aufgrund des Assoziativ- und des Kommuntativgesetzes ist es für die logischen Überlegungen unerheblich, ob man tatsächlich den gesamten Maßnahmenkatalog als Entscheidungsraum definiert oder ob man nur einen Teil der Maßnahmen als wählbar auffasst und die übrigen Maßnahmen als — ggf. zeitvariable — betriebliche Rahmenbedingungen definiert.[4]

Es wurde gezeigt, dass die mit Hilfe der supermodularen Optimierung untersuchten Funktionen in diskretem Sinne wohlgestaltet sind, wenn die Teilverbandseigenschaft für den Maßnahmenraum erfüllt ist. Inhaltlich ist hiermit lediglich gefordert, dass für jede denkbare Zweier–Kombination (bei n potentiellen personalpolitischen Instrumenten somit für $\frac{n^2-n}{2}$ Maßnahmenpaare) die gleichgerichtete Variation beider Strategien möglich sein muss, die schließlich zur kleinsten gemeinsamen Schranke bzw. zur größten gemeinsamen Schranke führt.

Unser Anliegen, die Vorteilhaftigkeit personalpolitischer Systeme im Vergleich zu unkoordiniert zusammengestellten Maßnahmenkombinationen nachzuweisen, beruht wie jeder Nachweis von Komplementaritäten in verallgemeinerten Umgebungen auf der genannten Teilverbandseigenschaft. Gelingt es, für das personalpo-

4 Im Verlauf der Arbeit wird der Begriff abgestimmter Maßnahmenkatalog gewählt, welcher explizit auf die Variablen innerhalb des betrieblichen Ermessensspielraums zielt. Hiervon abgegrenzt wird der betriebliche Parameterraum, der die Variablen enthält, welche einer betrieblichen Variation nicht zugänglich sind.

litische Spektrum die Teilverbandseigenschaft zu belegen, steht der Durchführung der supermodularen Optimierung nichts im Wege.

Die Teilverbandseigenschaft über die beiden Untermengen (a) aktuelle Entscheidungsvariablen (Gestaltungsspielraum der betrieblichen Personalpolitik) sowie über (b) derzeitige Umweltrestriktionen (Parameterraum) entspricht dabei der Forderung, dass die Minimal- und Maximalkombination je zweier Entscheidungsvariablen nicht von vornherein ausgeschlossen sein darf, wobei sämtliche Zweierkombinationen zu prüfen sind.[5]

Fasst man die Entscheidungsvariablen als Vektoren auf, so impliziert die Teilverbandseigenschaft nichts anderes als die Anforderung, dass der Vektor, welcher dem elementweisen Minimum zweier beliebiger Entscheidungsvektoren entspricht, Element des derzeitigen Entscheidungsraums ist. Diese Forderung gilt ganz analog für das elementweise Maximum. Für den derzeitigen Parameterraum (betriebliche, institutionelle, gesetzliche, kulturellen Rahmenbedingungen) findet die gleiche Argumentation Anwendung, was beispielsweise für die Gesetzesgestaltung von Bedeutung ist. Sieht die gesetzliche Reglementierung beispielweise vor, Parameter im Gegensatz zum bestehenden komplementären Zusammenhang in voneinander abweichender Richtung festzulegen, so lassen sich Systemeffekte in der Arbeitsorganisation nicht mehr effizient nutzen.

Wie gezeigt, impliziert Proposition 4, dass sich die Zuordnung der einzelnen Variablen zwischen den beiden Teilmengen, d. h. auf einen der beiden Teilverbände durchaus ändern darf, ohne dass dieses Einfluss auf den Nachweis der Komplementaritätseigenschaft nimmt. Hiermit korrespondiert auf formaler Ebene die Äquivalenz zwischen Supermodularität und wachsenden Differenzen, wobei letztere auch als parameterische Monotonie bezeichnet werden.

Inhaltlich bedeutet dies, dass die Reorganisationsrichtung, d. h. die Umsetzung bestehender Synergieeffekte bei Ausgestaltung und Ausbau der Arbeitsorganisation letztlich klar ist. Sie ist durch die Existenz der Komplementarität zwischen den Variablen vorgegeben. Komparative Statik korrespondiert dabei mit Reorganisation, monotone komparative Statik dementsprechend mit einer eindeutigen Reorganisationsrichtung: Aufgrund der Tatsache, dass überhaupt Komplementaritäten zwischen den personalpolitischen Maßnahmen bestehen, folgt die gleichgerichtete Variation, wann immer diese vor dem Hintergrund der inner- und außerbetrieblichen Rahmenbedingungen machbar ist, d. h. wenn diese Rahmenbedingungen die hierfür erforderlichen Schwellenwerte überschreiten.

Ein Beispiel hierfür ist die gemeinsame Entwicklung der von Lindbeck und Snower (1995) genannten *common factors*. Die Reorganisationsrichtung ist in diesem Beispiel ebenfalls klar: Der Ausgang wird bei einer Arbeitsorganisation ge-

5 Die vergleichbare Eigenschaft aus der Welt der C^2-Funktionen lautet: Konvexität der Mengen.

nommen, die auf einer klaren Interessentrennung und Aufgabenabgrenzung zwischen Unternehmen und Mitarbeitern basiert und eine explizite Leistungssteuerung vorsieht. Das übergeordnete personalpolitische System, das bei vollem Entscheidungsrepertoire, entsprechenden Mitarbeiterpräferenzen für abwechslungsreiche Tätigkeiten, degressiven IT-Kosten, hohem Niveau flexibler und intelligenter Fertigungssysteme, modernen Bildungsstandards und Bereitschaft zu qualifikatorischer Flexibilität installiert werden würde, sieht demgegenüber anders aus: Es zielt auf die Aufweichung des Interessensgegensatzes zwischen Mitarbeiter und Unternehmen, so dass unternehmerisches Handeln auf Mitarbeiterseite forciert wird. Es setzt auf die Bereitschaft zu lebenslangem Lernen und zum Umgang mit modernen Technologien. Es betont die Rolle von Teams mit erweitertem Handlungsspielraum, welcher beispielsweise die Zeitsouveränität oder eine zeitvariable Aufgabenzuordnung betrifft.

Aufgrund der formalen Eigenschaft der Komplementarität, d. h. auf Basis der — zu jedem Einsatzniveau — bestehenden Verbundeffekte zwischen den abgestimmten Maßnahmen, ist im Falle einer Reorganisation stets ein diskreter Übergang, d. h. eine umfassende Umgestaltung des personalpolitischen Maßnahmenkatalogs zu erwarten. Dieses folgt aus dem Zusammenspiel zwischen Reorganisationskosten und Reorganisationseffekt, das besagt, dass sich Reorganisation aus entscheidungstheoretischer Sicht erst dann lohnt, wenn sich die Verbundeffekte ausbeuten lassen. Insofern kann die Reorganisation durch die (erzwungene) Starrheit einer personalpolitischen Variable — wie etwa mangelnde Bereitschaft zu intertemporalen Zeittransfers — die ansonsten sinnvolle Reorganisation verhindern.

Die Umgestaltung der Arbeitsorganisation selbst wird komplementaritätsgemäß den Ausbau des personalpolitischen Maßnahmenkatalogs in Richtung des übergeordneten Systems beinhalten. Die derzeitige Ausprägung des bestehenden Systems wird demnach begrenzt durch die Budgetrestriktion des Betriebes und die Ausprägung der (variablen) Bedingungen, welche (zurzeit) außerhalb des Verfügungsbereichs liegen. Beispiele hierfür wären einerseits die infolge des zugrunde liegenden Bildungssystems vorhandene Basisqualifikationsstruktur und andererseits die auf Basis der IT-Entwicklungen verbesserte Kommunikation zwischen Mitarbeitern und Unternehmensleitung bzw. die auf Basis der Touristik- und Transportentwicklung veränderte Mobilitätsbereitschaft der Mitarbeiter.

Anhang B

Glossar

B.1 Glossar

Adaptionskalkül — Begriff, der im Rahmen des wechselseitigen Versicherungsmodells zur Anwendung kommt, in das Arbeitszeitkonten integriert werden. Die Erfüllung des Adaptionskalküls ist notwendig für die Existenz der Wechselseitigkeit der Versicherungslösung. Es besagt, dass Unternehmen ermächtigt sein müssen, den intertemporalen Transfer von Arbeitszeit zum Ausgleich von Gütermarktschwankungen vorzunehmen. Neben dem Adaptionskalkül ist das Verifizierungskalkül Voraussetzung für die Versicherungslösung.

Arbeitszeitkonto — innerbetriebliche Institution, die den Transfer von Arbeitszeitkontingenten zwischen Perioden nach einem festen Muster regelt. Der Zeittransfer taucht als Kontenbewegung auf dem Arbeitszeitkonto auf. Das Vorziehen künftiger Arbeitszeit führt zum Aufbau von Arbeitszeitguthaben. Das Zurückstellen von Arbeitszeit in künftige Perioden implementiert Arbeitszeitschulden bzw. den Abbau von Guthaben.

aufsteigende Gleichgewichte — Begriff aus der auf diskrete Umgebungen verallgemeinerten komparativen Statik, der besagt, dass die Abstände zwischen den bedingten Zielfunktionsmaxima, die im Zuge der komparativen Statik ermittelt werden, mit steigendem Parameterniveau zunehmen. Der Abstand wird dabei als Differenz der Zielfunktionsmaxima gemessen.

Ausgleichszeitraum — Zeitraum, der zum Ausgleich der Kontenbewegungen auf dem Arbeitszeitkonto zur Verfügung steht. Innerhalb des vorgeschriebenen Zeitraums müssen sich das Aufschieben von Arbeitszeit und das Vorziehen von Arbeitszeit ausgeglichen haben, d. h. der Kontostand muss Null erreichen.

CES–Basket — Bündel, das eine ausgewogene Mischung der aufgenommenen Elemente (Güter, personalpolitische Instrumente) repräsentiert.

Einssystem vs. Nullsystem (Basissystem) — Umsetzung des Komplementaritätsgedankens in die betriebliche Praxis, d. h. Anwendung des verbandstheoretischen Vokabulars auf den Untersuchungsgegenstand der personalpolitischen Systeme: das Einselement ist dasjenige Element auf einem Verband, das alle anderen Elemente enthält. Im untersuchten Zusammenhang repräsentiert es das am weitesten ausgefeilte personalpolitische System. Das Nullelement ist dasjenige Element auf einem Verband, das in allen anderen Elementen enthalten ist. Das Nullsystem ist dasjenige personalpolitische System, das in der Systemhierarchie den untersten Rang belegt und dementsprechend am wenigsten ausgefeilt ist. Es dient als Referenzsystem.

intertemporaler Arbeitszeittransfer — im Grunde eine Tautologie: Beschrieben wird das Phänomen, dass Arbeitszeitkontingente über Periodengrenzen hinweg verschoben werden. Arbeitszeittransfer beinhaltet einerseits das Vorziehen künftiger Arbeitszeit in die heutige Periode und andererseits das Zurückstellen heutiger Arbeitszeit auf künftige Perioden. Der Transfer von Zeit vollzieht sich genau so wie der Transfer monetärer Größen im Zuge der Sparentscheidung. Er erfolgt stets in Relation zur Normalarbeitszeit. Intertemporalen Konsummodellen vergleichbar ist der Nettozeittransfer über die Lebensdauer eines Kontos Null.

Lagerhaltungsbeschränkung — Diese besagt, dass Lagerhaltung nicht kostenlos ist. Im Extremfall ist sie ausgeschlossen. Ganz allgemein resultiert hieraus für die Betriebe die Notwendigkeit eines geeigneten Zeitmanagements.

Nachfrageimitation — Nachzeichnen der realisierten Nachfragegrößen am Gütermarkt über die Anpassung der aktuellen Produktions– bzw. Arbeitszeitvolumina.

Nichtentlassungszusage — Diese Zusage ist Bestandteil von Arbeitszeitkonten, die als wechselseitige Versicherungslösung zwischen Unternehmen und Mitarbeitern vereinbart werden. In ihr verpflichtet sich das Unternehmen, keine betriebsbedingten Kündigungen vorzunehmen.

Normalarbeitszeit — Dieser Begriff wird hier nicht in der aus der betrieblichen Praxis bekannten Form verwendet. Mit Normalarbeitszeit sei die vereinbarte Arbeitszeit gemeint. Die vereinbarte Arbeitszeit wiederum entspricht der erwarteten Arbeitszeit pro Periode, die sich auf die Nachfrageerwartungen am Gütermarkt gründet.

obligatorische Ersparnis — auch erzwungene oder überwachte Ersparnis. Hierunter wird die den Mitarbeitern infolge der Realisation der Gütermarktschocks auferlegte Ersparnisbildung verstanden. Die Ersparnis wird als überwacht bezeichnet, da die Mitarbeiter das hinter der Ersparnis stehende Transfermaß über die Beobachtung der Gütermarktschocks auf seine Richtigkeit hin überprüfen. Letzlich kommt dies einer Beurteilung der Glaubwürdigkeit der Unternehmenseite gleich. Die Ersparniskomponente entspricht der rechnerischen Differenz aus dem fixem Referenzmaß und dem aktuellen Stundenverdienst. Das fixe Referenzmaß stimmt mit dem auf die Normalarbeitszeit bezogenen Zeitlohn überein. Der aktuelle Stundenverdienst ist zufallsverteilt und ergibt sich rechnerisch auf Basis der realisierten Arbeitszeit. Die Ersparniskomponente ist dann ebenfalls zufallsverteilt. Sie ist positiv, wenn die aktuelle Arbeitszeit die erwartete Arbeitszeit (Normalarbeitszeit) überschreitet. Es wird entspart, wenn die aktuelle Arbeitszeit unter die vereinbarte Arbeitszeit fällt.

personalpolitisches Gleichgewicht — Die Bestimmung der gewinnmaximierenden Kombination personalpolitischer Instrumente, gegeben die betrieblichen Rahmenbedingungen, sei erfolgt. Das dann gewählte personalpolitische System heißt personalpolitisches Gleichgewicht. Seine Eigenschaften sind abhängig von den derzeit gültigen Rahmenfaktoren.

personalpolitisches System — Die Bestimmung der gewinnmaximierenden Kombination personalpolitischer Instrumente, gegeben die betrieblichen Rahmenbedingungen, sei erfolgt. Der im Optimum gewählte Maßnahmenkatalog sei dann als personalpolitisches System bezeichnet, wenn Komplementaritäten zwischen den Einzelinstrumenten bestehen. Die Existenz von Komplementaritäten ist dafür verantwortlich, dass einige wenige — wohldefinierte — Maßnahmenkombinationen optimal sind, während der Großteil der denkbaren Zusammenstellungen nicht in die engere Wahl kommt. Welches der wenigen personalpolitischen Systeme letzlich gewählt wird, wird durch die betrieblichen Rahmenbedingungen determiniert.

Startsystem — auch Initiierungssystem, bezeichnet die erste Reorganisationsstufe im Zuge der Organisationsentwicklung. Im Vergleich zum Basissystem werden weitere personalpolitische Instrumente in das personalpolitische System aufgenommen. Diese zielen auf Adaption sowie betriebliche Flexibilität und etablieren dabei die wechselseitige Versicherungslösung.

Teilverband — Die Teilmenge aus einem Verband ist Teilverband, wenn sie bezüglich des elementweisen Minimums (Operation: $\wedge$) sowie bezüglich des elementweisen Maximums (Operation: $\vee$) zweier beliebiger Vektoren abgeschlossen ist. In interpretierbarer Weise formuliert, ist hier gefordert, dass eine gleichgerichtete Variation der untersuchten Variablen nicht a priori ausgeschlossen sein darf.

Verifizierungskalkül — Begriff im Rahmen des wechselseitigen Versicherungsmodells, in das Arbeitszeitkonten integriert werden. Die Erfüllung des Verifizierungskalküls ist notwendig für die Existenz der Wechselseitigkeit der Versicherungslösung. Es besagt, dass Mitarbeiter die Bedingungen am Gütermarkt hinreichend genau kennen müssen, um die vom Unternehmen vorgenommenen Arbeitszeittransfers einschätzen zu können. Neben dem Verifizierungskalkül ist das Adaptionskalkül zu erfüllen.

wachsende Differenzen (parameterische Monotonie) — Begriff aus der auf diskrete Umgebungen verallgemeinerten komparativen Statik. Die wachsenden Differenzen liegen dann vor, wenn die Differenz zwischen zwei Zielfunktionswerten, die sich auf Basis einer positiven Parameteränderung eines bestimmten Ausmaßes ergibt, umso höher ausfällt, je höher der Ausgangswert der Zielfunktion bereits war.

wachsende Reorganisationseffekte — Umsetzung des Komplementaritätsarguments in die betriebliche Praxis, d. h. Anwendung des verbandstheoretischen Vokabulars auf den Analysegegenstand der personalpolitischen Systeme: Je ausgefeilter das praktizierte personalpolitische System bereits ist, umso stärker fällt der positive Effekt aus, der aus einer bestimmten organisatorischen Veränderung resultiert. Dieser Reorganisationseffekt (z. B. eine Produktivitätssteigerung) wird dabei für jedes der beobachtbaren personalpolitischen Systeme gesondert betrachtet.

Anhang C

Verzeichnis der im empirischen Teil verwendeten Variablen

C.1 Liste der in den beschreibenden Analysen und im ökonometrischen Programm verwendeten Variablen

Die deskriptiven Statistiken der in den ökonometrischen Analysen verwendeten Variablen sind der Tabelle C.1 zu entnehmen.

Tabelle C.1: Deskriptive Statistik der Variablen

Variable	Mittelwert	Std. Abw.	N (gepoolt)
Anteil Gewerbliche in Teams	19.614	30.597	3175
Arbeitsproduktivität(in 1000 DM)	126.601	127.161	2124
ao_sys	3.011	1.229	4710
Arbeitszeitkonten	0.46	0.498	2670
Ausbau Helikopterfähigkeiten	0.846	1.131	2712
Beschäftigung	4.45	1.17	2796
Beschäftigungswachstum	-0.016	0.118	1882
Betriebsalter	3.379	0.548	3594
Betriebsgröße	203.271	734.42	3398
Bewährte Technologien	0.341	0.474	3064
Enge Kundenbindung	0.284	0.451	3720
Fertigungssysteme	0.369	0.483	3064
Heterogene Preise	-0.035	0.12	3612
Hochqualifizierte	0.037	0.051	3061
Hohe Produktqualität	0.89	0.313	3720
Kapazitätsauslastung	0.879	0.073	2876
Kapitalintensität	10.507	0.705	2517
Kurzarbeit	0.143	0.35	2891
Marktanteil	2.378	1.267	2102

Fortsetzung folgende Seite ...

... *Tabelle C.1 fortgesetzt*

Variable	Mittelwert	Std. Abw.	N (gepoolt)
MA–Präferenzen	0.33	0.47	4255
Mutask	0.301	0.459	3155
Niedrigpreispolitik	0.36	0.48	3720
Partizipation	0.433	0.496	2599
QK Teamkompetenz	0.484	0.803	3170
Qualitätskontrolle (QS)	0.642	0.48	3170
Qualitätssteuerung (EI)	0.58	0.494	3170
Reorganisationsdruck	0.266	0.442	2875
Teamarbeit	0.612	0.487	3746
Teamautonomiegrad	3.005	4.402	3125
Überauslastung	0.699	0.459	2895
Umweltimage	0.184	0.388	3720
Versicherungsvariante AZK	0.21	0.407	3364
Wissenskapitalintensität (WiK)	8.693	2.922	1978
Wissenskapitalwachstum	8.693	2.922	1978
Zeitmanagement	0.508	0.5	4500
Arbeitszeitkonto	0.46	0.498	2670
AZK_Transferpuffer	9.93	11.318	3140
Betriebsrat	0.654	0.476	3050
FLEX_Entkoppelung	0.122	0.328	2718
FLEX_Prozesssteuerung	0.482	0.5	3076
GBSYS_Mitarbeiter	0.178	0.383	3973
GBSYS_Unternehmensleitung	0.474	0.499	3946
GBSYS_Beide	0.144	0.352	3946
INF_INSTITUTIONELL	0.585	0.493	3170
INF_PROJEKT	0.495	0.5	3170
LEARN_lebenslang	0.177	0.382	3185
LEARN_Spezialgebiet	2.734	3.049	3145
LEARN_übergreifend	1.299	1.321	3160
Auszubildendenquote	0.043	0.054	2825
Facharbeiterquote	0.39	0.264	2822
Gewerblichenquote	0.637	0.178	3040
Meisterquote	0.079	0.058	2837
PROZESS_Reibung	0.074	0.261	2886
WB_Finanzierung	0.63	0.483	2899
WB_AusgabenProKopf	181.316	422.968	2661

Tabelle C.2: Liste 1 — Mittelwertvergleiche, Clusteranalyse und ökonometrische Verfahren

Variablenname	Beschreibung (für die Faktorenanalysen abweichende Variablenbezeichnung in [...])
Anteil Gewerbliche in T	einmalig erhoben, Zahl der Mitarbeiter aus dem gewerblichen Bereich, die in Teams arbeiten, Basis: gewerbliche Mitarbeiter, Angaben in %.
ao_sys	einmalig erfasst, Ordinalvariable mit den Ausprägungen für die folgenden Indikatorvariablen der vier personalpolitischen Systeme: $1(\text{Holist}_{\text{lsy}}) \equiv 1$, $1(\text{Holist}_{\text{tec}}) \equiv 2$, $1(\text{Adapt}_{\text{htr}}) \equiv 3$, $1(\text{Taylor}_{\text{base}}) \equiv 4$. Gibt die Position des Betriebs innerhalb der Rangordnung der personalpolitischen Systeme an, mit dem ranghöchsten System $\text{Holist}_{\text{lsy}}$.
Arbeitsproduktivität	mehrfach erfasst, misst die deflationierte Pro–Kopf–Wertschöpfung. Deflationsbasis: Industriepreisniveau gemäß WZ 93–Abgrenzung.
Arbeitszeitkonten	[ARBEITSZEITKONTO (AZK)], mehrfach erhoben, Dummyvariable: =1, wenn im befragten Betrieb Regelungen zur flexiblen Arbeitszeit (z. B. Jahresarbeitszeitkonten) praktiziert werden.
Ausbau Helikopterfähigkeiten	einmalig erfasst, Ordinalvariable, operationalisiert durch die Breite von Forschungskooperation und Innovationsanregungen. Die jeweiligen Partner bzw. Initiatoren werden als Indikatorvariable aufgenommen, die Ordinalvariable ergibt sich als Addition der Einzelindikatoren: a. Kunden, b. Zulieferer, c. andere Betriebseinheiten der Unternehmensgruppe sowie d. Universitäten/Fachhochschulen (alle Forschungskooperation), e. FuE–Abteilung, f. Marketingabteilung, g. betriebliches Vorschlagswesen, h. Qualitätszirkel (alle Initiatoren).
Beschäftigung	mehrfach erfasst, logarithmierter Wert, aus dem arithmetischen Mittel der Beschäftigtenstände in t und $t-1$ (jeweils zum 31.12. des Jahres) errechnet. Beispiel für Beschäftigung in 1994: $\ln[0.5 \cdot (\textit{Mitarbeiterzahl(31.12.1994)} + \textit{Mitarbeiterzahl(31.12.1993)})]$
Beschäftigungswachstum	mehrfach erfasst, Wachstumsrate approximiert durch die erste Logdifferenz obiger Beschäftigungsvariable.
Betriebsalter	mehrfach erhoben (zu Kontrollzwecken), Anzahl der Jahre, seit denen der Betrieb in Niedersachsen existiert.
Betriebsgröße	mehrfach erhoben, Zahl der Mitarbeiter, die zum Jahresende im befragten Betrieb beschäftigt waren.

Fortsetzung folgende Seite ...

... *Tabelle C.2 fortgesetzt*

Variablenname	Beschreibung (für die Faktorenanalysen abweichende Variablenbezeichnung in `[...]`)
Bewährte Technologien	mehrfach erhoben, Dummyvariable: =1, wenn die Produktionsanlagen als hinreichend erprobt, allerdings nicht modernisierungsbedürftig, eingestuft werden.
BIK	mehrfach erfasst, Proxyvariable für die Nachverhandlungsstabilität: =1, wenn Und–Inklusion über (i) Gewinnbeteiligung der Unternehmensleitung und (ii) Betriebsrat (vgl. Seiten 282 für die Einzeldefinitionen). Diese Operationalisierungsvariante fußt auf der Idee der Wechselseitigkeit der Versicherungslösung *Zeittransfer in Arbeitszeitkonten* (vgl. die theoretischen Ausführungen in Abschnitt 3.4).
Enge Kundenbindung	einmalig erhoben, Dummyvariable: =1, wenn Angabe des Befragten, Betriebsstrategie sei es, sich auf einen bestimmten Kundenkreis zu konzentrieren,
Fertigungssysteme	`[Prozess_neueste Technologie]`, mehrfach erhoben, Dummyvariable: =1, wenn den Produktionsanlagen der neueste technische Stand attestiert wird.
Heterogene Preise	(Industrieproduktion), mehrfach erfasst, Korrekturvariable $\ln Q_{It}$, entspricht dem deflationierten sektorspezifischen Umsatz gemäß ISIC–Rev. 3–Abgrenzung.
Hochqualifizierte	Anteil der auf Arbeitsplätzen tätigen Mitarbeiter, für die ein Universitäts– bzw. Fachhochschulstudium Voraussetzung ist, Basis: alle Beschäftigten, mehrfach erfasst.
Hohe Produktqualität	einmalig erhoben, Dummyvariable: =1, wenn Angabe des Befragten, Betriebsstrategie sei es, sich durch die Qualität bzw. das Design von der Konkurrenz abzuheben.
Innovationsintensität	einmalig erfasst, konstruierte Zählvariable: Anzahl der im Panelverlauf durchgeführten Produktinnovationen. Fehlende Angaben für ein bestimmtes Jahr werden durch das zugehörige Stichproben–Branchenmittel ersetzt.
Jahresdummies	mehrfach erhoben, Dummyvariablen $t_0, \ldots, t_T$, die den Jahresbezug zu den erhobenen Informationen herstellen. Zuordnungsregel: $t_i = 1$, wenn die Variable eine Information aus dem Jahre $1993 + i$ beschreibt, wobei $i = 0, \ldots, 4$.
Kapazitätsauslastung	`[PROZESS_AUSLASTUNG]`, mehrfach erhoben, Auslastung der maschinellen Anlagen im Jahresdurchschnitt. Bezugsbasis, die den Befragten für die Beantwortung an die Hand gegeben wurde: betriebsübliche Vollauslastung erhalte den Wert 1.

Fortsetzung folgende Seite ...

... Tabelle C.2 fortgesetzt

Variablenname	Beschreibung (für die Faktorenanalysen abweichende Variablenbezeichnung in [...])
Kapitalintensität	mehrfach erfasst, Proxyvariable für die Kapitalintensität, Produkt aus den beiden folgenden Faktoren, jeweils ausgewiesen für dasselbe Betrachtungsjahr (1993, 1994, 1995, 1996): a. Sachanlagen–zu–Umsatz–Verhältnis gemäß Statistischer Sonderveröffentlichung 5 (Bundesbank (1999)), b. individueller Umsatz des betrachteten Betriebs.
Kompensationspakete	mehrfach erhoben, folgende Entlohnungskomponenten werden jeweils als Dummyvariable aufgenommen (=1, wenn Entlohnungsform im gewerblichen Bereich praktiziert): Individualakkord, Individualbonus, Gruppenakkord sowie Gruppenbonus. Zwei weitere Indikatoren sind Bestandteil der Dokumentation: Erfolgsbeteiligung für die Belegschaft sowie Erfolgsbeteiligungssystem für die Geschäftsleitung.
Kurzarbeit	[KURZARBEIT], mehrfach erhoben, Dummyvariable: =1, wenn im ersten Halbjahr des Befragungsjahrs Kurzarbeit genehmigt wurde.
Marktanteil	mehrfach erhoben, logarithmierter Wert, misst den Marktanteil, den der befragte Betrieb mit dem wichtigsten Produkt auf dessen Marktsegment erzielt.
MA–Präferenzen für Aufgabenvielfalt	[MA_PRÄFERENZ] einmalig erfasst, Proxy für mitarbeiterseitige Vorliebe für abwechslungsreiche Tätigkeiten, konstruierte Dummyvariable =1, wenn Oder–Inklusion über a. bis c. erfüllt: a. Betrieb führt im Allgemeinen Produktinnovationen durch. Entsprechende Anregungen stammen aus mindestens einem der folgenden Bereiche: (i) Qualitätszirkel, (ii) betriebliches Vorschlagwesen bzw. (iii) von einzelnen MitarbeiterInnen; =0, wenn aus keinem der genannten Bereiche (Angabe aus 1995). b. Betrieb führt im Allgemeinen keine Produktinnovationen durch, dafür aber Prozessinnovationen, für die in zumindest einem der drei Befragungsjahre 1995, 1996, 1997 das (Teil–)Ziel "die Attraktivität der Arbeitsplätze zu erhöhen" dokumentiert ist. c. Keine Angabe vorhanden, ob der Betrieb im Allgemeinen Produktinnovationen durchführt. Zudem wird ein Erfolgsbeteiligungssystem praktiziert, das auf sogenannte Gemeinschaftsleistungsprämie rekurriert.

Fortsetzung folgende Seite ...

... Tabelle C.2 fortgesetzt

Variablenname	Beschreibung (für die Faktorenanalysen abweichende Variablenbezeichnung in [...])
...	
MA–Präferenzen	In den Grundzügen handelt es sich bei der Gemeinschaftsleistungsprämie (GLP) um eine Größe, die den um Markt– und Sicherheitsreserven reduzierten Rohertrag repräsentiert. Die Höhe der veranschlagten Reserve wird dabei auf Basis der Erfahrungswerte über Kosten– und Nachfrageschwankungen abgeleitet und im paritätisch besetzten Beteiligungsausschuss vereinbart. Zusammensetzung der GLP und deren Verteilungsgregel stehen somit vor Realisierung fest (Zur ausführlichen Diskussion vgl. Carstensen, Gerlach und Hübler (1995)). Die praktische Berechnung erfolgt wiederum unter Beteiligung von Mitarbeitern und Unternehmensleitung. In der Gesamtheit beinhaltet dieses Erfolgsbeteiligungssystem eine erweiterte Aufgabenvielfalt für die Mitarbeiter, wobei aus der Teilnahme am System auf entsprechende Präferenzen rückgeschlossen wird.
Mutask	(Multitasking), mehrfach erfasst, Dummyvariable: =1, wenn Und–Inklusion über die beiden Variablen Teamarbeit und Partizipation erfüllt ist.
Niedrigpreispolitik	einmalig erhoben, Dummyvariable: =1, wenn Angabe des Befragten, Betriebsstrategie sei es, sich durch günstigere Preise von der Konkurrenz abzuheben,
Partizipation	mehrfach erfasst, Dummyvariable: =1, wenn Oder–Inklusion über die folgenden Dummyvariablen erfüllt: (i) FuE–Kooperation mit Kunden und/oder Zulieferern (siehe Lindbeck und Snower (2000)), (ii) Mitarbeiterbeteiligung und/oder Gruppenprämien. Hinter dieser Operationalisierung steht die Vorstellung, Partizipation korrespondiere mit der Integration von Kunden– und/oder Lieferantenanregungen in aktuelle und künftige Produktionsprozesse durch die Mitarbeiter. In die gleiche Richtung zielt die Interpretation der partizipativen Züge von Gruppenprämien: Hier sei im Sinne von Kandel und Lazear (1992) unterstellt, derartige Prämien spiegelten stets auch einen gewissen Spielraum innerhalb des Entscheidungsträgers *Gruppe* wider.
Qualitätskontrolle (Teamkompetenz)	einmalig erhoben, Dummyvariable:=1, wenn Qualitätskontrolle zumindest manchmal im Ermessensspielraum der Teams im gewerblichen Bereich liegt. Theoretischer Wertebereich: 0,...,24.

Fortsetzung folgende Seite ...

... *Tabelle C.2 fortgesetzt*

Variablenname	Beschreibung (für die Faktorenanalysen abweichende Variablenbezeichnung in [...])
Qualitätskontrolle (QS)	[QUAL_Evaluation], einmalig erhoben, Dummyvariable: =1, wenn eine separate Stelle existiert, die mit Aufgaben der Qualitätskontrolle betreut ist. Inhaltlich wird diese Variable dahingehend interpretiert, dass diese separate Stelle die Rolle einer "externen" Institution übernimmt, welche zu Evaluationszwecken eingesetzt wird.
Qualitätssteuerung (EI)	einmalig erhoben, Dummyvariable: =1, wenn die in den jeweiligen Prozess eingebundenen Mitarbeiter selbst für die Qualitätskontrolle zuständig sind, d. h. im Bedarfsfall in die Prozesssteuerung eingreifen, um erforderliche Qualitätsstandards zu sichern.
Reorganisationsdruck	mehrfach erfasst, Dummyvariable: =1, wenn Oder–Inklusion über die beiden Bedingungen (i) simultanes Streben nach der Veränderung der betrieblichen Entlohnungspolitik und nach (weiterer) Flexibilisierung der Arbeitszeit bzw. (ii) Umgestaltung der Vertriebsorganisation.
Sektordummies	mehrfach erhoben (zu Kontrollzwecken), betriebsdemografische Dummyvariable. Die Abgrenzung der Sektoren erfolgt gemäß der Wirtschaftszweigklassifikation WZ(93) (vgl. auch GP(95) (Statistisches Bundesamt (1994)), Bald-Herbel und Herbel (1995), Nowack und Weisbrod (1995)). Die in EURO umgerechneten DM–Beträge wurden auf Basis dieser Sektorabgrenzung deflationiert (Statistisches Bundesamt, 1997, 1995).
Teamarbeit	mehrfach erfasst, Dummyvariable: =1, wenn im gewerblichen Bereich in Teams gearbeitet wird, wobei unter Teams solche Gruppen zu verstehen sind, die sich durch erweiterte Entscheidungsbefugnisse und erhöhte Verantwortung auszeichnen. Da die Frage selbst lediglich zweimal Gegenstand des Fragenprogramms war, wird für die Zwischenjahre die zusätzlich vorhandene Information verwendet, ob der Betrieb im betreffenden Jahr grundlegende arbeitsorganiatorische Veränderungen vorgenommen hat (z. B. Einführung teilautonomer Arbeitsgruppen).
Teamautonomiegrad	Tragweite der teaminternen Entscheidungskompetenz, Addition über die acht Einzelbereiche a. Beschaffung von Arbeitsgerät, b. Fertigungsabläufe, c. Arbeitszeiten, d. An–/Abwesenheitsplanung, e. Aufgabenzuordnung, f. Lohngestaltung, g. Qualitätskontrolle, h. Qualifizierungsplanung (Kodierung jeweils:0=keine Befugnis, 1=von Fall zu Fall, 2=regelmäßig im Ermessensspielraum der Teams). Theoretischer Wertebereich: 0,...,24.

Fortsetzung folgende Seite ...

... Tabelle C.2 fortgesetzt

Variablenname	Beschreibung (für die Faktorenanalysen abweichende Variablenbezeichnung in [...])
Überauslastung	mehrfach erhoben, Dummyvariable: =1, wenn im ersten Halbjahr des Befragungsjahrs von den gewerblichen ArbeitnehmerInnen Überstunden geleistet wurden.
Umweltimage	einmalig erhoben, Dummyvariable: =1, wenn Angabe des Befragten, Betriebsstrategie sei es, zur langfristigen Verkaufsförderung unter anderem die Berücksichtigung von Umweltaspekten einzusetzen,
Versicherungsvariante **Azk**	[AZK_NVSTAB], mehrfach erfasst, konstruierte Dummyvariable: =1, wenn Und–Inklusion über Arbeitszeitkonten und BIK erfüllt.
Wissenskapitalintensität	mehrfach erfasst, logarithmierter Wert, Proxyvariable für den Bestand an Wissenskapital pro Kopf (Definition nach Hall und Mairesse (1995)), berechnet aus der Summe der jährlichen Weiterbildungsausgaben plus Investitionen in FuE (Inputfaktor Wissenskapital WiK). Startwert für 1993 berechnet nach der *perpetual inventory method*, Grundannahmen für die der Beobachtung vorgelagerten Perioden: Wachstumsrate von 5%, Wissen veralte mit einer Rate von 15%.
Wissenskapitalwachstum	mehrfach erfasst, Wachstumsrate des Pro–Kopf–Wissens approximiert durch die erste Log-differenz der Wissenskapitalintensitätsvariable.
Zeitmanagement	einmalig erhoben, Dummyvariable: =1, wenn Angabe des Befragten, Betriebsstrategie sei es, den Service für die Kunden zu verbessern. Diese Operationalisierung fußt auf dem Gedanken, verbesserter Service sei konstituierendes Charakteristikum ausgeklügelten Zeitmanagements.

C.2 Liste der in der mit Hilfe der Hauptkomponenten geschätzten Faktorenanalyse extrahierten Faktoren

Tabelle C.3: Liste 2 — Faktorenanalysen: Extrahierte Faktoren

Variablenname	Score des mittels der Hauptkomponentenmethode geschätzten Faktors, der ...
F_2sVersicherung	– im Zweifaktorenmodell auf die Variablen [ARBEITSZEITKONTO (AZK)], [AZK_NVSTAB] und [INF_INSTITUTIONELL] lädt. Im Vier– und Fünffaktorenmodell besteht die Ladung auf die Variablen [ARBEITSZEITKONTO (AZK)], [AZK_NVSTAB], [AZK_Transferpuffer], [BETRIEBSRAT] sowie [INF_INSTITUTIONELL].
F_Anforderungsdynamik	– im Zweifaktorenmodell auf [LEARN_lebenslang], [FLEX_Entkoppelung], [FLEX_Prozesssteuerung], [QUAL_Evaluation], [INF_PROJEKT] und [MA_PRÄFERENZ] lädt. Dieser Faktor ist als "Modellierungsalternative" zu den folgenden Faktoren des Vier– bzw. Fünffaktorenmodells zu interpretieren.
F_Rollenverflechtung	– im Vier– und Fünffaktorenmodell auf [GBSYS_Unternehmensleitung], [GBSYS_Mitarbeiter], [GBSYS_Beide] sowie [INF_PROJEKT] lädt.
F_WB–Bündel	– im Vier- und Fünffaktorenmodell auf die Variablen [LEARN_Spezialgebiet], [LEARN_lebenslang], [LEARN_übergreifend], [WB_Finanzierung] sowie [WB_AusgabenProKopf] lädt.
F_*Upskilling*	– im Vier– und Fünffaktorenmodell auf [MASTRUKTUR_Facharbeiterquote], [MASTRUKTUR_Gewerblichenquote], [MASTRUKTUR_Meisterquote] sowie [MASTRUKTUR_Azubiquote] lädt.
F_Reibung	– im Fünffaktorenmodell auf [PROZESS_neuesteTechnologie], [FLEX_Entkoppelung], [FLEX_Prozesssteuerung], auf [KURZARBEIT], [PROZESS_Reibung] sowie [PROZESS_Auslastung] lädt.

C.3 Das in die Faktorenanalyse aufgenommene Variablengerüst

Tabelle C.4: Liste 3 — Faktorenanalysen: Zugrunde liegende Variablen

Variablenname	Beschreibung (etwaiges Pendant aus Clusteranalyse bzw. Mittelwertvergleich in Klammern)
[ARBEITSZEITKONTO (AZK)]	stimmt überein mit der Variable Arbeitszeitkonten, zur Beschreibung siehe Seite 275
[AZK_NVSTAB]	identisch mit der Variable Versicherungsvariante **Azk** (siehe Seite 280).
[AZK_Transferpuffer]	(Arbeitszeitkontenspielraum), einmalig erfasst, Proxyvariable, Berechnung als Arbeitszeitanteil: $\frac{\text{täglich zulässiger Zeittransfer [in Stunden]} \cdot \text{Zahl der Regelarbeitstage}}{\text{vereinbarte Wochenarbeitszeit [in Stunden]}}$.
[BETRIEBSRAT]	mehrfach erhoben, Dummyvariable: =1, wenn ein Betriebsrat vorhanden.
[FLEX_Entkoppelung]	mehrfach erhoben, Dummyvariable: =1, wenn im Betrieb in Schicht gearbeitet wird.
[FLEX_Prozesssteuerung]	(Innovationsziel Produktionsflexibilität), mehrfach erhoben, Dummyvariable: =1, wenn es sich um einen innovationsbetreibenden Betrieb handelt und mit den Neuerungen das Ziel verfolgt wird, die Produktionsflexibilität zu erhöhen.
[GBSYS_Mitarbeiter]	(Gewinnbeteiligung Mitarbeiter), mehrfach erhoben, Dummyvariable: =1, wenn ein institutionalisiertes Gewinn– bzw. Erfolgsbeteiligungsmodell für die Belegschaft praktiziert wird.
[GBSYS_Unternehmensleitung]	(Gewinnbeteiligung Management), mehrfach erhoben, Dummyvariable: =1, wenn ein institutionalisiertes Gewinn– bzw. Erfolgsbeteiligungsmodell für die Geschäftsleitung praktiziert wird.
[GBSYS_Beide]	(Gewinnbeteiligung für Mitarbeiter und Management), mehrfach erhoben, Dummyvariable: =1, wenn Und–Inklusion über die Variablen [GBSYS_Mitarbeiter] und [GBSYS_Unternehmensleitung]
[INF_INSTITUTIONELL]	(institutionalisierte IuK), einmalig erfasst, Dummyvariable: =1, wenn Oder–Inklusion über folgende Kanäle/Medien erfüllt, die regelmäßig genutzt werden: (i) über Betriebsrat, (ii) über Betriebsversammlung sowie (iii) über die Betriebszeitung.

Fortsetzung folgende Seite ...

... Tabelle C.4 fortgesetzt, Variablengerüst der Faktorenanalysen

Variable	Beschreibung (etwaiges Pendant aus Clusteranalyse bzw. Mittelwertvergleich in Klammern)
[INF_PROJEKT]	(themengesteuerte IuK), einmalig erfasst, Dummyvariable: =1, wenn Oder–Inklusion über folgende Kanäle/Medien erfüllt, die regelmäßig genutzt werden: (i) über Projektbesprechungen/meetings, (ii) über themenbezogene Anschreiben sowie (iii) über Schwarze Bretter.
[KURZARBEIT]	mehrfach erhoben, Dummyvariable: =1, wenn im ersten Halbjahr des Befragungsjahrs Kurzarbeit genehmigt wurde.
[LEARN_lebenslang]	(kontinuierliches Lernen), einmalig erfasst, Proxyvariable für ausgewogene Mischung von Spezialisierungseffekten und übergreifendem Lernen: =1, wenn Einarbeitungsdauer länger als 1 Monat und wenn mindestens 2 WB–Maßnahmen pro gewerblichem Mitarbeiter jährlich.
[LEARN_Spezialgebiet]	(Weiterspezialisierung), einmalig erhoben, betriebsübliche Dauer von WB–Maßnahmen in Tagen für Mitarbeiter im gewerblichen Bereich (Stammbelegschaft).
[LEARN_übergreifend]	(Ausgleich von Defiziten), einmalig erhoben, Ordinalvariable (Proxy für das Auffüllen komparativer Nachteile mittels aufgabenübergreifender Schulungen); operationalisiert durch die Zahl der Maßnahmen pro Jahr (Stammbelegschaft).
[MA_PRÄFERENZ]	entspricht der Variable MA–Präferenzen (Vielfalt), zur Beschreibung siehe Seite 277.
[MASTRUKTUR_Azubiquote]	Anteil der Auszubildenden, Basis: alle Beschäftigten, mehrfach erfasst.
[MASTRUKTUR_Facharbeiterquote]	Anteil der als Facharbeiter eingesetzten Mitarbeiter, Basis: alle Beschäftigten, mehrfach erfasst.
[MASTRUKTUR_Gewerblichenquote]	Anteil der gewerblichen Mitarbeiter, Basis: alle Beschäftigten, mehrfach erfasst.
[MASTRUKTUR_Meisterquote]	Anteil der als Meister/Techniker eingesetzten Mitarbeiter, Basis: alle Beschäftigten, mehrfach erfasst.
[PROZESS_Auslastung]	entspricht der Variable Kapazitätsauslastung, zur Beschreibung siehe Seite 276.
[PROZESS_neuesteTechnologie]	entspricht der Variable Fertigungssysteme, siehe Seite 276.
[PROZESS_Reibung]	mehrfach erfasst, konstruierte Dummyvariable: =1, wenn im ersten Halbjahr des Befragungsjahrs sowohl Kurzarbeit als auch Überstunden geleistet wurden.

Fortsetzung folgende Seite ...

... Tabelle C.4 fortgesetzt, Variablengerüst der Faktorenanalysen

Variable	Beschreibung (etwaiges Pendant aus Clusteranalyse bzw. Mittelwertvergleich in Klammern)
[QUAL_Evaluation]	stimmt überein mit der Variable Qualitätskontrolle, zur Beschreibung siehe Seite 279.
[WB_Finanzierung]	(finanzielle Förderung), mehrfach erhoben, Dummyvariable: =1, wenn finanzielle Förderung von Weiterbildungs– und Schulungsmaßnahmen durch den Betrieb.
[WB_AusgabenProKopf]	(Pro–Kopf Ausgaben), mehrfach erhoben, jährliche Ausgaben für Weiterbildungs– und Schulungsmaßnahmen, bezogen auf die Mitarbeiterzahl.

Anhang D

Symbolverzeichnis

D.1 Beschreibung der im theoretischen Teil verwendeten Variablen

Symbol	*Beschreibung – [LS]: ➛ Variable ist ausschließlich Gegenstand des Modells von Lindbeck und Snower (2000))*
$\text{Adapt}_{\text{htr}}$	personalpolitisches System, bekleidet die zweitniedrigste Position in der Systemhierarchie bzw. die erste Reorganisationsstufe (Startsystem).
Apl	Beschäftigungslotterie mit den beiden Realisationen (i) Apl_1 (*Beschäftigung*) und (ii) Apl_0 (*Entlassung*), mit $\text{Prob}(\text{Apl}_1) = \gamma$.
APROD	Arbeitsproduktivität: deflationierte Pro–Kopf Wertschöpfung, Preisbasis: WZ93–Abgrenzung (vgl. Statistisches Bundesamt (1993)).
Azk	nach festen Regeln aufgesetztes innerbetriebliches Arbeitszeitkonto, das den intertemporalen Transfer von Arbeitszeitkontingenten regelt.
C	Summe aller Produktionskosten,
c^i	[LS] Lernsynergien/informelle Aufgabenkomplementaritäten, erhöhen die Verfügbarkeit von Teiltätigkeit $L^i, i = 1,2$ infolge der Ausübung von Teiltätigkeit $L^j, i = 2,1$.
$c(\text{SoPl})$	Kosten eines Sozialplans,
c_t	Anpassungskosten,
c_v	variable Herstellungskosten,
E	Erwartungswertoperator,
EID	Entscheidungsbeteiligung der Mitarbeiter im Rahmen der täglichen Arbeitsabläufe,
$F(.)$	Verteilungsfunktion der beliebig verteilten Zufallsvariablen (.),
h	Arbeitzeit, wobei beispielsweise h_μ = erwartete Arbeitszeit ist und h_t die aktuelle Arbeitszeit misst.

Fortsetzung folgende Seite ...

Symbol	*Beschreibung*
$\text{Holist}_{\text{tec}}$ $\text{Holist}_{\text{lsy}}$	personalpolitische Systeme, bekleiden die zweithöchste bzw. höchste Position in der Systemhierarchie personalpolitischer Systeme.
IKS	innerbetriebliches Informations– und Kommunikationssystem, das u. a. dazu dient, Nachverhandlungsstabilität von Arbeitszeitkonten zu sichern. Es beinhaltet die Bereitstellung von Gütermarktinformationen an die Mitarbeiter.
IT	Einsatz moderner Informations– und Kommunikationstechnologien zu Dokumentations– und Steuerungszwecken.
join	kleinste obere Schranke eines jeden Elementenpaares a,b aus einer Menge Z. Das Zeichen für die Operation join lautet $\vee$,vgl. Anhang A für eine ausführliche Erläuterung.
$\overline{K}$	kurzfristig fixer Kapitalbestand,
k_f	fixe Herstellungskosten,
L^1, L^2	[LS] Aufgabentyp 1 und Aufgabentyp 2: beschreiben die beiden unterschiedlichen Teiltätigkeiten, die zur Erstellung des Produktes Q benötigt werden. Rein technisch bestimmt sich die Faktorausstattung mit Arbeit $\mathbf{L}$ aus der Faktorkombination beider Teilaufgaben: $\mathbf{L} \equiv \{\mathrm{L}^1, \mathrm{L}^2\}$.
M	Index für Realisation der zufallsverteilten Güternachfrage (z. B. Q_M).
meet	größte untere Schranke eines jeden Elementenpaares a,b aus einer Menge Z. Das Zeichen für die Operation meet lautet $\wedge$.
N	Zahl der Mitarbeiter,
OpK	klassisches Produktivitätsmaß: Ausbringungsmenge pro Kopf.
MatKost	in Kapitel 5, Abschnitt 5.4: Ausgaben für Vorleistungen,
p,P	Produktpreis, In Kapitel 5, Abschnitt 5.4 zusätzlich: $P_I =$ Preisindex auf Branchenebene (Abgrenzung nach WZ 93).
Q	Ausbringungsmenge des hergestellten Gutes, gegebenenfalls zufallsverteilt mit Erwartungswert $\mathrm{E}Q_M$ und Varianz σ_M^2: $Q_M \sim N(\mathrm{E}Q_M, \sigma_M^2)$. In Kapitel 5, Abschnitt 5.4: $Q_i =$ betrieblicher Output, $Q_S =$ Output auf dem relevanten Marktsegment, $Q_I =$ Output auf Branchenebene (Abgrenzung gemäß WZ 93).
s^i	[LS] Spezialisierungsertrag für Teiltätigkeit L^i durch Ausübung der Teiltätigkeit $\mathrm{L}^\mathrm{i}, i = 1,2$.
$\widetilde{s}_t$	obligatorische Ersparnis: rechnerische Größe im Arbeitszeitkontenmodell der wechselseitigen Versicherung, zufallsverteilt durch Nachfrageschwankungen am Arbeitsmarkt.

Fortsetzung folgende Seite ...

Symbol	*Beschreibung*
spm, sbm	supermodular (spm), submodular (sbm), allgemeingültige mathematische Umschreibung des Phänomens der Komplementaritäten, vgl. Anhang A für eine ausführliche Erläuterung.
t	Index für aktuelle Größen (z. B. h_t),
TauDyn	im Zeitablauf variierende Aufgabenzuordnung für die beteiligten Mitarbeiter (dynamisches *Multitasking*).
$\text{Taylor}_{\text{base}}$	personalpolitisches System, mengentheoretische Bezeichnung: Nullsystem, bekleidet die niedrigste Position in der Systemhierarchie (Basissystem).
TEAM	Einsatz von Gruppenarbeit,
u, U	Nutzenfunktion, mit $u', U' > 0$, $u'', U'' < 0$.
w	fixe Zeitentlohnung der Mitarbeiter,
w_p	[LS] Reservationslohnfunktion (zudem anreizkompatibel), Verlauf abhängig von mitarbeiterseitiger Präferenzordnung über Aufgabenvielfalt.
WB	abgestimmte Weiterbildungsprogramme, betriebliches Engagement für Humankapitalbildung, die auf Mehrfachqualifizierung und kontinuierliches Lernen ausgelegt ist.
y	Höhe der Produktqualität, mit der Referenzqualität y^0.
Δ, δ	Adaptionsoperator, ΔQ misst beispielsweise die Differenz aus tatsächlicher (angepasster) Ausbringungsmenge und erwarteter Ausbringungsmenge.
Π, $\Pi[\mathbf{x}, \mathbf{r}, p]$	auch $\Pi[\mathbf{x}, \mathbf{r}, p, y]$, $\Pi[\mathbf{x}, \mathbf{r}, p, \mathbf{AzK}]$: Gewinn (zu maximierende Zielgröße).
Φ	Verteilungsfunktion der Standardnormalverteilung.
Ω	[LS] Zielfunktion: Periodengewinn.
γ	Weiterbeschäftigungswahrscheinlichkeit in Apl.
η_i, η_s	in Kapitel 5, Abschnitt 5.4: Preiselastizität der Nachfrage (i) für den Betrieb (η_i) und (ii) im relevanten Marktsegment (η_s).
μ	Index für erwartete bzw. vereinbarte Größen (z. B. h_μ = erwartete Arbeitszeit).
μ_i, μ_s	in Kapitel 5, Abschnitt 5.4: Markup–Parameter, misst den Preisaufschlag als Quotient von Preis und Grenzkosten (i) auf betrieblicher Ebene (μ_i) und (ii) auf sektoraler Ebene (μ_s).
ξ	Überstundenzuschlag,
$\pi^1, \pi^2, \pi^3, \pi^4$	Menge der bedingten Zielfunktionsmaxima, generiert die Rangordnung über (gleichgewichtige) personalpolitische Systeme.

Fortsetzung folgende Seite ...

Symbol	*Beschreibung*
π_{MA}	Risikoprämie der Mitarbeiter, entspricht der Zahlungsbereitschaft im wechselseitigen Versicherungsmodell.
π_{Unt}	Risikoprämie des Unternehmers, entspricht der Zahlungsbereitschaft im wechselseitigen Versicherungsmodell.
σ_E^2	Varianz im Einkommen E der Arbeitsanbieter.
σ_M^2	Varianz der Güternachfrage Q.
τ	[LS] Zeitallokation auf die beiden Teilaufgaben L^1, L^2; τ misst den Anteil der Arbeitszeit, der in der Teiltätigkeit verbracht wird, bei der die Arbeitskraft einen komparativen Vorteil besitzt.
ϕ	Dichtefunktion der Standardnormalverteilung
ω	Stundenverdienst: rechnerische Größe, Quotient aus Zeitentlohnung und Arbeitszeit.
$\mathbf{D_r}$	der durch die Parameterrestriktion $\mathbf{r} \in R$ vorgegebene Abschnitt aus $R \subseteq_{\text{TV}} X \times R$, der den Handlungsspielraum eingrenzt, wobei X, R Verbände sind (vgl. Anhang A für eine ausführliche Erläuterung dieser Eigenschaft).
$\subseteq_{\text{TV}}$	misst die mengentheoretische Inklusion für Verbände (Ordnung über Teilverbände), ist inhaltlich durch die Ausweitung des Handlungsspielraums operationalisierbar. Eng begrenzte Handlungsspielräume sind $\subseteq_{\text{TV}}$ der weiter gefassten Spielräume, vgl. Anhang A für eine ausführliche Erläuterung.
$\times_{i=1}^{I} Z_i$	direktes Produkt der I Mengen Z_i, vgl. Anhang A für eine ausführliche Erläuterung.
$\sum_i^I S_i^t$	Summe der Abfindungszahlungen für I freigesetzte Arbeitskräfte.
Ⓢ	Beschäftigungsgarantie für die am Versicherungsmodell *Arbeitszeitkonto* beteiligten Mitarbeiter.

Literaturverzeichnis

Arellano, Manuel und Bond, Steve (1999), Dynamic Panel Data Estimation using DPD for Ox. The Institut for Fiscal Studies (IFS), mimeo.

Arrow, Kenneth J. (1971), *Essay in the Theory of Risk Aversion*. Markham, Chicago.

Baker, George, Gibbons, Robert und Murphy, Kevin (1994), Subjective Performance Measures in Optimal Incentive Contracts. *Quarterly Journal of Economics* **108**, 1125–1156.

Bald-Herbel, Christiane und Herbel, Norbert (1995), Die Umstellung der Indizes im Produzierenden Gewerbe auf Basis 1991. *Wirtschaft und Statistik* S. 181–191.

Baltagi, Badi H. (2001), *The Econometrics of Panel Data*. John Wiley & Sons, New York et al.

Baltagi, Badi H. und Wu, P. X. (1999), The Unequally Spaced Panel Data Regressions with AR(1) Disturbances. *Econometric Theory* **15**, 814–549.

Baron, James N. und Kreps, David M. (1999), *Strategic Human Resources: Framework for General Managers*. John Wiley & Sons, New York et al.

Baumol, William J., Panzar, John C. und Willig, Robert D. (1982), *Contestable Markets and the Theory of Industry Structure*. Harcourt Brace, New York.

Birkhoff, Garett (1967), *Lattice Theory*. American Mathematical Society Colloquium Publications 25, Am. Math. Soc., Providence, Rhode Island, dritte Aufl.

Blundell, Richard und Bond, Stephan (1998), Initial Conditions and Moment Restrictions in Dynamic Panel Models. *Journal of Econometrics* **87**, 115–143.

Blundell, Richard und Bond, Steve (1999), GMM Estimation with Persistent Panel Data: An Application to Production Functions. The Institut for Fiscal Studies (IFS), Working Paper Series No. W99/4.

Blundell, Richard, Bond, Steve und Windmeijer, Frank (2000), Estimation of Dynamic Panel Data Models: Improving the Performance of the Standard GMM Estimator. The Institut for Fiscal Studies (IFS), Working Paper Series No. W00/12.

Bortz, Jürgen (1999), *Statistik für Sozialwissenschaftler*. Springer Verlag, Berlin, 5. Aufl.

Brachinger, Hans Wolfgang und Ost, Friedmann (1996), Modelle mit latenten Variablen: Faktorenanalyse, Latent–Structure–Analyse und LISREL–Analyse. In: *Multivariate statistische Verfahren*, herausgegeben von Lutz Fahrmeir, Alfred Hamerle und Gerd Tutz, S. 639–766, Berlin/ New York, de Gruyter.

Brand, Ruth, Carstensen, Vivian, Gerlach, Knut und Klodt, Th. (1998), Das Hannoveraner Firmenpanel — Eine Betriebsbefragung im Verarbeitenden Gewerbe Niedersachsens. In: *Ökonomische Analysen betrieblicher Strukturen und Entwicklungen*, herausgegeben von Knut Gerlach, Olaf Hübler und Wolgang Meyer, S. 16–29, Frankfurt/ New York, Campus Verlag.

Breusch, T.S. und Pagan, A. R. (1979), A Simple Test for Heteroscedasticity and Random Coefficient Variaton. *Econometrica* **47**, 1287–1294.

Bundesbank, Deutsche (1999), *Jahresabschlüsse westdeutscher Unternehmen 1971 bis 1996*. Statistische Sonderveröffentlichung 5, Selbstverlag der Deutschen Bundesbank, Frankfurt/ Main.

Capelli, Peter (1997), *Change at Work*. Oxford Univ. Press.

Carstensen, Vivian (2000), Arbeitsplatzsicherheit durch Arbeitszeitkonten? In: *Flexibilisierungstendenzen in der betrieblichen Personalpolitik. Anreize, Arbeitszeiten und Qualifikation*, herausgegeben von Uschi Backes-Gellner, Matthias Kräkel, Bernd Schauenberg und Gunter Steiner, S. 307–332, München/ Mering, Hampp Verlag.

Carstensen, Vivian (2001a), Innovation, Multitasking und dezentrale Entscheidungsfindung. In: *Entlohnung, Arbeitsorganisation und personalpolitische Regulierung, Beträge zur Personal- und Organisationsökonomik, Band 4*, herausgegeben von Uschi Backes-Gellner, Matthias Kräkel, Dieter Sadowski und Johannes Mure, S. 87–116, München/ Mering, Hampp Verlag.

Carstensen, Vivian (2001b), *Job Family Development*. Wolfsburg.

Carstensen, Vivian (2002), The *From–Tayloristic–to–Holistic–Organization Model* From an Empirical Perspective. Diskussionspapier 256 des FB Wiwi der Universität Hannover, Hannover.

Carstensen, Vivian, Gerlach, Knut und Hübler, Olaf (1995), Erfolgsbeteiligung von Arbeitnehmern: Motive, Ausgestaltung und empirische Befunde. In: *Betriebliche Modernisierung in personeller Erneuerung*, herausgegeben von Klaus Semlinger und Bernd Frick, SAMF, Neue Folge, S. 193–209, München.

Chamberlin, E. (1950), Product Heterogeneity and Public Policy. *American Economic Review Proceedings* **40**, 85–92.

Chiappori, Pierre A., Machino, Ines, Rey, Patrick und Salanie, Bernard (1994), Repeated Moral Hazard: The Role of Memory, Commitment, and the Access to Credit Markets. *European Economic Review* **38**, 1527–1553.

Coelli, Tim (1998), *An Introduction to Efficiency and Productivity Analysis*. Kluwer Academic Publishers, Den Haag et al.

Cooke, William (1992), Product Quality Improvement through Employee Participation: the Effects of Unionization and Joint Union–Management Administration. *Industrial and Labor Relations Review* **45**, 119–134.

Crepon, Bruno, Desplatz, Rozenn und Mairesse, Jacques (1999), Price Cost Margins. INSEE, Discussion Paper No. G9917.

Davidson, Russell und MacKinnon, James (1993), *Estimation and Inference in Econometrics*. Oxford University Press, New York.

Dixit, Avinash K. und Stiglitz, Joseph (1977), Monopolistic Competition and Optimum Product Diversity. *American Economic Review* **67**, 297–308.

Doeringer, Peter und Piore, Michael (1971), *Internal Labor Markets and Manpower Analysis*. D. C. Heath, Lexington, MA.

Doeringer, Peter B., Evans-Klock, Christine und Terkla, David G. (1998), Hybrids or Hodgepodges? Workplace Practices of Japanese and Domestic Startups in the United States. *Industrial and Labor Relations Review* **51**, 171–186.

Duffie, Darrell (1988), *Security Markets: Stochastic Models*. Academic Press, Boston.

Fahrmeir, Ludwig, Hamerle, Alfred und Nagl, Willi (1996a), Varianz- und Kovarianzanalyse. In: *Multivariate statistische Verfahren*, herausgegeben von Lutz Fahrmeir, Alfred Hamerle und Gerd Tutz, S. 169–238, Berlin/ New York, de Gruyter.

Fahrmeir, Lutz, Hamerle, Alfred und Tutz, Gerd (1996b), *Multivariate statistische Verfahren*. de Gruyter, Berlin/ New York.

Freeman, Richard B., Kleiner, Morris M. und Ostroff, Cheri (2000), The Anatomy of Employee Involvement and its Effects on Firms and Workers. NBER Working Paper 8050, Cambridge.

Gant, Jon, Ichniowski, Casey und Shaw, Kathryn (2002), Social Capital and Organizational Change in High–Involvement and Traditional Work Organizations. *Journal of Economics and Management Strategy* **11**, 289–328.

Gericke, Helmuth (1967), *Theorie der Verbände*. Bibliographisches Institut, Mannheim, zweite Aufl.

Gibbons, Robert (1998), Incentives in Organizations. *Journal of Economic Perspectives* **12**, 115–132.

Greene, William H. (1995), *LIMDEP Version 7.0, User's Manual*. Econometric Software, Inc., Bellport, NY.

Greene, William H. (1997), *Econometric Analysis*. Prentice Hall, Upper Saddle River, NJ.

Griliches, Zvi und Mairesse, Jacques (1998), Production Functions: The Search for Identification. In: *Econometrics and Economic Theory in the 20th Century: The Ragnar Frisch Centennial Symposium*, herausgegeben von Steinar Ström, S. 169–203, Cambridge, Cambridge University Press.

Hall, Bronwyn H. und Mairesse, Jacques (1995), Exploring the Relationship between R&D and Productivity in French Manufacturing Firms. *Journal of Econometrics* **65**, 263–293.

Hartz, Peter (2001), *Job Revolution — Wie wir neue Arbeitsplätze gewinnen können*. Frankfurter Allgemeine Zeitung, Verlagsbereich Buch, Frankfurt.

Hübler, Olaf und Meyer, Wolfgang (2001), Industrial Relations and the Wage Differentials within Firms. *Schmollers Jahrbuch, Zeitschrift für Wirtschafts– und Sozialwissenschaften* **121**, 285–312.

Henry, David F. und Doornik, Jurgan A. (1999), Empirical Econometric Modelling Using PCGive: Volume 1. Timberlake Consultants Ltd., West Wickham.

Henry, David F. und Doornik, Jurgan A. (2000), Empirical Econometric Modelling Using PCGive: Volume 2. Timberlake Consultants Ltd., West Wickham.

Ichniowski, Casey, Kochan, Thomas A., Levine, David, Olson, C. und Strauss, George (1996), What Works at Work: Overview and Assessment. *Industrial Relations* **35**, 299–333.

Ichniowski, Casey und Shaw, Kathryn (1995), Old Dogs and New Tricks: Determinants of the Adoption of Productivity–Enhancing Work Practices. *Brookings Papers on Economic Activity: Microeconomics* S. 1–65.

Infratest (1998), Das Hannoveraner Firmenpanel — Methodenbericht — Welle 4. München.

Jobson, J.D. (1992), *Applied Multivariate Data Analysis, Volume II: Catagorial and Multivariate Methods*. Springer Texts in Statistics, Springer Verlag, New York et al.

Jolliffe, I.T. (1986), *Principal Component Analysis*. Springer Verlag, New York et al.

Kandel, Eugene und Lazear, Edward P. (1992), Peer Pressure and Partnerships. *Journal of Political Economy* **100**, 801–817.

Kaufmann, Heinz und Pape, Heinz (1996), Clusteranalyse. In: *Multivariate statistische Verfahren*, herausgegeben von Lutz Fahrmeir, Alfred Hamerle und Gerd Tutz, S. 437–536, Berlin/ New York, de Gruyter.

Klette, Tor J. und Griliches, Zvi (1996), The Inconsistency of Common Scale Estimators when Output Prices are Unobserved and Endogenous. *Journal of Applied Econometrics* **11**, 343–361.

Lajeri, Fatma und Nielson, Lars Tyge (2000), Parametric Characterizations of Risk Aversion and Prudence. *Economic Theory* **15**, 469–476.

Lancaster, Kelvin (1966), A New Approach to Consumer Theory. *Journal of Political Economy* **74**, 132–157.

Löffler, Andreas (1996), Variance Aversion implies $\mu - \sigma^2$–Criterion. *Journal of Economic Theory* **69**, 532–539.

Lindbeck, Assar und Snower, Dennis J. (1995), Restructuring Production and Work. Institut for International Economic Studies, Seminar Paper No. 602.

Lindbeck, Assar und Snower, Dennis J. (1996), Reorganization of Firms and Labor Market Inequality. *American Economic Review, Papers and Proceedings* **86**, 315–321.

Lindbeck, Assar und Snower, Dennis J. (1997), Centralized Bargaining, Multi–Tasking and Work Incentives. CEPR Discusison Paper 1563.

Lindbeck, Assar und Snower, Dennis J. (2000), Multi–task Learning and the Reorganization of Work: From Tayloristic to Holistic Organization. *Journal of Labor Economics* **18**, 353–376.

Lindbeck, Assar und Snower, Dennis J. (2001), Centralized Bargaining and Reorganized Work: Are They Compatible? *European Economic Review* **45**, 1458–1471.

MacDuffie, John Paul (1995), Human Resource Bundles and Manufacturing Performance: Organizational Logic and Flexible Production Systems in the World Auto Industry. *Industrial and Labor Relations Review* **48**, 197–221.

Maddala, G.S. (1983), *Limited Dependent and Qualitative Variables in Econometrics*. Econometric Society Monographs No. 3, Cambridge University Press, Cambridge.

Mairesse, Jacques, Hall, Bronwyn H. und Mulkay, Benoit (1999), Firm–Level Investment in France and in the United States: An Explanation of What We Have Learned in Twenty Years. *Annales d'Economie et de Statistique* **56–56**, 27–69.

Markowitz, Herbert M. (1952), Utility of Wealth. *Journal of Political Economiy* **60**, 151–158.

Marsden, David (1996), Employment Policy Implications of New Management Systems. *Labour* **10**, 17–61.

Mas-Colell, Andreu, Whinston, Michael D. und Green, Jerry R. (1995), *Microeconomic Theory*. Oxford University Press, Oxford et al.

McKelvey, R. und Zavoina, W. (1975), A Statistical Model for the Analysis of Ordinal Level Dependend Variables. *Journal of Mathematical Sociology* **4**, 103–120.

Milgrom, Paul und Roberts, John (1995), Complementarities and fit — Strategy, structure, and organizational change in manufacturing. *Journal of Accounting and Economics* **19**, 179–208.

Milgrom, Paul und Roberts, John (1996), The LeChatelier Principle. *American Economic Review* **86**, 173–179.

Milgrom, Paul und Shannon, Christina (1994), Monotone Comparative Statics. *Econometrica* **62**, 305–321.

Miller, R.G. (1981), *Simultaneous Statistical Inference*. Springer Verlag, New York, 2. Aufl.

Neumann, John von und Morgenstern, Oskar (1944), *Theory of Games and Economic Behavior*. Princeton University Press, Princeton.

Nickell, Stephen J. (1978), Fixed Costs, Employment and Labour Demand Over the Life Cycle. *Journal of Economic Literature* **45**, 329–345.

Nowack, Marlene und Weisbrod, Joachim (1995), Auswirkungen der NACE–Verordnung und der PRODCOM–Verordnung auf die kurzfristigen Statistiken im Bergbau und Verarbeitenden Gewerbe. *Wirtschaft und Statistik* S. 192–200.

Oi, Walter (1962), Labor as a Quasi–fixed Factor. *Journal of Political Economy* **70**, 538–555.

Olley, G. Steven und Pakes, Ariel (1996), The Dynamics of Productivity in the Telecommunications Equipment Industry. *Econometrica* **64**, 1263–1297.

Pil, Frits K. und MacDuffie, John Paul (1996), The Adoption of High–Involvement Work Practices. *Industrial Relations* **35**, 423–455.

Promberger, Markus (2002), *Das VW–Modell und seine Nachfolger: Pioniere einer neuartigen Beschäftigungspolitik*. Rainer Hampp Verlag, München/ Mering.

Rogers, W. H. (1993), Regression Standard Errors in Clustered Samples, *sg17*. *Stata Technical Bulletin* **13**, 19–23.

Ronning, Gerd (1991), *Mikroökonometrie*. Springer Verlag, Heidelberg.

Samuelson, Paul A. (1947), *Foundations of Economic Analysis*. Harvard University Press, Cambridge, MA.

Savin, N.E. und White, K.J. (1977), The Durbin–Watson Test for Serial Correlation with Extreme Sample Sizes or Many Regressors. *Econometrica* **45**, 1989–1996.

Schmidt, Peter (1986), Frontier Production Models. *Econometric Reviews* **4**, 289–328.

Shannon, Christina (1995), Weak and Strong Monotone Comparative Statics. *Economic Theory* **5**, 209–227.

Shapiro, Carl und Stiglitz, Joseph (1984), Equilibrium Unemployment as a Worker Discipline Device. *American Economic Review* **74**, 433–444.

Silberberg, Eugene (1974), A Revision of Comparative Statics Methodology in Economics, or, how to do Comparative Statics on the Back of an Envelope. *Journal of Economic Theory* **7**, 159–172.

Snower, Dennis J. (1998), The Organizational Revolution and its Implications for Job Creation. In: *Job Creation, The Role of Labor Market Institutions*, herausgegeben von Jordi Gual, S. 49–70, Aldershot, Edward Elgar Publishing.

Solow, Rober M. (1979), Another Possible Source of Wage Stickiness. *Journal of Macroeconomics* **1**, 79–82.

Stata, 7 (2001a), *Stata Reference Manual, Release 7, Volume 1*. Stata Press, College Station, Texas.

Stata, 7 (2001b), *Stata Reference Manual, Release 7, Volume 2*. Stata Press, College Station, Texas.

Stata, 7 (2001c), *Stata Reference Manual, Release 7, Volume 7*. Stata Press, College Station, Texas.

Statistisches Bundesamt (1993), *Klassifikation der Wirtschaftszweige mit Erläuterungen, Ausgabe 1993*. Metzler–Poeschel, Stuttgart.

Statistisches Bundesamt (1994), *Systematisches Güterverzeichnis für Produktionsstatistiken, Ausgabe 1995*. Metzler–Poeschel, Stuttgart.

Statistisches Bundesamt (1995), *Statistisches Jahrbuch 1995 für die Bundesrepublik Deutschland*. Metzler–Poeschel, Stuttgart.

Statistisches Bundesamt (1997), *Statistisches Jahrbuch 1997 für die Bundesrepublik Deutschland*. Metzler–Poeschel, Stuttgart.

Statistisches Bundesamt (1998), Index der Erzeugerpreise gewerblicher Produkte (Inlandsabsatz), Früheres Bundesgebiet. *Wirtschaft und Statistik* S. 170*–171*.

Teece, David J. (1980), Economies of Scope and the Scope of the Enterprise. *Journal of Economic Behavior and Organization* **1**, 223–247.

Teece, David J. (1992), Competition, Cooperation, and Innovation – Organizational Arrangements for Regimes of Rapid Technological Progress. *Journal of Economic Behavior and Organization* **18**, 1–25.

Tirole, Jean (1989), *The Theory of Industrial Organization*. MIT Press, Cambridge, Massachusetts.

Topkis, Donald M. (1978), Minimizing a Submodular Function on a Lattice. *Operations Research* **26**, 305–321.

Topkis, Donald M. (1998), *Supermodularity and Complementarity*. Frontiers in Economic Research, Princeton Univ. Press, Princeton.

Weiss, Andrew (1990), *Efficiency Wages: Models of Unemployment, Layoffs and Wage Dispersion*. Princeton Univ. Press, Princeton.

White, Halbert (1980), A Heteroscedasticity–Consistent Covariance Matrix Estimator and a Direct Test for Heteroscedasticity. *Econometrica* **48**, 817–838.

Winer, B.J., Brown, D.R. und Michels, K.M. (1991), *Statistical Principles in Experimental Design*. McGraw Hill, New York et al., 3. Aufl.

Index

Kolibri 360 GmbH
Ferdinand-Jühlke-Straße 7
99095 Erfurt, Deutschland
produktsicherheit@kolibri360.de

Druck:
CPI Druckdienstleistungen GmbH
im Auftrag der
Kolibri 360 GmbH
Ferdinand-Jühlke-Str. 7
99095 Erfurt